CB130390

REPRESSÃO PREVENTIVA POLICIAL

INVESTIGAR PARA PREVENIR O CRIME ORGANIZADO.

abdr ASSOCIAÇÃO BRASILEIRA DE DIREITOS REPROGRÁFICOS
Respeite o direito autoral

FELIPE ALCÂNTARA DE BARROS **LEAL**

REPRESSÃO PREVENTIVA POLICIAL

INVESTIGAR PARA PREVENIR O CRIME ORGANIZADO.

2023

EDITORA *Jus*PODIVM

www.editorajuspodivm.com.br

EDITORA *Jus*PODIVM
www.editorajuspodivm.com.br

Rua Canuto Saraiva, 131 – Mooca – CEP: 03113-010 – São Paulo – São Paulo
Tel: (11) 3582.5757
• Contato: https://www.editorajuspodivm.com.br/central-de-relacionamento

Copyright: Edições *Jus*PODIVM

Diagramação: Lupe Comunicação e Design (*lupecomunicacao@gmail.com*)

Capa: André Augusto Ferreira *(andrezilla.com.br / andreaugusto@me.com)*

L435r Leal, Felipe Alcântara de Barros
Repressão Preventiva Policial – Investigar Para Prevenir o Crime Organizado / Felipe Alcântara de Barros Leal – São Paulo: Editora JusPodivm, 2023.
384 p.

Inclui Bibliografia
ISBN: 978-85-442-4085-4

1. Direito Penal. 2. Criminalidade. 3. Polícia Judiciaria. I. Leal, Felipe Alcântara de Barros. II. Título.

CDD 341.5942

BIBLIOTECÁRIA RESPONSÁVEL
Ana Carolina Ribeiro Mois – CRB7 – RJ 007348/0

Todos os direitos desta edição reservados a Edições *Jus*PODIVM.

É terminantemente proibida a reprodução total ou parcial desta obra, por qualquer meio ou processo, sem a expressa autorização do autor e das Edições *Jus*PODIVM. A violação dos direitos autorais caracteriza crime descrito na legislação em vigor, sem prejuízo das sanções civis cabíveis.

1.ª ed., *2.ª tir.:* ago./2023.

APRESENTAÇÃO

Como Delegado de Polícia Federal no Brasil desde o ano de 2006, assumi a chefia de diversas unidades regionais e nacionais especializadas na repressão a organizações criminosas, notadamente aquelas com atuação no tráfico de drogas, delitos ambientais, corrupção e lavagem de dinheiro.

De então para cá, certas reflexões causaram-me uma inquietude ao reconhecer a ineficácia parcial dos modelos tradicionais de enfrentamento ao crime organizado contemporâneo. E foi durante o doutoramento cursado na Universidade do Porto, em Portugal, que evidências empíricas profissionais se debelaram intelectualmente com determinados conceitos clássicos de prevenção e repressão policial e, após essa arena pessoal acadêmica, foi possível se afastar de uma compreensão meramente binária entre prevenção e repressão, não mais como significados estanques, para então propor um modelo dialogal, valendo-se da dedução, indução e abdução investigativa, em medidas proativas e preditivas de repressão preventiva.

Inspirada na tese de doutoramento, esta obra é indelevelmente marcada por pensamentos propositivos, convidando-os a navegar numa reunião de afluentes conceituais, em rota de proa ao encontro da pretendida ordem e segurança pública, hoje e amanhã.

PREFÁCIO

A sociedade dominada pelo crime organizado não é verdadeiramente livre e o seu desenvolvimento econômico e social estão comprometidos.

A adoção de um conceito estratégico de combate à criminalidade organizada é tarefa complexa, desde logo porque a noção de criminalidade organizada continua a não ser pacífica, apesar das muitas tentativas da sua definição. Prevenir, reprimir, cooperar, interna e externamente, são vias a seguir de forma adequada às circunstâncias específicas. Mas também é necessário definir prioridades e melhorar a informação e os conhecimentos sobre a criminalidade organizada. As novas tecnologias e a globalização crescente criam novas oportunidades para as organizações criminosas e novos desafios para as autoridades de prevenção e combate, que têm, inclusive, de estar atentas aos pontos vulneráveis de setores lícitos e às novas vulnerabilidades dos setores econômicos face à criminalidade organizada. O eficaz combate à criminalidade organizada deve priorizar a prevenção, indo além dos métodos tradicionais; deve incluir a boa governança, a transparência e a responsabilização; é necessário reduzir as oportunidades de infração, avaliar a impermeabilidade da legislação ao crime e evitar a criação, voluntária ou involuntária, de novas oportunidades para a criminalidade organizada. A corrupção continua a ser uma das principais vias de infiltração da criminalidade organizada nos mercados legais e na Administração Pública. Por isso, a prevenção e o combate eficaz à criminalidade organizada passam também pelo aperfeiçoamento da luta contra a corrupção, seja através de medidas de direito penal, seja através da promoção de princípios éticos, seja pela imposição de integridade na Administração Pública. A melhoria da transparência na Administração Pública é uma via segura de comprovada eficácia nos resultados. A prevenção e o combate eficaz à criminalidade organizada no setor público não dependem apenas das vias seguidas; dependem também da integridade, responsabilização e transparência. Por exemplo, as parcerias público-privadas revelaram ser um instrumento eficaz de prevenção e combate à criminalidade organizada nuns sistemas, como o germânico, mas não noutros, como o português, sob a governação de Sócrates. É também essencial clarificar o regime das testemunhas ou colaboradores da justiça, como contributo para a condução aos tribunais dos membros das organizações criminosas.

Novas técnicas especiais de investigação, aliadas a equipes multidisciplinares, têm provado eficácia na investigação policial e judicial no domínio da criminalidade organizada. Também é necessário acelerar e simplificar a obtenção das provas (incluindo das provas eletrônicas) e assegurar um justo equilíbrio entre a eficácia da ação penal e a defesa dos direitos e liberdades.

A obra que agora vem ao conhecimento do público, *Repressão Preventiva Policial: investigar para prevenir o crime organizado,* trata da questão atual e central da criminalidade organizada, tendo em vista a garantia de um efetivo Estado democrático de direito capaz de proporcionar as condições de paz e segurança social necessárias ao exercício dos direitos e liberdades dos cidadãos. O combate ao crime organizado faz-se mais eficazmente quando a perspectiva da ação policial é não só repressiva, mas também, ou sobretudo, preventiva. Afinal, o adágio popular "prevenir, é melhor que remediar" comprova-se cientificamente também na área da segurança pública e, em especial, do combate ao crime organizado. Prevenir é mais sensato, mais econômico e mais eficaz do que reprimir.

FELIPE ALCÂNTARA BARROS LEAL presenteia-nos com a uma profunda abordagem crítica, transversal e jurídico-comparada, muito pertinente nos nossos dias, na qual não só clarifica conceitos, como aborda, com profundidade, as principais problemáticas que a *repressão preventiva policial* suscita. Trata-se de uma obra assente no sólido conhecimento e na vasta experiência do seu Autor, que, com clareza e objetividade, é acessível não só aos estudiosos do direito, mas também aos integrantes dos órgãos policiais e ao cidadão comum, destinatário último do direito fundamental à segurança. Por tudo isto, é de louvar o relevante contributo que o Autor dá para a efetivação do Estado democrático de direito no Brasil, através do reforço da segurança pública e da paz social. Ao mesmo tempo que o leitor se atualiza na informação e na linguagem técnica, é desafiado a refletir sobre as muitas problemáticas abordadas no texto, formando a sua opinião, auxiliado pela sólida argumentação apresentada. Queira o leitor deleitar-se em tão rica literatura jurídica.

António Francisco de Sousa
Professor Doutor de Direito Policial da
Faculdade de Direito da Universidade do Porto

SUMÁRIO

LISTA DE FIGURAS

LISTA DE SIGLAS E ABREVIATURAS

ADA	Amigos dos Amigos
ADI	Ação Direta de Inconstitucionalidade
AGRASC	Agência de Gestão e Recuperação de Bens Apreendidos e Confiscados
ALICE	Análise de Licitações e Editais
Art.	Artigo
BACEN	Banco Central do Brasil
CDL	Comissão Democrática de Liberdade
CEDH	Convenção Europeia dos Direitos Humanos
CEF	Caixa Econômica Federal
CF/88	Constituição da República Federativa do Brasil de 1988
CFC	Conselho Federal de Contabilidade
CGU	Controladoria-Geral da União
CICC	Centros Integrados de Comando e Controle
CLF	Certificado de Licença de Funcionamento
CNJ	Conselho Nacional de Justiça
CNN	Comando Norte-Nordeste
COAF	Conselho de Controle de Atividades Financeiras
COFECI	Conselho Federal de Corretores de Imóveis
COFECON	Conselho Federal de Economia
COMOC	Comando Mineiro de Operações Criminosas
CP	Código Penal
CPP	Código de Processo Penal
CRBC	Comando Revolucionário Brasileiro da Criminalidade
CRC	Certificado de Registro Cadastral

CTN	Código Tributário Nacional
CVM	Comissão de Valores Imobiliários
DEOPS	Departamento Estadual de Ordem Política e Social
DNIT	Departamento Nacional de Infraestrutura de Transportes
DOPS	Departamento de Ordem Política e Social
DOU	Diário Oficial da União
DPF	Departamento de Polícia Federal
DUDH	Declaração Universal dos Direitos Humanos
ENCCLA	Estratégia Nacional de Combate à Corrupção e à Lavagem de Dinheiro
EUROPOL	Agência da União Europeia para a Cooperação Policial
FATF	Financial Action Task Force
FBI	Federal Bureau of Investigation
FIESP	Federação das Indústrias de São Paulo
GAFI	Grupo de Ação Financeira Internacional
GNR	Guarda Nacional Republicana
GRA	Gabinete de Recuperação de Ativos
HC	Habeas Corpus
HSOG	Hessisches Gesetz über die öffentliche Sicherheit und Ordnung
IGFEJ	Instituto de Gestão Financeira e Equipamentos da Justiça
IHU	Instituto Humanitas Unisinos
INSS	Instituto Nacional do Seguro Social
IPEA	Instituto de Pesquisa Econômica Aplicada
LCO	Lei do Crime Organizado
MJSP	Ministério da Justiça e da Segurança Pública
MP	Ministério Público
MPF	Ministério Público Federal
OAB	Ordem dos Advogados do Brasil
OCDE	Organização para Cooperação e Desenvolvimento Económico
ONU	Organização das Nações Unidas
OSCE	Organização para Segurança e Cooperação em Europa
PCC	Primeiro Comando da Capital

PCL	Primeiro Comando da Liberdade
PCM	Primeiro Comando Mineiro
PCMS	Primeiro Comando do Mato Grosso do Sul
PCN	Primeiro Comando de Natal
PCP	Primeiro Comando do Paraná
PF	Polícia Federal
PGR	Procuradoria-Geral da República
PLD	Paz, Liberdade e Direito
PM	Polícia Militar
PNSP	Plano Nacional de Segurança Pública e Defesa Social
PNSPDS	Política Nacional de Segurança Pública e Defesa Social
PSP	Polícia de Segurança Pública
RASI	Relatório Anual de Segurança Interna
RDD	Regime Disciplinar Diferenciado
RENCTAS	Rede Nacional de Combate ao Tráfico de Animais
REPD	Rede Europeia de Prevenção da Criminalidade
RN	Regra de Negócio
SAMU	Serviço de Atendimento Móvel de Urgência
SAO	Sistema de Análise de Orçamento
SICC	Sistema Integrado de Comando e Controle
SISG	Sistema de Serviços Gerais
SISMC	Sistema Militar de Comando e Controle
SOCTA	Serious and Organised Crime Threat Assessment
SPF	Sistema Penitenciário Federal
SPSS	Statistical Package for the Social Sciences
SS	Seita Satânica
SSL	Strategic Subjet Lists
STF	Supremo Tribunal Federal
STJ	Superior Tribunal de Justiça
SWOT	Strengths, Weaknesses, Opportunities, Threats
TCU	Tribunal de Contas da União
UCLA	Universidade da Califórnia em Los Angeles

UE	União Europeia
UIF	Unidade de Inteligência Financeira
UNC3T	Unidade Nacional de Combate ao Cibercrime e à Criminalidade Tecnológica
UNODC	United Nations Office on Drugs and Crime

INTRODUÇÃO

No Estado democrático de direito, a segurança pública, tal como a ordem pública, configura simultaneamente um direito fundamental e um interesse público da maior relevância teórica e prática. Sem segurança e ordem públicas não há paz social nem condições materiais para o gozo pleno de direitos e liberdades fundamentais. Compete ao Estado garantir a inviolabilidade da ordem e segurança públicas, porém os esforços nesse sentido restam demasiadamente frustrados.

A criminalidade e especialmente a criminalidade organizada continuam a ser preocupação fundamental das sociedades modernas. Os seus índices são progressivos, especialmente em certas sociedades. Grupos organizados dedicam-se à criminalidade violenta sem que a sua ação seja eficazmente contida e neutralizada pelas autoridades competentes. O resultado é a insegurança do Estado e das suas instituições, do sistema jurídico, da sociedade e das pessoas individualmente consideradas.

Frequentemente, as organizações criminosas possuem cadeias de comandos rigorosamente ordenadas, com divisão de tarefas, para obter, direta ou indiretamente, vantagens significativas pela prática de crimes.

As suas ações são complexas e apoiadas em fortes recursos tecnológicos, em execução planejada, dissimulada, recorrendo à astúcia e a sofisticados métodos capazes de evitar ou contornar a ação policial e, por extensão, a ação da Justiça.

Entre as principais características desses grupos organizados, destaca-se, antes de mais, a sua resiliência, revelada pela capacidade crescente e permanente de superar obstáculos e de resistir à ação do Estado e das suas instituições. A organização criminosa, mesmo que sofra abalo no topo da hierarquia de comando, com a eventual privação da liberdade dos seus líderes, revela reiteradamente uma capacidade para recuperar o equilíbrio, restrutrurando-se com novos personagens e com novos meios.

Neste contexto, uma dúvida surge quanto à atuação policial: qual a sua eficácia na prevenção e repressão das organizações criminosas?

Face a este questionamento, o Direito Policial deve ser realista nas previsões e determinações, tendo em vista a máxima proteção jurídica e social. Para tal, urge partir de uma análise crítica dos modelos de investigação criminal e da utilização proporcional dos diversos meios operacionais tendo em vista a prevenção e a repressão das ações praticadas pelas organizações criminosas.

Pelos padrões comuns, a prevenção é orientada ao futuro e a repressão ao passado. E a prevenção, não raro, reduz-se a um policiamento ostensivo, não investigativo, ao passo que a polícia judiciária, nos mais das vezes, permanece míope à possibilidade de se investigar para prevenir. Como refere Sousa (2016, p. 394), "a polícia consiste na ação, essencialmente preventiva, da Administração orientada à proteção da comunidade e das pessoas contra os perigos que a ameaçam, se necessário pelo recurso à coação". Mas muitas vezes a prevenção não se revela eficaz. Nestes casos, a polícia judiciária é chamada a desempenhar a sua função repressiva, investigando o ilícito e os seus autores. No entanto, também esta investigação e perseguição do crime e dos criminosos não é nos seus efeitos meramente repressiva, podendo e devendo ser vista e operada também numa perspectiva preventiva, numa chamada repressão preventiva (objeto central deste estudo).

A repressão preventiva pela polícia judiciária face ao crime organizado é uma realidade ainda embrionária, que revela importantes lacunas de conhecimento e de ação. A falta de normas claras e objetivas neste domínio compromete a ação policial "por razões jurídicas"; é urgente a discussão doutrinária destas matérias, com vista a uma argumentação segura e convincente que legitime e limite a dimensão preventiva da ação da polícia judiciária, considerando os princípios jurídicos, as condições do agir prático e dos controles (internos e externos), criando modelos e standards de orientação e justificação.

Como Delegado de Polícia Federal no Brasil, às vistas de uma intensa atuação profissional ao longo dos últimos 18 anos versus a ineficácia da repressão ao crime organizado nacional e transnacional, combinado com a contemporaneidade do tema e a perspectiva ainda mais desafiadora de desordem, decidi pela reflexão aprofundada e transversal do problema acerca da verdadeira efetividade das atuais medidas de enfrentamento do crime.

Convencido, pois, da necessidade de se transpor barreiras conceituais, com a reafirmação do Direito Policial, a alicerçar, como hipótese, a exigência de mudança de atuação policial, o objetivo geral deste trabalho consiste numa abordagem crítica de uma realidade que reclama mudanças profundas e na reflexão de argumentos de sustentação sólida de soluções adequadas e fiáveis: a repressão preventiva policial. Exige-se, pois, que a polícia judiciária também atue na prevenção do crime ao cumprir sua função de combate ao crime e à criminalidade (especialmente a criminalidade organizada).

Na primeira parte desta obra, é apresentada uma contextualização da ordem e da segurança pública numa sociedade de risco, no domínio da ponderação dos bens penalmente relevantes e dos bens penalmente relevantes em geral, para em seguida abordar não apenas a importância da segurança pública como direito fundamental, mas também os aspectos conceituais da criminalidade organizada, nas suas mais diversas perspectivas, numa análise histórica-evolutiva, suscitando reflexões sobre os seus fundamentos estruturais e sobre as ameaças, riscos, perigos e ofensas decorrentes da criminalidade.

Na segunda parte, é abordada a atuação tradicional da polícia, seus princípios e condições de agir, nas suas mais diversas atividades e configurações, reclamando, em contornos próprios, uma releitura e reflexão da problemática da (in)eficácia dos modelos atuais de combate ao crime organizado, abordando a (des)necessidade de mudança de paradigmas policiais.

Na terceira, com base no estudo fundamentado e crítico de todos os tratamentos anteriores relativos à problemática referida, são discutidos conceitos e fundamentos da repressão preventiva por parte da polícia judiciária face ao crime organizado, com abordagem da interação entre a prevenção, repressão e repressão preventiva, bem como a interação entre a repressão preventiva e a inteligência policial, para em seguida expor e propor reflexões sobre a repressão preventiva de continuidade ou escalada e sobre a repressão preventiva preditiva ou holográfica dos crimes praticados por organizações criminosas, em atuação sujeita aos controles internos e externos, numa pesquisa aplicada, cumprindo com o objetivo específico de investigar, comprovar ou rejeitar hipóteses sugeridas de modelos investigativos.

A pesquisa científica apresenta um estudo comparado, especialmente entre Brasil e Portugal, pela vivência profissional no primeiro país e pelos estudos realizados no segundo, assentes num minucioso levantamento bibliográfico e documental em arquivos públicos, em bibliotecas privadas e públicas, nomeadamente universitárias, apoiado em meios informáticos.

Realizou-se uma observação empírica, além da análise e interpretação de dados de modelos de investigação e formas de combate às organizações criminosas, tendo em consideração experiências internacionais, sejam elas positivas ou negativas.

Assim, pretendeu-se dar um contributo válido ao Direito Policial, com uma releitura e propostas pertinentes de evolução das formas de atuação da polícia judiciária, com o objetivo de introduzir e aplicar novos elementos no campo científico, como resposta ao quadro atual de crise sistémica.

PARTE I

SEGURANÇA PÚBLICA E A CRIMINALIDADE CONTEMPORÂNEA

1

SEGURANÇA PÚBLICA

1.1 ORDEM E SEGURANÇA PÚBLICAS

A "ordem e segurança públicas" é uma expressão do Direito Policial que é frequentemente designada de "cláusula geral de polícia", especialmente quando a expressão é usada enquanto fonte de habilitação de competência de autoridades policiais. Como refere Sousa (2016, p. 410):

> A cláusula geral de polícia é uma fórmula genérica que autoriza a polícia a intervir sempre que a medida em vista, sendo necessária para prevenir um perigo concreto, não se possa apoiar em norma especial. Assim, a cláusula geral é, em princípio, subsidiária da autorização expressa da lei. Por isso se diz, por vezes, que a lei especial tem um 'efeito de bloqueio' da cláusula geral.

A ordem e a segurança públicas são conceitos nucleares do Direito Policial. Por isso, é fundamental a sua compreensão tão clara e objetiva quanto possível. Contudo, nem a lei portuguesa nem a lei brasileira, e em geral a lei dos países europeus e latino-americanos, definem a ordem e a segurança públicas, embora se refiram a elas com muita frequência. A mesma omissão se verifica, em geral, relativamente à jurisprudência. Neste cenário, apenas nos resta recorrer ao entendimento da doutrina, também ela escassa e geralmente omissiva nesta matéria.

Numa acepção geral, Sousa (2016, p. 394) define a segurança pública como *um estado que permite o livre exercício dos direitos, liberdades e garantias consagrados na Constituição e na lei. A segurança é, simultaneamente, um bem individual e coletivo, tal como a sociedade pertence a todos e a cada um.*

Em sentido técnico jurídico-policial, Sousa (2016, p. 395) sustenta que a segurança pública protege fundamentalmente três tipos de bens jurídicos:

> a) o Estado e as suas instituições (incluindo a sua capacidade de funcionamento); b) a inviolabilidade do ordenamento jurídico (qualquer violação de uma norma jurídica em vigor constitui perturbação da segurança pública), como um todo; e, c) certos direitos subjetivos e bens jurídicos individuais, como a vida, a integridade física, a saúde, a liberdade, a honra e o patrimônio.

Diferentemente, segundo o autor referido, *a ordem pública é reconduzida ao conjunto de normas e princípios extrajurídicos que, sendo conformes à lei e ao direito, são reconhecidos e aceites pela maioria da comunidade* (Sousa, 2016, p. 386). Mais concretamente, o autor define a ordem pública como *o conjunto das normas sociais não escritas relativas à conduta do particular em comunidade cuja observância é, para a visão dominante, pressuposto indispensável de uma vida humana e cívica ordenada em comunidade* (Sousa, 2016, p. 387).

Gouveia (2018, p. 90), por seu turno, apresenta vários critérios possíveis para o conceito de segurança:

> **O sujeito protegido**: a segurança do Estado, dos grupos e das comunidades, dos indivíduos (segurança individual, objetiva e subjetiva), da Humanidade em geral; **os bens (ou matérias) a proteger**: a independência nacional, a integridade territorial, a ordem constitucional, os direitos e liberdades fundamentais, o sistema democrático, aqui se podendo falar também noutras seguranças mais específicas, como a segurança ambiental, a segurança rodoviária, a segurança alimentar, a segurança econômica etc.; **o âmbito espacial de intervenção**: a segurança local, a segurança regional, a segurança nacional, a segurança internacional, a segurança global; **as estruturas que a asseguram:** a segurança militar, a segurança policial, a segurança privada; **e a intensidade da perturbação realizada**: a segurança que é posta em causa por ameaças, riscos (a possibilidade de danos) e perigos (a probabilidade de danos). (grifos nossos).

Certo é que apenas a desordem e a insegurança tornam possíveis a compreensão do oposto. São conceitos que possuem sentido apenas quando confrontados no reflexo inverso, em polos não apenas antagônicos como necessariamente transversais. No plano das ideias, tanto a ordem como a segurança pública não se revelam por si. Os seus contornos conceituais somente se sobressaem quando não existem, ao menos em sua plenitude, no plano dos fatos.

A transversalidade decorre de várias perspectivas, distintas em tempo e espaço, que se projetam em marco cognitivo nem sempre circunscrito a um único objeto, numa heterogeneidade própria, reconhecida por Alves (2010). Ao abordar o tema Segurança, Alves (2010, p. 27) afirma que: *a matéria ocupa-se de diversas e vastíssimas áreas e aparece constantemente tratada por especialistas nos domínios mais heterogêneos e, por isso, utilizando terminologia e conceitos nem sempre coincidentes.*

Há distinções em perspectiva temporal, pois o que se compreende por ordem e segurança públicas nos dias atuais não é o mesmo que no passado, seja ele remoto ou não, uma vez que ambos os conceitos não vêm a ser estanques. E há diferenças em perspectiva espacial, considerando as diversas sociedades existentes, repercutindo, direta ou indiretamente, na visão e ênfase dos observadores.

A considerar os múltiplos observadores, é possível termos uma equivocada perspectiva sobre ordem e segurança públicas, o que não raras vezes ocorre quando se pretende compreender ambos os conceitos furtando-se ao exame cauteloso do tema.

Impõe-se o reconhecimento e a compreensão de vieses angulares decorrentes de interesses paralelos, convergentes ou opostos, uns para endossar percepções legitimadoras do Estado democrático de direito, outros para refutá-las, de forma pública ou insidiosa. Cautela acadêmica que se impõe ao examinar o assunto, a evitar contornos imprecisos.

A segurança pública não é um fim em si mesmo. Como refere Sousa (2016, p. 267): *a segurança interna, que não é um fim em si mesmo, está limitada pelos princípios do Estado de direito e pelos direitos e liberdades fundamentais*. Há de ser um meio para a garantia dos direitos fundamentais. É possível, todavia, que, uma vez invocada no Estado democrático de direito, a segurança pública cumpra exatamente o papel inverso. Por esta razão, Dias (2012, pp. 48-49), ao tratar do assunto, realça a importância da prevalência dos direitos fundamentais no aspecto da atuação policial, como lógica norteadora:

> A atividade de polícia constitui uma intervenção na esfera jurídica dos particulares. Constituindo os poderes de polícia habilitações de atuação passíveis de colisão com direitos, impera aqui o prin-

> cípio da prevalência dos direitos fundamentais na atividade de polícia. Assim, a interpretação das normas policiais deve ser feita mediante o recurso aos direitos fundamentais. A liberdade é, sem dúvida, a regra e a restrição de polícia a exceção.

Assim, o exemplo brasileiro à época da ditadura, quando da existência do Departamento de Ordem Política e Social (DOPS) e dos Departamentos Estaduais de Ordem Política e Social (DEOPS). Pela denominação, seriam unidades de garantia da boa ordem; porém, a história testemunhou o cumprimento de missão diversa: a garantia da manutenção do então Estado autoritário, com a ofensa generalizada e intensa de valores e direitos contrários à dignidade da pessoa humana.

Esta realidade se fez presente em diversos países, como no Uruguai, em Portugal e na Espanha. No Uruguai, com uma polícia repressiva aos opositores do governo, nas palavras de González (2003, p. 503):

> Las transformaciones institucionales operadas son producto de los cambios sociales y políticos que han ido acompañando la historia del país, cuyo período más conflictivo se sitúa en el Siglo XX, principalmente en la década de los años setenta y principios del ochenta, con el advenimiento del régimen cívico-militar. Durante dicho período la policía debió adaptarse al nuevo régimen político-institucional, caracterizado por la limitación de los derechos y garantías constitucionales, el control de los medios de comunicación, y una política represiva contra los opositores del gobierno instaurado. La institución policial estuvo sujeta a un régimen disciplinario militar y penal militar.

Em Portugal, com a polícia política denominada Polícia de Informação e Defesa do Estado[1]. Na Espanha, em resgate histórico de Brunet (2006, p. 88):

> A polícia criminal viveu, pois, uma dupla transição: por um lado, foi necessário passar dos modelos e das formas de trabalho próprios de uma ditadura para um modelo democrático em que a salvaguarda dos direitos e das liberdades e os grandes princípios constitucionais obrigam a trabalhar de forma bem mais profissional e atenta.

1. Sobre a PIDE em Portugal, cf. Sousa (2016, p. 126) e Raimundo (2015, pp. 1-32).

Com o propósito de evitar entendimentos equivocados, os conceitos de segurança pública e de ordem pública devem ser orientados precipuamente pelo critérito teleológico da atuação policial, como parâmetro de um Estado democrático de direito. Não apenas o direito processual penal, em posição conhecida de Roxin (2003), mas a própria atuação policial se revela um sismógrafo da Constituição do Estado, ou ainda um termômetro material de uma democracia.

Assim, para Malarino (2003), a correção da atuação policial é importante para se aferir, inclusive, a conformidade constitucional do processo penal, e somente uma polícia que respeite as liberdades e direitos fundamentais dos cidadãos pode contribuir para o fortalecimento dos ideais democráticos de uma sociedade: *Los fatores que influyen en la medición de la calidad de un proceso penal (en términos de su conformidad constitucional o de respeto a un Estado de derecho) asume gran relevancia, sin duda alguna, el de la corrección de la actuación policial* (Malarino, 2003, p. 578).

Ao não considerar imperiosamente a dignidade da pessoa humana, emerge um erro possível: a busca por um conceito autista de segurança pública e de ordem pública, sem comprometimento com uma interação finalística, em exercício acadêmico restrito e dissociado da dignidade da pessoa humana, compreendida por Sousa (2016) como limite central da salvaguarda da ordem pública[2], cujo respeito é uma das finalidades maiores de toda e qualquer ação no campo da segurança. Para Dias (2012, p. 44):

> (...) a segurança interna deve, primeiramente, ter como fim a realização não ficta, mas real, do princípio estruturante de qualquer Estado moderno, que é o respeito da dignidade da pessoa humana, através da promoção de uma ordem, de uma segurança e de uma tranquilidade públicas que sejam capazes e eficientes na proteção das pessoas, contra quaisquer ameaças ou agressões de outrem ou dos próprios poderes públicos, que ponham em causa, por exemplo, a vida ou a integridade física, e eficazes na promoção do bem-estar material das pessoas.

2. "A salvaguarda da ordem pública tem como limite central o respeito pela dignidade da pessoa, que é um princípio fundamental do Estado de direito democrático" (Sousa, 2016, p. 153).

Portanto, é importante contextualizar ordem e a segurança públicas nos fins do Estado, democrático ou não, a começar pelo exame atento da Constituição de cada país e eventual distanciamento entre as normas materiais e os reais propósitos. Não se devem reproduzir erros históricos. No contexto da atuação policial, Silva (2005, p. 94) afirma ser de responsabilidade da Polícia a defesa da legalidade democrática por imposição constitucional: *Defender a legalidade democrática e garantir os direitos dos cidadãos são funções atribuídas à Polícia pela nossa Constituição.*

Apresento, a seguir, alguns exemplos, não exaustivos.

Em Portugal, no art. 272 da Constituição de 1976, determina que a polícia tem por funções *defender a legalidade democrática e garantir a segurança interna e os direitos dos cidadãos.*

A Constituição Espanhola de 1978, no seu art. 104, estabelece que *las Fuerzas y Cuerpos de seguridad, bajo la dependencia del Gobierno, tendrán como misión proteger el libre ejercicio de los derechos y libertades y garantizar la seguridad ciudadana.*

A Lei Fundamental da República Federal da Alemanha, de 1949, confere às forças policiais poderes para evitar uma ameaça iminente à existência ou à ordem básica democrática livre do Governo Federal ou de um Estado federado.

No art. 144 da Constituição da República Federativa do Brasil de 1988 (CF/88), a segurança pública foi reconhecida como dever do Estado, direito e responsabilidade de todos, sendo exercida para a preservação da ordem pública e da incolumidade das pessoas e do patrimônio.

Ao relacionar forças de segurança a direitos, liberdades e garantias, temos, por via reflexa, um elo entre a segurança pública e a ideia de uma ordem constitucional democrática.

Sobre a importância que a segurança apresenta para as pessoas no Estado democrático de direito, importa chamar à colação a psicologia motivacional de Maslow (1943), pela sua teoria motivacional. Para o autor, o homem é um animal de desejos inatos, possíveis de serem escalonados, de modo que, na base de uma pirâmide, temos as necessidades fisiológicas como a alimentação e o descanso; no degrau acima, temos as necessidades de segurança para evitar perigos e garantir a integridade pessoal; em seguida, as necessidades de amor e afeição; e, por fim, necessidades de autorrealização e progressão.

Alves (2010, p. 19) faz referência, no seus estudos, à teoria das necessidades de Maslow (1943), como homem sendo um animal de perpétuos desejos num escalonamento hierárquico:

> Assim, vêm em primeiro lugar as necessidades fisiológicas de alimentação, sono, reprodução, abrigo para satisfazerem os apetites e exigências do corpo; logo em segundo lugar, revelam-se as necessidades de segurança com afastamento de perigos e organização de medidas de modo a garantir a integridade pessoal; seguem necessidades de amor-afecto, de emoção, de pertença grupal e de ter amigos; após os que se notam necessidades de auto-estima e prestígio perante os outros; por fim revelam-se necessidades de auto-realização, ter oportunidade para progredir de acordo com as capacidades e desejo de cada um.

Historicamente, Locke (1994) refletiu sobre o ser humano no seu "estado de natureza" num passado longíquo, que, depois, por necessidade de segurança, se constituiu em sociedade. Nesse sentido, na análise de Sousa (2016, p. 113):

> Para Locke, no seu estado natural, o homem é um ser moral, dotado de uma ideia de justiça e capaz de conviver em paz com outros homens. Porém, como o homem, é capaz de produzir bens com o seu trabalho, tende a apropriar-se do produto do seu trabalho, o que gera a cobiça dos demais. Surge, pois, uma comunidade em que uns pretendem defender bens que consideram seus (propriedade privada) e outros (dominados pela cobiça), pretendem apropriar-se deles. Os primeiros sentem-se inseguros, não só quanto aos bens, mas também quanto às suas próprias vidas. Este estado natural degenerado conduz à necessidade de estabelecimento de um pacto social entre os homens, capaz de garantir a segurança e os direitos naturais.

Segundo Hobbes (2003), verificava-se uma verdadeira guerra de todos contra todos, sendo que para sobreviver apenas restou ao ser humano abdicar da liberdade inicial e submeter-se ao poder do Estado (o Leviatã), ressalvando Locke (1994) a necessidade de o governo não ser arbitrário e proteger os direitos de toda a sociedade, direitos existentes desde o estado da natureza. Neste panorama de conflitos, surgiu um contrato social, entendido por Rosseau (2003) não como uma renúncia aos direitos naturais, mas como um acordo para a proteção desses direitos, numa expressão de desejo mútuo da maioria.

A reunião em grupos e tribos teve a sua importância para a segurança pretendida, seja em razão da proteção promovida por aqueles que apresentavam maior compleição física, seja pelo ambiente de maior prosperidade em razão de uma maior garantia contra a violabilidade dos recursos disponíveis, como refere Guinote (2005, pp. 951-952).

Por outras palavras, a sobrevivência exige a organização de grupos sociais para a satisfação de interesses não alcançados em ações isoladas.

Sobre o assunto, Alves (2010, pp. 15, 19-20) apresenta, também, uma reflexão a respeito do início do desenvolvimento de grupos sociais, reunidos em unidades políticas para fins de proteção:

> Desde os primórdios da humanidade que os homens têm necessidade e aspirações que facilmente se entende não poderem ser satisfeitas com base apenas em esforços individuais, o que acabou por encontrar solução no desenvolvimento de grupos sociais; daqui também se entende que haja quem defenda ter o estado nascido quando um grupo instituiu a sua própria proteção. Assim, diferentes tipos de unidades políticas (clã, tribo, estado-cidade, imério, senhorio feudal, estado-nação) foram surgindo ao longo dos tempos, com vista à satisfação de aspirações fundamentais dos homens, acabando por extinguir-se e dar lugar a outras quando deixavam de satisfazer as necessidades em presença. (...) Estudos de psicologia são unânimes em considerar que os seres humanos têm necessidades de sobrevivência, de organização e de tantas outras realidades, tratando-se de um conceito largamente utilizado em ciências sociais. A preservação do indivíduo e da sua propriedade é uma das velhas actividades do Homem registradas pela História. Desde sempre o ser humano procurou utilizar o meio físico com vista a garantir a sua própria integridade física e a custódia dos seus pertences e, em seguida, organizar-se, tomando medidas de vária ordem de modo a conseguir uma certeza de libertação relativamente aos perigos que o cercavam. Contra o meio ambiente e as forças da natureza o homem aproveitou a caverna como lugar seguro. Em seguida aprendeu a tirar partido da colocação de barreiras físicas (grandes pedras, fogueiras, cursos d'agua etc.) entre si e as forças adversas.

Como sustentou o zoólogo austríaco Lorenz (1963), o ser humano convive como animal de desejos inatos, como um parlamento de instintos. A história é indelevelmente marcada pela convivência humana e suas consequências, umas positivas e outras nem tanto. A convivência tende a ser conflituosa, se não houver submissão a uma autoridade superior.

Por um lado, surgiu uma necessidade de os seres humanos se reunirem, seja por afeto, seja para melhor se protegerem dos perigos naturais, ou ainda para garantirem, por meio de distribuição de tarefas, a desejada sobrevivência alimentar. Por outro lado, surgiram os conflitos decorrentes da própria reunião entre os seres humanos, em razão da dificuldade de conciliar os desejos natos e os interesses de cada um.

Surgiram então regras de convivência social, para ordenar as relações interhumanas, como algo imprescindível, inclusive para a própria formação e continuidade dos grupos e tribos. Nesse sentido, Fontes (2010, p. 213) sustenta a necessidade de um conjunto de regras na convivência da sociedade humana. Para o autor, *a vida social não pode fazer-se sem uma disciplina e sem uma ordem para a segurança tanto dos indivíduos como da própria comunidade, nacional e internacional.* No ensinamento de Gouveia (2018, p. 23), a boa convivência social prescinde do exercício de um poder político, a conciliar *os diferentes objetivos que presidem aos sentidos da vida das pessoas e dos grupos em que se inserem.*

Alves (2010, pp. 20-21) destaca a segurança como segunda base da pirâmide, num escalonamento hierárquico de necessidades. Ao analisar os registros históricos, sublinha algumas atividades relacionadas com a necessidade de segurança, como formas primárias de atuação policial, citando o Livro de Chou Li, que, no ano de 1122 AC, já fazia referência a patrulhamentos de tipo policial e a ações detetivescas.

Face a naturais impasses e conflitos de interesse, a proteção das necessidades foi, e ainda é, exigida de forma coletiva, numa ordem pública geral necessária para a defesa de valores essenciais da sociedade, em convivência pacífica. Sousa (2016, p. 143) refere a ordem pública como sendo necessária à defesa de *valores essenciais da sociedade, como o Estado e suas instituições, o indivíduo e a família, o direito e a liberdade.* Para Silva (2002, p. 754), ordem pública é *uma situação de pacífica convivência social, isenta de ameaça de violência ou de sublevação que tenha produzido ou que supostamente possa produzir, a curto prazo, a prática de crimes.*

A ordem pública consolida-se como limitação do arbítrio e garantia do interesse social e da boa convivência social, podendo ser compreendida em sentido amplo, de maneira a contemplar a segurança, a tranquilidade e a salubridade (Sousa, 2016, p. 144), todas necessárias a uma vida em grupo, com o necessário respeito recíproco pelos direitos e deveres individuais e coletivos.

Neste sentido amplo, a segurança pública é um elemento da ordem pública e não o contrário. Ordenar as relações humanas evitando um "estado de não desordem" contempla as mais variadas atividades. Como exemplo, a organização de vias alternativas face a um defeito apresentado por semáforo, para re(ordenar) o trânsito é uma atividade afeta à ordem pública e não necessariamente à segurança pública.

Diversas são as acepções de segurança. Como elenco meramente exemplificativo, temos a segurança das relações jurídicas, a segurança industrial, a segurança social, a segurança econômica, a segurança pessoal, a segurança externa e a segurança interna.

Na lei portuguesa n.º 53/2008, de 29 de agosto, o legislador optou por definir a segurança interna, integrando nela tanto a atuação criminal de prevenção e repressão, como a atividade administrativa de regulação e manutenção da tranquilidade pública, em prol do funcionamento das instituições democráticas, do regular exercício dos direitos, liberdades e garantias fundamentais dos cidadãos e do respeito pela legalidade democrática.

Concretamente, diz o citado preceito da lei:

> 1 – A segurança interna é a actividade desenvolvida pelo Estado para garantir a ordem, a segurança e a tranquilidade públicas, proteger pessoas e bens, prevenir e reprimir a criminalidade e contribuir para assegurar o normal funcionamento das instituições democráticas, o regular exercício dos direitos, liberdades e garantias fundamentais dos cidadãos e o respeito pela legalidade democrática.
>
> 2 – A actividade de segurança interna exerce-se nos termos da Constituição e da lei, designadamente da lei penal e processual penal, da lei quadro da política criminal, das leis sobre política criminal e das leis orgânicas das forças e dos serviços de segurança.
>
> 3 – As medidas previstas na presente lei destinam-se, em especial, a proteger a vida e a integridade das pessoas, a paz pública e a ordem democrática, designadamente contra o terrorismo, a

> criminalidade violenta ou altamente organizada, a sabotagem e a espionagem, a prevenir e reagir a acidentes graves ou catástrofes, a defender o ambiente e a preservar a saúde pública.

A segurança interna distingue-se da segurança externa: a primeira diz respeito às polícias administrativa e judicial; a segunda é confiada às forças armadas. No dizer de Alves (2010, p. 43), *a par com a Defesa Nacional, Segurança Externa, a Segurança Interna tem em vista a Segurança Nacional, no sentido de garantir o cumprimento das leis em geral e o respeito pelos direitos dos cidadãos no tocante à vida interna da colectividade nacional.*

Inserida na segurança interna, a segurança pública revela-se no contexto de efetiva, provável ou possível trangressão delituosa, em ofensa de bens com relevância penal. A simples ameaça já torna algo inseguro, exigindo a intervenção do Estado.

Não há, pois, que confundir ordem pública e segurança pública. Sousa (2016, p. 140) refere que *a ordem pública é norma de necessidade, isto é, para fazer sentido prático, a ordem pública necessita de ser confrontada com uma dada realidade*. Quando esta realidade é confrontada com perigo ou risco para a vida, o patrimônio ou outros bens jurídicos protegidos, temos a segurança pública. Plácido e Silva (1963, p. 1417) define a segurança pública como o afastamento, por meio das instituições, de qualquer perigo ou mal para a ordem pública, em prejuízo da vida, da liberdade e dos direitos do cidadão.

Podemos definir genericamente a ordem pública como estado dinâmico de bem-estar geral diante da segura e tranquila convivência democrática de plurais particularidades, em coletivo respeito aos direitos fundamentais e aos valores essenciais da sociedade. Pelo seu aspecto dinâmico e transversal, forçosamente, temos um conceito genérico, porém indissociável da realidade, quando por ela, em dadas condições, é confrontada.

À vista disso, a segurança pública, como espécie do gênero segurança interna, compreende os meios ativos ou passivos continuamente destinados a prevenir o dano ou o potencial perigo de dano para bens jurídicos e para reprimir condutas transgressoras, se concretizada a lesão, no intuito de proteger e preservá-los, contribuindo para a ordem pública a salvaguarda das instituições democráticas, do regular exercício dos direitos, liberdades e garantias fundamentais dos cidadãos.

1.2 BENS JURÍDICOS

1.2.1 Contextualização

A considerar coisa tudo aquilo que humano não for, o bem passa a ser espécie deste gênero, como parte que represente um mínimo de valor, utilidade ou afeto ao ser humano. Em um sentido mais genérico, bem é tudo aquilo que pode ser considerado como digno, útil, necessário, ou valioso, sejam eles coisas reais ou objeto ideal dotado de valor (TOLEDO, 1994, p. 15).

Restringido ao sentido jurídico, os bens possuem algum interesse a eles relacionados, reconhecido como de relevo pela sociedade e digno de proteção.

Inserindo o interesse na definição de bens jurídicos, Dias (2001, p. 43) afirma que os bens jurídicos são uma *expressão de um interesse, da pessoa ou da comunidade, na manutenção ou integridade de um certo estado, objeto ou bem em si mesmo socialmente relevante e por isso juridicamente reconhecido como valioso.*

Observa-se, assim, que entre os bens em sentido amplo, somente alguns deles são reconhecidos como jurídicos, quando – e se – tutelados, e como tal forçosamente associados a um direito subjetivo.

Ressalva Sousa (2016, p. 396):

> Nem todo o bem é bem jurídico. Bem jurídico é aquele que é criado e protegido pela ordem jurídica. Em si considerada, a segurança caracteriza apenas uma situação em que se poderão encontrar os bens jurídicos, isto é, uma situação de ausência de perigo. Tal como o perigo por si só não faz desaparecer o bem jurídico, apenas ameaçando a sua existência, também a ausência de perigo, isto é, a segurança, não é suficiente para fundar a existência do bem jurídico. As normas não protegem a segurança em si mesma, mas a segurança de alguém ou de alguma coisa. Concretamente, as normas jurídico-policiais têm por função concretizar o bem de proteção (pessoas ou coisas). Por conseguinte, a proteção da segurança pressupõe o reconhecimento de bens jurídicos de cuja segurança e proteção cuida a norma. Assim, ao fundar o bem, mas ao remeter para bens jurídicos, o conceito de segurança pública é também um conceito de remissão.

Entre estes, apenas uma parcela se caracteriza como relevante na área penal. Pelo princípio da *ultima ratio*, são importantes para o direito penal aqueles bens cuja ofensa se mostra demasiadamente reprovável, justificando intervenção, para além dos demais ramos de Direito.

Nas lições de Greco (2017, p. 36):

> Ainda que existente forte conotação subjetiva na escolha, a seleção se torna possível a partir dos valores abrigados na Constituição, como norma fundamental. Sendo a finalidade do Direito Penal a proteção dos bens essenciais ao convívio em sociedade, deverá o legislador fazer a sua seleção. Embora este critério de escolha de bens fundamentais não seja completamente seguro, pois que nele há forte conotação subjetiva, natural da pessoa humana encarregada de levar a efeito tal seleção, podemos afirmar que a primeira fonte de pesquisa encontra-se na Constituição Federal. Os valores abrigados pela Carta Magna, tais como a liberdade, a segurança, o bem-estar social, a igualdade e a justiça, são de tal grandeza que o Direito Penal não poderá virar-lhes as costas, servindo a Lei Maior de norte ao legislador na seleção dos bens tidos como fundamentais.

Não é estável e seguro determinar os bens com relevância penal. O que é considerado crime para uma sociedade pode não ser compreendido como tal noutra. Inclusivamente, na mesma sociedade esta consideração depende de uma perspectiva histórica e cultural. Há divergências espaciais e temporais, na tridimensionalidade do jusfilósofo Reale (1994), que reconhece o fato e o valor como vértices para além da norma.

1.2.2 Ameaça, perigo e risco

Para a melhor compreensão da ameaça, do perigo e do risco, além das suas distinções, é importante o entendimento sobre a diferença entre segurança e seguridade. Alves (2010, p. 31) ressalva, com propriedade, haver diferenças entre segurança, como carência efetiva de perigo, e seguridade, que exprime a tranquilidade de espírito, o sentir-se seguro: *enquanto safety corresponde a uma situação física, de afastamento de perigo; podemos dizer que security corresponde mais a um sentimento, resultante da aplicação de um método sistemático e compreensivo.*

Na obra *Traité de Sécurité Intérieure*, Cusson e Dupont (2007) observam o aspecto negativo da segurança, medida pela raridade ou não de delitos. Assim, é possível haver seguridade (sentimento de segurança) sem segurança ou o inverso.

Seguimos o pensamento de Alves (2010), quando defende ser a segurança algo relativo, pois o perigo também é relativo, considerando que há riscos aceitáveis, seja por serem remotos, seja por serem poucos significativos perante os outros que a superação daqueles riscos exigiria.

> O termo Segurança conhece um uso tão diversificado que se torna difícil isolá-lo para lhe atribuir um significado inequívoco. Ouvem-se e lêem-se constantemente referências aos mais diferentes contextos e tipos de segurança: internacional, nacional, do estado, pública, privada, militar, interna, social, industrial, pessoal etc. Muitos são, pois, os contextos de utilização e diversos os conteúdos do termo, normalmente não clarificados nem, por consequência, entendidos de modo uniforme. A origem etimológica da palavra, do latim securitas, aponta para um estado ou situação livre de perigo, sendo corrente entender-se segurança como ausência de perigo. Mas, em linguagem técnica, por um lado, tal entendimento é manifestamente insuficiente como definição, e, por outro lado, a referência ao perigo contém uma carga de imprecisão, pelo que não clarifica suficientemente o conceito; aliás, não será exactamente em presença do perigo que se pretende ter segurança (ALVES, 2010, p. 29).

Há, também, a seguridade, no sentido de segurança social, de proteção social dos cidadãos, mas que aqui se revela de pouca relevância.

De acordo com Sousa (2016, p. 385), *os bens jurídico-policialmente protegidos são os previstos expressamente na lei e, em geral, a ordem e a segurança públicas.*

Em cenário de conflito de interesses, verifica-se um ambiente de ameaça. Como resposta, segurança pública é toda a ação do Estado face a um risco, perigo ou lesão a um bem jurídico-policialmente relevante, de maneira que esta noção abrange desde o reconhecimento da própria ameaça até a resposta decorrente da ofensa ao dano.

Na segurança pública, o Estado deve reconhecer vulnerabilidades e evitar circunstâncias que possam vir a constituir perigo, enquanto possibilidade de uma ameaça se concretizar em dano, reduzindo ao máximo o risco.

Sousa (2016, p. 463) discorre com profundidade sobre o tema, afirmando que, para o conceito jurídico-policial de perigo, são relevantes *a probabilidade de ocorrência de um dano; o grau de probabilidade de ocorrência do dano; a importância do bem a proteger; a proximidade temporal de ocorrência do dano; e os princípios da experiência em que assenta a previsão do dano.*

Para Alves (2010, p. 47), a ameaça é o vetor potencial de danos, não localizados e imprecisos; perigo é a possibilidade, identificada e localizada, de uma ameaça se concretizar; e risco é a probabilidade objetiva de a ameaça se concretizar, num esforço de quantificação com o intuito de diminuir a incerteza, resultante da análise detalhada da situação.

Um exemplo da lei portuguesa ilustra com propriedade o que acabamos de dizer: nos termos do art. 11, al. m), da Lei da Responsabilidade Ambiental (Decreto-Lei n.º 147/2008, de 29 de julho), "medidas de prevenção" ambiental são *quaisquer medidas adotadas em resposta a um acontecimento, ato ou omissão que tenha causado uma ameaça iminente de danos ambientais, destinadas a prevenir ou minimizar ao máximo esses danos.*

Com o fim de ilustrar a diferença conceitual, apresento a hipótese de uma empresa mineradora em fase de instalação numa região com densa cobertura florestal. Por ser a mineração uma atividade potencialmente poluidora, a ameaça naturalmente já se encontra presente. Suponhamos que, na fase de instalação, são encontrados indícios de sítios arqueológicos na área de propriedade da empresa. Neste caso, está configurado um perigo ao patrimônio cultural, face à possibilidade identificada de uma ameaça se concretizar em dano. Observando o projeto de instalação, verifica-se que parte do empreendimento contemplará exatamente um local próximo aos sítios arqueológicos identificados. Neste caso, teríamos um alto risco de dano.

Por outro lado, a empresa mineradora, ao mesmo tempo que é de suma importância para a sociedade, não apenas pela criação de empregos diretos e indiretos, mas também pelo fornecimento de matéria-prima, revela-se, por outro lado, uma ameaça para o meio ambiente ecologicamente equilibrado, bem de uso comum do povo e essencial para a sadia qualidade de vida[3], em cenários de risco.

3. V. Art. 225 da CF/88 do Brasil.

A ameaça de conflitos está presente na sociedade com diversas dimensões econômicas e políticas face aos interesses conflituantes, com possibilidade de perturbação da ordem e segurança públicas.

Assim, a segurança pública deve contemplar a atividade de prevenir não apenas o dano, como também, quanto possível, o perigo de dano, minimizando ao máximo os riscos, como grau de probabilidade. Como refere Sousa (2016, p. 458), *o critério decisivo para a verificação de um perigo é, pois, a probabilidade (não se exige a certeza) de ocorrência de um dano.*

Esta atividade de prevenção é contínua, face à existência permanente de ameaças a bens jurídicos em riscos globais. Beck (2009, pp. 52-53) distingue o riscos globais antigos dos novos, enfatizando as consequências dos últimos nos fundamentos da sociedade moderna:

> The theory of world risk society makes a distinction between old and new risks and argues that the new types of risks that are prompting the global anticipation of global catastrophes rock the foundations of modern societies. Such global risks exhibit three characteristic features: 1 Delocalization: their causes and consequences are not limited to one geographical location or space; they are in principle omnipresent. 2 Incalculability: their consequences are in principle incalculable; at bottom they involve 'hypothetical' risks based on scientifically generated nonknowing and normative dissent. 3 Non-compensatability: although the dream of security of the first modernity did not exclude harms (even major harms), these were regarded as compensatable so that their destructive impacts could be made good (by money, etc.). If climate change is irrevocable, if human genetics makes possible irreversible interventions in human existence, if terrorist groups already possess weapons of mass destruction, then it's too late. Given this new quality of 'threats to humanity', argues François Ewald (2002), the logic of compensation is breaking down and is being replaced by the principle of precaution through prevention. Moreover, attempts are being made to anticipate and prevent risks whose existence has not yet been demonstrated.

Como defendemos ao longo desta obra, a falta de plena certeza não deve ser usada como razão para não adotar medidas de prevenção. Não se mostra suficiente impedir condutas que são sabidamente perigosas. Deve-se procurar evitar o perigo de condutas potencialmente perigosas.

1.2.3 Ofensa

Um campo fecundo de discussão acadêmica é o da ofensa ou lesão dos bens. No estudo da teoria do delito, como base no conceito teleológico funcional, rompendo a barreira entre direito penal e política criminal, sustenta-se que a análise da tipicidade exige não apenas a subsunção formal do fato ao tipo penal incriminador, como também o exame do desvalor da ofensa.

Desta forma, temos a conclusão de que nem toda ofensa a um bem jurídico justifica reação do Estado na esfera policial. Assim, não devemos apenas romper a barreira entre direito penal e política criminal, como também a barreira entre estes e o Direito Policial, no contexto do direito de segurança.

Relevante destacar que Gouveia (2018) cita o Direito Policial como divisão do Direito de Segurança, enquanto direito e dever de natureza pública. Para o autor, Direito de Segurança:

> Vem a ser o sistema de normas e princípios jurídicos que definem a organização e o funcionamento das estruturas de segurança, estabelecendo os seus poderes e limites, com vista à proteção dos direitos e bens jurídicos fundamentais dos cidadãos e das comunidades políticas. Nesta definição, divisa-se a existência de três elementos constitutivos: – o elemento formal: o conjunto de princípios e normas, com natureza jurídica, que entre si se articulam sistematicamente fazendo uma ordem jurídica própria; – o elemento material: a orientação de dever-ser que confere poderes e direitos, bem como traça limites à intervenção de cada estrutura, pública ou privada, na sua atividade de segurança (Gouveia, 2018, pp. 119-120).

Acerca da autonomia da Ciência do Direito de Segurança, Gouveia (2018, pp. 129-130) sustenta afirmativamente, sob três primas:

> Autonomia regulativa ou normativa: que se firma na existência de textos normativos próprios, até parcialmente codificados em certas leis estruturantes, ganhando mesmo uma designação própria; autonomia científica ou dogmática: que se atesta pela presença de conceitos e princípios privativos, os quais são tanto mais importantes quanto são evidentes as peculiariedades regulativas e existenciais do Direito de Segurança; autonomia pedagógica ou didática: que se afirma no facto de, nas escolas de Direito e não só, se apresentar em disciplinas próprias, com ou sem este

nome, suscitando um momento pedagógico próprio e separado no elenco de várias disciplinas, tanto das licenciaturas como dos cursos pós-graduados.

Considerar a possibilidade de uma ofensa ser insignificante para o direito penal não significa afastar a necessidade de atuação das forças de segurança em situações congêneres. Ao direito penal importa o caso concreto principalmente em análise *ex post*. Ao Direito Policial interessa essencialmente garantir a ordem e a segurança públicas, sempre que possível, numa avaliação *ex ante* à ofensa. A insignificância penal da ofensa, por si só, não pode ser antecipada como argumento de discricionariedade a legitimar omissão das forças de segurança. Por esta razão, impõe-se uma avaliação da atuação policial para obstaculizar a possibilidade de ofensa, em situação de elevado risco.

A ameaça de dano (possibilidade de ofensa) pode verificar-se face a bens jurídicos individuais como a vida, a integridade física, a honra, a liberdade e o patrimônio (Sousa, 2016, p. 395). Por conseguinte, não se trata apenas ofensas a direitos subjetivos. São dignos de tutela os bens jurídicos de natureza coletiva, como a paz, o meio ambiente, a fé pública, a administração pública e a administração da justiça. Como bem apontado por Jescheck (1993, p. 234):

> Hay bienes jurídicos de la persona individual (bienes jurídicos individuales) (v.g. la vida, la libertad y la propiedad), entre los que forman un subgrupo los bienes jurídicos personalísimos (v.g. la integridad corporal y el honor), y bienes jurídicos de la colectividad (bienes jurídicos universales) (v.g. la protección de los secretos de Estado, la seguridad del tráfico viario y la autenticidad del dinero).

A CF/88 dedicou um capítulo à proteção do meio ambiente, dispondo no seu art. 225, § 3º, que as condutas e atividades consideradas lesivas para o meio ambiente sujeitarão os infratores, pessoas físicas ou jurídicas, a sanções penais e administrativas, independentemente da obrigação de reparar os danos causados.

No Brasil, a Lei 9.605/1998 estabelece sanções penais e administrativas para condutas e atividades ofensivas do meio ambiente. No estudo da Constituição e da Lei 9.605/1998, destacam-se as lições de Leite (2000, p. 108) que defende que o dano ambiental deve ser entendido como toda a lesão intolerável para o meio ambiente, como macrobem de interesse da coletividade.

Esta proteção exemplica a tutela penal de natureza coletiva, ao ter como bem jurídico o meio ambiente ecologicamente equilibrado, bem de uso comum do povo e essencial à sadia qualidade de vida, impondo-se ao Poder Público e à coletividade o dever de o defender e preservar para as presentes e futuras gerações[4]. Neste sentido, o art. 3º, n.º 1, al. a), da Lei n.º 31/2014, de 30 de maio, da República Portuguesa, estabelece o princípio geral da solidariedade intra e intergeracional, *assegurando às gerações presentes e futuras qualidade de vida e um equilibrado desenvolvimento socioeconómico.*

Tendo em conta o estudo dos bens e da ameaça, do perigo, do risco e da ofensa para o Direito Policial, a segurança pública compreende, então, os meios ativos ou passivos continuamente destinados a prevenir o dano ou o potencial perigo para bens jurídicos e para reprimir condutas transgressoras, se concretizada a lesão, com vista a proteger e preservá-los, contribuindo para a ordem pública pela salvaguarda das instituições democráticas e do regular exercício dos direitos, liberdades e garantias fundamentais dos cidadãos.

Segundo Sousa (2016, p. 457), *o principal fundamento da atuação das forças de ordem e seguranças públicas é a existência de um perigo para um bem jurídico-policialmente protegido*, sendo a função característica da polícia a prevenção do perigo para a ordem e segurança públicas. De fato, ao encontro do que preconiza o autor, a proteção de bens individuais e coletivos eleva a importância da atuação policial em favor da segurança pública na garantia da convivência humana, reduzindo os riscos de possíveis perigos decorrentes da constante ameaça em ambiente de conflitos de interesses.

1.3 SEGURANÇA PÚBLICA COMO DIREITO FUNDAMENTAL NO ESTADO DEMOCRÁTICO DE DIREITO

No Estado democrático de direito, a segurança pública constitui para os cidadãos um direito fundamental, sem o qual não há condições para o pleno gozo dos direitos e liberdades fundamentais. No estudo de sua importância, há de se relacionar segurança pública e Estado democrático de direito, para em seguida caracterizar segurança pública no rol dos direitos fundamentais.

4. V. art. 225, § 3º, da CF/88.

Numa perspectiva objetivo-funcional, a segurança pública, como atividade de tutela dos bens jurídicos relevantes, é vital para a garantia do ordenamento jurídico e para a salvaguarda do caráter democrático do Estado. Em perspectiva subjetiva, o direito à segurança pública é fundamental para a efetividade dos demais direitos e liberdades.

Numa primeira fase, o Estado moderno privilegiou os direitos individuais, denominados de primeira dimensão. As Constituições liberais continham normas de liberdades negativas de garantia à não intervenção do Estado, em domínios limitadores de sua atuação.

Observou-se, porém, no decurso dos períodos seguintes, a necessidade de assegurar uma igualdade material, transpondo a barreira das meras intenções, cabendo ao Estado uma postura para além da neutralidade e da inércia, reconhecendo, talvez por oportunismo histórico, a imperiosa obrigação de implementar políticas públicas de respeito e promoção dos direitos sociais, conhecidos como de segunda dimensão, em resposta aos anseios e reivindicações dos menos favorecidos. Neste momento, admitiu-se, ainda que tardiamente, inexistir Estado de direito sem Estado social.

Surgiram novos direitos fundamentais. Numa leitura dos direitos pelo seu perfil histórico, chegou-se a classificá-los em gerações, contextualizando-os no tempo, como resposta às exigências contemporâneas[5].

Os direitos de primeira geração (dimensão) seriam, pois, direitos relacionados com liberdade negativa, com os direitos civis e políticos, com surgimento no final do século XVIII e princípios do séc. XIX, em razão das reivindicações burguesas nas revoluções liberais francesa e norte-americana, que defendiam a abstenção do Estado. Esta dimensão está presente desde a fase inicial do Constitucionalismo ocidental até aos dias de hoje. Assim leciona Sarmento (2006, p. 19) sobre os direitos fundamentais frente à interferência estatal:

> Dentro deste paradigma, os direitos fundamentais acabaram concebidos como limites para a atuação dos governantes, em prol da liberdade dos governados. Eles demarcavam um campo

5. Como será exposto nas páginas seguintes, a doutrina majoritária não mais utiliza a nomenclatura "geração" no estudo da evolução histórica dos direitos fundamentais, optando-se pelo termo "dimensão".

> no qual era vedada a interferência estatal, estabelecendo, dessa forma, uma rígida fronteira entre o espaço da sociedade civil e do Estado, entre a esfera privada e a pública, entre o 'jardim e a praça'. Nesta dicotomia público/privado, a supremacia recaía sobre o segundo elemento do par, o que decorria da afirmação da superioridade do indivíduo sobre o grupo e sobre o Estado.

Reza o art. 5º da CF/88 que *todos são iguais perante a lei, sem distinção de qualquer natureza, garantindo-se aos brasileiros e aos estrangeiros residentes no País a inviolabilidade do direito à vida, à liberdade, à igualdade, à segurança e à propriedade.* Na Constituição da República Portuguesa, nos seus arts. 24, 25, 27 e 62, há uma previsão expressa do direito à vida, à integridade física, à liberdade, à segurança e à propriedade privada.

Os direitos de segunda geração (dimensão), por seu turno, são os relacionados à liberdade positiva, aos direitos sociais, garantidos apenas com a atuação do Estado na promoção de igualdade material entre os seres humanos, com surgimento no final do século XIX, em resposta à luta do proletariado, insatisfeito com o panorama de extrema desigualdade em relação à classe empregadora, de maior poder económico. Para compensar o desequilíbrio anterior – e ainda de hoje – reivindicou-se uma conduta positiva do Estado em áreas como a saúde e a educação.

Já no início do século XX, ganharam relevo as Constituições do México (1917) e de Weimar (1919), ao introduzirem o direito à saúde, à moradia e à educação, entre outros. Na descrição de Sarmento (2006, p. 19):

> As Constituições do México (1917) e de Weimar (1919) trazem no seu bojo novos direitos que demandam uma contundente ação estatal para sua implementação concreta, a rigor destinados a trazer consideráveis melhorias nas condições materiais de vida da população em geral, notadamente da classe trabalhadora. Fala-se em direito à saúde, à moradia, à alimentação, à educação, à previdência etc...

O art. 6º da CF/88 elenca como direitos sociais a educação, a saúde, a alimentação, o trabalho, a moradia, o transporte, o lazer, a segurança, a previdência social, a proteção à maternidade e à infância, e a assistência aos desamparados. Correto é: O art. 6º, *caput*, da CF/88 elenca como direitos sociais a educação, a saúde, a alimentação, o trabalho, a moradia, o transporte, o lazer, a segurança, a previdência social, a proteção à maternidade e à infância, e a assistência aos desamparados. De acordo com o art. 9º, al. d), da Constituição da República Portuguesa, são tarefas fundamentais do Estado *promover o bem-estar e a qualidade de vida do povo e a igualdade real entre os portugueses, bem como a efetivação dos direitos económicos, sociais, culturais e ambientais, mediante a transformação e modernização das estruturas econômicas e sociais.*

A distinção entre os direitos de primeira e de segunda geração (dimensão) torna-se mais evidente se considerarmos os critérios finalísticos: aqueles referentes aos limites do poder do Estado; estes, referentes à necessidade de atuação do poder estatal em prol da dignidade humana. No posicionamento de Marmelstein (2008, p. 42):

> Os direitos de primeira geração tinham como finalidade, sobretudo, possibilitar a limitação do poder estatal e permitir a participação do povo nos negócios públicos. Já os direitos de segunda geração possuem um objetivo diferente. Eles impõem diretrizes, deveres e tarefas a serem realizadas pelo Estado, no intuito de possibilitar aos seres humanos melhor qualidade de vida e um nível de dignidade como pressuposto do próprio exercício da liberdade. Nessa acepção, os direitos fundamentais de segunda geração funcionam como uma alavanca ou uma catapulta capaz de proporcionar o desenvolvimento do ser humano, fornecendo-lhe as condições básicas para gozar, de forma efetiva, a tão necessária liberdade.

A terceira geração (dimensão) surge com os profundos avanços no campo da comunicação e do desenvolvimento científico. É composta por direitos transindividuais relacionados com o progresso da sociedade, com nascentes na solidariedade e na fraternidade, passando pela tutela dos interesses difusos e coletivos, atendendo às necessidades das gerações presente e futuras, exigindo um compromisso global, em responsabilidades partilhadas e esforços universais, não apenas do Estado, como também de toda a comunidade.

Bonavides (2006, pp. 569-572) destaca o humanismo e a universalidade dos direitos de terceira dimensão:

> Com efeito, um novo pólo jurídico de alforria do homem se acrescenta historicamente aos da liberdade e da igualdade. Dotados de altíssimo teor de humanismo e universalidade, os direitos da terceira geração tendem a cristalizar-se no fim do século XX

> enquanto direitos que não se destinam, especificamente, à proteção dos interesses de um indivíduo, de um grupo ou de um determinado Estado. Têm primeiro por destinatário o gênero humano mesmo, num momento expressivo de sua afirmação como valor supremo em termos de existencialidade concreta.

Luño (1991, p. 210), por sua vez, sublinha o aspecto de solidariedade dos direitos de terceira dimensão: *Si la libertad fue el valor guía de los derechos de la primera generación, como lo fue la igualdad para los derechos de signo económico, social y cultural, los derechos de la tercera generación tienen como principal valor de referencia a la solidaridad.*

A doutrina mais recente defende a existência de uma quarta e quinta gerações (dimensões) de direitos fundamentais. Na quarta geração (dimensão), segundo Bonavides (2006), temos a concepção do ideal futuro de cidadania, numa necessária globalização dos direitos fundamentais, universalizando-os no campo institucional e político, em configuração mais avançada e convergente do Estado social, com pilares cimentados na democracia, na informação e no pluralismo. Acrescenta Bonavides (2006, pp. 571-572), sobre os direitos de "quarta geração" em contexto de globalização política, como a democracia e o direito à informação:

> A globalização política neoliberal caminha silenciosa, sem nenhuma referência de valores. (...) Há, contudo, outra globalização política, que ora se desenvolve, sobre a qual não tem jurisdição a ideologia neoliberal. Radica-se na teoria dos direitos fundamentais. A única verdadeiramente que interessa aos povos da periferia. Globalizar direitos fundamentais equivale a universalizá-los no campo institucional. (...) A globalização política na esfera da normatividade jurídica introduz os direitos de quarta geração, que, aliás, correspondem à derradeira fase de institucionalização do Estado social. É direito de quarta geração o direito à democracia, o direito à informação e o direito ao pluralismo. Deles depende a concretização da sociedade aberta do futuro, em sua dimensão de máxima universalidade, para a qual parece o mundo inclinar-se no plano de todas as relações de convivência. (...) os direitos da primeira geração, direitos individuais, os da segunda, direitos sociais, e os da terceira, direitos ao desenvolvimento, ao meio ambiente, à paz e à fraternidade, permanecem eficazes, são infra-estruturais, formam a pirâmide cujo ápice é o direito à democracia.

Na quinta geração (dimensão), temos o direito à paz. A sua inclusão por alguns na terceira geração (dimensão), e não em separado, acaba por ofuscar-lhe a importância e a condição indispensável ao progresso de todas as nações. Para Gouveia (2018, pp. 975-976), o direito à paz precisa ser compreendido não apenas como mera proibição da força, e sim com uma subjetivação própria em contexto internacional:

> O desenvolvimento jurídico-normativo, por junto com múltiplas reflexões doutrinárias e jurisprudenciais, tem vindo a confluir na construção de um novo direito humano, o direito à paz. Não se trata de um mero reflexo da proibição do uso da força, no sentido de esta obrigar os agentes internacionais a comportamentos pacíficos na preservação da segurança internacional. É mesmo a subjetivação jurídico-internacional de um direito à paz, que se exerce contra os outros sujeitos, máxime os Estados, sobre quem impende um dever de não fazer a guerra e de fazer a sua parte.

Ainda que a doutrina não se tenha debruçado o suficiente sobre o seu conceito, o direito à paz exponencia-se na medida em que seja confrontado com os mais variados aspectos transversais, nacionais ou transnacionais.

Bonavides (2008, p. 83) argumenta que o direito à paz é condição indispensável ao progresso de todas as nações, grandes e pequenas, em todas as esferas. Ao discordar de Karel Vasak, que classificou o direito à paz como de terceira geração (dimensão), Bonavides (2008) sustenta a necessidade de agregar maior visibilidade a este direito, elevando-o a um patamar autônomo e paradigmático, longe da obscuridade a que ficara relegado.

Certo é que a classificação dos direitos em "gerações" enfrenta – já há muito – fortes críticas, por oposição à ideia de sucessão cronológica, numa sequência de substituições de uma geração por outra. Na opinião dos críticos, a própria sequência de "gerações" não espelha fielmente uma verdade histórica. Trindade (1997) manifesta a sua inquietude acadêmica sobre as chamadas "gerações de direitos", por alimentar uma visão fragmentada dos direitos humanos. Desta forma, se posiciona em absoluta crítica ao uso da expressão "geração":

> A fantasia nefasta das chamadas 'gerações de direitos', histórica e juridicamente infundada, na medida em que alimentou uma visão fragmentada ou atomizada dos direitos humanos, já se encontra

> devidamente desmistificada. O fenômeno que hoje testemunhamos não é o de sucessão, mas antes, de uma expansão, cumulação e fortalecimento dos direitos humanos consagrados, consoante uma visão necessariamente integrada de todos os direitos humanos. As razões histórico-ideológicas da compartimentalização já há muito desapareceram. Hoje podemos ver com clareza que os avanços nas liberdades públicas em tantos países nos últimos anos devem necessariamente fazer-se acompanhar não de retrocesso – como vem ocorrendo em numerosos países – mas de avanços paralelos no domínio económico-social (Trindade, 1997, p. 390).

Apesar de inadequado, o termo "geração" teve sua valia acadêmica, numa perspectiva histórica, não necessariamente evolutiva, do nascimento e do reconhecimento dos direitos fundamentais.

Como direitos históricos, Bobbio (1992, p. 09) sustenta o seu ponto de vista teórico sobre o modo gradual e indelével dos direitos:

> (...) os direitos do homem, por mais fundamentais que sejam, são direitos históricos, ou seja, nascidos em certas circunstâncias, caracterizadas por lutas em defesa de novas liberdades contra velhos poderes, e nascidos de modo gradual, não todos de uma vez e nem de uma vez por todas.

Acontece que o próprio termo dimensão não escapa dos questionamentos. A sua utilização não configura um dique a conter críticas. Há uma equivocada postura acadêmica tendente ao endosso e aprisionamento de opiniões anteriores, precipuamente quando impermeáveis a pareceres contrários, estes sempre afastados por meio da retórica estratégica do argumento de autoridade.

Verifica-se uma perigosa e falsa dicotomia na teoria dos direitos fundamentais, ao sustentar que, na primeira geração ou dimensão, temos as liberdades negativas não onerosas e, na segunda geração ou dimensão, as positivas. Com este mesmo pensamento, Marmelstein (2003, p. 01):

> Outro equívoco grave da teoria é considerar que os direitos de primeira geração são direitos negativos, não onerosos, enquanto os direitos de segunda geração são direitos a prestações. esta visão, certamente influenciada pela classificação dos direitos por status, desenvolvida por Jellinek, considera, em síntese, que os direitos civis e políticos (direitos de liberdade) teriam o status negativo,

> pois implicariam num não agir (omissão) por parte do Estado; os direitos sociais e económicos (direitos de igualdade), por sua vez, teriam um status positivo, já que a sua implementação necessitaria de um agir (ação) por parte do Estado, mediante o gasto de verbas públicas.

Ao que parece, há um esforço excessivo, numa perspectiva linear, de enquadramento dos fatos históricos em "gerações" ou "dimensões", valendo-se da argumentação flexível e não mais academicamente sustentável, como se o direito fosse sequencial, em desenvolvimento retilíneo (liberdade → igualdade → fraternidade), ou em várias dimensões, quando em verdade temos de romper com a concepção tradicional, estabelecendo definitivamente o início de um processo de releitura, imprescindível para o resgate histórico dos direitos fundamentais, ajustando velhos conceitos ao contexto atual, considerando precipuamente a natureza, a origem e o grau dos riscos atribuídos aos perigos sociais, uns novos, outros nem tanto.

Em nova teoria, os direitos fundamentais, por dialogarem entre si, devem ser compreendidos como unidimensionais, alheios a qualquer tentativa de segmentação. Eles são concatenados, formando um corpo uno e indivisível. Não há liberdades puramente negativas, nem positivas, nem existe a possibilidade de se agrupar direitos fundamentais em segmentos isolados.

Como corpo único, não há dimensões, mas apenas perspectivas diferentes, não enumeradas, que se somam, com o objetivo de respeitar e garantir os direitos fundamentais, numa responsabilidade partilhada do Estado e da coletividade. Não há – nem pode haver – várias "dimensões" de direitos fundamentais, sem os considerar como um todo orgânico e uno.

Os direitos civis e políticos não são liberdades negativas, porque estas não mais existem *per se*. Tomemos o exemplo do direito à vida. Sem um adjetivo, este direito revela-se incompleto, insuficiente e inócuo. Mas "direito a uma vida digna e em segurança" já concretiza exigências da própria vida. A segurança deste direito, como garantia de atuação positiva, é um dever do Estado, mas também direito e responsabilidade de todos.

De igual modo, os direitos sociais não são liberdades puramente positivas. O direito à saúde, por exemplo, deve ser respeitado e garantido. Por garantia temos – ou deveríamos ter – políticas públicas satisfatórias, assim como normas vinculantes no sentido de impor o não desvio de recursos, devendo os agentes do Estado, e não apenas os particulares, abster-se do uso ilegal de recursos financeiros.

Não se respeita um direito fundamental sem garanti-lo, nem se garante um direito fundamental sem respeitá-lo. Respeitar é garantir. E garantir é respeitar. Uma simbiose inafastável. Garantir num binômio: promover e proteger. Para que os direitos fundamentais sejam respeitados e garantidos, devem ser primeiramente compreendidos numa perspectiva finalística e não numa visão divorciada da realidade.

Como bem ressalva Rodrigues (2002, p. 220), *só se é livre em segurança*. E para Clemente (2005, p. 370), *o cidadão só se sente livre (valor-fim) se estiver seguro (valor-meio)*. Sousa (2016, p. 32) é elucidativo: *A polícia garante a liberdade e a segurança, valores tão opostos quanto indissociáveis. Sem segurança não há liberdade; sem liberdade não faz sentido a segurança.*

Não existe mais espaço para abordarmos conceitos do passado, sem procurar responder ao possível, nos riscos atuais, cientes de um futuro ainda menos promissor. Dissociar os direitos fundamentais dos riscos a que estão expostos seria reducionismo. O conformismo é um privilégio de quem possui os seus direitos respeitados e garantidos. Se não há direitos plenamente garantidos, então não há lugar para o conformismo.

Na garantia de respeito por um bem jurídico penalmente relevante, na perspectiva da teoria dos direitos fundamentais unidimensionais, agudiza-se a importância da segurança pública, nos seus meios continuamente destinados a prevenir o dano ou o esperado perigo de dano e a reprimir condutas transgressoras, se concretizada a lesão, com a intenção de proteger e preservá-los, contribuindo para a ordem pública na salvaguarda das instituições democráticas, do regular exercício dos direitos, liberdades e garantias fundamentais dos cidadãos. Nas palavras de Canotilho e Moreira (1993, p. 184), *segurança, nesta perspectiva, não pode ser encarada unicamente como coacção jurídica e coacção material, mas primordialmente como uma garantia de exercício seguro e tranquilo de direitos, libertos de ameaças ou agressões.*

Sem segurança pública, em atos de autoridade, temos um ambiente de comunhão ameaçadora. Não podemos sentir liberdade, sem o sentimento de segurança (Saraiva, 2006, pp. 48-50), sem o sentimento de paz. Daqui resulta que o direito à paz nas relações humanas se traduz na garantia dos direitos fundamentais.

Paulo Bonavides (2008, p. 86) acrescenta que *a dignidade jurídica da paz deriva do reconhecimento universal que se lhe deve enquanto pressuposto qualitativo da convivência humana, elemento de conservação da espécie, reino de segurança dos direitos.*

Não há paz em ambiente inseguro, seja no contexto das relações internacionais, seja na esfera da realidade nacional. E, nesta realidade, do direito à segurança, dependem todos os demais direitos fundamentais, como afirma Sousa (2016, p. 394), em posicionamento seguro sobre o assunto:

> No Estado de Direito, a segurança pública não constitui apenas fundamento de atuação das forças de segurança, mas também um direito fundamental e precisamente um dos direitos fundamentais mais importantes da vida humana em sociedade, na medida em que deste direito depende o gozo de todos os outros, desde logo o direito à vida. O direito fundamental à segurança está reconhecido não só na Constituição Portuguesa (especialmente no art. 27), mas na generalidade das Constituições modernas e nos principais diplomas internacionais que incidem sobre direitos humanos.

Na realidade, o Estado é constituído, antes de mais nada, pelos seus fundamentos e finalidades presentes na Lei Maior, por meio dos quais se justifica e se concretiza. Afogados, por inteiro, no plano dos conceitos, permaneceremos acorrentados à ilusão das palavras. A realidade reclama uma inversão libertadora da perspectiva dos direitos fundamentais na visão unidimensional. Não podemos exercer um direito na sua plenitude num ambiente de insegurança, numa ausência de paz pública.

Silva (2005, p. 17) doutrina ser a segurança a base de todos os direitos fundamentais do homem:

> Porque condição do seu exercício, é a segurança da sua liberdade, da sua vida e seus haveres, que se perspectiva, por uma parte, na aspiração de segurança jurídica contra todos os eventuais abusos do poder e, por outra parte, na aspiração de segurança material contra as agressões de qualquer natureza.

Por esta razão, o tema da segurança é tratado na generalidade das Constituições modernas. Gouveia (2018, p. 53) diz, inclusive, ser lógico falar de um novo Direito Constitucional, em razão da crise do Estado Seguro, que nos leva à reflexão de como as Constituições se propõem enfrentar o novo fenômeno do risco nos termos em que este passou a surgir.

Na Constituição Política da Colômbia de 1991, interessante se revela o art. 218, no qual a polícia é definida como *um corpo armado permanente de natureza civil, a cargo da Nação, cujo objetivo principal é manter as condições necessárias para o exercício dos direitos e liberdades públicas e garantir que os habitantes vivam em paz.*

Em Portugal, na Constituição de 1822, temos uma relevante menção à segurança, no sentido de garantir e proteger os direitos, *ex-vi* do art. 3º: *A segurança pessoal consiste na protecção que o Governo deve dar a todos, para poderem conservar os seus direitos pessoais.* No art. 122, faz-se menção aos dois ambientes inseguros, referentes às realidades nacionais e internacionais, ao definir os poderes e deveres do Rei: *esta autoridade geralmente consiste em fazer executar as leis; expedir os decretos, instruções e regulamentos adequados a este fim e prover tudo o que for concernente à segurança interna e externa do Estado, na forma da Constituição.*

A Carta Constitucional da Monarquia Portuguesa de 1826 trouxe também a necessidade de o Poder Executivo prover *tudo o que for concernente à segurança interna e externa do Estado, na forma da Constituição* (art. 75, § 15), dispositivo que não foi renovado na Constituição Política da Monarquia Portuguesa de 1838, mas que foi resgatado, nos exatos termos, no art. 47, § 9º, da 1ª Constituição Política da República Portuguesa, em 1911, como atribuição do Presidente. A Constituição Política da República Portuguesa de 1933 é omissa sobre este assunto.

A Constituição da República Portuguesa de 1976 refere-se à segurança pública no art. 272, nos seguintes termos:

> 1. A Polícia tem por função defender a legalidade democrática e os direitos dos cidadãos. 2. As medidas de polícia são as previstas na lei, não devendo ser utilizadas para além do estritamente necessário. 3. A prevenção dos crimes, **incluindo a dos crimes contra a segurança do Estado**, só pode fazer-se com observân-

> cia das regras gerais sobre polícia e com respeito pelos direitos, liberdades e garantias dos cidadãos. (grifos nossos).

No Brasil, a CF de 1937 foi a primeira a se referir à segurança pública, no seu art. 16, inciso V: *Compete privativamente à União o poder de legislar sobre as seguintes matérias: o bem-estar, a ordem, a tranquilidade e a segurança públicas, quando o exigir a necessidade de uma regulamentação uniforme.*

A Constituição de 1946 referiu-se apenas à segurança interna, no seu art. 183: *As polícias militares instituídas para a segurança interna e a manutenção da ordem nos Estados, nos Territórios e no Distrito Federal são consideradas como forças auxiliares reservas do Exército.*

Tal como a Constituição de 1946, a Constituição de 1967 não se referiu à segurança pública, mas apenas à segurança interna, no seu art. 13, § 4º:

> Art. 13. Os Estados se organizam e se regem pelas Constituições e pelas leis que adotarem, respeitados, dentre outros princípios estabelecidos nesta Constituição, os seguintes:
>
> § 4º. As polícias militares, instituídas para a manutenção da ordem e segurança interna nos Estados, nos Territórios e no Distrito Federal, e os corpos de bombeiros militares são considerados forças auxiliares reserva do Exército, não podendo os respectivos integrantes perceber retribuição superior à fixada para o correspondente posto ou graduação do Exército, absorvidas por ocasião dos futuros aumentos, as diferenças a mais, acaso existentes.

A CF/88, por sua vez, no título que tem por epígrafe "Da Defesa do Estado e das Instituições Democráticas", dedicou um capítulo à segurança pública, afirmando, no seu art. 1º, que a segurança pública é *dever do Estado, direito e responsabilidade de todos, exercida para a preservação da ordem pública e da incolumidade das pessoas e do patrimônio.*

Seja como for, a segurança pública continua a estar no centro da criminalidade contemporânea, repleta de perigos e riscos nomeadamente provenientes de organizações criminosas, na sua diversidade e nos abrangentes âmbitos das suas atuações.

2

CRIMINALIDADE CONTEMPORÂNEA

A compreensão da criminalidade contemporânea, que justifica a repressão preventiva policial em prol da segurança pública como direito fundamental no Estado democrático de direito, reclama, no primeiro momento, distinguir os crimes comuns dos crimes praticados por uma organização criminosa.

Na busca do domínio cognitivo, é necessário analisar as várias perspectivas da criminalidade organizada, quais sejam a ordenação, a atuação e a proteção, para depois se relacionar, dentro de um contexto histórico-evolutivo, o cenário dos crimes do passado e do presente, permitindo a análise posterior da problemática relativa à (in)eficácia dos modelos policiais de prevenção e combate ao crime organizado.

Apenas no passado recente se iniciou o estudo, com rigor acadêmico, do fenômeno do crime organizado. Levi (2008, p. 523) sublinha que o crime organizado costumava ser um fenômeno que apenas era central nos discursos criminais norte-americanos e italianos relativos à máfia.

Pesquisando todo o inventário de ideias a respeito, mesmo ultrapassados alguns anos, inexiste um conceito adequado de "criminalidade organizada", com elementos e características que a diferencie adequadamente da criminalidade comum. Zaffaroni (2007) pronunciou-se sobre o tema, no sentido de que *el crimen organizado es un concepto de origen periodístico, que nunca alcanzó una satisfactoria definición criminológica.*

Sem uma definição adequada de criminalidade organizada, temos a erosão no propósito de combatê-la; a polícia é inserida num quadro algoz de insegurança jurídica, uma vez inexistente um conjunto necessário de normas e imperativos no próprio Direito Policial, a regular a prevenção e a repressão. Como refere António Francisco de Sousa, *a necessidade de lei clara e precisa na atuação policial resulta sobretudo do facto de a atividade policial ser essencialmente atividade de restrição e de imposição coativa, apresentando permanentes riscos de violação de direitos e liberdades dos cidadãos*. Por esta razão, considera-se frequentemente que a polícia e a sua atuação são um termómetro que indica o grau de observância dos direitos humanos por uma comunidade. Diz um velho adágio: «diz-me que polícia tens, dir-te-ei que democracia alcançaste»" (Sousa, 2016, p. 33).

Mas, para podermos progredir no estudo da criminalidade contemporânea, devemos previamente estudar os elementos do crime organizado. O primeiro combate deve, pois, ser o conceitual.

2.1 ASPECTOS CONCEITUAIS DA CRIMINALIDADE ORGANIZADA

A abordagem dos aspectos conceituais da criminalidade organizada não é tarefa fácil. As dificuldades a este respeito explicam-se não só pela variedade de formas e estruturas que o fenômeno da criminalidade pode assumir nos diferentes contextos nacionais, mas também por se tratar de organizações e estruturas em permanente processo de mudança e adaptação (Collantes, 2014).

Borges (2002, p. 15) reconhece a ausência de um critério consensual e amplas dificuldades de tipificação legal. Collantes (2014) refere três razões para esta dificuldade. Em primeiro lugar, as definições foram formuladas em resposta a casos específicos, como no caso da Itália e dos Estados Unidos. Em segundo lugar, surge o desafio de encontrar um conceito único que se adeque às mais variadas formas de criminalidade organizada. Em terceiro lugar, temos a controvérsia sobre qual será o âmbito de aplicabilidade mais adequado para o próprio conceito de crime organizado. Destacando os esforços doutrinários realizados, Palou (2012, p. 79) considera que o conceito de crime organizado tem sido objeto de múltiplos esforços de definição teórica.

No ordenamento jurídico brasileiro, além de outros diplomas que estabelecem tipos penais de concurso necessário de agentes, temos especificamente o crime de associação criminosa e o crime de organização criminosa[1]. Há que distingui-los.

O primeiro tipo, previsto no art. 288 do Código Penal (CP), caracteriza-se pela associação de 3 (três) ou mais pessoas, para o fim específico de cometer crimes, não necessariamente graves ou transnacionais. A sanção penal prevista é de reclusão, de 1 (um) a 3 (três) anos. A pena aumenta até a metade se a associação for armada ou se houver a participação de criança ou adolescente.

Com relação ao segundo tipo penal, previsto na Lei n.º 12.850/2013[2], conhecida como Lei do Crime Organizado (LCO), considera-se organização criminosa:

> A associação de 4 (quatro) ou mais pessoas estruturalmente ordenada e caracterizada pela divisão de tarefas, mesmo que informalmente, com o objetivo de obter, direta ou indiretamente, vantagem de qualquer natureza, mediante a prática de infrações penais cujas penas máximas sejam superiores a 4 (quatro) anos, ou que sejam de caráter transnacional.

A Lei n. º 12.850/2013 não apenas apresentou conceito de organização criminosa como também estabeleceu tipo penal próprio:

> Art. 2º. Promover, constituir, financiar ou integrar, pessoalmente ou por interposta pessoa, organização criminosa: Pena – reclusão, de 3 (três) a 8 (oito) anos, e multa, sem prejuízo das penas correspondentes às demais infrações penais praticadas. § 1º Nas mesmas penas incorre quem impede ou, de qualquer forma, embaraça a investigação de infração penal que envolva organi-

1. Além desses tipos penais específicos, há referências de "associação criminosa" em outros diplomas brasileiros, tais como no art. 35 da Lei n.º 11.343/2006 (que institui o Sistema Nacional de Políticas Públicas sobre Drogas – Sisnad; prescreve medidas para prevenção do uso indevido, atenção e reinserção social de usuários e dependentes de drogas; estabelece normas para repressão à produção não autorizada e ao tráfico ilícito de drogas; define crimes e dá outras providências): Art. 35. Associarem-se duas ou mais pessoas para o fim de praticar, reiteradamente ou não, qualquer dos crimes previstos nos arts. 33, caput e § 1º, e 34 desta Lei: Pena – reclusão, de 3 (três) a 10 (dez) anos, e pagamento de 700 (setecentos) a 1.200 (mil e duzentos) dias-multa.
2. A Lei n.º 9.034/1995 dispôs sobre a utilização de meios operacionais para a prevenção e repressão de ações praticadas por organizações criminosas, porém não conceituou organização criminosa. A Lei n.º 12.694/2012 trouxe o conceito de organização criminosa, porém não inovou o ordenamento jurídico com tipo penal para a conduta de promover, constituir, financiar ou integrar uma organização.

> zação criminosa. § 2º As penas aumentam-se até a metade se na atuação da organização criminosa houver emprego de arma de fogo. § 3º A pena é agravada para quem exerce o comando, individual ou coletivo, da organização criminosa, ainda que não pratique pessoalmente atos de execução. § 4º A pena é aumentada de 1/6 (um sexto) a 2/3 (dois terços): I – se há participação de criança ou adolescente; II – se há concurso de funcionário público, valendo-se a organização criminosa dessa condição para a prática de infração penal; III – se o produto ou proveito da infração penal destinar-se, no todo ou em parte, ao exterior; IV – se a organização criminosa mantém conexão com outras organizações criminosas independentes; V – se as circunstâncias do fato evidenciarem a transnacionalidade da organização.

Com a Lei n.º 12.850/2013, nas palavras de Masson e Marçal (2018, p. 65):

> Pela primeira vez aportou no ordenamento jurídico brasileiro o crime de promover (fomentar, desenvolver, estimular, impulsionar, anunciar, propagandear), constituir (compor, formar, dar existência), financiar (apoiar financeiramente, custear despesas, prover o capital necessário para) ou integrar (participar, tornar-se parte de um grupo, associar-se, estabelecer conexão), pessoalmente ou por interposta pessoa, organização criminosa.

As condutas alternativas de promover, constituir, financiar ou integrar, pessoalmente ou por interposta pessoa, organização criminosa possuem, como pena, a reclusão, de 3 (três) a 8 (oito) anos, e multa, sem prejuízo das penas correspondentes às demais infrações penais praticadas. As penas aumentam até a metade se na atuação da organização criminosa houver uso de arma de fogo.

Masson e Marçal (2018, p. 46) apresentam ainda importante distinção. Para os autores:

> Calha distinguir os conceitos de crime organizado por natureza e crime organizado por extensão. O primeiro se refere ao crime de organização criminosa propriamente dito (LCO, art. 2º), também chamado de crime de organização. O segundo diz respeito às infrações penais praticadas pela organização, e são por isso igualmente denominados crimes da organização. Exemplificativamente, pense-se numa organização criminosa formada por fiscais

> do meio ambiente especializada na prática de concussão (art. 316 do CP). Por meio dessa prática, os agentes públicos exigem de pequenos empresários o pagamento de propina, sob pena de interdição das atividades por eles exercidas; lavratura abusiva de autos de infração etc. Os servidores públicos, na hipótese, deverão responder criminalmente por integrarem a organização criminosa (crime organizado por natureza) e pelos crimes de concussão (crime organizado por extensão), em concurso material, conforme a taxativa previsão constante do preceito secundário do art. 2º da Lei n.º 12.850/2013 ("sem prejuízo das penas correspondentes às demais infrações penais praticadas).

O ordenamento jurídico brasileiro reconheceu, como características, o número de agentes do crime (quatro ou mais pessoas), a estrutura, mesmo informal (ordenada e caracterizada pela divisão de tarefas); o aspecto temporal (que se mantém ao longo do tempo e atua de forma concertada), a transnacionalidade ou a gravidade dos crimes (prática de infrações penais cujas penas máximas sejam superiores a quatro anos, ou que sejam de caráter transnacional) e o dolo de obter benefícios de qualquer natureza.

Sem maiores esforços, percebe-se a dupla possibilidade de subsunção: Em primeiro lugar, se as ações tiverem a finalidade de obter, direta ou indiretamente, vantagem de qualquer natureza, mediante a prática de infrações penais cujas penas máximas sejam superiores a 4 (quatro) anos; em segundo lugar, se as infrações penais, ainda que com penas máximas inferiores a 4 (quatro) anos, forem realizadas em conduta transnacional.

Esta noção normativa não convence. Não há razões para restringir uma organização criminosa às hipóteses de pluraridade de 04 ou mais pessoas, quando no caso de um número menor de agentes é possível ter uma estrutura ordenada e caracterizada pela divisão de tarefas, ainda que informalmente. Ao ser minucioso na descrição das infrações penais cujas penas máximas sejam superiores a 4 (quatro) anos), e ao ser vago no objetivo (vantagem de qualquer natureza), o legislador acabou por se confinar aos meios e se render à lacunosidade dos fins.

A transnacionalidade da segunda hipótese, ao ser desacompanhada de outros elementos conceituais, pode vir, inclusive, a contemplar a microcriminalidade de uma organização, sem maior potencial lesivo na prática de ações de periclitação, como aquela responsável pelo transporte clandestino de pessoas nas fronteiras dos Estados, sem os cuidados necessários, expondo ao risco a vida ou a saúde dos passageiros, na forma de perigo direto e iminente.

Em Portugal, inexiste uma legislação específica que defina o crime organizado, motivo pelo qual, não raro, se confundem os conceitos de associação e de organização criminosa. Com razão, Dias (2010, p. 26), que reconhece esta confusão conceitual e contra ela se posiciona. Não acompanho, porém, o autor ao sustentar que a Lei n. º 05/2002, de 11 de janeiro, apresenta uma definição de criminalidade organizada no seu art. 1º. Na verdade, esta norma, na nossa modesta opinião, limitou-se a apresentar um elenco de crimes com reprovações não lineares, para fins de regime especial de recolha de prova, de quebra do segredo profissional e de perda de bens a favor do Estado. Não trouxe elementos conceituais estruturantes.

A Lei n.º 05/2002, embora não defina, estabelece medidas de combate à criminalidade organizada relativas a diversos crimes, entre os quais se destacam os seguintes: terrorismo, organizações terroristas, terrorismo internacional e financiamento do terrorismo; associação criminosa. Por seu turno, o CP português, no seu art. 299, prevê o crime de associação criminosa, nos seguintes termos[3]:

1. Quem promover ou fundar grupo, organização ou associação cuja finalidade ou actividade seja dirigida à prática

3. No ordenamento português, há referências também à associação criminosa no art. 28 do Decreto-Lei n.º 15/93 (Revê a legislação de combate à droga): 1 – Quem promover, fundar ou financiar grupo, organização ou associação de duas ou mais pessoas que, actuando concertadamente, vise praticar algum dos crimes previstos nos arts. 21 e 22, é punido com pena de prisão de 10 a 20 anos; no art. 135 do Decreto-Lei n.º 244/98 (Regulamenta a entrada, permanência, saída e afastamento de estrangeiros do território nacional): Associação de auxílio à imigração ilegal 1 – Quem fundar grupo, organização ou associação cuja actividade seja dirigida à prática do crime previsto no artigo anterior será punido com prisão de 1 a 5 anos; no art. 89 da Lei n.º 15/2001 (Reforça as garantias do contribuinte e a simplificação processual, reformula a organização judiciária tributária e estabelece um novo regime geral para as infracções tributárias): 1 – Quem promover ou fundar grupo, organização ou associação cuja finalidade ou actividade seja dirigida à prática de crimes tributários é punido com pena de prisão de um a cinco anos, se pena mais grave não lhe couber, nos termos de outra lei penal; e no Código de Processo Penal Português (Decreto-Lei n.º 78/87), que considera "Criminalidade altamente organizada' as condutas que integrarem crimes de associação criminosa, tráfico de órgãos humanos, tráfico de pessoas, tráfico de armas, tráfico de estupefacientes ou de substâncias psicotrópicas, corrupção, tráfico de influência, participação económica em negócio ou branqueamento".

de um ou mais crimes é punido com pena de prisão de um a cinco anos.

2. Na mesma pena incorre quem fizer parte de tais grupos, organizações ou associações ou quem os apoiar, nomeadamente fornecendo armas, munições, instrumentos de crime, guarda ou locais para as reuniões, ou qualquer auxílio para que se recrutem novos elementos.
3. Quem chefiar ou dirigir os grupos, organizações ou associações referidos nos números anteriores é punido com pena de prisão de 2 a 8 anos.
4. As penas referidas podem ser especialmente atenuadas ou não ter lugar punição se o agente impedir ou se esforçar seriamente por impedir a continuação dos grupos, organizações ou associações, ou comunicar à autoridade a sua existência de modo a esta poder evitar a prática de crimes.
5. Para os efeitos do presente artigo, considera-se que existe grupo, organização ou associação quando esteja em causa um conjunto de, pelo menos, três pessoas, actuando concertadamente durante um certo período de tempo.

Observa-se, equivocadamente, que a legislação portuguesa se restringe a dois aspectos para definir uma associação criminosa: a) o número de agentes (três pessoas) e, b) o aspecto temporal (atuando concertadamente durante um certo período). No entanto, estas características não encerram todos os elementos fundamentais para a definição.

Por outro lado, a legislação portuguesa é mais avançada que a brasileira no que diz respeito especificamente às organizações terroristas. Em Portugal se adota um conceito mais alargado, motivo pelo qual é possível conceber como ato terrorista a conduta de impedir, alterar ou subverter o funcionamento das instituições do Estado previstas na Constituição, como também se pode considerar terrorismo a conduta de intimidar certas pessoas, grupos de pessoas ou a população em geral. Já no Brasil, o conceito de ato terrorista se restringe aos praticados por razões de xenofobia, discriminação ou preconceito de raça, cor, etnia e religião.

Em concentração de esforços internacionais para uma definição, o Conselho da União Europeia (UE), tendo em conta o Tratado da UE e considerando que a gravidade e o desenvolvimento de certas formas de criminalidade organizada exigem um reforço da cooperação entre os Estados-Membros, adotou na cidade de Bruxelas, em 21 de dezembro de 1998, a Ação Comum 98/733, com o objetivo de facilitar a luta contra as organizações criminosas, assumindo cada Estado-Membro certos compromissos de ação. Para efeitos desta ação, entendeu-se por organização criminosa a associação estruturada de duas ou mais pessoas, que se mantém ao longo do tempo e atua de forma concertada, visando a prática de infrações puníveis com pena privativa da liberdade ou medida de segurança privativa da liberdade cuja duração máxima seja de, pelo menos, quatro anos, ou punidos com pena mais grave, quer estas infrações constituem um fim em si mesmas, quer sejam um meio para a obtenção de benefícios materiais e, se for o caso, de influenciar indevidamente a atuação de autoridades públicas.

O Conselho da UE considerou não apenas o número de agentes (duas ou mais pessoas) e o aspecto temporal (que se mantém ao longo do tempo e atua de forma concertada), como considerou também a gravidade dos crimes (cometer infrações puníveis com pena privativa da liberdade ou medida de segurança privativa da liberdade cuja duração máxima seja de, pelo menos, quatro anos, ou com pena mais grave) e o dolo de obtenção de benefícios materiais e, se for o caso, de influenciar indevidamente a atuação de autoridades públicas.

No ano de 2000, a Convenção das Nações Unidas contra o Crime Organizado Transnacional (Convenção de Palermo)[4] definiu o "grupo criminoso organizado", como aquele que, com estrutura de três ou mais pessoas, existente há algum tempo e atuando concertadamente com o propósito de cometer uma ou mais infrações graves ou enunciadas na Convenção, com a finalidade de obter, direta ou indiretamente, um benefício econômico ou outro benefício material (art. 2º, a). Para a Convenção, crime ou infração grave é um ato que constitua infração punível com uma pena de privação de liberdade, cujo máximo não seja inferior a quatro anos ou com pena superior (art. 2º, al. b). Grupo estruturado vem a ser aquele formado de maneira não fortuita para

4. No Brasil, o Decreto n.º 5.015/2004 promulgou a Convenção das Nações Unidas contra o Crime Organizado Transnacional. Em Portugal, a Convenção foi aprovada para ratificação pela Resolução da Assembleia da República n.º 32/2004, de 02/04; e ratificada pelo Decreto do Presidente da República n.º 19/2004, de 02/04.

a prática imediata de uma infração, ainda que os seus membros não tenham funções formalmente definidas, não haja continuidade na sua composição e não disponha de uma estrutura elaborada (art. 2º, al. c).

Num olhar crítico, a doutrina não se convenceu do conceito apresentado pela Ação Comum 98/733/JAI, pela sua generalidade, nem o conceito da Convenção de Palermo, por ser residual; afastou-se da informalidade possível de alguns grupos. Neste sentido, se manifestaram Calderoni (2010) e McLean.

Calderoni (2010) ressalva ter sido principalmente uma definição negativa, ou em outras palavras uma definição residual a utilizada pela Convenção de Palermo, ao afirmar que *This definition excludes only randomly formed groups and does not require formally defined roles ou continuity of membership ou a developed stucture. It is mainly a negative definition.*

David McLean (2007, p. 41), ao analisar a convenção da Organização das Nações Unidas (ONU) e seus protocolos, reforça que os elementos utilizados pela Convenção de Palermo são extremante vagos.

Nesta sequência, Calderoni (2010, pp. 35-36) faz referência à Framework Decision (2008/841/JHA), como terceiro instrumento de direito internacional a definir o crime organizado, inclusive em resposta a um quadro de risco posterior aos eventos de 11 de setembro de 2001, quando o terrorismo foi alçado à prioridade no combate criminal, face à fragilidade do Estado, como observado por Gouveia (2018).

Gouveia (2018, p. 52) também faz referência ao dia 11 de setembro de 2001, que demonstrou a fragildiade do Estado:

> Aspecto ainda visível desta evolução do Estado Constitucional está relacionado com o tema geral da Segurança, sobretudo após os ataques terroristas de 11 de setembro de 2001. Desde então, confirmou-se algo que antes apenas se considerava latente ou indiciário: a conclusão de que o Estado Constitucional, na passagem para o terceiro milênio, se fragilizara, com a inevitabilidade de a cidadania passar a exercer-se em sociedades de riscos, primeiro no plano nacional, para depois se chegar ao nível supraestadual.

Enfim, trata-se de uma decisão no sentido do reforço das estruturas de combate à criminalidade organizada na UE, com o encontro e entrelaçamento dos conceitos da Joint Action (98/733/JHA) e da Convenção de Palermo.

Este reforço de combate à criminalidade organizada justificou-se devido aos ataques terroristas, não apenas o de 11 de setembro de 2001, mas também daqueles ocorridos nos anos seguintes. Para Turrilas (2016, p. 68), em posicionamento a ser adotado sem ressalvas sobre a interdependência entre terrorismo e crime organizado, ambos os fenômenos coexistem numa espécie de "simbiose criminosa" estabelecida para o sucesso das suas respetivas motivações. Neste sentido, também Makarenko (2004, p. 30) destaca o aspecto dinâmico da simbiose entre crime organizado transnacional e terrorismo.

Makarenko (2004) afirma que tanto o crime organizado como o terrorismo existem num mesmo plano e, por esta razão, em tese são capazes de convergir num ponto central, como demonstrado na figura abaixo, como marco em que as características criminais e terroristas se entrelaçam. Makarenko (2004) valeu-se, na figura, de vários relacionamentos que se desenvolvem entre grupos de motivação criminal e política para descrever sete categorias, cada qual ilustrada num ponto distinto. E cada um destes pontos pode ser dividido em quatro grupos gerais: alianças (1), motivações operacionais (2), convergência (3) e 'buraco negro' (4).

Figura 1 – The Crime – Terror Continuum

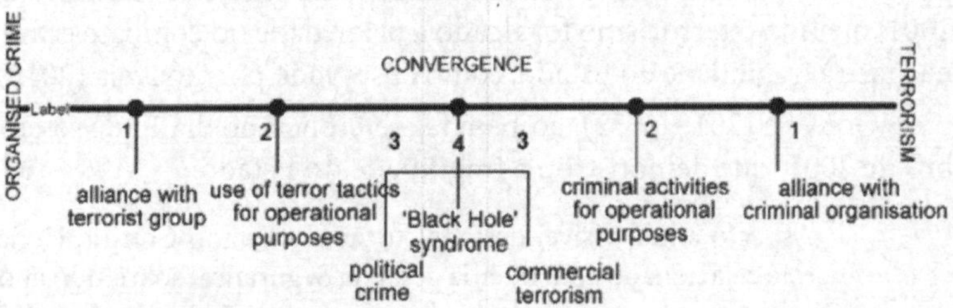

Fonte: MAKARENKO (2004, p. 131).

Neste panorama de risco, especialmente após o 11 de setembro de 2001, e reconhecendo pontos de convergência entre terrorismo e crime organizado, nos termos da Framework Decision (2008/841/JHA), a organização criminosa foi definida como:

> A structured association, established over a period of time, of more than two persons acting in concert with a view to committing offences which are punishable by deprivation of liberty

> or a detention order of a maximum of at least four years or a more serious penalty, to obtain, directly or indirectly, a financial or other material benefit (art. 1º, número 01).

Na definição do art. 1º, número 02, da Framework Decision (2008/841/JHA):

> Structured association means an association that is not randomly formed for the immediate commission of an offence, nor does it need to have formally defined roles for its members, continuity of its membership, or a developed structure.

Analisando o conceito, observa-se que não houve avanço significativo. Foi o "mais do mesmo". O conceito adotado pela Framework Decision (2008/841/JHA) considerou o número de agentes (*more than two persons*), o aspecto temporal (*structured association, established over a period of time*), a gravidade dos crimes (*to committing offences which are punishable by deprivation of liberty or a detention order of a maximum of at least four years or a more serious penalty*), sucumbindo à generalidade do dolo (*to obtain, directly or indirectly, a financial or other material benefit*).

Na linha do nosso entendimento, este conceito foi criticado mais recentemente pela Agência da União Europeia para a Cooperação Policial (EUROPOL) no *Serious and Organised Crime Threat Assessment* (SOCTA, 2017), ao sublinhar que os termos conceituais não descreveram a flexibilidade das organizações criminosas, cujas ações se moldam às novas possibilidades de mercado, não raras vezes amparadas pela aceitação social, como é o caso dos crimes de contrafação. Assim dispõe o relatório produzido no SOCTA (2017) em crítica à falta de previsão de criminalidade organizada em natureza complexa e flexível das modernas redes de crime organizado:

> Since the year 2000, the United Nations Convention against Transnational Organized Crime has provided an internationally shared definition of an organized criminal group as "a group of three or more persons existing over a period of time acting in concert with the aim of committing crimes for financial or material benefit." This definition was also adopted in the EU's Council Framework Decision 2008/841/JHA of 24 October 2008 on the fight against organized crime and continues to reflect law

> enforcement authorities' conceitualisation of organized crime across the world. However, this definition does not adequately describe the complex and flexible nature of modern organized crime networks. OCGs operate in a criminal economy dictated by the laws of supply and demand and are favoured by social tolerance for certain types of crime such as the trade in counterfeit goods and specific frauds against public authorities or large companies. These factors will continue to shape the organized crime landscape. Individual criminals and criminal groups are flexible and quickly adapt to exploit new victims, to evade countermeasures or identify new criminal opportunities.

Sobre esta capacidade de adaptação, em dissertação de mestrado defendida na Universidade do Porto, Gonçalves (2013, p. 18), estudando o Crime Organizado em Portugal, sustenta a necessidade de se compreender as organizações criminosas como negócios em ambiente externo e como redes a ligar os seus membros em ambiente interno, razão pela qual o estudo deve ser dotado de flexibilidade para contemplar as mais diversas formas criminosas.

Noutra perspectiva, Calderoni (2010, p. 38) reconheceu, como significativo avanço da Framework Decision (2008/841/JHA), a previsão de uma referência mínima de sanção aos membros de uma organização criminosa, o que não ocorreu na *Joint Action* (98/733/JHA), nem na Convenção de Palermo: *the Joint Action (98/733/JHA) and the Palermo Convention did not set any specific penalty requirement.*

As lacunas e imprecisões demonstram a incompreensão – mesmo que parcial – de certas características das organizações criminosas ou a dificuldade em apresentar um conceito necessariamente harmônico no âmbito nacional e transnacional.

Avancemos, pois, em cada elemento conceitual para a distinção pretendida entre a criminalidade comum e a criminalidade organizada.

Na associação ou organização criminosa está em causa um crime formal, de resultado cortado, dotado de autonomia em relação aos crimes que, em *societas delinquentium*, vierem a ser praticados[5]. A

5. Sobre esta autonomia, citamos o Acórdão do Supremo Tribunal de Justiça, com data de 24 de abril de 2003: I – É entendimento unânime, quer ao nível doutrinal quer jurisprudencial, que são elementos essenciais do crime de associação criminosa o factor organizativo, a estabilidade associativa e a finalidade criminosa, portanto uma aliança com um mínimo de

razão de o crime ser de consumação antecipada, como bem acentua Conceição (2018, p. 126), é exatamente *prevenir que se criem estruturas organizadas visando a prática de crimes.* Nas palavras de Renato Brasileiro de Lima (2020, p. 776), *sua consumação independe, portanto, da prática de qualquer ilícito pelos agentes reunidos na societas delinquentium. Trata-se, portanto, de crime de perigo abstrato cometido contra a coletividade (crime vago), punindo-se o simples fato de se figurar como integrante do grupo.*

Como delitos formais, prescindem da prática dos crimes a que se destinam como organização ou associação, porquanto de maneira autônoma já ofendem a paz pública[6], figurando a coletividade como vítima (crime vago) em contexto de perigo abstrato. Caso os delitos organizados por extensão sejam praticados, deve-se aplicar o concurso material de crimes, desde que aos membros efetivamente envolvidos, sob pena de termos uma responsabilidade objetiva.

Além de formal, cuida-se de um crime permanente. Diferentemente dos crimes instantâneos, ainda que de consumação imediata e efeitos duradouros, os crimes permanentes (ou de execução prolongada) autorizam a repressão policial, inclusive por meio de prisão em flagrante delito, a todo o tempo, enquanto os membros entendam

---

estrutura estável, permanente, com vista à prática de crimes e que dê origem a uma realidade autónoma, diferente e superior às vontades e interesses dos seus membros. II – De acordo com a doutrina proposta por Figueiredo Dias, não é correcto condenar-se por associação criminosa que tenha já levado a cabo a prática de crimes, sem perguntar primeiro se se condenaria do mesmo modo os próprios componentes da associação mesmo que nenhum crime tivesse sido cometido e sem se ter respondido afirmativamente à pergunta. III – Haverá actuação em bando e não em associação criminosa quando o agente comparticipa na prática de crimes de uma forma mais exigente do que a mera co-autoria pontual, mas bastante longe ainda da associação criminosa, tudo não passando de um grupo destinado à prática de crimes, mas de forma desarticulada e sem organização estruturada. Proc. n.º 789/03 – 3.ª Secção Leal-Henriques (relator) * Borges de Pinho Pires Salpico Henriques Gasp.

6. Sobre o bem jurídico tutelado e demais elementos conceituais, destaco o Acórdão do Tribunal da Relação de Coimbra. 274/10.9JALRA-B.C1. 27/11/2013. 1.- O bem jurídico protegido pelo crime de associação criminosa é a paz pública; 2.- O crime de associação criminosa exige a congregação de três elementos essenciais: um elemento organizativo, um elemento de estabilidade associativa e um elemento de finalidade criminosa; 3. Consuma-se com a fundação da associação com a finalidade de praticar crimes, ou -relativamente a associados não fundadores – com a adesão ulterior, sendo o agente punido independentemente dos crimes cometidos pelos associados e em concurso real com estes". Ainda sobre o tema, citamos o Acórdão do Tribunal de Relações do Porto 5148/20.2JAPRT-A.P1. 10/03/2021: (...) III – O bem jurídico protegido pelo crime de associação criminosa é a paz pública, entendida no sentido das expectativas sociais de uma vida comunitária livre da especial perigosidade de organizações que tenham por escopo o cometimento de crimes".

não pôr termo à conduta e ao resultado decorrente. Nos termos do acórdão do Tribunal da Relação de Coimbra de 04.06.2008, Processo n.º 2631/07.9TBPBL, na categoria dos ilícitos duradouros ou permanentes enquadram-se as infrações com prolongamento no tempo do estado antijurídico típico por efeito de constante renovação da resolução criminosa do agente, o qual tem a faculdade de lhe pôr termo a qualquer altura.

Relativamente ao número de agentes e à relação entre eles, é necessário, antes de mais, distinguir as ações isoladas das ações praticadas de maneira encadeada por nexos subjetivos ou normativos. Sabe-se que os crimes podem ser definidos como crimes de uma só pessoa ou de várias pessoas. Nos primeiros, o concurso de agentes é uma possibilidade, ao contrário dos segundos; estes são somente praticados com a reunião de mais de uma pessoa. A criminalidade comum pode ser unissubjetiva ou plurissubjetiva, enquanto que a criminalidade organizada pressupõe o concurso necessário.

Deve ser salientado que a plurissubjetividade, por si só, não caracteriza a criminalidade organizada. Caso o concurso, ainda que necessário, tenha sido ocasional, temos uma criminalidade comum, a despeito de o resultado ser derivado de uma conduta consciente e voluntária, dirigida a uma finalidade de ofensa a bens jurídicos de extrema relevância penal[7].

É o exemplo do homicídio, que, embora seja em regra unissubjetivo, pode assumir contornos de plurissubjetividade, se praticado mediante pagamento ou promessa de recompensa, sendo presentes necessariamente um mandante e um mandatário executor, este forçosamente impulsionado por um motivo torpe (art. 132, 2, "e", do CP português e art. 121, § 2º, inciso I, do CP brasileiro).

Neste contexto, a criminalidade comum caracteriza-se pela ausência de liame subjetivo prolongado no tempo[8]. Sendo assim, ou

7. Nos Acórdãos do STJ de Portugal, há referências várias para a importância dessa estabilidade e permanência. Como exemplo: 17-04-1997, processo n.º 1073/96 – 3.ª, BMJ n.º 466, pág. 227: "O que caracteriza fundamentalmente a associação criminosa é a ideia de estabilidade e permanência, e ideia esta que já não está imanente na comparticipação, embora o fim num e noutro instituto possa ser o mesmo – no mesmo sentido acórdãos de 9-12-87 e de 12-02-1992".

8. Sobre este sentimento comum, temos o Acórdão do Supremo Tribunal de Justiça, de 26 de fevereiro de 2004: III – São elementos típicos do crime de associação criminosa: – a existência

decorre de uma ação praticada por um mesmo autor, ou revela-se por meio de um concurso de agentes meramente eventual (mera comparticipação criminosa), no qual a pluralidade de autores é fortuita, em espaços de instantes, ou por adesão extemporânea de vontades, com efemeridade de vínculo subjetivo – no caso dos crimes dolosos – ou de vínculo normativo – tratando-se de crimes culposos.

A plurissibjetividade da criminalidade organizada reclama a satisfação dos critérios de permanência e de estabilidade em condutas paralelas, a ofender o sentimento coletivo de segurança, como bem jurídico tutelado, para além do bens ofendidos, no caso de serem praticadas infrações pela organização (delitos organizados por extensão)[9].

A própria divisão de tarefas, ainda que informal, deve-se prolongar no tempo. Um roubo a uma instituição financeira, praticado por várias pessoas em concurso eventual, cada qual com uma função específica, não caracteriza, por si só, uma organização criminosa.

Parece-nos consensual também que o concurso necessário de agentes se deve basear numa estrutura minimamente ordenada, com distribuição sistemática e dinâmica de tarefas. Todavia, a estrutura não precisa ser formal, com posições e funções bem definidas ou estanques. Assim se posicionam também Masson e Marçal (2018, p. 45), ao salientarem que a informalidade, embora tenha um nível mínimo de organização, se traduz na desnecessidade de uma divisão de tarefas e ordenação estrutural por meio de instrumentos burocráticos e legais típicos das estruturas empresariais ilícitas.

Este nível mínimo de estrutura organizacional, com divisão continuada e sistemática de tarefas, não reclama, a meu juízo, um limite mínimo de agentes para sua configuração. Basta a pluralidade duradoura, dispensando-se, inclusive, uma hierarquia vertical. Duas pessoas são capazes, em divisão de tarefas, de realizar ações de macrocriminalidade. Para tanto, podem, inclusive, recrutar terceiros, sem, porém, os integrar, atribuindo-lhes funções pontuais, de maneira

---

de uma pluralidade de pessoas;- uma certa duração;- um mínimo de estrutura organizatória, que sirva de substracto material à existência de algo que supere os simples agentes, com estabilidade dos seus agentes;- um qualquer processo de formação de vontade colectiva;- um sentimento comum de ligação. Proc. n.º 267/04 – 5.ª Secção Pereira Madeira (relator) * Santos Carvalho Costa Mortágua Rodrigues.

9. Não se defe confundir o crime autônomo de organização criminosa dos delitos organizados por extensão, entendidos como aqueles praticados pelo grupo criminoso.

provisória e precária, no contexto de reduzidas ações de um plano maior em rede.

Importante destacar que Masson e Marçal (2018) se posicionam, inclusive, no sentido da existência de 4 (quatro) tipos de organizações criminosas. Um deles é a Rede (Network – Rete Criminale – Netzstruktur), cuja principal característica é a globalização.

> Forma-se através de um grupo de experts sem base, vínculos, ritos, e também sem critérios mais rígidos de formação hierárquica. É provisória, por natureza, e se aproveita das oportunidades que surgem em cada setor e em cada local. A organização criminosa se forma em decorrência de 'indicações' e 'contatos' existentes no ambiente criminal, sem qualquer compromisso de vinculação (muito menos em caráter permanente), age em determinado espaço territorial favorável para a prática dos delitos propostos, durante tempo relativamente curto (no geral alguns meses) e depois se dilui, sendo que seus integrantes – cada um vai se unir a outros agentes, formando um novo grupo em outro local. [...] Nos casos de lavagem de dinheiro, modernamente, é utilizada a forma mesclada de 'Rede-Endógena', organizações criminosas podem manter experts que reúnem habilidades incríveis em, de qualquer forma, esconder, dissimular e transferir fundos ou bens, criando métodos que os tornem aparentemente de origem lícita. Para tanto, são ou se valem de agentes públicos de altos escalões que realizam transações financeiras e comerciais que camuflam seu verdadeiro propósito, utilizando-se, muitas vezes, através de 'laranjas' ou testas-de-ferro de empresas públicas (Masson e Marçal, 2018, p. 44).

Nos dias de hoje, em avanço contínuo do uso de meios tecnológicos pelas organizações criminosas, como característica apontada por Braz (2013, p. 303), refutar a possibilidade de uma organização com apenas duas pessoas significa permanecer na aliciante defesa do consenso, nutrido por argumentos pretéritos, quase nostálgicos, em posicionamentos de descrença sobre o futuro, em temporal descompasso com a realidade atual. Com razão, neste aspecto, o Conselho da UE estabeleceu, na Ação Comum 98/733, a possibilidade de organização com apenas dois agentes.

No mais, defendemos a resiliência como uma das principais características dos grupos organizados, demonstrada pela capacidade crescente e contínua de superar obstáculos e resistir à ação repressiva do Estado. Organização duradoura não significa necessariamente laços inabaláveis ou inalteráveis, e sim resistência flexível. A morte de um terceiro ou quarto agente não pode vir a afastar, mesmo que provisoriamente, os elementos conceituais de uma organização criminosa, porquanto os agentes restantes, por serem resilientes, possuem capacidade de recuperar a cadeia de relações, restrutrurando-se com novos personagens.

Esta resiliência é também defendida por Albrecht (2010, p. 95), que se vale do termo "redundância". Ao se posicionar pela compreensão das organizações criminosas como redes, Albrecht (2010) defende se tratar de um fenômeno não estruturado em hierarquia, pois os seus nós podem representar as mais variadas dimensões, que podem ser eliminados sem que a função global da rede seja afectada. Para o autor:

> O Conceito de rede representa um desenvolvimento fulcral na análise da criminalidade organizada (e dos mercados negros a ela associadas). O conceito de rede presume que não estamos a lidar com fenômenos hierarquicamente estruturados, com fenômenos que têm um único centro e uma única periferia. Os nós da rede podem representar dimensões diversas, no entando a característica central da rede é a redundância. Um ou vários nós podem ser eliminados sem que a função global da rede seja afectada (Albrecht, 2010, p. 95).

Certo é que apenas a associação para a prática de infrações graves, assim compreendidos consoante a política criminal de cada ordenamento penal, pode comprovar uma criminalidade como organizada[10], tal como ocorre nos crimes de associação criminosa (art. 299 do CP português) e de organização criminosa (art. 2º da Lei 12.850/2013, no Brasil). Por outro lado, a gravidade dos crimes, por si só, não é suficiente para a distinção entre a criminalidade comum e criminalidade organizada: por exemplo, o homicídio (crime contra vida), o latrocínio (crime contra o patrimônio) ou o estupro (crime contra a dignidade sexual), entre outros delitos de alta reprovação

10. Em Portugal, como exemplo, temos a Lei n.º 55/2020, com elenco de crimes de prevenção prioritária e elenco de crimes de investigação prioritária, de acordo com prioridades e orientações da política criminal.

penal, podem ser praticados por apenas uma pessoa, não integrante de uma organização criminosa. Acresce que várias pessoas podem-se associar de maneira estruturada para cometer delitos punidos com sanções de menor relevo, mas graves quando considerados em conjunto, na hipótese de continuidade da prática delitual.

Militello (2001, p. 25) critica rotular como mais ou menos reprovável um crime por sua norma penal secundária: *the proportionality between criminal acts and respectives penalties is not an absolute concept but only a relative one measuring the scale of reaction of a particular legal order.*

Neste ponto, especificamente, exige-se um apego conceitual aos meios e não aos fins organizacionais. Com base nesse raciocínio, relativamente ao ordenamento jurídico brasileiro, Masson e Marçal (2018, p. 43) afirmam que *não são propriamente os crimes decorrentes da atuação da organização que lhe conferem a condição de macrocriminalidade, pelo seu alto potencial lesivo, mas a organização em si.*

Por outro lado, reconhecendo a paz pública como bem jurídico tutelado, a prática de um ou mais crimes não pode ser considerada exigência para o reconhecimento de uma organização criminosa. A sua existência para o fim de prática de infrações penais revela-se, por si só, um perigo para a coletividade.

A tentativa de definir organização criminosa pelos crimes praticados foi referida com pessimismo acadêmico, por Santos (2002), ao afirmar que o conceito americano de crime organizado se revelou um esforço impossível de abranger fenômenos tão diversos como contrabando, extorsão, jogo proibido, usura, corrupção política, tráfico de drogas, de armas, de objetos preciosos, de arte, de mulheres e de estrangeiros, entre outros. Para o autor:

> A amplitude indeterminada do feixe de fenômenos criminosos amontoados na rubrica de crime organizado parece justificar a expressão de Zaffaroni, que definiu este conceito como categoria frustrada, ou seja, um rótulo sem utilidade científica, carente de conteúdo jurídico-penal ou criminológico (Santos, 2002, p. 03).

Percebe-se que os conceitos são indelevelmente marcados por características, tipos ou formas de atuar. O que deveria servir como precisão conceitual acaba por reger os elementos integrantes, tornando-os estanques, não obstante as mais variadas tentativas de definição.

Exemplificando a tentativa conceitual de considerar as características como requisitos, Mingardi (1998, p. 56) define, na linha da maioria dos autores, crime organizado como aquele que ostenta algumas características: *hierarquia, previsão de lucros, divisão do trabalho, planejamento empresarial e simbiose com o Estado*. No entanto, a título de exemplo, é possível haver organização criminosa sem hierarquia ou simbiose com o Estado, ou ainda com ações não baseadas em violência nem intimidação.

Também não nos aproximamos do entendimento, esparsamente encontrado em jurisprudências, de uma necessária complexidade estrutural das organizações criminosas[11]. Como já foi referido, são diversas as formas de apresentação, umas de fato complexas, outras nem tanto, de maneira que tal característica, se e quando presente, não pode servir como critério conceitual restritivo.

Neste domínio confuso, é necessária uma reapreciação conceitual, a partir do fim a alcançar para se concentrar essencialmente no elemento subjetivo dos laços prurisubjetivos. Na organização criminosa, há um dolo coletivo na pluralidade dos agentes, resultante das consciências individuais em ligação prolongada de planos e ações relevantes, conferindo-lhe uma identidade própria.

O dolo coletivo não deve ser necessariamente vinculado a vantagens econômicas. Com razão, Masson e Marçal (2018, p. 44), estudando o ordenamento jurídico brasileiro, ao sublinharem que, *apesar da franca conotação econômica, não se descarta a obtenção de proveito ou ganho de natureza diversa ('disputa de poder; conquista de votos; ascensão a cargo ou posto, etc.'), o que deverá ser revelado no caso concreto*.

---

11. Neste sentido, acerca da complexidade estrutural, apresentamos o julgado STS 4421/2015 – ECLI:ES:TS:2015:4421 Id Cendoj: 28079120012015100624 Órgano: Tribunal Supremo. Sala de lo Penal Sede: Madrid Sección: 1 n.º de Recurso: 10167/2015: "la organización y el grupo criminal tienen en común la unión o agrupación de más de dos personas y la finalidad de cometer delitos concertadamente. Pero mientras que la organización criminal requiere, además, la estabilidad o constitución por tiempo indefinido, y que se repartan las tareas o funciones de manera concertada y coordinada (necesariamente ambos requisitos conjuntamente: estabilidad y reparto de tareas), el grupo criminal puede apreciarse cuando no concurra ninguno de estos dos requisitos, o cuando concurra uno solo. De esta forma, se reserva el concepto de organización criminal para aquellos supuestos de mayor complejidad de la estructura organizativa, pues es, precisamente, la estabilidad temporal y la complejidad estructural lo que justifica una mayor sanción en atención al importante incremento en la capacidad de lesión".

Há duas perspectivas importantes no dolo coletivo: a exógena e a endógena. Na perspectiva exógena, "um olhar para além de", em conexão teleológica associativa, a organização criminosa atua de maneira planejada e duradoura, em dolo coletivo ordenado para a prática de infrações penais, que, por sua natureza, com continuidade e eventual transnacionalidade, exponham de maneira grave, bens jurídicos penalmente revelantes. Certo é que esta relevância pode ser pautada por valores resultantes de um relativismo cultural. Daí a imprescindibilidade dos esforços internacionais de consenso, não apenas em razão da possível transnacionalidade de uma organização criminosa, como também da necessidade de proteção de valores, a justificar, ainda que no campo de tensão entre a universalidade e a autonomia, uma ética mínima, na qual está inserta a dignidade da pessoa humana.

Na perspectiva endógena, "num olhar para si", em conexão consequencial associativa, a organização criminosa atua de maneira planejada e duradoura, em dolo coletivo ordenado para assegurar a ocultação ou a impunidade de seus membros e para garantir o produto ou proveito ilícito. Nesta perspectiva endógena, a organização criminosa procura infiltrar-se no aparelho estatal em busca do seu enfraquecimento, como defende Oliveira e Zaverucha (2012, p. 430), visando a corromper os poderes legítimos e a administração pública, como é bem apontado por Braz (2013, pp. 261-303).

A inflitração do crime no Estado, para além de assegurar a ocultação ou a impunidade dos seus membros e garantir o produto ou proveito ilícito, tem o objetivo de facilitar as ações criminosas, numa blindagem caraterizada por Masson e Marçal (2018, p. 68):

> Essa infiltração às avessas (do crime no Estado) tem como escopo central possibilitar que os tentáculos de uma determinada organização criminosa estejam transfixados nos poderes públicos estatais, de modo a facilitar em determinado momento a prática de atos de corrupção ou a própria impunidade de eventuais delitos cometidos. Estando próximas e inseridas no centro do poder, as redes ilícitas conseguem manter-se informadas e 'blindadas' acerca de eventuais ações preventivas ou até mesmo repressivas a serem articuladas pelos órgãos de persecução estatal.

Na busca da perpetuação do proveito, as organizações criminosas tendem para a infiltração nos poderes executivo, legislativo e judiciário, mas também no Ministério Público (MP) e na própria polícia. Este aspecto é retratado por Hassemer e Conde (2001, p. 74), segundo os quais a criminalidade organizada *não é apenas uma organização bem feita, não é somente uma organização internacional, mas é, em última análise, a corrupção do legislador, da magistratura, do MP, da Polícia, ou seja, a paralisação estatal no combate à criminalidade.*

Em sentido inverso, numa mesma orientação para a corrupção, o Estado também pode iniciar a sua aproximação ao crime organizado. Pode partir do próprio Estado a iniciativa de uma organização, ainda que informal, para a prática de crimes. Como exemplo, não é raro que agentes políticos e funcionários públicos frustrem o caráter competitivo de concursos de licitação e condicionem a contratação e o pagamento sequencial de serviços ou obras ao pagamento de vantagens indevidas, com manobras de ocultação, iniciando ou fortalecendo uma estrutura organizacional para esses fins. Para Oliveira e Zaverucha (2012, p. 441), as organizações criminosas também podem surgir de ambientes estatais:

> O número de funcionários públicos detidos em virtude das operações comprova que alguns grupos organizados nascem no Estado, e este é um ator estratégico para a dinâmica da criminalidade organizada, uma vez que os criminosos o procuram em busca de cooperação ilícita. A presença da criminalidade organizada de origem endógena sugere que o Estado brasileiro precisa ser reconstruído, porque vários de seus integrantes criaram ou cooperam com organizações criminosas. Saliente-se que a literatura internacional apresentada argumenta ser impossível entender o fenômeno da criminalidade organizada sem considerar o Estado.

Dito isto, resta despedir-nos das demais definições com aceno de lenços, compreendendo doravante organização criminosa como uma associação não fortuita de pessoas, com divisão de responsabilidades, estruturada, ainda que informalmente, por um elo de dolo coletivo, manifestado na prática ou na intenção de praticar concertadamente e de maneira reiterada infrações penais que, por sua natureza, continuidade ou transnacionalidade, exponham de maneira grave bens jurídicos penalmente revelantes, com o propósito múltiplo e alternativo de obter, direta ou indiretamente, vantagem indevida, ocultar ou dissimular bens, direitos ou valores, como produtos ou proveitos ilícitos, ou de assegurar a impunidade de seus membros.

2.2 CRIMINALIDADE COMUM VERSUS CRIMINALIDADE ORGANIZADA

Uma vez analisados os aspectos conceituais da criminalidade organizada, é possível diferenciá-la da criminalidade comum, pondo em relevo os elementos que as distinguem penalmente, de modo a subsidiar a compreensão de uma (re)ordenação administrativa da atuação policial, na sua essência de repressão preventiva.

Se existem características diferentes entre a criminalidade comum e a criminalidade organizada, devemos ter perspectivas distintas, que justificam novas técnicas e métodos investigativos. Em palestra proferida aos dias 06 de abril de 2018, na Universidade do Porto, o professor e escritor José Braz, que já dirigiu departamentos da polícia judiciária de Portugal, discorreu sobre a investigação do crime organizado, contemplando as novas ameaças e desafios à atuação policial. De início, apresentou o quadro atual ameaçador, em que o avanço da tecnologia serve não apenas para a prevenção e a repressão policial, como também para as próprias organizações criminosas.

Para além da evolução tecnológica, Braz (2013) pôs em relevo a globalização, com a reformulação de conceitos de tempo e espaço, facilitando as ações das organizações criminosas, que se aproveitam da livre circulação de pessoas, bens e capitais, do aumento do comércio internacional, do fim das fronteiras, do anonimato da Internet, e do próprio enfraquecimento do aparelho de Estado e da atividade reguladora e fiscalizadora.

Para Braz (2013), neste quadro atual, para melhor orientar a investigação criminal, impõe-se reconhecer, primeiramente, as diferenças entre a delinquência comum e a delinquência organizada. No primeiro caso, as ações são isoladas, individuais, inopinadas, ocasionais, desarticuladas, com violência gratuita e geograficamente circunscrita. No segundo caso, as ações são coletivas, planeadas, integradas num contexto estratégico, geograficamente alargadas, com transnacionalidade e profissionalismo.

Esta distinção feita por Braz (2013) parte dos conceitos penais para a exteriorização dos elementos distintos das organizações criminosas, exigindo a leitura e interpretação das organizações criminosas em mais de uma perspectiva. A partir da definição proposta, e pela singularidade das organizações criminosas, podemos reunir, então, as características sob três perspectivas principais que as distinguem da criminalidade comum: ordenação, atuação e proteção.

2.2.1 Ordenação como perspectiva

A primeira perspectiva advém da associação não fortuita de pessoas com divisão de responsabilidades. A associação de pessoas não significa necessariamente um acordo de vontades, pois nem sempre há um ambiente de concordância, mas sim um ambiente de autocomposição permanente entre os membros das organizações criminosas, para fins de conciliação das suas opiniões e interesses.

Em verdade, na maior parte das vezes, verifica-se uma autocomposição permanente na coesão fiel de propósitos. Na docência de Braz (2013, p. 303), a fidelidade é nutrida pela *oferta de prestações sociais e mecanismos de protecção e entreajuda dos membros em rede*, característica das organizações criminosas. A fidelidade tem a sua origem e fim nos objetivos. Quando já não se pode agir, ou escusar-se, a organização torna-se vulnerável às ações do Estado, máxime quando a Polícia ou o MP se utiliza do direito premial, destacando-se a colaboração premiada.

Esta coesão, ainda que fiel, difere da lealdade (*unus pro omnibus, omnes pro uno*), presente apenas quando há laços para além da própria organização, sejam eles familiares, de amizade, religiosos ou ideológicos. Tais laços podem ser preexistentes ou não, considerando a possibilidade de eles se formarem concomitantemente para as ações.

A lealdade (*semper fidelis*), antes presente de maneira manifesta nas máfias familiares, pouco se observa nos dias atuais. A desnecessidade de sua presença generalizada contribuiu, inclusive, para o surgimento de organizações criminosas em rede de formação, sendo dispensados certos vínculos e ritos (Masson e Marçal, 2018, p. 44).

Sobre este aspecto da rede criminosa, Martínez (2012, p. 38) afirma:

> Las características del crimen organizado actual es que éste funciona en red, con grados altos de descentralización y especialización. Grandes estructuras criminales como el cartel de Medellín o el de Cali han ido dando paso a complejas redes con pequeños nodos, en las que el comercio, la parte visible, es administrado por jefes menores, que en Colombia son conocidos como traquetos.

A resiliência, como foi anteriormente referido, caracteriza a associação de pessoas com maior coesão de propósito e menor lealdade. A capacidade dc se adaptar às mudanças não se restringe às pessoas, mas alcança a própria forma de se ordenar como associação. Para Cunha (2011, pp. 06-07):

> Igualmente impressiona a capacidade de adaptação dos agentes às novas tecnologias, com modificação quase que instantânea de seu modus operandi para fazer frente a novos padrões de segurança de empresas ou instituições, bem como dinâmica plasticidade de suas empresas de fachada, com alteração de local e área de atuação, troca de colaboradores, remoção de pessoal para agir em locais ainda não atingidos, utilização de novas contas bancárias com nomes falsos e a infindável troca de telefones de contato.

A flexibilidade organizacional é destacada por Araújo (2005, pp. 38-39), como um aspecto que dificulta as investigações. As organizações *alteram o modus operandi e toda a estrutura administrativa, trocando as empresas e abandonando as anteriores, removendo as pessoas para outros postos e em outras localidades e valendo-se de novas contas bancárias.*

Estas alterações não afastam o dolo de associação permanente; antes, reforçam tal característica. Por ser compreendida como associação não fortuita, alguns questionamentos naturalmente surgem. Oliveira e Zaverucha (2012, p. 428), por exemplo, indagam sobre como medir a durabilidade de uma organização e qual o tempo mínimo necessário para uma organização ser classificada como grupo criminoso.

Dentro do contexto de resiliência e flexibilidade organizacional, a resposta não está nas pessoas - quase sempre substituíveis - e sim na longevidade do vínculo de dolo coletivo com divisão de responsabilidades ou no propósito de longevidade. Dito de outro modo, tratando-se de um crime formal, ou de consumação antecipada, mesmo sem existir largo espaço temporal associativo anterior, uma organização pode ser assim compreendida, a meu juízo, no momento da sua constituição ou fundação, se estiverem presentes elementos a indicar o propósito de estabilidade e de permanência para a prática de crimes graves, e não um dolo efêmero ou passageiro. Sobre o assunto, importante o Acórdão do Supremo Tribunal de Justiça de Portugal, datado de 17 de abril de 2008, ao reconhecer que o requisito temporal não pode ser fixado *a priori*, mas tem que ocorrer de maneira a permitir os fins criminosos, pressupondo não apenas que a associação viva, como também que a associação se proponha a viver como organização estável:

> ACSTJ de 17-04-2008. (...) V – Este primeiro elemento constitutivo existirá quando diversas pessoas se unam voluntariamente para cooperar na realização de um fim ou fins comuns e esta união possua ou queira possuir uma certa permanência ou estabilidade, o que afasta as situações de mera agregação momentânea ou casual de uma pluralidade de pessoas. I – O requisito de uma "certa duração temporal" não tem que ser fixado a priori, mas tem que ocorrer para permitir a realização do fim criminoso. II – O ilícito pressupõe que a dita associação viva, ou ao menos se proponha viver, como reunião estável de diversas pessoas ligadas entre si com o fito de delinquir e norteadas pela actuação de um programa criminoso. VIII – Acresce que o escopo desviante não tem que estar estabelecido à partida, antes pode surgir numa fase em que a associação já esteja em funções; ademais, não carece de ser o único objectivo, nem sequer o principal, da associação. X – Por outro lado, não é preciso que existam crimes concretos, cometidos ou planeados, apenas que a associação se proponha esta prática. Contudo, não basta que o acordo colectivo se destine à prática de um só crime, por a tanto se opor, nomeadamente, a letra da lei. X – Em suma, só pode falar-se de associação criminosa quando a confluência de vontades dos participantes dê origem a uma realidade autónoma, diferente e superior às vontades e interesses dos singulares membros, isto é, quando emerja um centro autônomo de imputação fáctica das acções prosseguidas ou a prosseguir em nome e no interesse do conjunto, um ente distinto de imputação e motivação, como entidade englobante, com metas ou objectivos próprios. Centro este que, pelo simples facto de existir, deve representar, em todo o caso, uma ameaça tão intolerável que o legislador reputa necessário reprimi-la com penas particularmente severas. XI – É o fim abstracto e é aquela ideia de permanência que distinguem a «associação criminosa» da «comparticipação», simples acordo conjuntural para se cometer um crime em concreto (Proc. n.º 571/08 -3.ª Secção Henriques Gaspar (relator) Armindo Monteiro Santos Cabral)".

No que concerne à estrutura, cremos não ser obrigatória a hierarquia entre membros, embora ela esteja presente na maioria das organizações criminosas, ordenadas em pirâmide de comando e execução, por questões de estratégia e de necessidades táticas e operacionais.

A ordenação interna naturalmente identifica as tarefas necessárias, organiza funções e determina responsabilidades, seja de maneira vertical, com decisões hierárquicas, seja de maneira horizontal, em agrupamento de conhecimentos relevantes, semelhantes ou não.

Os seus membros possuem geralmente um grau diferenciado de operacionalidade, em divisão de tarefas, que favorece a compartimentação de informações, principalmente quando inexiste lealdade entre os membros da organização criminosa. Como bem observa Cunha (2011, pp. 06-07):

> As informações das condutas criminosas são normalmente compartimentadas, ou seja, apesar de todos os membros da organização criminosa saberem qual o objetivo final de suas atividades ilícitas, nem todos os membros da organização sabem exatamente o que os outros membros estão executando de forma a preservar um maior grau de sigilo e evitar delações.

De maneira plurisubjetiva em repartição de responsabilidades, com resiliência, flexibilidade, e longevidade do elo de dolo coletivo, a organização criminosa, coesa nos seus propósitos, ordena-se para atuar, em segunda perspectiva.

2.2.2 Atuação como perspectiva

A atuação mostra-se na prática ou na intenção de praticar, concertadamente e de maneira reiterada, infrações penais que, por sua natureza, em continuidade ou transnacionalidade, exponham de maneira grave bens jurídicos penalmente revelantes, com o propósito múltiplo e alternativo de obter, direta ou indiretamente, vantagens indevidas. Mesmo que a finalidade última não seja imperiosamente econômica, fatalmente a organização criminosa deve obter meios financeiros, nem que seja para viabilizar os meios necessários à realização das infrações penais. Seja no âmbito imediato ou num horizonte mais distante, os recursos são sempre indispensáveis. Mesmo que a organização criminosa não ostente uma ordenação formalmente empresarial com divisão de responsabilidades, a necessidade de recursos financeiros impõe uma racionalidade empresarial de agir em busca de rentabilidade.

Esta racionalidade empresarial pode ser simples ou complexa. Na racionalidade simples, a organização criminosa ordena-se para atuar apenas em atividades ilícitas com rentabilidade. Nesta hipótese, há uma maior probabilidade de a organização criminosa atuar com reservas territoriais, valendo-se de bases operacionais que, por sua natureza, necessitam de discrição.

Já na racionalidade complexa, a organização criminosa insere-se em contextos legais, seja para impulsionar a rentabilidade, seja para se escusar da atuação do Estado (proteção como terceira perspectiva). Ao tratar deste assunto em específico, Masson e Marçal (2018, p. 44) destacam a possibilidade de os empresários se aproveitarem da própria estrutura hierárquica de uma empresa constituída, mantendo as suas atividades primárias lícitas.

Importante é a análise do Projeto ARIEL (2015), com Avaliação do Risco de Infiltração do Crime Organizado nas Economias Legítimas dos Estados-Membros da UE, ao apontar a necessidade de atuação do crime organizado em atividades legais, considerando a possibilidade de reinvestimento acumulado de valores decorrentes das atividades ilícitas:

> Some authors argue that criminal organizations need to engage in legal activities because investment opportunities in the illegal markets are insufficient to reinvest the money accumulated with illicit activities (Barresi, 1999; Ruggiero, 1996). The proceeds of illegal activities are thus laundered through investments in the legal economy (Catanzaro, 1988; Centorrino & Signorino, 1997). Other authors suggest that infiltration of the legal economy is a constant feature of criminal organizations, which diversify their investments between legal and illegal markets (Fantò, 1999; Santino, 2006). Once the money has been invested in the legal economy, organized crime groups act like other entrepreneurs by responding to the normal market rules (Edelhertz & Overcast, 1994).

Figura 2 – Setores empresariais por número de referências de infiltração de organizações criminosas em fontes abertas

Number of references to OCG infiltration	Business sectors
> 184	Wholesale and retail trade; Hotels, bars and restaurants; Construction
127-184	Clubs and gambling activities; Transportation; Real estate activities
70-126	Financial and insurance activities; Support service activities; Waste and scrap management; Personal service activities
1-69	Manufacturing; Agriculture and fishing; Hospitals and residential care; Energy supply; Mining and quarrying; IT services; Public administration

Fonte: Projeto ARIEL (2015, p. 31).

Nesta racionalidade complexa, verifica-se uma simbiose de capital legal e ilegal em laços de sustentação. Ruggiero (1992, pp. 07-30) acrescenta o contributo da atividade legal para o crime organizado, ao direcionar o capital ilegal para a produção econômica e para a especulação financeira.

Neste caso, as bases operacionais, por sua natureza inteiramente travestidas de negócios lícitos, necessitam de alguma publicidade. Diferentemente da racionalidade simples, a reserva territorial já não garante rentabilidade em escala crescente. O alcance dos negócios é empresarialmente difuso, motivo pelo qual há maior possibilidade de atuação não em domínio territorial, mas em divisão de atividades, inserida, se necessário, em cartéis.

O poder público é importante tanto para a racionalidade empresarial simples, como para a racionalidade empresarial complexa. É relevante a simbiose criminal com o Estado, principalmente quando a organização criminosa atua com o objetivo-meio ou propósito final de desviar ou de se apropriar de recursos públicos, através de superfaturamento de contratos públicos, por quantidade ou qualidade, ou por jogos contabilísticos, entre outras fraudes.

O inverso também ocorre: organização criminosa cooptada pelo poder público para a operacionalização de planos corruptos da Administração. Para Martínez (2012, p. 36), nos últimos anos, evidências indicam que, em boa parte dos casos, não são os agentes externos que cooptam os agentes institucionais, mas o contrário.

A intercomunicabilidade com o poder público ou com agente(s) de poder público, agora em estudo, serve para viabilizar a prática concertada de infrações penais que, por sua natureza, com continuidade ou transnacionalidade, exponham, de maneira grave, bens jurídicos penalmente revelantes, com o propósito múltiplo e alternativo de obter, direta ou indiretamente, vantagem indevida.

Esta intercomunicabilidade pode, todavia, ter outras finalidades: ocultar ou dissimular bens, direitos ou valores, como produtos ou proveitos ilícitos, ou assegurar a impunidade de seus membros, em proteção como perspectiva.

2.2.3 Proteção como perspectiva

Em modelo clássico, as organizações criminosas servem-se da intimidação como medida principal de proteção. Masson e Marçal (2018) relatam que as organizações criminosas de tipo mafiosas possuíam características singulares. Para os autores, *o elemento constitutivo especial das associações de tipo mafioso, que as diferenciam daquelas comuns (demais), é a existência de uma profunda força intimidatória, de forma autônoma, difusa e permanente* (Masson e Marçal, 2018, p. 44).

Com o avanço dos anos, porém, a intimidação pela força evoluiu para a inserção insidiosa ou corrupta no Estado, como melhor opção para o abrigo das suas ações, objetivando, por meio da infiltração, o *enfraquecimento da capacidade coercitiva do Estado* (Oliveira; Zaverucha, 2012, p. 430), *corrompendo os poderes legítimos e a administração pública* (Braz, 2013, pp. 261-303).

Nos anos mais próximos, surge uma nova realidade. A paz e o sossego em determinadas comunidades facilitam a proteção das organizações criminosas, que, noutra linha de raciocínio, migraram para ações insidiosas, não percetíveis à "luz do dia".

A intimidação ainda está presente nos dias atuais, essencialmente nas organizações de racionalidade empresarial simples, como garantia de domínio territorial. Mesmo nestas organizações, a intimidação cede cada vez mais espaço à infiltração e à corrupção. Não mais se pretendem o caos e a desordem. Procura-se uma aproximação aos agentes do Estado para a prossecução dos propósitos da organização criminosa.

Nas palavras de Turrilas (2016, p. 87) sobre a diminuição da violência em nova perspectiva de atuação e de proteção:

> La violencia se reduce porque las organizaciones delictivas asumen que, como inversión, parte de sus beneficios deben destinarse a la corrupción de las estructuras legalmente establecidas, bien en

el ámbito empresarial como en la organización del Estado. En el primer caso para el aumento de sus ingresos, en el segundo para asegurarse una impunidad en la perpetración de sus actividades delictivas.

Em sua obra *Comando Vermelho: a história secreta do crime organizado*, Amorim (1994, p. 07) afirma que:

> Na comunidade carente, os chefões do crime organizado são pessoas bem vistas, tratadas até com certo carinho. É que, para ter negócios lucrativos, o tráfico de drogas precisa de tranquilidade. Com a polícia subindo o morro todo dia, ninguém consegue ganhar dinheiro – nem os fornecedores da droga nem os distribuidores que a levam para a sociedade refinada do asfalto, para os jovens ricos da Zona Sul. O tráfico não é compatível com a desordem na favela.

Campero (2012, p. 26), ao discorrer sobre uma das características do crime organizado na Bolívia, alerta que:

> En contraste con la debilidad institucional del estado y los bajísimos niveles salariales y competencias acadêmicas de los funcionarios, el negocio líquido del narcotráfico genera el escenario propicio para la cooptación de cargos públicos de interés para las organizaciones delictivas, con el objetivo de mantener su poder, el dominio territorial de sus áreas de acción y las prerrogativas necesarias para desarrollar su negocio con los menores costos de transacción posibles.

Para Cunha (2011, pp. 06-07), as organizações criminosas se protegem corrompendo ou aliciando agentes do Estado:

> Omissões dolosas ou obtenção de informações privilegiadas a respeito de estruturas físicas e capacidade de reação das instituições ou mesmo patrocinando o ingresso regular de seus agentes nas forças estatais, como, por exemplo, patrocínio de campanhas de candidatos a cargos públicos eletivos, patrocínio de cursos superiores aos seus agentes, mormente Direito ou mesmo pagamento de cursos preparatórios para ingresso de seus agentes na polícia, Ministério Público ou Judiciário através de concurso.

Nessa esteira, posiciona-se Araújo (2005, pp. 38-39), ao sustentar como característica *ser imperioso ao sucesso das 'empresas do crime' in-*

cutir-se nas entranhas do Estado, arregimentando agentes públicos cujas atribuições prestem-se a intermediar e facilitar a atividade criminosa. Martínez (2012, p. 31) sustenta ainda a tese de que o crime organizado:

> No es contra-estatal, es decir, su objetivo no es derrocar un régimen o una institucionalidad, por lo que la violencia contra el estado no es su característica: lo que intenta es tener grados altos de control sobre esa institucionalidad. El control se puede lograr por vías violentas, como en México, o por vías más sutiles, como la corrupción de autoridades y funcionarios públicos.

A intimidação tornou-se, com frequência, apenas um "soldado reserva". Autoridades policiais, membros do MP e do Poder Judiciário, caso não cedam ao aliciamento da corrupção, são intimidados de duas maneiras: ou por meio de ameaça e violência à integridada física, incluindo a dos seus familiares, ou por meio de questionamentos formais ao seu trabalho, com base em argumentos de ordem moral que sabem ou que devem saber ser falsos, pondo em suspeita a reputação profissional daqueles que ousam investigar, acionar ou julgar suas ações.

Nesta perspectiva de proteção, as organizações criminosas reorientaram as suas ações e reordenaram-se para a inserção do "poder legal". Crimes violentos comprometem a organização, seja pela maior probabilidade de vestígios, seja pela alta visibilidade dos danos, ou pelas vítimas conhecidas, como potenciais colaboradoras das ações de prevenção e repressão do crime. Isto foi compreendido, inclusive, pelas máfias, conhecidas pela sua intimidação. Nas palavras de Pezzino (1992, pp. 18-21) sobre a máfia siciliana e sua mudança de perspectiva por meio da participação do 'poder legal':

> Uma organização ilegal de poder económico e político no Estado constitucional, com estrutura hierárquica, recursos financeiros ilimitados e controle total das áreas de atuação, que manipularia partidos políticos interessados no poder mafioso de controle de votos, financiaria candidatos a cargos eletivos e participaria do poder legal, garantindo segurança nos negócios e imunidade de seus membros.

Optou-se, de então para cá, por uma das características citadas por Cunha (2011, pp. 06-07):

> A baixa visibilidade dos danos, combinada com as ações de proteção dos resultados, num dolo coletivo sempre presente de ocultar ou

dissimular a sua natureza, origem, localização, disposição, movimentação ou propriedade de bens, direitos ou valores provenientes, direta ou indiretamente, de infração penal.

As perspectivas de proteção das organizações criminosas podem ser compreendidas no contexto transversal proposto por Merton (1938, pp. 672-674), que sustenta a revisão das ações em face das oportunidades de proveito em contexto anômico na concepção funcionalista da sociedade. Para Robert Merton, não há problema em se questionar os ganhos ou as metas. Nem todos almejam riqueza material ou status social. As primeiras organizações criminosas, ao questionarem os meios legítimos para alcançar os ganhos, decidiram-se por negá-los. Entre o estudo e o trabalho, como meios legítimos para se obter um patrimônio, decidiu-se subtrair, com ou sem violência, ou apropriar-se, desviar, ou ainda obter indevidamente por meio de artifício ou ardil. Tratava-se, porém, de uma criminalidade às claras, que provocava a reação do Estado.

Em mudança operacional, dentro de uma estratégia mais sofisticada e menos arriscada, as organizações criminosas, no lugar de negarem os meios legítimos, evoluíram para travestir de licitude os meios ilegítimos. E ao se infiltrar no Estado, tornou-se possível não atacar uma lei, mas modificá-la, nos moldes desejados pela organização criminosa.

Na verdade, são outros tempos. No seu livro Os Grandes Criminosos Portugueses, Varatojo (1998, p. 10) reconhece que o "crime evoluiu muito e que, por exemplo, não há mais como tratar um homicídio apenas na trilogia ciúme, água a menos… e vinho a mais".

É assim de fato. E, por tal razão, a análise histórico-evolutiva das organizações criminosas se impõe inevitavelmente para melhor compreender a evolução de seus elementos conceituais e suas características, com arrimo em um inventário de evidências empíricas.

Nesta perspectiva, temos ainda as ações das organizações criminosas com a finalidade do ocultar ou dissimular a natureza, origem, localização, disposição, movimentação ou propriedade de bens, direitos ou valores provenientes, direta ou indiretamente, de infração penal. Com desígnio específico, atuam assim com artifícios encobertos para dissuadir a atenção do Estado, justificando uma repressão preventiva de continuidade ou escalada, conforme será explanado na parte final desta obra.

2.3 ANÁLISE HISTÓRICA-EVOLUTIVA DAS ORGANIZAÇÕES CRIMINOSAS

Revisitando a história do crime organizado, Cunha (2011, pp. 02-28) afirma não serem recentes as manifestações de criminalidade em larga escala, se considerarmos a estabilidade das organizações formadas pelos piratas dos séculos XVII e XVIII, caracterizadas por forte hierarquia e liderança, com o apoio de alguns Estados. Num passado mais recente, Cunha (2011) referiu-se a outras organizações centenárias, como a Máfia Siciliana.

Ao estudar as máfias com profundidade, Borges (2002, p. 26) sublinha que *a máfia siciliana Cosa Nostra (na Sicília, Itália e Mediterrâneo) é uma das mais antigas organizações criminosas. Há referências oficiais a ela desde 1838, embora os documentos registrem a expressão 'irmandade'. Antigas, porém dinâmicas.*

Santos (2002, p. 04) ressalva que *as máfias italianas, originalmente dirigidas à repressão de camponeses em luta contra o latifúndio, teriam evoluído para empreendimentos urbanos, atuando na área da construção civil, do contrabando e da extorsão sobre o comércio e a indústria, assumindo características financeiro-empresariais.*

Para além da Itália, Borges (2002, p. 27) cita a Cosa Nostra americana, com registros de atuação desde o final do século XIX. Pela criminologia americana, Santos (2002, p. 04) afirma, inclusive, que, historicamente, o discurso de crime organizado teve sua origem:

> Com o objetivo de estigmatizar grupos sociais étnicos (especialmente italianos), sob o argumento de que o comportamento criminoso não seria uma característica da comunidade americana, mas de um submundo constituído por estrangeiros, aqueles maus cidadãos que ameaçavam destruir a comunidade dos bons cidadãos.

Ainda segundo Santos (2002, p. 02), os fenômenos ilícitos iniciais foram atribuídos a empresas do mercado ilícito da economia capitalista criado pela "lei seca" do *Volstead Act,* de 1920. E com o fim da criminalização do álcool, o perigo atribuído ao crime organizado migrou para o tráfico de drogas, como novo mercado lucrativo.

Borges (2002, p. 28) avança com estudos sobre as máfias russa, canadense, polaca e búlgara, bem como os cartéis colombianos, entre outros registros da história do crime organizado, em constante evolução, como resposta aos novos cenários globais, em forte dinamismo a partir do século XX, quando o crime organizado se redefiniu de maneira sistemática e generalizada, com o desenvolvimento de novas e eficazes atividades criminais, melhor estruturadas e menos vulneráveis à ação policial.

Relevante ressaltar aqui que, nos seus escritos, Gallo (2014, pp. 50-52) discorre sobre os cartéis e suas características:

> A denominação criminal utilizada aqui para identificar os 'cartéis' se restringe às organizações criminais centro e sul-americanas, como é o caso dos grupos que controlam o mercado de drogas e armas na Colômbia, México, Venezuela, Honduras etc. Para os cartéis, o controle do território e dos mercados específicos são duas das características mais importantes. Mas, diferentemente das máfias, o controle hierárquico se restringe apenas aos líderes do grupo, podendo outros níveis, adotar, formas diferentes de organização. Além disso, não existem códigos ou 'fórmulas' aglutinantes entre seus membros.

A autora também aborda as gangues e as distingue das demais formas de manifestação de associações:

> Elas diferem de outras organizações criminosas, como a máfia e os cartéis, porque normalmente não têm a estrutura hierárquica de liderança, capital e mão-de-obra necessárias para sustentar uma empresa criminosa sofisticada. As gangues assumem modelos de organização mais horizontais, com pequenos subgrupos e pouca estratégia que configure liderança central e disciplina (Gallo, 2014, p. 55).

Sobre este dinamismo, já no início do século passado, Braz (2013, pp. 261-270) afirma que:

> Num período de grave crise econômica associada à transição do liberalismo emergente da Revolução Industrial para um capitalismo estrangulado por uma crescente intervenção estatal, a criminalidade organizada emergiu duma forma sistemática e generalizada.

E ainda no século passado, em suas últimas décadas marcadas pela globalização, Braz (2013, pp. 261-270) sustenta que:

> A partir dos anos 90 do século passado, os tradicionais cartéis, estruturas pesadas, com muita gente e vulnerabilidade, atomizam-se, dando lugar a muitas e pequenas organizações de tipo celular, estruturadas em rede, com grande flexibilidade, capacidade de dissimulação e dotadas da eficácia e rapidez que a moderna tecnologia confere. Estas pequenas organizações criminosas são muito menos vulneráveis à acção policial.

Numa excursão histórica, Pezzino (1992, p. 77) destaca ainda o entrelaçamento, ao longo da história da máfia, entre atividade política e corrupção, com o financiamento de campanhas e conquista de cargos públicos

Em anos mais recentes, Zaffaroni (2007, pp. 01-07), posicionando-se sobre a dimensão econômica do surgimento do crime organizado, sustenta que a moderna tecnologia e a globalização favoreceram a macrocriminalidade econômica, como manifestação máxima do crime organizado, valendo-se de ambiente com menor poder e controle dos Estados sobre o capital. Peterke e Lopes (2008, p. 392), ao tratarem do crime organizado na era da globalização, apresentam um cenário de novas oportunidades para a expansão das ações ilegais: novas tecnologias e liberalização dos mercados

Com relação ao Brasil e suas especificidades na evolução das organizações criminosas, é importante o resgate documental realizado por Carlos Amorim, num estudo rigoroso e detalhado sobre o surgimento do Comando Vermelho, como origem brasileira das estruturas ordenadas para a prática de infrações penais. Segundo Amorim (1994. pp.39-41), tudo se iniciou nos idos anos de 1969/1970, com a junção de presos políticos com outros reclusos nos mesmos estabelecimentos penais, ocasião em que estes, valendo-se da "expertises" daqueles, aproveitaram para adotar o princípio da organização como forma de melhor estruturar o poder dentro do grupo[12].

---

12. Narra o autor Amorim (1994, pp. 39-41), com detalhes, o resultado da reunião de presos políticos com outros reclusos: "que, no Rio de Janeiro, a convivência entre militantes de esquerda e criminosos esteve suspensa entre 1946 e 1964. Foi reativada com a rebelião dos marinheiros que ocuparam o Sindicato dos Metalúrgicos na Rua Ana Nery. O movimento foi um dos estopins do golpe que derrubou João Goulart. A justiça militar considerou o caso uma transgressão disciplinar, punindo de sessenta a oitenta marinheiros com base no código penal das Forças Armadas, que estabelece: "Os condenados devem cumprir sentença nos estabelecimentos penais comuns, submetidos ao regime do estabelecimento."

Cunha (2011)[13] faz referência, na sua obra, a diversos grupos criminosos, entre eles o Primeiro Comando da Capital (PCC), fundado em 1993 na Casa de Custódia de Taubaté/SP, e o Terceiro Comando, como grupo dissidente, que posteriormente formou o Amigos dos Amigos (ADA).

No anuário do Sistema Penitenciário Federal (SPF, 2017), com dados de 2016, que contempla apenas parte da população carcerária do Brasil, foi realizado um levantamento dos presos membros de or-

---

Foram todos trancafiados no Complexo Penitenciário da Frei Caneca. O ambiente carcerário era muito hostil e os presos políticos se organizaram em grupos sólidos para resistir às pressões na cadeia. Em 1967, foram todos para a Lemos de Brito. (...) No dia 26 de maio de 1969, nove dos presos que estavam envolvidos--os cabeças do movimento--escaparam da prisão. (...) O incidente na Lemos de Brito provoca a ira da Marinha. (...) Em dezembro de 1969, um navio de aviso oceanográfico parte do píer da Praça Mauá para a Ilha Grande. A bordo, os marinheiros rebeldes e outros 64 presos políticos que já engordavam o cordão dos condenados pela ditadura. No dia 6 de janeiro de 1970, o diretor da Lemos de Brito pede exoneração. Ele se lembra que a transferência dos presos políticos "Foi uma cena muito triste, era como um navio negreiro". João Marcelo Araújo Júnior conta mais: – Foi a partir daí que começou este fenômeno, que mais tarde iria desembocar no Comando Vermelho. A Ilha Grande era um estabelecimento disciplinar, uma prisão de castigo. Só tinha barra-pesada. Os presos políticos levaram para lá a sua organização, logo fortalecida com a chegada de outros condenados pela Lei de Segurança Nacional. Entre eles estavam agora deputados, funcionários públicos, universitários. O mesmo processo de união para enfrentar o ambiente se repete. Com mais força. O preso ideológico não se contém com a prisão. Ao contrário, ele cresce. Na Ilha Grande, ocorreu um fenômeno ideológico por contaminação. Acabou gerando o Comando Vermelho, que perdeu a formação política original, nobre como movimento de libertação nacional, mas que absorveu a estrutura para se organizar como crime comum.

13. Conforme Cunha (2011, pp. 08 e 09), "sabe-se, ainda, da existência, dentre outros, em São Paulo, do Comando Revolucionário Brasileiro da Criminalidade (CRBC), fundada em dezembro de 1999 na Penitenciária José Parada Neto, em Guarulhos/SP; Comissão Democrática de Liberdade (CDL), que teve origem na penitenciária Dr. Paulo Luciano de campos, em Avaré, no ano de 1996; Seita Satânica (SS), fundada na antiga Casa de Detenção de São Paulo em 1994 mas ainda em atividade na Penitenciária Mario de Moura Albuquerque, em Franco da Rocha; no Paraná, existem notícias do Primeiro Comando do Paraná (PCP), fundado em 1998 na Penitenciária Central do Estado, em Pitaquara; no Distrito Federal, o Paz, Liberdade e Direito (PLD), fundado em maio de 2001, no Setor C da Penitenciária da Papuda; em Minas Gerais, o Primeiro Comando Mineiro (PCM) que surgiu no segundo semestre de 2001, na Penitenciária Nelson Hungria e o Comando Mineiro de Operações Criminosas (COMOC), formado em 2002, na Penitenciária José Maria Alckmin, no município de Ribeirão das Neves; no Rio Grande do Sul, existem os Manos, criado no Presídio Central de Porto Alegre, em 1988 e os Brasas, facção criada na mesma época dos Manos; em Pernambuco, o Comando Norte-Nordeste (CNN), fundado em 1994 na Penitenciária Professor Anibal Bruno, inspirado no Comando Vermelho; no Rio Grande do Norte, o Primeiro Comando de Natal (PCN), que surgiu em 2003, na Penitenciária Central Dr. João Chaves; no Mato Grosso do Sul, o Primeiro Comando do Mato Grosso do Sul (PCMS) e o Primeiro Comando da Liberdade (PCL), dentre outros".

ganizações criminosas[14]. Segundo o relatório, 35,34% dos reclusos no SPF pertenciam ao PCC e 22,41% dos internos custodiados no SPF pertenciam ao Comando Vermelho (p. 13)[15].

Figura 3 – Representatividade das facções presentes no Sistema Penitenciário Federal no Brasil

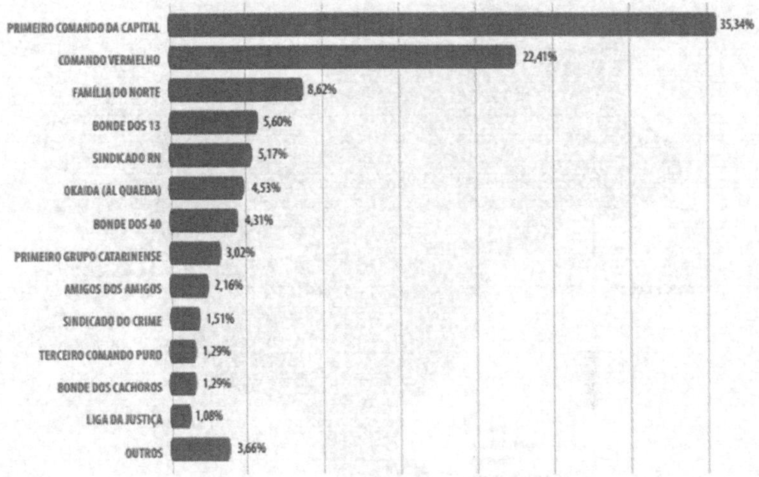

Fonte: Anuário do SPF (2017).

14. Conforme Anuário do SPF (2017, p. 10), "em 2016 a população carcerária média no Sistema Penitenciário Federal foi de 438 internos. No final de dezembro, do mesmo ano, o número de internos era igual a 472. Em 30 de junho de 2017, o SPF possuía 570 internos". Em relatório apresentado pelo Conselho Nacional de Justiça – Cadastro Nacional de Presos (2018, p. 31), com a situação de todos os presos do Brasil, para além do Sistema Federal, consta que, "no dia 6 de agosto de 2018, havia 602.217 pessoas cadastradas no sistema como privadas de liberdade, incluídas as prisões civis e internações como medidas de segurança, distribuídas nas unidades da Federação". O número reduzido no Sistema Penitenciário Federal se justifica pelas exigências de inclusão de presos em estabelecimentos penais federais de segurança máxima ou a sua transferência para aqueles estabelecimentos. Conforme art. 3º do Decreto 6.877/2009, para a inclusão ou transferência, o preso deverá possuir, ao menos, uma das seguintes características: I – ter desempenhado função de liderança ou participado de forma relevante em organização criminosa; II – ter praticado crime que coloque em risco a sua integridade física no ambiente prisional de origem; III – estar submetido ao Regime Disciplinar Diferenciado – RDD; IV – ser membro de quadrilha ou bando, envolvido na prática reiterada de crimes com violência ou grave ameaça; V – ser réu colaborador ou delator premiado, desde que esta condição represente risco à sua integridade física no ambiente prisional de origem; ou VI – estar envolvido em incidentes de fuga, de violência ou de grave indisciplina no sistema prisional de origem.

15. No relatório elaborado pelo Conselho Nacional de Justiça (CNJ) – Cadastro Nacional de Presos, 2018, não foi realizado levantamento de presos por facções.

O mapa, abaixo, foi publicado no Anuário Brasileiro de segurança pública, distribuindo geograficamente os dados obtidos no sistema prisional.

Figura 4 – Mapa de Facções Criminosas no Brasil

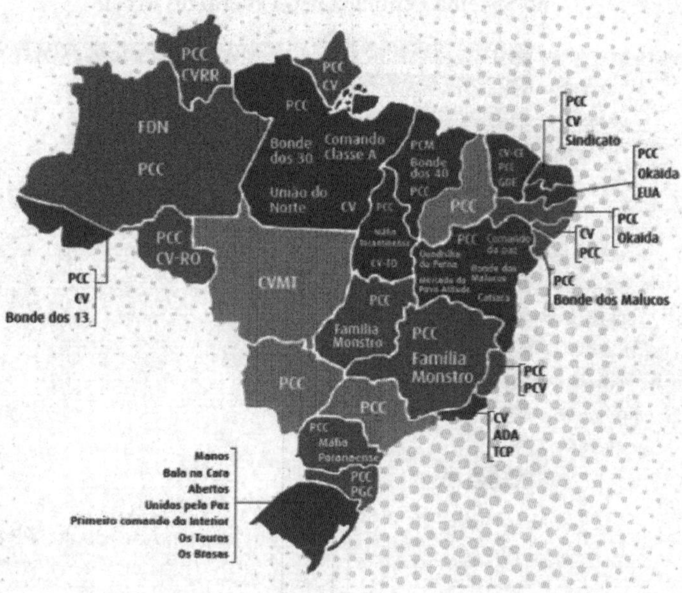

Fonte: Política Nacional de Segurança Pública e Defesa Social – Plano Nacional de Segurança Pública e Defesa Social 2018-2028 (p. 26).

No contexto do crime organizado no Brasil, devemos destacar ainda as milícias, como grupos formados pela associação, entre outros, de agentes de forças de segurança que, paralelamente ao seu ofício, atuam no sentido de controlar indevidamente determinadas localidades, especialmente as carentes de políticas públicas, valendo-se primeiramente de um discurso de legitimação, para em seguida ostentar um caráter coativo, de intimidação armada e de prática de crimes graves aos que ousam ir contra os interesses do grupo. Segundo Neves (2008, p. 35):

> Milícias são grupos armados compostos por agentes do Poder Público e pessoas cooptadas nas comunidades carentes, inclusive ex-traficantes, que usam a força e o terror para dominar uma determinada região e explorar de maneira ilegal as atividades

de transporte alternativo, gás e tv a cabo. Seu mote é a questão financeira, o lucro farto e fácil.

Para além desse conceito, o sociólogo Cano (2008, pp. 36 e 37) define milícia em cinco importantes eixos, todos eles contemplados em nossa visão:

> Controle de um território e da população que nele habita por parte de um grupo armado irregular; caráter coativo desse controle; ânimo de lucro individual como motivação central; discurso de legitimação referido à proteção dos moradores e à instauração de uma ordem; e participação ativa e reconhecida dos agentes do Estado.

Afirmar que as milícias se diferenciam das organizações criminosas é adotar um posicionamento em apego a convicções contrárias, seja refutando as características das primeiras, seja adotando um conceito rígido para as segundas. Com propriedade, Ferraz (2008, p. 35) sustenta que as milícias se enquadram no conceito internacional de crime organizado, por diversos motivos, dentre eles o alto padrão organizativo, a racionalidade empresarial e o poder de infiltração no Estado. Em sua tese de doutoramento em filosofia e ciências humanas, Gallo (2014. pp. 331-332), tendo como fonte de dados do relatório da Comissão Parlamentar de Inquérito do narcotráfico, e valendo-se de ferramentas como o Grounded Theory e o *software* NVivo, apresentou o crime organizado brasileiro nas suas diversas multiciplidades, inserindo as milícias neste contexto, à semelhança de outros investigadores, pelo uso da violência, acionamento de aparelhos e agentes do Estado, clara divisão de trabalho e mescla de valores ilícitos com atividades lícitas, como "empresas criminais".

Certo é que as milícias nada mais são que uma das mais variadas formas de apresentação das organizações criminosas, pela múltiplas dinâmicas adotadas. Em estudo estatístico, com base nas operações da Polícia Federal (PF) do Brasil, Oliveira e Zaverucha (2012, p. 440), utilizando a base de dados do site da PF, estruturaram um banco de dados com o relato de todas as operações realizadas pela PF de janeiro de 2003 a dezembro de 2010, valendo-do *software* Statistical Package for the Social Sciences (SPSS), para fins de desenvolvimento da estatística descritiva dos dados, dos testes e dos cruzamentos entre as variáveis. Em suas conclusões, não apenas destacaram a dinâmica das organizações criminosas como também realçaram o papel importante do Estado, porquanto a procura pela cooperação ilícita com agentes públicos pode vir a assumir diferentes formas, em distintas estruturas e para diversas ações.Tal percepção comum entre os estudiosos deu-se em razão de o avanço da criminalidade com a infiltração no Estado ter sido um grande marco na histórica das organizações criminosas no Brasil.

Não podemos falar em Estado democrático de direito sem o império da lei e do direito a regular a atuação dos Poderes Executivo, Judicial e Legislativo. Por esta razão, numa concepção ampla de segurança pública, é preciso avaliar a presença e o impacto do perigo de conflitos de interesses no âmbito das principais instituições políticas, permeando os Poderes de interesses particulares.

Na lição de Werner (2017. pp.'06-45), a corrupção torna-se sistêmica quando existe uma complexa rede de relacionamentos com representantes do poder econômico e grupos de interesse, capturando o Estado, instaurando-se a Cleptocracia. Foi exatamente o que ocorreu no Brasil. No curso da denominada Operação Lava Jato, a partir de casos investigados no Brasil, observou-se a existência de uma organização criminosa estruturalmente ordenada em quatro grupos distintos: o político, o econômico, o administrativo e o financeiro.

No núcleo político, em acordo com o Poder Executivo Federal, verdadeiras agremiações partidárias tinham a prerrogativa de indicar nomes para ocupar funções estratégicas em empresas públicas ou em sociedades de economia mista, destacando-se as Diretorias de Abastecimento, de Serviços e Internacional da Petróleo Brasileiro S.A. – Petrobras. Uma vez nomeados no alto escalão, por ordem do núcleo político, o núcleo administrativo comprometia-se a contratar determinadas empresas cartelizadas, membros do núcleo econômico. Caso assim não procedessem, seriam exonerados. O núcleo econômico, em contrapartida, efetuava o pagamento de vantagens indevidas tanto ao núcleo administrativo, este agraciado em menor percentual, como ao núcleo político, que auferia maior parcela.

Para o pagamento desses valores indevidos, as empresas cartelizadas utilizavam-se de operadores membros do núcleo financeiro com expertise na ocultação ou dissimulação da natureza, origem, localização, disposição, movimentação ou propriedade de bens, direitos ou valores provenientes, direta ou indiretamente, de infração penal.

A primeira fase da Operação Lava Jato foi deflagrada pela PF em 17 de março de 2014, no cumprimento de mandados judiciais expedidos contra o núcleo financeiro, até então suspeito de evasão de divisas, entre outros ilícitos. Já na segunda fase, em 20 de março de 2014, foi preso o primeiro membro do núcleo administrativo, o então Diretor de Abastecimento da Petrobrás, que, entre outros tantos, resolveu assinar um termo de colaboração premiada, resultando, em conjunto com outros meios e elementos de prova, na revelação da capilaridade da organização criminosa, com a descoberta de um núcleo econômico e de um núcleo político, perfazendo um total aproximado de 1.203 investigados até ao dia 22 de fevereiro de 2018, data em que foi desencadeada a 48º fase da Operação.

Conforme dados da Procuradoria-Geral da República (PGR), obtidos em 28 de fevereiro de 2018[16], apenas no juízo de primeira instância, 1.765 procedimentos já haviam sido instaurados contra esses quatros núcleos, resultando na expedição de 881 mandados de busca e apreensão, 222 mandados de condução coercitiva, 101 mandados de prisão preventiva e 340 pedidos de cooperação internacional. Diante do conjunto probatório de inquéritos, a desvelar situações jurídicas determinadas, em 2018 a Justiça Federal já havia condenado 118 pessoas envolvidas no esquema criminoso dimensionado financeiramente em R$ 6,4 bilhões de vantagens indevidamente auferidas.

Em face do núcleo político, além dos investigados em primeira instância, centenas de inquéritos foram instaurados perante o Supremo Tribunal Federal (STF) e o Superior Tribunal de Justiça (STJ), englobando aproximadamente 238 parlamentares, entre Senadores da República e Deputados Federais, além de Governadores e Ministros do Poder Executivo.

O caso ora sob exame resultou em ambiente de institucionalização de crimes graves, na sua maioria em face da Administração Pública, como bem penal protegido, em detrimento dos interesses públicos e da própria prossecução dos fins legalmente cometidos ao Estado, enfraquecendo o Sistema de Freios e Contrapesos, e pondo em risco o próprio sistema democrático do Brasil.

---

16. No site do MPF, os dados foram excluídos. Página dada como não mais existente em consulta realizada em 04/01/2022, às 08:22.

Certo é que a segurança pública e a ordem pública são pilares do Estado democrático de direito. Como foi referido, a ordem pública é um conceito genérico, porém indissociável da realidade, e por esta foi confrontada demasiadamente no Brasil por organizações criminosas que se infiltraram no Estado.

Não sendo este estudo circunscrito ao Brasil, já em contexto europeu, após as referências de Cunha (2011, pp. 02-28), Borges (2002, p. 26), Santos (2002, p. 04), Gallo (2014, pp. 331-332), Braz (2013, pp. 261-303), Pezzino (1992, p. 77), Zaffaroni (2007, pp. 01-07), Peterke e Lopes (2008, p. 392), entre outros, em abordagem histórica feita desde as primeiras manifestações das organizações criminosas, temos uma realidade contemporânea de cinco criminal hubs[17], com influência significativa na dinâmica do mercado criminoso da UE, consoante documento produzido pela EUROPOL (SOCTA 2009, *EU Organised Crime Threat Assessment*, pp. 13-14). No Noroeste da Europa, temos a Holanda e a Bélgica como centros distribuidores de drogas, como maconha, cocaína, heroína e drogas sintéticas, com influência alargada ao Reino Unido, Irlanda, França, Espanha, Alemanda, países bálticos e escandinavos. No Sudoeste, a Península Ibérica acaba por servir como porta de entrada para a UE, não apenas para a droga, mas também ao tráfico de seres humanos e imigração ilegal. No Nordeste, com as fronteiras orientais com a Federação Russa/Kaliningrado, Ucrânia e Bielorrússia, há fluxos de leste para oeste com exploração sexual, imigração ilegal, tabaco, produtos falsificados e drogas sintéticas, como também um fluxo inverso de cocaína e maconha. No centro criminal do Sul, há prepoderância de organizações baseadas na Itália, em sinergia com grupos de fora da UE no tráfico de drogas, imigração ilegal, contrabando de produtos falsificados, inclusive tabaco, e a produção e distribuição de euros falsificados. No centro criminal do Sudeste, entre a Ásia e a Europa, valendo-se das vias navegáveis, o tráfico de drogas está em expansão com a Turquia e/ou Balcãs.

Numa análise histórica e global, há um reforço compreensivo das organizações criminais em várias perspectivas. Houve mudan-

17. Cfr. SOCTA (2009, p. 27): "criminal hub is a conceptual entity that is generated by a combination of factors such as proximity to major destination markets, geographic location, infrastructure, types of OC groups and migration processes concerning key criminals or OC groups in general. A criminal hub receives flows from a number of sources and spreads their effects in the EU thereby forging criminal markets and creating opportunities for the growth of OC groups that are able to profit from these dynamics".

ças organizacionais e o surgimento de novos modelos de agir, com surgimento de diferentes formas de criminalidade organizada. As alterações deram-se também na perspectiva de proteção. Desde as máfias italianas, a intimidação foi cedendo o lugar à corrupção, como manifestação de uma postura transnacional em ascendência nas organizações criminosas, antes restrita ao conflito do ambiente de anomia proveniente de estruturas culturais de ganhos versus estruturas sociais de restrição de meios, porém nos dias de hoje cada vez mais ordenada para a conciliação de interesses escusos, ao criar ou alargar oportunidades de proveito e de proteção, em aliança com o próprio Estado.

Lederman, Loayza e Soares (2001, p. 04-05) sustentam a existência de uma correlação inversamente proporcional dos demais crimes com a corrupção. Isto reforça exatamente a principal característica assumida pelas organizações criminosas ao longo da história: o aumento do investimento na corrupção institucional, no lugar da violência própria dos crimes comuns. No estudo de Lederman, Loayza e Soares (2001), existe uma alta correlação entre os crimes comuns, mas nenhum destes está significativamente relacionado com a corrupção. Os autores apresentam uma tabela que evidencia a relação entre as taxas de criminalidade, obtidas das Pesquisas Internacionais de Vitimização de Crimes, e o índice de corrupção, obtido do Guia Internacional de Risco do País. Observa-se uma correlação positiva entre as taxas de furtos, roubos e crimes de contacto, no nível de 1% – variando de 0,55 a 0,76 -, e uma correlação pouco significativa ou até negativa entre o índice de corrupção e as taxas de crimes comuns.

Figura 5 – Correlação entre um índice de corrupção e taxas de outros crimes

	Corruption	Burglary	Theft	Cont. crimes
Corruption	1			
Burglary	0.12 42	1		
Theft	-0.12 42	0.58* 45	1	
Cont. crimes	0.22 42	0.76* 45	0.55* 45	1

Notes: * - Significant at 1%. Number of observations below the correlations. Corruption index from the ICRG, 1999. Crime rates from ICVS, average for all years available.

Fonte: Lederman, Loayza e Soares (2001, p. 05).

A corrupção se trata apenas de uma estratégia diferente, adotada precipuamente por organizações criminosas, em constante evolução. Não podemos concluir que eventual índice não expressivo de crimes violentos possa representar menor ofensa a bens jurídicos relevantes. Ao invés, podem sugerir organizações criminosas com métodos mais sofisticados que atuam e se protegem em ambiente de falsa sensação de segurança.

Impõe-se, por assim dizer, uma compreensão transversal nesta análise histórica-evolutiva, que contempla as organizações criminosas, desde as suas origens às mais diversas manifestações atuais. Nas palavras de Gallo (2014, pp. 331-332), *as formas adotadas pelas organizações têm sido negligenciadas pela Academia, é preciso olhar com mais atenção para elas pois apontam para mudanças em sua dinâmica.*

Esta dinâmica passa necessariamente pelo entrelaçamento das organizações criminosas com o Estado. O ato de corromper é insidioso no aliciamento de muitos servidores públicos ou agentes políticos, caso os seus valores pessoais se mostrem permeáveis ao crime, e como tais sentirem-se atraídos pelo dinheiro ilícito e pela manipulação do poder, com a racionalização do desvio de poder (Molina, 2006, p. 274). Nos termos do Relatório do Índice de Corrupção, publicado pela Transparência Internacional Pública (2019), a corrupção dilacera a democracia para produzir um ciclo vicioso, no qual a corrupção enfraquece as instituições democráticas e, por sua vez, as instituições fracas são menos capazes de controlar a corrupção.

Importante destacar que, sobre a globalização, Gouveia (2015, p. 14) afirma se tratar, na verdade, *de um feixe de interações sem qualquer precedente, não obstante experiências anteriores, mais ou menos duradouras, como nos grandes impérios ou nos Descobrimentos.*

A corrupção materializa-se em fatos que impedem ou perturbam o desenvolvimento regular da atividade do Estado no mundo globalizado. Quando sistêmica, infiltrada nos Poderes constituídos, ativa-se uma proteção difusa e orquestrada para se esquivar à perseguição penal.

2.4 REFLEXÕES SOBRE O FUNDAMENTO ESTRUTURAL DAS ORGANIZAÇÕES CRIMINOSAS

O crime – quando praticado de forma organizada – é objeto de mais estudos que a organização em si mesma para a prática do crime.

Nas palavras de Lampe (2007), a organização nem existe enquanto fenômeno claramente discernível e empiricamente coerente. Com a análise evolutiva, foi possível compreender que as organizações criminosas são estruturas em permanente (re)construção, como fenômeno histórico (Melo, 2015). Por conseguinte, a estrutura em si mesma não nos traz respostas claras sobre a sua essência. Talvez apenas o seu fundamento. Mas, afinal, qual seria o fundamento estrutural das organizações criminosas? Primeiramente, podemos ter em consideração que a questão maior não é como as organizações se estruturam, mas por que razão se constituem.

Os padrões estruturais organizacionais alteram-se de acordo com a sociedade de que fazem parte e com ela aprendem, no aspecto sociológico, a se (re)ordenarem, em novas formas de atuação e de proteção, considerando inclusive o processo de associação diferencial sustentado por Sutherland (1940, pp. 1-12), para quem as próprias manifestações dos crimes dependem da cultura local.

Esta integração com a sociedade nem sempre é antagônica, pois as mais variadas ligações das organizações podem dificultar a compreensão exata da (i)licitude (Bunt et. al., 2016, pp. 195-196). Todo conhecimento sobre a organização criminosa é provisório e conjectural, como sustenta Kleemans (2016, p. 195-196), que critica o subdesenvolvimento das teorias e perspectivas teóricas sobre o crime organizado, face à má definição do objeto de pesquisa, ora se concentrando em estruturas antigas, ora se concentrando em manifestações de certos territórios ou setores, afirmando que o crime organizado não atua em vazio social, antes interage com os seus ambientes.

Alguns autores concentram-se no estudo dos membros e da sua organização, enquanto outros se concentram no estudo das atividades criminosas. Para Kleemans, Soudijn e Weenink (2012, pp. 195-196), houve a mudança de foco de alguns criminologistas, antes preocupados com os infratores, hoje muitos com uma análise detalhada de eventos criminosos e atividades criminosas. Tais noções, antes rivais, são vistas com sincronia, em concepções simultâneas (Paoli e Beken, 2016, pp. 13-14):

> Dependendo do tempo e do lugar, alguns autores, bem como agências de aplicação da lei e políticas nacionais e internacionais têm enfatizado o "Quem", ou seja, o infratores individuais e suas parcerias variáveis, enquanto outros deram mais relevância ao "O quê",

> ou seja, as atividades criminosas realizadas. a evolução do debate sobre o crime organizado em todo o mundo sobre os últimos cem anos podem ser sintetizados numa mudança de "O que" para "Quem" e uma reverter a maré de "Quem" para "O quê", com uma crescente fusão dos dois; As duas noções básicas e rivais de crime organizado têm sido usadas não apenas de forma intercambiável, mas também simultaneamente. Em vez de descartar o par "organizações criminosas" e "atividades criminosas com fins lucrativos", eles diluiram cada vez mais a definição de organizações criminosas de modo a incluir também redes, gangues, células e qualquer grupo composto por pelo menos três pessoas trabalhando juntas.

Ao se concentrar nos membros, a doutrina debruça-se, por exemplo, no tipo de organização, se empresarial ou não, bem como na dinâmica mais atual de redes. Ao destacar a atividade, outra parte da doutrina discorre sobre os crimes e os seus fins, se são graves, se são econômicos, políticos ou ideológicos, nacionais ou transnacionais. Ocorre que o fundamento estrutural não está na ordenação como perspectiva, mais no motivo de se manter ou de se reestruturar sua atuação e proteção.

Sendo assim, o ponto de partida não é a estrutura organizacional, mas a sua razão de ser inconstante. "Organizar-se para e em razão de". Ao buscar as razões, o seu fundamento estrutural, é mais fácil identificar os sentidos de oportunidade presentes e futuros de atuação e de proteção das organizações, e compreender o dinamismo da sua ordenação, o que se mostra imprescindível para a repressão preventiva da polícia judiciária ao perigo e risco do crime organizado.

PARTE II

NECESSIDADE DE UMA RELEITURA DA ATUAÇÃO POLICIAL FACE À CRIMINALIDADE CONTEMPORÂNEA

Considerando que uma pesquisa geral sobre ordem e segurança pública nos levaria a discussões amplas, algumas inesgotáveis, e, como tais, sem rigor de conteúdo se reunidas numa única obra, torna-se necessário delimitar o escopo, adotando a estratégia de pequenos – porém quanto possível seguros – passos acadêmicos, concentrando-se o estudo na atuação da polícia, numa abordagem funcionalista, como instituição responsável pelo exercício de uma função específica num corpo social, com uma missão fundamental própria.

O estudo de ordem e segurança vai além, inclusive, do próprio Direito. Como bem excepcionado por Saraiva (2006, p. 50):

> Se a História nos ensina alguma coisa, a sua permanente lição é a de que só a cultura vivifica. Foi ela que nos ensinou a distinguir entre o norte e o sul, entre o bem e o mal, entre a civilização e a barbárie. E a conciliação entre os pontos cardeais do progresso e da ordem, da liberdade e da segurança, é essencialmente um programa cultural.

Afinal, que polícia queremos? Questionamento feito por César Barros Leal (2019, p. 69):

> Cuando de seguridad pública se trata, hay que perquirir también sobre la policía que tenemos y queremos en los días actuales. ¿Debe la policía tener, además de una función represiva e inves-

> tigativa (la inteligencia habría de ser perfeccionada, a la luz de la opinión unísona de los especialistas en seguridad pública), un papel relevante en la prevención y mediación de los conflictos, como sucede en otras latitudes?

Este estudo não pretende, pela sua especificidade, atribuir protagonismo à polícia numa democracia, mas realçar o seu papel fundamental como guardiã da ordem e da segurança pública, quando atua num Estado democrático de direito. Este papel é destacado por diversos autores. Nas palavras de Sousa (2016, p. 133), *como missão confiada à polícia, a ordem pública apresenta-se como princípio e fundamento de atuação policial.* Neste sentido, as orientações para polícias democráticas, tais como publicação da Organização para Segurança e Cooperação em Europa (OSCE), que reúne mais de 50 países: *Si la police exerce ses responsabilités d'une manière qui reflète les valeurs démocratiques, la cause de la démocratie et de la légitimité de l'Etat en sera bien avancée* (Guide pour une Police Démocratique – Conseiller Principal de Police auprès du Secrétaire Général de l'OSCE, 2007, p. 13). Neste contexto, Malarino (2003, p. 579), ao relacionar polícia com liberdades e direitos fundamentais, defende que somente uma força policial que respeite as liberdades e direitos fundamentais dos cidadãos pode contribuir para o fortalecimento dos ideais democráticos de uma sociedade.

Para Sousa (2016, p. 54), a polícia é o conjunto das intervenções da Administração tendentes a impor à livre ação dos particulares a disciplina exigida pela vida em sociedade. Assim, a polícia identifica-se com as limitações, feitas no interesse da coletividade. Dias e Andrade (1997, p. 443) afirmam ser a polícia o símbolo mais visível de controle, como "*first-line enforcer*" da lei criminal. No entendimento de Silva (2005, p. 97), a polícia é também um serviço de Justiça, como resposável pela defesa e realização do Direito. Hisao (2015, p. 25) sustenta o papel da polícia como guardiã do Estado de direito, *atuando na ausência ou na insuficiência dos freios necessários ao convívio social decente e harmonioso*. Na sua obra Traité de Sécurité Intérieure, Cusson, Dupont e Lemieux (2007, p. 31) abordam a importância da natureza das ações da polícia para a prevalência da Justiça. Para os autores, quanto mais próxima for a relação entre os homens de um ideal de justiça e equidade, menos eles serão tentados a usar a violência ou o engano para obter o que consideram o que lhes é devido. Uma ótima maneira de criar segurança é, portanto, fazer a justiça imperar. Herblay (1997, p. 11), por seu turno, sustenta que a existência da polícia é universal, inevitável e aceita como tal em todas as sociedades.

Muito se comenta ou se discute sobre a polícia, mas ainda pouco se sabe sobre ela. Segundo Fernandes (2005), a polícia é um assunto extremamente popular, abordado em vários espaços de comunicação, filmes e séries populares. Para o autor, por via desta popularidade, tem-se a ilusão de que a polícia é algo familiar e de fácil compreensão, e todos se sentem legitimados a apresentar ideias e soluções para o universo de problemas da criminalidade e da insegurança. Como salienta Sousa (2016, pp. 31-36) *a polícia é uma instituição social cujas origens remontam às primeiras concentrações urbanas, sendo geralmente considerada uma das formas mais antigas de proteção social.* Para o autor, uma das condicionantes que levam à falta de compreensão da atuação policial é exatamente a omissão doutrinária no plano da investigação científica. O autor avança com oportuna reflexão sobre a omissão doutrinária do próprio Direito Policial:

> É um verdadeiro paradoxo que, sendo o Direito Policial um dos mais antigos, dos mais ricos e dos mais importantes ramos do direito público moderno, com tantas e tão relevantes implicações na efetivação do Estado de direito e dos direitos fundamentais, tenha sido simultaneamente, ao longo de tantos anos, generalizadamente esquecido pela doutrina jurídica (SOUSA, 2016, p. 34).

A falta de compreensão da atuação policial, combinada com a sua exponencial importância para a ordem e segurança pública, justifica a necessidade de um compromisso acadêmico com o tema. Como refere Balzac (2017, p. 722), *os governos passam, as sociedades morrem ou caem; mas nós, nós negligenciamos tudo isso, e a polícia é eterna.*

3

ATUAÇÃO TRADICIONAL DA POLÍCIA

Para melhor compreendermos a polícia e a sua função no corpo social, é importante começar pela precisão de alguns dos seus conceitos fundamentais.

3.1 CONCEITO DE POLÍCIA

Definir a polícia não é tarefa simples, pela sua generalidade, alto grau de abstração e multiplicidade de aceções. Nem sempre este termo é empregado num sentido claro e preciso. Segundo Bonnard (1935, pp. 317-318), não se tem havido o cuidado de fixar convenientemente os elementos da noção de polícia.

Iniciemos, pois, os esforços de definição por uma abordagem histórica. Sousa (2016, p. 41) procede a uma aproximação conceitual, reconduzindo o termo polícia (do grego *politeía*), na sua evolução histórica, à expressão de "qualidade e direitos do cidadão" (sentido individual), ao "regime político, medidas e formas de governo" (sentido coletivo), ou ainda à "ciência dos fins e deveres do Estado" (sentido geral). Outros sentidos são ainda possíveis no entendimento de Sousa. Para o autor, tradicionalmente, polícia se entrelaça na ideia de poder de autoridade e de restrição. Em sentido moderno, termo polícia é entendido num sentido mais restrito, embora ainda lacunoso, como *prevenção do perigo para a ordem e segurança públicas no exercício de poderes de autoridade e com a possibilidade de imposição coativa* (Sousa, 2016, pp. 44-45).

Nos dias de hoje, o termo polícia pode ser entendido em diversas acepções. Em sentido formal, polícia é a reunião de autoridades designadas como policiais, independentemente da natureza das funções que desempenham, se de fato relacionadas com a prevenção ou com o combate ao perigo. A dependência das funções que desempenham se encontra no sentido material ou funcional, vinculado não à organização ou à designação, mas sim aos fins, meios e objetos. Para além da organização, o sentido material relaciona-se com a atividade policial, na sua função ou missão de prevenção do perigo e de repressão.

Num primeiro momento, podemos entender que o sentido material se deve sobrepor ao formal. Acontece que, debruçando-se em casos concretos, sem maiores esforços, observa-se que os mesmos devem ser conjugados para uma melhor compreensão geral da polícia. Exemplificando a necessidade de combinar os sentidos formal e material, temos que a vida é um bem jurídico de relevo e a sua exposição ao risco ou a sua ofensa pode ocorrer de duas maneiras: pelo homem ou pela natureza. Quando o risco ou a ofensa provém do homem, reclama-se a atuação das autoridades policiais organizadas (sentido formal), com a finalidade, respetivamente, de prevenir ou coibir a conduta (sentido material). Quando, porém, o risco provém da natureza, sem interferência humana, temos a necessidade de prevenção da ordem pública. A ação, em si, com esta finalidade, seria de natureza policial, no seu aspecto meramente formal, à semelhança de outras organizações de prevenção de perigos e proteção civil, como tais não policiais, porém com treino e capacitação contínua para atuar em situações específicas como terremoto ou enchentes.

Crettela Júnior (1985) considera a fonte estatal da polícia como seu importante e obrigatório elemento caracterizador, sublinhando ser indelegável o poder de polícia. Aliado ao sentido orgânico, o autor sustenta a existência de dois outros aspectos: o teleológico, não sendo possível caracterizar-se como polícia se a finalidade a que se propõe não for a de assegurar a paz; e o da limitação de atividades que possam perturbar a vida em comum. Com estes três elementos, Cretella Júnior (1985, pp. 10-12) chega a uma definição jurídica de polícia como um *conjunto de poderes coercitivos exercidos pelo Estado sobre as atividades do cidadão mediante restrições legais impostas a estas atividades, quando abusivas, a fim de assegurar-se a ordem pública.*

Com as vênias de estilo, Cretella Junior (1985) não alcançou o seu desiderato, ao passar certidão de óbito à polícia judiciária quando da tentativa de definição jurídica, talvez por ter prestigiado a polícia administrativa, acabando por recair em erro, silenciando sobre importante aspecto conceitual: o da repressão.

Em risco calculado, temos de apresentar um conceito mais alargado do termo polícia, abrigando o ensinamento de Crettela Júnior (1985), entre outros doutrinadores, resgatando, por força de coesão da pesquisa, o conceito de ordem e segurança pública e de bens jurídicos, com ênfase na importância do direito fundamental à segurança pública.

Para esta pesquisa, consideraremos como Polícia uma instituição pública organizada com a função específica de manter a ordenação do corpo social num estado dinâmico de bem-estar geral, por meio do emprego impositivo de meios ativos ou passivos continuamente destinados, isoladamente ou em conjunto, a prevenir o dano ou o seu potencial perigo e reprimir condutas transgressoras de bens jurídicos, se concretizada a lesão, com a finalidade de proteger e preservar ambientes, na salvaguarda das instituições democráticas e do regular exercício dos direitos, liberdades e garantias fundamentais dos cidadãos.

Dentre as perspectivas conceituais de polícia, temos as relacionadas com polícia administrativa, com as forças de segurança e com a polícia judiciária. Avancemos no exame de cada uma delas, procurando, por agora, apenas expor as características que as distinguem, de maneira a reservar oportunamente tópico em destaque para a polícia judiciária.

A polícia administrativa é organizada com a função específica de manter a ordenação do corpo social por meios preventivos de vigilância, fiscalização e controle de atividades, com a possibilidade de repressão de contraordenações na esfera de responsabilização administrativa por meio de multas ou coação, esta consubstanciada na regulação e intervenção em atividades sob a sua autoridade, sejam elas de pessoas físicas ou jurídicas.

Neste sentido, para Sousa (2016, pp. 47-49), a polícia administrativa é constituída por autoridades administrativas que têm por função primordial prevenir o perigo para a ordem, a segurança, a tranquilidade, a salubridade e a saúde públicas. Para o autor, em Portugal, há uma diversidade de polícias administrativas, a depender da natureza de seu objeto, tais como: a polícia de costumes; a polícia urbana e rural, a polícia municipal, a polícia das fronteiras, a polícia das atividades profissionais, a polícia das construções, a polícia do ambiente, a polícia da indústria e do comércio, a polícia dos jogos de fortuna e azar, a polícia das reuniões e manifestações, a polícia mortuária, a polícia da publicidade, a polícia dos cultos, a polícia das atividades perigosas e das calamidades públicas, a polícia da prostituição, a polícia de viação, a polícia da higiene e salubridade públicas, entre outras. Sousa (2016, pp. 47-49) cita ainda a polícia municipal que:

> Tem por objeto fundamentalmente garantir a ordem, a segurança, a livre circulação, a tranquilidade e a salubridade públicas ao nível do município; a polícia das atividades profissionais, que compreende a polícia de diversas atividades, como os matadouros, a hotelaria, a exploração de táxis e de transportes em geral, as escolas de condução, os mercados ambulantes e as feiras; a polícia das construções, que incide sobre a higiene e segurança da habitação, a prevenção de incêndios, a vigilância de imóveis que ameaçam ruinas, os elevadores, a estética das construções, os loteamentos etc.; a polícia mortuária, a polícia da indústria e do comércio, a polícia das águas, a polícia das reuniões e manifestações etc.

O poder disciplinador da polícia administrativa, por via de regra, tem natureza de ordenação. As suas ações são impositivas, de coerção, em virtude da supremacia do interesse público; elas prescindem, em certos casos, de autorização judicial para sua execução (autoexecutoriedade e exigibilidade), havendo no entanto casos de medidas impositivas com reservas de jurisdição, o que ocorre, ilustrando, no inadimplemento de uma multa, a justificar uma ação judicial de execução fiscal (apenas exigibilidade).

Como ressalva Di Pietro (2020, p. 154), sobre a diferença entre autoexecutoriedade e exigibilidade:

> A autoexecutoriedade não existe em todas as medidas de polícia. Para que a Administração possa se utilizar dessa faculdade, é necessário que a lei a autorize expressamente, ou que se trate de medida urgente, sem a qual poderá ser ocasionado prejuízo maior para o interesse público. No primeiro caso, a medida deve ser adotada em consonância com o procedimento legal, assegurando-se ao interessado o direito de defesa, previsto expressamente no art. 5º, inciso LV, da Constituição. No segundo caso, a própria urgência da medida dispensa a observância de procedimento es-

pecial, o que não autoriza a Administração a agir arbitrariamente ou a exceder-se no emprego da força, sob pena de responder civilmente o Estado pelos danos causados (cf. art. 37, § 6º, da Constituição), sem prejuízo da responsabilidade criminal, civil e administrativa dos servidores envolvidos. Em resumo, pode-se dizer que a exigibilidade está presente em todas as medidas de polícia, mas não a executoriedade (privilège d'action d'office).

Compreendem-se como forças de segurança os organismos policiais com fundamento jurídico-constitucional e estruturados especialmente (critério orgânico) para fins de atuação (critério funcional) precípua na esfera de responsabilização criminal, com a prevenção essencialmente ostensiva e a repressão de natureza flagrancial de crimes, com o intento de proteger e promover a segurança interna. As forças de segurança promovem a seleção, formação e capacitação de policiais para atuarem em campos urbanos ou rurais de ameaça e perigo para bens jurídicos relevantes, em ações de prevenção e repressão.

Na prevenção, tradicionalmente, as forças de segurança atuam de forma ostensiva vis-a-vis, como atividade de vigilância (ver e ser visto) e, se necessário, de coerção com uso progressivo da força. Na repressão, as suas ações voltam-se para os crimes na fase do flagrante delito, que reclamam urgência na atuação própria de uma força presencialmente organizada e coletiva, não lhes sendo de atribuição específica as matérias de investigação criminal, estas próprias da polícia judiciária. A atribuição genérica de investigação criminal, a justificar em determinados países a atuação de forças de segurança como órgãos de polícia criminal[1], deve – ou deveria – restringir-se aos casos de colaboração entre as polícias, no respeito pelos princípios da especialização e de eficiência no emprego dos recursos disponíveis.

Em Portugal, o Decreto-Lei n.º 137/2019 estabeleceu que a polícia judiciária é um corpo superior de polícia criminal organizado hierarquicamente na dependência do membro do Governo responsável pela área da justiça e fiscalizado nos termos da lei, tendo por missão *coadjuvar as autoridades judiciárias na investigação criminal que lhe esteja especificamente cometida pela Lei de Organização da*

1. Em Portugal, a Lei n.º 49/2008 prevê hipóteses de atribuição genérica em matéria de investigação criminal às Forças de Segurança.

Investigação Criminal ou que lhe seja delegada pelas autoridades judiciárias competentes. A polícia judiciária possui como atribuições:

> Desenvolver e promover as ações de prevenção, detecção e investigação criminal da sua competência ou que lhe sejam cometidas pela Lei de Segurança Interna, pela Lei-Quadro da Política Criminal e pelas estratégias nacionais que definem os objetivos, as prioridades e as orientações de política criminal; bem como realizar, enquanto entidade oficial, perícias e exames (art. 2º, a).

No Brasil, não há um conceito normativo de polícia judiciária. A CF/88, no seu art. 144, somente delineia a esfera de atribuição da polícia judiciária como responsável pela "apuração das infrações penais" (exceto as militares), assim procedendo por meio do inquérito policial.

A polícia judiciária é, por excelência, aquela que combina os dois critérios em prol da justiça criminal, uma vez que está estruturada especialmente (critério orgânico) para fins de atuação (critério funcional) na prevenção e repressão criminal por meio da investigação de delitos, devendo, para tanto, ser responsável pela execução de mandados judiciais, expedidos no interesse do processo penal, interpretado extensivamente, para lhe permitir a adequada compreensão, inserindo a investigação criminal como parte inicial de um todo processual. No mais, a investigação policial não se encerra na fase de inquérito. Durante a ação penal, podem ser exigidas diligências de investigação à polícia judiciária, como a realização de perícias ou a execução de mandados judiciais, como a busca e a apreensão, a detenção, a escuta telefónica ou interceptação de dados telemáticos.

Ao tratar da diferença entre polícia judiciária e polícia administrativa, Cunha (2006, p. 102) afirma que:

> A polícia administrativa impediria os crimes (pela sua presença e sua visibilidade no terreno); e a 'polícia judiciária' investigaria aquilo que seria a consequência de uma 'falha' ao nível administrativo (os crimes praticados ou conhecidos). A distinção teria, sobretudo, relevo para saber qual a entidade competente para realizar diligências processuais penais e naturalmente para subordinar a determinados poderes de direcção por parte das autoridades judiciárias, tanto em termos de concreto processo, como, do mesmo modo, em termos de poderes de vínculo funcional.

Para Dorado (2003, p. 85), no estudo da polícia da Bolívia, aplicando-se aos demais países, com diferença entre as várias polícias:

> Los fines del objeto del informe, se puede hacer la distinción dentro de la policía nacional en sus tipos de funciones: la policía de investigaciones de los delitos (comúnmente denominada Policía Técnica Judicial), cuya labor se centra en la identificación de los responsables, reúne y asegura la custodia de las pruebas; por otro lado, la policía operativa o de asesoramiento con funciones preventivas y de mantenimiento de la seguridad interna.

Nas palavras de Ferrajoli (2006, p. 617):

> Deveriam estar destinadas a corpos de polícia separáveis entre eles e organizados de forma independente não apenas funcional, mas, também, hierárquica e administrativamente, em particular, a polícia judiciária, destinada à investigação dos crimes e à execução dos provimentos jurisdicionais; deveria ser separada rigidamente dos outros corpos de polícia e dotada, em relação ao executivo, das mesmas garantias de independência que são asseguradas ao poder judiciário do qual deveria, exclusivamente, depender.

Corrêa (2008, p. 17), por sua vez, põe em destaque as funções específicas de Polícia Judiciária:

> Nesta senda cabem exclusivamente à polícia judiciária a apuração de fatos delituosos e a coleta preliminar dos elementos de prova que sustentarão a viabilidade ou não do subsequente processo penal – meio instrumentalizador do direito de punir do Estado. Deve, portanto, a fase preliminar do jus puniendi ser realizada por ente imparcial e extrínseco ao futuro processo penal, com a perfeita separação entre o Estado-investigador, Estado-acusador e Estado-julgador, garantindo e preservando o exercício dos direitos fundamentais do cidadão por meio da salvaguarda de princípios como do devido processo legal e da segurança jurídica, norteadores do Estado democrático de direito.

Somente temos de falar em polícia judiciária se estiverem reunidos os critérios orgânico e funcional, devidamente estruturada e com atuação própria para a prossecução dos seus fins principais.

Temos de diferenciar os corpos policiais das expressões finalísticas da polícia em sentido material ou funcional, razão pela qual é indispensável pôr em evidência as atividades policiais de ordenação, de prevenção e de repressão.

3.2 ATIVIDADES POLICIAIS

Em linhas gerais, as atividades de ordenação, prevenção e repressão são contempladas numa visão conjunta de polícia. Assim, por exemplo, ocorre no conceito proposto pelo *Guide pour une Police Démocratique – Conseiller Principal de Police auprès du Secrétaire Général de l'OSCE* (2007, p. 12), segundo o qual as principais tarefas da polícia são manter a tranquilidade e a ordem pública; proteger os direitos e liberdades fundamentais do indivíduo; prevenir e detectar crimes; reduzir o medo e prestar assistência e serviços ao público.

No entanto, para o estudo proposto da repressão preventiva, é necessário estudar cada uma destas atividades em específico, primeiramente dentro do contexto da atuação tradicional da polícia, para, depois, compreender as atividades policiais de acordo com os novos modelos propostos, eixo principal deste livro, na sua terceira parte.

3.2.1 Ordenação

Como norma material constitucional, explícita ou implícita, a ordenação pressupõe um juízo de ponderação e conciliação entre os direitos particulares e os direitos da coletividade, entre os atos privados e o interesse público, para fins de convivência social em harmonia. Como observa Di Pietro (2020, p. 148), de um lado, o cidadão deseja exercer os seus direitos com plenitude, e de outro a Administração tem por incumbência condicioná-los ao bem-estar coletivo, servindo-se do seu poder de polícia. Ao condicionar, complementa Oliveira (2018, p. 281), a polícia exerce uma atividade de regulação da prática e da abstenção de atos da atividade privada, para fins de implementação do interesse público.

A atividade de ordenação possui a sua base principal no direito administrativo e tem como escopo a prevenção do perigo para a sociedade como um todo, nela incluindo Sousa (2016, p. 49), numa acepção ampla, a segurança, a tranquilidade, a salubridade e a saúde públicas.

Faz-se importante relatar que o art. 78 do Código Tributário Nacional (CTN) brasileiro (Lei n. º 5.172/1966) conceitua poder de polícia nestes termos:

> Considera-se poder de polícia atividade da administração pública que, limitando ou disciplinando direito, interesse ou liberdade, regula a prática de ato ou abstenção de facto, em razão de interesse público concernente à segurança, à higiene, à ordem, aos costumes, à disciplina da produção e do mercado, ao exercício de atividades econômicas dependentes de concessão ou autorização do Poder Público, à tranquilidade pública ou ao respeito à propriedade e aos direitos individuais ou coletivo.

A ordem pública está prevista no art. 144 da CF/88, que inaugura o capítulo destinado à segurança pública, como um dever do Estado, direito e responsabilidade de todos, exercido para a preservação da ordem pública e da incolumidade das pessoas e do patrimônio. Em Portugal, a expressão "ordem pública" foi omitida na Constituição. Todavia, a falta de uma referência textual não afasta a sua compreensão como postulado implícito de status constitucional.

Quando a ameaça, o perigo e a lesão se inserem no regime administrativo, temos a necessidade da atividade de ordenação, por um poder de polícia, para a preservação da ordem pública. A ordenação – enquanto estabelecimento da boa ordem – é exercida por meio de diversas atividades de polícia administrativa, entre as quais está a regulação do trânsito, da economia, da saúde pública e a ordenação dos costumes. Segundo Sousa (2016, p. 46), *a polícia administrativa, também chamada polícia de ordenação ou polícia preventiva, ocupa-se da atividade de prevenção do perigo para a ordem e segurança públicas.* E, como refere o autor, *a violação das normas de boa ordem na comunidade (polícia administrativa) constitui contraordenação* (Sousa, 2016, p. 50).

A amplitude das atividades justifica-se pela abstração do próprio conceito de ordem pública, exigindo-se maior atenção dos legisladores na definição das atribuições e limites da atuação policial[2].

2. Caso interessante é o de Cuba, não muito pelo teor do Decreto 141, de 25 de março de 1988, ao equivocadamente reunir situações de pequena, média e alta reprovação, e sim pela tentativa – ainda que falha, ao nosso ver – de estabelecer regras de ordenação e de segurança coletiva, bem como sanções respectivas, a justificar a atuação policial, reconhecendo que "es necesario establecer cuáles son las acciones u omisiones no constitutivas de delito que se deberán considerar como contravenciones de regulaciones del orden interior, así como fijar las medidas que se deberán imponer por esas violaciones, y definir las autoridades facultadas para imponerlas y para resolver los recursos que se interpongan". Sobre os equívocos

Nesta perspectiva alargada, a ordenação deve ser compreendida não apenas como atividade, mas também como razão de ser e de atuar da polícia administrativa. A necessidade de ordenação confere à polícia administrativa um conjunto de poderes e de responsabilidades (função administrativa) para o exercício concreto do poder disciplinador da liberdade individual de pessoa física ou jurídica, sempre nos limites da lei.

A ordenação dá-se por meio de regras de conduta social (obrigações positivas ou negativas), de vigilância ou de fiscalização do cumprimento de regras limitadoras de convívio social que possam vir a causar ameaça, perigo ou violação de normas jurídico-administrativas, em prejuízo da coletividade, valendo-se de medidas de coerção por ordens de autoridade, ou de coação física, se no estrito cumprimento do seu dever, combinadas ou não com sanções estabelecidas em prévia cominação legal.

3.2.2 Prevenção policial

Neste estudo inicial da atuação policial, temos que distinguir a ordenação da prevenção criminal. A atividade de ordenação possui a finalidade imediata de prevenir o perigo, ao respeitar e garantir o exercício em harmonia com liberdades individuais e coletivas, protegendo-as de condutas particulares em descompasso com as regras de conduda social, com reflexos mediatos ou não na esfera criminal.

Sendo assim, a ordenação é atividade por excelência da polícia administrativa, em razão de suas competências e funções, mesmo que exercida tanto pelas forças de segurança como pela polícia judiciária, por dever de cooperação na Administração pública, e como meio necessário à prossecução dos seus principais fins, considerando que o serviço público pressupõe o estabelecimento e a manutenção da ordem necessária.

A atividade de prevenção criminal, por outro lado, compreende os meios ativos ou passivos diretamente relacionados com a respon-

---

ressalvados, o Decreto 141/1988 estabelece sanções sem muitos critérios de ponderação. Exemplo disto é sancionar em 40 pesos quem toque, lascivamente, em outra pessoa sem o seu consentimento (art. 1º, al. "o"), e em 60 pesos quem for surpreendido olhando dentro das casas por buracos, persianas, luzes ou fendas (art. 1º, al. "r").

sabilização criminal, continuamente destinados a prevenir o dano ou o possivel perigo de dano para bens jurídicos de relevância penal, com o objetivo de respeitar e garantir a segurança interna, promovendo e protegendo a ordem pública na salvaguarda das instituições democráticas, do regular exercício dos direitos, liberdades e garantias fundamentais dos cidadãos. A prevenção traduz-se, tradicionalmente, numa atividade de vigilância própria das forças de segurança, como "polícia de presença".

São diversas as atividades preventivas possíveis. Mas, na sua maioria, na visão atual, elas orbitam em torno dos eixos da vigilância, da abordagem, da revista e da verificação de identidade. Nesta "polícia de presença", a atividade preventiva de vigia presta-se a identificar e a reconhecer condutas humanas em locais públicos, seja por meio de agentes policiais no terreno, seja por meio de recursos tecnológicos de vigilância eletrônica.

No domínio cognitivo de reconhecimento, a identificação de situação não exige, normalmente, ênfase no processo psicológico de abstração, uma vez que a conduta criminal já se encontra, na maior parte das vezes, na fase de execução, com os seus meios característicos. Seria a hipótese de surpreender alguém com arma branca empunhada, deslocando-se de maneira inequívoca para abordar um terceiro que ostenta, inadvertidamente, um bem patrimonial de valor considerado. Identificada a conduta, as forças de segurança devem frustrar a ação criminosa, evitando o seu resultado.

O processo psicológico de abstração no reconhecimento ocorre quando se faz necessário interpretar uma evidência, deduzindo a sua natureza criminosa. Os meios utilizados pelo agente não se traduzem, à primeira vista, em perigo. São atos encobertos, insidiosos ou próprios de quem possui habilidade no agir. Não obstante, o agente policial, baseado em casos anteriores, em dedução delitiva, reconhece a ação como perigosa.

Por exemplo, duas pessoas rondam a sede de uma instituição financeira por diversas vezes. Saltam, em seguida, da moto e dirigem-se ao banco sem retirar o capacete, cruzando o logradouro, atentos aos arredores, em passos largos, com uma das mãos próximas à cintura, segurando algo encoberto, com vestes incompatíveis à temperatura. Ainda que não seja possível, de pronto, identificar uma conduta delituosa, sabe-se, por experiência, que diversos roubos de bancos ocorrem por meio de agentes que se utilizam de capacetes a fim de lhes dificultar o reconhecimento, cientes de que as agências bancárias possuem, na maior parte das vezes, câmeras de vigilância. Há uma margem de erro, mas existe uma convicção de real existência de perigo e não apenas uma suspeita infundada, revelando-se como probabilidade positiva de um delito, suficiente para justificar uma abordagem policial. Considerando ser possível, ainda que improvável, uma apreciação errada, Sousa (2016) sustenta que esta aparência de perigo constitui perigo policial, pois a apreciação errada foi realizada respeitando as normas de técnica e de prudência a que o agente está obrigada, por oposição ao perigo aparente ou perigo putativo reservado para os casos em que o agente agiu sem observância dessas regras[3].

Vale salientar que importantes são as tipologias de perigo apresentadas por Sousa (2016, pp. 468-469):

> No caso de aparência de perigo, a polícia não duvida, com base na informação de que dispõe e no respeito pelas normas técnicas e de prudência, da real existência de um perigo, estando, pois, no momento da intervenção "objetivamente segura" de que há perigo. No caso de suspeita de perigo, a polícia considera ser possível, com base nas circunstâncias objetivas conhecidas, a existência do perigo, mas não o considera como seguro (...). Diferente é o perigo putativo. Neste caso, a polícia só considera estar perante um perigo porque viola os seus deveres funcionais, não agindo com a diligência devida.

Em conjunto com a vigilância, a atividade de prevenção pode ser realizada por meio de abordagem e revista pessoal, que, nas palavras de Hoffmann (2017, p. 21), *consubstancia-se na inspeção do corpo do indivíduo e sua esfera de custódia (vestimenta, pertence ou veículo não utilizado como habitação), com a finalidade de evitar a prática de infrações penais ou encontrar objeto de interesse à investigação*[4].

---

3. Sobre o conceito de perigo policial e as tipologias dos perigos policiais, cf. Sousa (2016, p. 85 e ss., 93 e ss.).
4. A busca em mulher deve ser feita por outra mulher, se não importar retardamento ou prejuízo da diligência. Esta condição está inclusive prevista no art. 249 do CPP brasileiro, não havendo correspondência no CPP português, o que não afasta a sua observância, em homenagem ao princípio da dignidade da pessoa humana. Segundo Sousa (2009, p. 231), não há que falar em busca em pessoa (seja homem ou mulher), mas em revista em pessoa. "Como regra geral

Nesta dupla finalidade, para Hoffmann (2017), na linha de Sousa (2009)[5], a busca preventiva distingue-se da busca de investigação: aquela destina-se à preservação da ordem pública, realizada sem autorização judicial, esta no interesse de alguma investigação em curso.

Diferenciando busca de investigação de busca preventiva, assim sustenta Wanderley (2017, pp. 122-123):

> No primeiro caso, a busca pessoal estaria vinculada a uma finalidade probatória e dependeria de indícios da posse do elemento probatório procurado (condição limitativa). (...) No segundo caso, a busca pessoal poderia ser praticada com uma finalidade preventiva ampla e dependeria da mera rotulação de pessoa ou atitude como suspeita pelo policial (condição potestativa). [...] Assim, passa-se a admitir a sua prática em face de quaisquer 'atitudes suspeitas', mesmo que desprovidas de vinculação com conduta delitiva.

Sobre a busca preventiva em revista policial, Sousa (2016, p. 620) destaca:

> A revista policial é uma busca de pessoa. A busca tanto pode incidir em pessoas, como em coisas ou em habitações. A revista policial consiste numa operação pela qual os agentes procuram coisas ou 'pistas' (vestígios, provas) que sabem ou suspeitam que a pessoa traz consigo ou no seu corpo. Quando o fim da revista é exclusiva ou essencialmente de prevenção de perigo (fim preventivo), estamos perante uma revista policial propriamente dita.

Sousa (2009) distingue ainda a revista pessoal da investigação do corpo, esta própria da ação policial que procura verificar a existência de corpos estranhos no organismo da pessoa suspeita. Exemplo disso temos no caso de suspeita de cápsulas de droga transportadas, exigindo-se, para a sua verificação, o uso de recursos auxiliares.

Sobre a busca preventiva, no Brasil, o Código de Processo Penal (CPP) estabelece, no seu art. 240, § 2º, a possibilidade de se proceder

---

e sempre que possível, a revista deve ser efetuada por agentes do mesmo sexo das pessoas revistadas".

5. Em Direito Policial, o autor não só faz a distinção entre busca preventiva e busca repressiva, como também analisa os respetivos regimes jurídicos (Sousa, 2009, p. 233-234).

à busca pessoal sem reserva de jurisdição, quando houver fundada suspeita de que alguém oculta em si arma proibida ou coisas achadas ou obtidas por meios criminosos, sendo admitida a busca para colher qualquer "elemento de convicção policial". Em Portugal, o art. 174 do CPP permite a busca pessoal preventiva no caso de consentimento dos visados; na hipótese de se verificarem indícios de que alguém, em lugar público, oculta na sua pessoa quaisquer objetos relacionados com um crime ou que possam servir de prova, estamos perante uma busca repressiva ou de investigação/perseguição criminal, a qual se alarga aos casos em que se verificam indícios de terrorismo, criminalidade violenta ou altamente organizada, ou, preventivamente, se verificam fundados indícios da prática iminente de crime que ponha em grave risco a vida ou a integridade de qualquer pessoa.

O art. 174 do CPP português estabelece ainda outras hipóteses de busca, porém com reserva de jurisdição, no caso de os visados se encontrarem em lugar reservado ou não livremente acessível ao público. Neste caso, as revistas e as buscas são autorizadas ou ordenadas por despacho pela autoridade judiciária competente.

Para tanto, é necessário que a atuação policial se baseie em critérios objetivos, sempre pautados por uma conduta comissiva ou omissiva suspeita, sem discriminação de origem, raça, sexo, cor, idade e quaisquer outras formas de discriminação. Não basta, pois, que se verifique uma suspeita, como mera desconfiança subjetiva ou conjectura pessoal, sem que ela seja fundada nalgum ato ou fato que indique, de maneira objetiva, subsunção às hipóteses legitimadoras.

Neste sentido, Marcão (2014), Rangel (2014) e Oliveira (2014). Para Marcão (2014, p. 578), *a providência só restará autorizada diante de fundada suspeita, e não mera intuição ou capricho policial despido da necessária preocupação que se deve ter com a integridade das garantias fundamentais.* Rangel (2014, p. 158) diz que *o simples olhar do policial, entendendo tratar-se de um carro suspeito ou de uma pessoa suspeita, por exemplo, não pode autorizar a busca e apreensão.* E Oliveira (2014, p. 55) afirma que *não satisfazem a exigência legal meras conjecturas ou impressões subjetivas (tino policial, por exemplo), mas elementos e circunstâncias concretas, objetivas, capazes e suficientes para motivar a conduta policial.*

Mesmo que envidados todos os esforços criativos, pela dinâmica dos fatos possíveis, não haveria como o legislador elencar as situações de fundada suspeita, razão pela qual a atividade preventiva se pauta não necessariamente pela legalidade, e sim pelo campo da licitude, que, mesmo permitindo maior margem de ação, possui murais intransponíveis, edificados pelos direitos fundamentais, em respeito ao princípio da dignidade da pessoa humana.

O critério objetivo pode ser aferido momentos antes da abordagem, como resultado da individualização de algum ato ou fato legitimador, ou pode ser baseado numa avaliação anterior do cenário, dentro de um plano de ação mais alargado, a justificar determinadas barreiras policiais. Quando um veículo não for caracterizado como domicílio, também ele pode ser alvo de busca sem necessidade de autorização judicial prévia, desde que se verifique uma fundada suspeita, uma vez que a busca no veículo possui tratamento jurídico similar ao da busca de outro objeto. Caso o veículo se insira, porém, no conceito de domicílio, na hipótese de barcos, cabines de caminhão ou de autocaravana, a medida de busca reclama uma autorização judicial, descaracterizando-se como atividade de natureza exclusivamente preventiva.

Sobre o assunto, o STF do Brasil já decidiu que a busca veicular, à semelhança da busca pessoal, dispensa autorização judicial quando houver fundada suspeita de que nele foram ocultados elementos necessários à elucidação dos fatos investigados, a teor do disposto no art. 240, § 2º, do CPP. Para o STF, a apreensão de documentos no interior de veículo automotor constitui uma espécie de "busca pessoal" e, portanto, não necessita de autorização judicial quando houver fundada suspeita de que no seu interior estão escondidos elementos necessários à elucidação dos fatos investigados. Exceção: será necessária autorização judicial quando o veículo é destinado à habitação do indivíduo, como no caso de trailers, cabines de caminhão, barcos, entre outros, quando, então, se inserem no conceito jurídico de domicílio.

Ao julgar o processo 2881/2006-9, de 01/05/2006, o Tribunal da Relação de Lisboa apresentou esclarecedoras razões jurídicas sobre o assunto. Sustentou ser possível a atividade de busca no veículo sem prévia autorização da autoridade judiciária, sempre que haja fundada razão para crer que no veículo se ocultam objetos relacionados com o crime, susceptíveis de servirem de prova e que de outra forma poderiam perder-se (busca urgente). Ao legitimar a busca no veículo, o Tribunal aceitou como fundados dois indícios: o comportamento de nervosismo manifesto do condutor do carro e a atitude deste em entregar ao passageiro, no momento da abordagem, objetos que foram, de imediato, guardados no interior do porta luvas. Aliado a isto, o Tribunal da Relação de Lisboa observou a existência de uma análise de cenário, indicando que, na hora em que tais fatos ocorreram, era frequente a utilização de automóveis para transportar estupefacientes. Considerou lícita, pois, a busca no veículo que acabou por resultar na apreensão de dois sacos de plástico, envoltos numa folha de papel de jornal, contendo produtos em pó, com os pesos brutos de 25,40 e 26,91 gramas, identificados pelo teste rápido DIK 12 como sendo, respetivamente, heroína e cocaína.

A conduta policial não é um ato único, mas uma sequência de ações encadeadas por laços forçosos justificantes. Uma vigilância pode evoluir para uma abordagem, quando exista análise prévia de riscos prováveis que justifiquem a abordagem de todos os envolvidos num cenário de ameaça com perigo potencial[6]; ou análise atual – imediatamente anterior à abordagem – lastreada pela observação de indícios de autoria ou participação de crime em curso, findo ou em atos preparatórios. Sem maiores esforços, percebe-se que a legislação transnacional veda a busca indiscriminada, sem razão aparente ou fundada suspeita.

Nos ensinamentos de Nucci (2008, p. 501), fundada suspeita é um:

> Requisito essencial e indispensável para a realização da busca pessoal, consistente na revista do indivíduo. Suspeita é uma desconfiança ou suposição, algo intuitivo e frágil, por natureza, razão pela qual a norma exige fundada suspeita, que é mais concreto e seguro. Assim, quando um policial desconfiar de alguém, não poderá valer-se, unicamente, de sua experiência ou pressentimento, necessitando, ainda, de algo mais palpável, como a denúncia feita por terceiro de que a pessoa porta o instrumento usado para o cometimento do delito, bem como pode ele mesmo visualizar uma saliência sob a blusa do sujeito, dando nítida impressão de se tratar de um revólver. Enfim, torna-se impossível e impróprio enumerar todas as possibilidades autorizadoras de uma busca, mas continua sendo curial destacar que a autoridade encarregada da investigação ou seus agentes podem – e devem

6. Assim o julgado do Processo 2881/2006, no qual o Tribunal da Relação de Lisboa se pautou por uma análise de cenário, a indicar que, na hora em que tais factos ocorreram, era frequente a utilização de automóveis para transportar estupefacientes.

> – revistar pessoas em busca de armas, instrumentos do crime, objetos necessários à prova do crime, objetos necessários à prova do facto delituoso, elementos de convicção, entre outros, agindo escrupulosa e fundamentadamente.

As razões fundadas servem para distinguir a atividade preventiva dos parâmetros unicamente subjetivos. Entendeu o STF do Brasil que:

> A 'fundada suspeita', prevista no art. 244 do CPP, não pode fundar-se em parâmetros unicamente subjetivos, exigindo elementos concretos que indiquem a necessidade da revista, em face do constrangimento que causa. Ausência, no caso, de elementos dessa natureza, que não se pode ter por configurados na alegação de que trajava o paciente, um 'blusão' suscetível de esconder uma arma, sob risco de referendo a condutas arbitrárias ofensivas a direitos e garantias individuais e caracterizadoras de abuso de poder (BRASIL, 2001).

A inexistência de um critério objetivo, concreto, pode vir a indicar a presença de dolo caracterizador do crime de abuso de autoridade, caso uma pessoa seja submetida, sob a guarda ou custódia policial, a vexame ou constrangimento não autorizado pela lei. Elementos objetivos são, assim, indispensáveis para configurar a justa causa, dando oportunidade para a análise dos argumentos legitimadores, a depender das circuntâncias de fato, no sentido de verificar se se verificam as razões de direito, afastando a generalidade não recomendada da expressão "fundada razão".

Se a abordagem e a busca pessoal em local público exigirem fundada razão, a busca domiciliária na hipótese de eventual flagrante, quando alguém entra na residência ao perceber a presença policial preventiva em via pública, exige juízo policial ainda mais criterioso dos aspectos objetivos autorizadores, com senso de prudência aguçado sobre o grau de probabilidade de o comportamento e atitude da pessoa se revelaram suspeitos, devidamente justificado por razões fáticas. Neste sentido, o STJ do Brasil já se manifestou que a mera intuição acerca de eventual traficância praticada, embora pudesse autorizar abordagem policial, em via pública, para averiguação, não configura, por si só, justa causa a autorizar o ingresso no seu domicílio, sem o consentimento do morador. A justa causa, pois, deve ser mínima e seguramente comprovada.

No ensinamento de Sousa (2016), o juízo de perigo policial, ainda que tenha alguma subjetividade, deve ser essencialmente determinado por uma análise objetiva da evolução normal dos acontecimentos. Importante destacar que Sousa (2016, pp. 457-459) define perigo policial como *situação concreta, causada pela força da natureza ou por conduta humana, em que há forte probabilidade de no futuro próximo ocorrer um dano para a segurança e/ou ordem públicas.* Acrescenta o autor que, para a configuração de um perigo policial, *é necessário que um bem jurídico esteja exposto a um risco; que se trate de um risco que se situa para além do 'risco socialmente adequado'; e que o dano ainda não tenha ocorrido.*

Em dado momento da abordagem e da revista pessoal, no curso da atuação policial, é possível revelar-se importante proceder à verificação preventiva de identidade na abordagem, com a finalidade de verificar se determinada pessoa possui mandado judicial de prisão a cumprir no seu desfavor ou determinação judicial com medidas cautelares diversas da prisão.

Em Portugal, a Lei n.º 37/2015, que revogou a Lei n.º 57/98, estabelece os princípios gerais que regem a organização e o funcionamento da identificação criminal, transpondo para a ordem jurídica interna a Decisão-Quadro 2009/315/JAI, do Conselho, de 26 de fevereiro de 2009, relativa à organização e ao conteúdo do intercâmbio de informações extraídas do registro criminal entre os Estados-Membros. Nesta lei, a identificação criminal tem por objeto a recolha, o tratamento e a conservação de extratos de decisões judiciais e dos demais elementos a elas respeitantes sujeitos à inscrição no registo criminal e no registo de contumazes, promovendo a identificação dos titulares desta informação, a fim de permitir o conhecimento dos antecedentes criminais das pessoas condenadas e das decisões de contumácia vigentes (art. 2º, I). Por norma, a identificação criminal deve processar-se no estrito respeito ao princípio da legalidade e, bem assim, aos princípios da autenticidade, veracidade, univocidade e segurança dos elementos identificativos (art. 4º, I).

A Lei n.º 05/1995 estabelece a obrigatoriedade do porte de documento de identificação e faculta aos agentes das forças ou serviços de segurança a possibilidade de exigir a identificação de qualquer pessoa que se encontre ou circule em lugar público, aberto ao público ou sujeito à vigilância policial, sempre que sobre a mesma pessoa existirem fundadas suspeitas da prática de crimes contra a vida e a integridade das pessoas, a paz e a humanidade, a ordem democrática, os valores e interesses da vida em sociedade e o Estado ou tenha penetrado ou permaneça irregularmente no território nacional ou contra a qual penda processo de extradição ou de expulsão. Nos casos de impossibilidade de identificação, ou nos casos de recusa de identificação, terá lugar um procedimento que consiste em conduzir o identificando ao posto policial mais próximo, onde permanecerá pelo tempo estritamente necessário à identificação e que não poderá, em caso algum, exceder duas horas. Este prazo varia em alguns países. Por exemplo, no Chile, conforme o art. 85 do CPP (alterado pela Lei n.º 19.789/2002), não poderá exceder a oito horas:

> En caso de negativa de una persona a acreditar su identidad, o si habiendo recibido las facilidades del caso no le fuere posible hacerlo, la policía la conducirá a la unidad policial más cercana para fines de identificación. En dicha unidad se le darán facilidades para procurar una identificación satisfactoria por otros medios distintos de los ya mencionados, dejándola en libertad en caso de obtenerse dicho resultado, previo cotejo de la existencia de órdenes de detención que pudieren afectarle. Si no resultare posible acreditar su identidad, se le tomarán huellas digitales, las que sólo podrán ser usadas para fines de identificación y, cumplido dicho propósito, serán destruidas. El conjunto de procedimientos detallados en los incisos precedentes no deberá extenderse por un plazo superior a ocho horas, transcurridas las cuales la persona que ha estado sujeta a ellos deberá ser puesta en libertad, salvo que existan indicios de que ha ocultado su verdadera identidad o ha proporcionado una falsa, caso en el cual se estará a lo dispuesto en el inciso siguiente.

No seu art. 348, o CP português prevê pena de prisão até um ano ou pena de multa, se pena mais grave não lhe couber por força de outra disposição legal, a quem declarar ou atestar falsamente à autoridade pública ou a funcionário no exercício das suas funções identidade, estado ou outra qualidade a que a lei atribua efeitos jurídicos, próprios ou alheios.

No Brasil, a Lei n.º 12.037/2009 dispõe sobre a identificação criminal do civilmente identificado, regulamentando o art. 5º, inciso LVIII, da CF/88. Diferentemente da Lei portuguesa, a norma brasileira não regulamenta os registros criminais, limitando-se a estabelecer, de maneira taxativa, as hipóteses de identificação criminal, que inclui necessariamente o processo datiloscópico e o fotográfico, e quando necessária a coleta de material biológico para a obtenção do perfil genético. A Lei brasileira também não veio a estabelecer a obrigatoriedade de portar documento público, o que vem a dificultar a atuação preventiva[7].

Todavia, caso alguém seja abordado e não esteja de posse de algum documento de identificação, deverá ele fornecer dados que possibilitem a sua individualização, uma vez que, no Brasil, caracteriza-se como contravenção penal a conduta de se recusar à autoridade, quando por esta, justificadamente solicitados ou exigidos, dados ou indicações concernentes à própria identidade, estado, profissão, domicílio e residência[8].

O CP brasileiro, no art. 307, define como crime a conduta de se atribuir ou atribuir a terceiro falsa identidade para obter vantagem, em proveito próprio ou alheio, ou para causar dano a outrem, com pena de detenção, de três meses a um ano, ou multa, se o fato não constitui elemento de crime mais grave. Dúvidas havia sobre a possibilidade de subsunção de fatos à norma do art. 307 em casos de abordagem policial, acaso invocado o direito ao silêncio ("*nemo tenetur se detegere*"). Sobre este assunto, o STJ pacificou o entendimento, editando a Súmula 522: A conduta de se atribuir falsa identidade perante autoridade policial é típica, mesmo que em situação de alegada autodefesa. Posicionou-se também o STF no Brasil:

> O princípio constitucional da autodefesa (art. 5º, inciso LXIII, da CF/88) não alcança aquele que atribui falsa identidade perante autoridade policial com o intento de ocultar maus antecedentes, sendo, portanto, típica a conduta praticada pelo agente (art. 307 do CP). O tema possui densidade constitucional e extrapola os limites subjetivos das partes.

Seja no Brasil ou em Portugal, constando seus dados cíveis ou criminais em registros policiais, com mandado de prisão em aberto,

7. O Projeto de Lei n.º 6667/2016, em tramitação na Câmara dos Deputados no Brasil, se propõe a alterar a Lei n.º 12.037, de 1º de outubro de 2009, que regulamenta o art. 5º, inciso LVIII, da CF/88, para determinar que todo cidadão seja obrigado a portar documento de identificação civil.
8. V. art. 68 do Decreto n.º 3.688/1941.

a polícia deve efetivar o seu cumprimento, com as providências de estilo. E embora não constem mandados de prisão, é possível haver determinação judicial a cumprir, com medidas cautelares diversas da prisão, ou medidas de coação, como expressão utilizada em Portugal. Algumas medidas diversas da prisão (ou medidas de coação) possuem nitidamente caráter preventivo, porquanto determinadas diante do perigo existente na liberdade irrestrita e não vigiada de determinada pessoa, seja no curso de uma investigação criminal ou ação penal, seja após trânsito em julgado de sentença penal incriminatória, cumprindo à polícia a atribuição de verificar se em desfavor de alguém existe determinação neste sentido.

Em linhas gerais, portanto, a verificação preventiva de identidade pode ser realizada em razão de um comportamento suspeito ostensivo ou com base numa avaliação de cenário, que recomende por estratégia a sua realização em determinado momento ou local.

A legislação portuguesa, como visto, legitima a verificação preventiva de identidade quando presentes fundadas suspeitas da prática de crimes contra a vida e a integridade das pessoas, a paz e a humanidade, a ordem democrática, os valores e interesses da vida em sociedade e o Estado. Como se percebe, valeu-se o legislador de uma interpretação analógica, eis que as primeiras fórmulas casuísticas são sucedidas por uma genérica: fundadas suspeitas da prática de crimes contra os valores e interesses da vida em sociedade e o Estado.

As suspeitas devem ser analisadas no seu critério temporal, abrigando, como fundamento, não apenas a atualidade como também a iminência de uma prática criminosa agressiva, conforme avaliação da probabilidade do risco, em perigo potencial. Para Roxin (1997, pp. 618-619), a agressão já se mostra atual não apenas quando do início dos atos de execução: *según una fórmula muy utilizada, una agresión es actual cuando es inmediatamente inminente, o precisamente está teniendo lugar o todavía prosigue.*

Outro ponto a destacar é a verificação após a prática do crime, diante da possibilidade de flagrante presumido, caracterizado quando determinada pessoa é encontrada com instrumentos ou produto de crime que acabou de ocorrer e possa presumir-se ter sido ela quem o cometeu. Sobre o controle preventivo de identidade, por razões posteriores ao crime, consta do Código de Procedimiento Penal Chileno, no seu art. 260 bis – *La policía deberá solicitar la identificación de cualquier persona en casos fundados,* ***tales como la existencia de un indicio de que ella hubiere cometido o intentado cometer un crimen,*** *simple delito o falta, de que se dispusiere a cometerlo, o de que pudiere suministrar informaciones útiles para la indagación de un crimen, simple delito o falta* (grifos nossos).

Deve-se ter alguma justificativa a fundamentar a ação policial, por conduta, por comportamento ostensivo suspeito, ou por análise antecipada de cenário. Caso alguém, imediatamente ao avistar uma viatura policial em sua direção, desligue os faróis e manobre o veículo automotor de maneira ligeira para sentido inverso, a polícia preventiva pode realizar uma abordagem, combinada com revista veicular e verificação de identidade. A conduta pode indicar a prática recente de um crime, com possível flagrante presumido, ou a prática atual, considerando a existência de diversos crimes em que o verbo "transportar" figura como uma elementar da norma penal primária. A título de exemplo, temos o crime de tráfico de drogas no Brasil, previsto no art. 33 da Lei n. º 11.343/2006:

> Importar, exportar, remeter, preparar, produzir, fabricar, adquirir, vender, expor à venda, oferecer, ter em depósito, **transportar**, trazer consigo, guardar, prescrever, ministrar, entregar a consumo ou fornecer drogas, ainda que gratuitamente, sem autorização ou em desacordo com determinação legal ou regulamentar: Pena – reclusão de 5 (cinco) a 15 (quinze) anos e pagamento de 500 (quinhentos) a 1.500 (mil e quinhentos) dias-multa (grifo nosso).

Em Portugal, dentre vários tipos penais, o verbo transportar também consta do art. 21 do Decreto-Lei n. º 15/1993:

> 1 – Quem, sem para tal se encontrar autorizado, cultivar, produzir, fabricar, extrair, preparar, oferecer, puser à venda, vender, distribuir, comprar, ceder ou por qualquer título receber, proporcionar a outrem, **transportar**, importar, exportar, fizer transitar ou ilicitamente detiver, fora dos casos previstos no art. 40, plantas, substâncias ou preparações compreendidas nas tabelas I a III é punido com pena de prisão de 4 a 12 anos (grifo nosso).

Num comportamento suspeito ostensivo, teríamos alguém que, em zona de fronteira, quando da revista de seus pertences, mostre-se nitidamente nervoso, com movimentos involuntários e ritmados de partes do corpo. Isso pode levar a polícia preventiva a verificar sua identidade e direcionar sua bagagem para uma revista manual, para além da realizada pelo pórtico de detecção de metais.

O que se mostra vedado é justificar a diligência individual de verificação de identidade por raça, cor, etnia, religião, procedência nacional ou preferência sexual, entre outros critérios preconceituosos. Há de se destacar que a justificativa de verificação de identidade não pode ter o viés de legitimar práticas não democráticas de detenção por mera suspeição, muitas delas assentadas apenas em aparência físca ou por razões políticas de oposição ao governo.

Não sendo uma atividade individual, a verificação de identidade deve ser lastreada por uma avaliação de cenário que recomende a diligência em determinadas circunstâncias de tempo e de local. Um cenário conhecido como ponto de tráfico de drogas em determinada hora, conforme dados estatísticos obtidos, pode ser alvo de uma atividade preventiva. Neste caso, o fundamento não será a conduta suspeita de determinada pessoa ou de um grupo de pessoa, mas sim a própria avaliação de estratégias de ação, em modelo democrático de atuação policial, sem regras inventadas[9], de modo a evitar desvio de função e abuso de autoridade.

3.2.3 Repressão policial

Nos moldes tradicionais, a prevenção policial, direcionada ao futuro, busca evitar a ofensa a bens jurídicos, enquanto a repressão policial, com olhar ao presente ou ao passado, tem a finalidade de resposta ao dano, em situação flagrancial ou não, respectivamente. Tem-se a repressão policial então quando não mais existe apenas uma ameaça, como vetor potencial, e sim um cenário de ofensa a um bem jurídico penalmente relevante, conhecido ou suspeito.

Se faz relevante destacar que Sousa (2016, p. 345) se dedica a distinguir medidas preventivas das repressivas, a despeito de reconhecer não ser tão clara a distinção em determinados casos:

> O termo prevenção significa evitar ou impedir. A prevenção orienta-se a um fim futuro, que consiste em impedir que um pe-

9. Sobre o tema, Becker (2008, p. 140) ressalva a possibilidade de a polícia valer-se de "regras inventadas no momento unicamente para justificar o ato".

> rigo surja ou se concretize num dano. Para que uma intervenção preventiva esteja justificada, há de haver uma ligação direta entre uma conduta ou situação concreta contrárias à lei e ao Direito e um perigo ou dano previsto. Diferentemente da prevenção, a repressão ("prevenção indireta") consiste numa reação a um ilícito, conhecido ou suspeito. A repressão não se orienta ao futuro, como a prevenção, mas ao passado, a algo que já aconteceu ou se suspeita terá acontecido.

No entanto, como já salientamos, na realidade, a distinção entre prevenção e repressão não é muitas vezes clara[10].

Desde o início dos atos de execução, uma vez identificado e localizado o perigo, existe o poder e o dever de a polícia atuar, intervindo nas ações idôneas e inequívocas dirigidas voluntariamente à prática de determinado delito, ou a evitar sua impunidade, caso venha a se consumar o resultado criminoso pretendido.

No Brasil, com base no art. 302 do CPP, considera-se em flagrante delito quem está cometendo a infração penal; acaba de cometê-la; ou quem é perseguido, logo após, pela autoridade, pelo ofendido ou por qualquer pessoa, em situação que faça presumir ser autor da infração; ou ainda quem é encontrado, logo depois, com instrumentos, armas, objetos ou papéis que façam presumir ser ele o autor da infração.

Em Portugal, extrai-se do art. 256 do CPP, em termos muito próximos, que flagrante delito é todo o crime que se está cometendo ou se acabou de cometer, reputando-se também flagrante delito o caso em que o agente for, logo após o crime, perseguido por qualquer pessoa ou encontrado com objetos ou sinais que mostrem claramente que acabou de o cometer ou nele participar. O legislador português, em gesto de interpretação autêntica, dispôs ainda que, em caso de crime permanente, o estado de flagrante delito só persiste enquanto se mantiverem sinais que mostrem claramente que o crime está a ser cometido e o agente está nele a participar.

A doutrina se reserva a classificar o flagrante a partir do momento da *ardência, crepitação ou flagrância, expressões normalmente utilizadas na doutrina a partir da expressão latina flagrare* (Pacelli, 2017, p. 540), classificando-o em próprio, quando se está cometendo

10. Cf. ainda Sousa (2003, p. 49-73; 1997, p. 22 e ss.)

a infração penal ou acaba de cometê-la; impróprio ou quase flagrante, quando determinada pessoa é perseguida, logo após, pela autoridade, pelo ofendido ou por qualquer pessoa, em situação que faça presumir ser autor da infração; ou presumido, quando o suspeito é encontrado, logo depois, com instrumentos, armas, objetos ou papéis que façam presumir ser ele o autor da infração.

A tentativa, ressalve-se, não é um indiferente penal, muito menos policial, de sorte que, antes mesmo do flagrante próprio, temos o flagrante tentado (ou flagrante de empreendimento). Nesta hipótese, o ardor já se manifesta nos atos de execução, independentemente da consumação do *iter criminis*, impondo-se manifestamente à polícia uma atuação responsiva em atividade de repressão.

No CP brasileiro, conforme art. 14, diz-se o crime:

> I – consumado, quando nele se reúnem todos os elementos de sua definição legal; II – tentado, quando, iniciada a execução, não se consuma por circunstâncias alheias à vontade do agente. Salvo disposição em contrário, pune-se a tentativa com a pena correspondente ao crime consumado, diminuída de um a dois terços.

No CP português, pelo que dispõem os arts. 22 e 23, há tentativa quando o agente praticar atos de execução de um crime que decidiu cometer, sem que este chegue a consumar-se. Salvo disposição em contrário, a tentativa só é punível se ao crime consumado respectivo corresponder pena superior a 03 anos de prisão. A tentativa é punível com a pena aplicável ao crime consumado, especialmente atenuada. A tentativa não é punível quando for manifesta a inaptidão do meio empregado pelo agente ou a inexistência do objeto essencial à consumação do crime.

A atividade repressiva em situações de flagrante costuma ser realizada pelas forças de segurança. As polícias administrativas, sem embargo de atuarem de maneira ostensiva, não possuem atribuição específica de combate aos delitos, o que acaba por repercutir, inclusive, na formação e capacitação de seus agentes, direcionadas à ordenação das atividades e não à repressão criminal. A polícia judiciária, ao revés, possui atribuição, mas não atua costumeiramente de maneira ostensiva, faltando-lhe estrutura capilar necessária ao combate de situações flagranciais, que, ao exigirem resposta urgente, exigem estrutura orgânica de recursos específicos para tanto.

Diferentemente é o caso do flagrante esperado, em que o policial vigilante permanece no aguardo de eventual ação de terceiro, na espera de algum ato de execução, com o objetivo de evitar o resultado criminoso, precipuamente nos casos de crimes materiais praticados por meio de grave ameaça ou violência, ou com a finalidade de colher provas nos demais delitos. Como leciona Pacelli (2017, p. 543):

> No flagrante esperado, não há intervenção de terceiros na prática do crime, mas informação de sua existência. Ocorreria, por exemplo, quando alguém, que por qualquer motivo tivesse conhecimento da prática futura de um crime, transmitisse tal informação às autoridades policiais, que então se deslocariam para o local da infração, postando-se de prontidão para evitar a sua consumação ou o seu exaurimento. Neste caso, a ação policial seria de espera, e não de provocação, donde a diferença de ser este um flagrante válido, ao contrário daquele outro.

Certo ser possível que a polícia seja acionada por cognição mediata, a partir de notícia de terceiros, porém a maior probabilidade de atuação policial no flagrante esperado reside no curso de uma ação controlada, realizada já no interesse de uma investigação em curso da polícia judiciária. No Brasil, a Lei n.º 12.850/2013 dispõe sobre a ação controlada:

> Art. 8º. Consiste a ação controlada em retardar a intervenção policial ou administrativa relativa à ação praticada por organização criminosa ou a ela vinculada, desde que mantida sob observação e acompanhamento para que a medida legal se concretize no momento mais eficaz à formação de provas e obtenção de informações.

Uma vez tentado ou consumado o dano a um bem jurídico penalmente relevante, a atividade de repressão, em situação flagrancial ou não, possui a função de investigação de constatar a materialidade da infração penal, reunir indícios de autoria e verificar todas as circunstâncias delitivas, situando os fatos em tempo e em espaço. Quando a investigação é instrumentalizada por um órgão policial, temos no Brasil o inquérito como procedimento sob presidência da autoridade policial, ao passo que em Portugal existe o inquérito sob a coordenação do MP, assistido pela polícia.

Em Portugal, conforme a Lei n.º 49/2008, a direção da investigação cabe à autoridade judiciária competente em cada fase do processo, que é assistida pelos órgãos de polícia criminal. Neste sentido o art. 263 do CPP, que estabelece caber a direção do inquérito ao MP, assistido pelos órgãos de polícia criminal. Os órgãos de polícia criminal atuam sob a direta orientação do MP e na sua dependência funcional. Há, porém, possibilidade de delegação, de sorte que o MP pode conferir a órgãos de polícia criminal o encargo de procederem a quaisquer diligências e investigações relativas ao inquérito (art. 270 do CPP).

Já no Brasil, diante da Lei n.º 12.830/2013, ao delegado de polícia, na qualidade de autoridade policial, cabe a condução da investigação criminal por meio de inquérito policial ou outro procedimento previsto em lei, determinando, após análise técnico-jurídica dos fatos, o indiciamento de um investigado, em ato administrativo decisório de atribuição oficial de uma suspeita formal no seu desfavor daquele que, pelas provas, vincula-se à materialidade, considerado o nexo causal entre sua conduta e o resultado, em juízo de tipicidade formal e material.

No Brasil, não há uma norma que apresente um conceito ao inquérito policial[11]. Em Portugal, por conceito normativo[12], o inquérito compreende o conjunto de diligências que visam a investigar a existência de um crime, determinar os seus agentes e a responsabilidade deles e descobrir e recolher as provas, em ordem à decisão sobre a acusação.

Podemos definir o inquérito pelos fins a que se propõe como procedimento público de perseguição penal, a partir de uma situação-problema, confirmando ou não uma notícia criminal como hipótese, a partir da identificação, no caminho cognitivo de descoberta, das fontes de provas, e obtenção e análise técnico-jurídica dos elementos informativos de materialidade, autoria e circunstâncias, em pesquisa de investigação comprometida a esclarecer a verdade material dos fatos, como instrumento de justiça criminal.

A referência à verdade material se dá pelo impulso proposital na busca da realidade correspondente a partir do exame dos fatos, a despeito de ser um ideal no mais das vezes difícil, porquanto em regra o máximo a ser alcançado é uma verdade aproximada, com o exame não mais dos fatos e sim da prova dos fatos. Ferrajoli (2006)

11. O Título II do CPP brasileiro trata do inquérito policial, porém não o conceitua.
12. V. art. 262 do CPP.

se debruça sobre a diferença entre o que denomina 'experimento' (de um fato presente) e 'provas' (de um fato passado). Para o autor:

> Pode-se realmente afirmar que a verdade processual fática, da mesma forma que a verdade histórica, em vez de ser predicável em referência direta ao facto julgado, é o resultado de uma ilação dos fatos 'comprovados' do passado com os fatos 'probatórios do presente'. (...) E a tarefa da investigação judicial, igualmente a de qualquer outro tipo de investigação ou explicação, é eliminar o dilema em favor da hipótese mais simples, dotada de maior capacidade explicativa e, sobretudo, compatível com o maior número de provas e conhecimentos adquiridos com anterioridade (Ferrajoli, 2006, pp. 43-45).

No Brasil, inexiste uma lei específica de organização da investigação criminal, restringindo-se o legislador a estabelecer algumas normas de inquérito policial no CPP e outras normas a reger os meios de obtenção de provas em leis esparsas. Entre as normas esparsas, destacamos duas: a Lei n.º 9.296/1996, que regulamenta a CF e rege a interceptação de comunicações telefónicas, de qualquer natureza, para prova em investigação criminal e em instrução processual penal; e a Lei n.º 12.850/2013, que define organização criminosa e dispõe sobre a investigação criminal, os meios de obtenção da prova, infrações penais correlatas e o procedimento criminal respectivo.

Em Portugal, diferentemente, tem-se a Lei n.º 49/2008, como norma específica que aprova a organização da investigação criminal, como sendo o conjunto de diligências que, nos termos da lei processual penal, destina-se a averiguar a existência de um crime, determinar os seus agentes e a sua responsabilidade e descobrir e recolher as provas, no âmbito do processo. Esta norma, além de definir a investigação criminal, estabelece regras outras, como as relacionadas à direção da investigação criminal e às atribuições dos órgãos de polícia criminal, além de regras relacionados ao dever de cooperação. Importante salientar que, no art. 262 do CPP português, compreende-se como inquérito o conjunto de diligências que visam a investigar a existência de um crime, determinar os seus agentes e a responsabilidade deles e descobrir e recolher as provas, em ordem à decisão sobre a acusação.

Ao contrário do ordenamento brasileiro, o português não elencou as diligências necessárias a proceder logo após o conhecimento da prática da infração penal. Não obstante, tal omissão se mostra irrelevante, pois qualquer tentativa do legislador nesta lógica, como no caso do art. 6º do CPP brasileiro, terá poucos graus de sucesso, sendo inadvertidamente encorajado por aqueles que imaginam existir um roteiro preciso de sucessivos atos investigativos preordenados para a apuração dos mais variados crimes, de modo que todo elenco sobre o assunto não será exaustivo.

Ao contrário da prevenção (olhos ao futuro), tradicionalmente temos a repressão como atividade, em regra, relacionada ao passado e ao presente. Em visão retrospectiva, a repressão policial se propõe a subsidiar uma ação penal em desfavor dos responsáveis pelo delito, identificando fontes de prova e obtendo elementos de materialidade, autoria e circunstâncias.

Em visão contemporânea aos fatos delituosos, a repressão policial atua em estados de flagrante, tanto nos crimes instantâneos, de consumação imediata, como nos crimes permanentes, de consumação prolongada, não apenas com a finalidade de subsidiar uma ação penal, como também objetivando cessar os atos delituosos.

A repressão policial, no seu aspecto investigativo, deve ser justa, presumindo-se a inocência dos investigados, e sempre pautada em princípios elementares e condições de ação, lastreada em convencimentos motivados, quando da formalização de suspeitas formais ou quando das representações por medidas cautelares, para a obtenção de elementos de prova que justifiquem ou não a propositura de uma ação penal.

4

PRINCÍPIOS ELEMENTARES DE ATUAÇÃO DA POLÍCIA JUDICIÁRIA EM GERAL

No Brasil, diante da importância deste tema, a CF/88 elencou, no seu art. 37, os princípios de legalidade, impessoalidade, moralidade, publicidade e eficiência, a serem obedecidos pela administração pública direta e indireta de qualquer dos Poderes da União, dos Estados, do Distrito Federal e dos Municípios. Trata-se de uma norma cogente também às polícias federal, rodoviária federal e ferroviária federal, organizadas e mantidas pela União; bem como às Polícias Civis e militares.

Em Portugal, a Constituição da República de 1976 trata da polícia no art. 272, inserido-a no Título IX, dedicado à Administração Pública. Já no art. 266, consta que a Administração Pública visa a prossecução do interesse público, no respeito pelos direitos e interesses legalmente protegidos dos cidadãos, estando os órgãos e agentes administrativos subordinados à Constituição e à lei, devendo atuar, no exercício das suas funções, com respeito aos princípios da igualdade, da proporcionalidade, da justiça, da imparcialidade e da boa-fé. Combinando as previsões constitucionais em Portugal, Sousa (2016, p. 412) põe em relevo a subordinação das forças de ordem e segurança aos princípios gerais da ação administrativa, com destaque aos da juridicidade, da proporcionalidade, da imparcialidade, da igualdade, da eficiência, da abertura e transparência e da participação.

À vista dos exemplos, considerando a natureza administrativa da atuação policial, quando do estudo dos princípios elementares de atuação da polícia judiciária, é fundamental considerar, por imperativo lógico, os princípios da própria Administração Pública, embora com ressalvas, em razão de alguns aspectos diferenciadores.

4.1 PRINCÍPIO DA PROSSECUÇÃO DO INTERESSE PÚBLICO

A atuação de investigação da polícia judiciária deve perseguir e pautar-se pelo interesse público, como princípio reitor, satisfazendo necessidades coletivas de prevenção e repressão da criminalidade. Sobre isso, Amaral (2017, p. 33) relata que:

> Numa primeira aproximação, pode definir-se o interesse público como o interesse coletivo, o interesse geral de uma determinada comunidade, o bem comum – na terminologia que vem já desde São Tomás de Aquino, o qual definia bem comum como 'aquilo que é necessário para que os homens não apenas vivam, mas vivam bem' (quod homines non solum vivant, sed bene vivant).

Nas palavras de Araújo (2009), o princípio da supremacia do interesse público se confunde com as próprias ideias iniciais do Estado. Para o autor, o princípio da supremacia do interesse público:

> Relaciona-se com a noção de 'puissance publique' (potestade pública) e fundamenta-se nas próprias ideias iniciais de Estado, em que os membros de certa coletividade, como dizia Hobbes em sua obra Leviatã, abdicam de parte de sua liberdade integral em favor de um comando disciplinador para a vida nessa mesma comunidade, que tomará medidas para sua defesa, segurança e progresso. Como a este comando são deferidas essas atribuições de interesse geral, em contrapartida, em nome desse interesse, ele terá o poder de ditar regras gerais de comportamento para a vida em comunidade, que devem ser por todos obedecidas, pois tais regras, de interesse geral (interesse público), devem preponderar sobre os interesses particulares (Araújo, 2009, p. 49).

Ferreira (2005, p. 150), em artigo sobre os princípios fundamentais por que se deve pautar a ação policial num Estado democrático de direito, afirma que há princípios obrigatórios para as forças policiais e destaca a necessária vinculação funcional, uma vez que a Polícia sempre tem que agir quando se depara com uma situação susceptível de pôr em causa a legalidade democrática.

A Polícia não deve atuar para favorecer ou satisfazer interesse ou sentimento pessoal, nem como instrumento de interesse alheio perante a administração pública. Não é um orgão de um ou de outro. É um órgão de todos. Perspectivas diferentes se traduzem em intenções não republicanas, principalmente quando originárias de impulsos particulares em coro agudo encorajado por grupos que pretendem minar os pilares essenciais democráticos, reavivando propósitos autoritários do plano da metáfora.

Como visto, na Constituição da República de Portugal, reza o art. 266 expressamente que a Administração Pública visa à prossecução ao interesse público. Mesmo que não esteja expresso na CF/88, este princípio serve de inspiração a todos aqueles explicitados no art. 37 do diploma constitucional: princípios de legalidade, impessoalidade, moralidade, publicidade e eficiência.

Teses assentes em substratos de valores podem ser reinterpretadas sob ventos de origem incerta, em atmosfera de incertezas. Os valores de uns não são necessariamente os valores de outros. O princípio da prossecução do interesse público deve caminhar de mãos dadas com os princípios da legalidade e da juridicidade. Conciliando a prossecução do interesse público com o princípio da legalidade, Valente (2012, p. 55) ressalva que a polícia deve atuar em prol dos interesses públicos, mas este fim não pode ser perseguido de qualquer maneira, e sim em obediência à lei.

4.2 LEGALIDADE E JURIDICIDADE

Toda atuação policial deve ocorrer sob o império da lei, razão pela qual temos a legalidade como princípio maior a ser observado, em conjunto com os princípios gerais da Administração pública, próprios do Estado de direito (Sousa, 2013, p. 23-36). A lei confere à polícia não apenas o poder de atuar, como também o dever de submissão a limites instransponíveis em sua atuação. Diferentemente da autonomia da vontade, própria do direito privado, a legalidade é uma característica em destaque no direito público, como desdobramento natural da indisponibilidade do interesse público, como forma de garantia protetiva de direitos fundamentais.

Do princípio da legalidade temos duas perspectivas: supremacia da lei e reserva legal. A primeira perspectiva, também conhecida como primazia da lei, é restritiva por excelência, como mandamento a ser observado, devendo a atuação policial respeitar os limites da lei e do direito. A segunda perspectiva, se de um lado, autoriza a atuação policial *secundum legem*, do outro a desautoriza por falta de previsão legal.

Ferreira (2005, p. 150) denomina como princípio da legalidade procedimental a exigência de a ação policial fundamentar-se na lei e, em caso de omissão legal, pautar-se nos princípios, atuando somente quando positivo for o confronto com todos. Nesta linha do autor, certo é que a legalidade deve ter contornos de juridicidade, com resiliência e flexibilidade proporcionais ao dinamismo das organizações criminosas. Assim também se posiciona Sousa (2016, pp. 152-153), ao elevar a importância da juridicidade para a concretização da ordem pública, quando as normas positivadas não se revelarem suficientes ou se apresentarem inadequadas ou inoportunas, realizando-se a cláusula geral de polícia "salvaguarda da ordem e segurança públicas", sempre, contudo, com observância pelos limites da lei e do direito.

O princípio da legalidade tem dupla função: erguer fronteiras a condicionar os atos discricionários, compreendidos como aqueles em que o legislador confere ao agente certa margem de atuação, na conveniência e na oportunidade de agir; e subordinar os atos vinculados, considerados como tais aqueles em que a lei não confere à Administração qualquer margem de apreciação subjetiva, regulando, em objetiva e antecipada tipificação legal, todo o ato administrativo, desde a sua possibilidade ou não, competência, finalidade e forma, até o seu motivo e objeto, como tais passíveis de serem revistos pelo Poder Judicial em todas as suas nuances.

Relevante comentar que, na lição de Meirelles (2000, p. 156), ressoando opinião da maioria dos doutrinadores brasileiros, *atos discricionários são os que a Administração pode praticar com liberdade de escolha de seu conteúdo, de seu destinatário, de sua conveniência, de sua oportunidade e de seu modo de realização.*

Sucede que estas definições de discricionariedade ou vinculação nem sempre respondem ao possível na atuação da polícia judiciária, quando confrontadas com as exigências do Estado democrático de direito, no qual deve haver o império da lei, sempre e em tudo. Impõe-se, pois, redirecionar alguns estudos, hoje por parte da doutrina concentrados no ato administrativo e seus requisitos em si, para o poder administrativo. O ato nada mais é que a exteriorização do poder, este mais revelador, quando suficientemente investigado, do que a sua própria materialização.

Se considerarmos que o poder administrativo possui amarras democráticas, devendo sempre prestar contas à finalidade pública e à proteção e garantia dos bens jurídicos, e se considerarmos que nem sempre o conteúdo ou a forma refletem com exatidão o poder do qual deriva, despertamos para o entendimento inicial, como ponto de partida, de que o poder de deliberar nem sempre se traduz no dever de exercer a autoridade para fins públicos.

Um ato administrativo pode travestir-se de um viés de poder, seja pelos seus próprios requisitos extrínsecos, seja quando considerado num universo de outros atos, em contextos paralelos iniciais e convergentes ao final, propositadamente concatenados para a ofensa de princípios basilares da Administração Pública, destacando-se a impessoalidade e a moralidade.

Ao se concentrar no ato, parte da doutrina se afasta do poder. A discrionariedade não está propriamente no ato, uma vez que este sempre deve ser vinculado em competência, finalidade e forma. A discricionariedade, quando existente, estaria inserida no motivo, no objeto do poder, e quando ocultada no ato como expressão material, impede ou embaraça o controle, interno ou externo, e vai de encontro, em rota de colisão, com a transparência que se pretende ter por segurança jurídica.

A Administração não deve decidir livremente sobre o motivo e o objeto de um ato administrativo, por elevar a subjetividade particular, em protagonismo inaceitável de autoridade. A mais importante vinculação existente é a finalidade pública, irradiando-se para todos os demais requisitos do ato administrativo. Finalidade pública não pode ser pessoal, particular, e sim uma realidade coletiva de um conceito comum.

Presente um poder não democrático numa autoridade, o ato administrativo nada é mais que um instrumento de dispersão. Se entendido como discricionário, escapa do controle, mesmo que permitindo suspeição. Se compreendido como vinculado, atrai a atenção a si, mas nem sempre ao poder. A depender, um ato inicialmente discricionário pode se converter, com auxílio do poder normativo, em vinculado, ou vice-versa, a depender da estratégia organizada para o fim de usurpar a finalidade pública.

Por conseguinte, a discricionariedade não pode ser replicada sem ressalvas pela doutrina quando do estudo da atuação policial. Há de ser, ao revés, compreendida com restrições, em hipóteses necessariamente estreitas, sempre como medida excepcional, e não como uma classificação possível e, por muitos, defendida.

Nesta compreensão de ato e poder, conveniência e oportunidade não são características que distinguem o ato vinculado do ato discricionário. São critérios de ponderação e não de liberdade de escolha. A conveniência do exercício do poder só está presente quando o ato for ao encontro do interesse público. Quando não convém, não há liberdade. Se não há liberdade de escolha, não há discricionariedade. A conveniência é uma ponderação para se alcançar o reconhecimento da necessidade ou não do ato, sempre com base no interesse público, que, estando presente, determina o exercício do poder.

A ponderação pode ser ainda uma decisão policiada pelo interesse público na escolha de caminhos investigativos, inclusive quando não forem eles nominados como meios de obtenção de prova, desde que não sejam ilegais nem ilegítimos. Como Silva (2005, p. 20) ressalva, *um certo arbítrio na escolha dos meios para realizar sua missão é-lhe indispensável. Uma legislação que pretendesse regulamentar exaustivamente os seus actos seria impraticável e desastrosa.*

A oportunidade diz respeito ao momento do exercício do poder. Se considerado um critério discricionário, temos uma ilha conceitual no Estado democrático de direito. Não se sustenta como tal, pois o Estado Democrático não admite campo neutro ao império da lei. A oportunidade é uma ponderação do momento e não da necessidade de realizar um ato.

A atividade da polícia, em larga maioria, é transeunte, não reclamando, nem se reproduzindo, por opção, em atos documentados. Lida-se mais com os fatos, transcendendo os autos formais. E a falta de formalização dos atos, combinada com discricionariedade, acobertada pela falta de clareza de motivação, ao impedir ou embaraçar o controle interno e externo, torna o ambiente propício, e para alguns convidativo, ao arbítrio de direitos fundamentais como vida, liberdade e intimidade[1]. Assim é a posição também de Silva (2005, p. 17), ao

1. Em alteração legislativa recente no ordenamento brasileiro, a Lei n.º 13.655/2018 incluiu no Decreto-Lei n.º 4.657, de 4 de setembro de 1942 (Lei de Introdução às Normas do Direito

afirmar que a discricionariedade policial não pode significar arbítrio, pois necessita de limites. A necessidade da atuação da polícia deve corresponder, portanto, à motivação de seus fundamentos.

A atividade policial exige uma multiplicidade de condutas em tempo e espaço, comissivas ou deliberadamente omissivas, algumas de simples execução, outras mais complexas. Em sua maioria, são – ou deveriam ser – condutas executadas em planos entrelaçados por nexos de forçosa estratégia. Não raro, porém, as condutas carecem de tempo razoável para um desígnio antecipado, devendo-se, quando possível, furtar-se do ímpeto e obedecer a um plano mental mínimo.

Esta multiplicidade impede a existência de autorização administrativa específica, o que não afasta a vinculação da atuação policial, sempre em espírito público, existindo, no ensinamento de Sousa (2016, p. 531) uma cláusula geral de polícia e, na expressão de Santos e Calheiros Júnior (2017), uma autorização genérica, considerando a necessidade de se reconhecer situações no mundo dos fatos não legalmente disciplinadas, a despeito dos esforços de previsão.

A autorização genérica da possibilidade de agir advém da própria obrigatoriedade de atuar. Não há como impor uma exigência de atuação sem conferir à Polícia o poder de empregar os meios legais possíveis. Quando não presente uma autorização específica, eleva-se naturalmente a exigência de adotar critérios de ponderação quanto à conveniência e à oportunidade das ações vinculadas à repressão preventiva.

Ao disciplinar o essencial, o legislador, a *contrario sensu*, autorizou de forma genérica parcela dos procedimentos policiais, por natureza vinculados à finalidade pública, desde que, por óbvio, mantenham-se eles entre as margens claras das normas existentes e dos demais princípios da atuação policial, não significando, ressalve-se, autorização ampla e irrestrita, uma vez que, se assim fosse, seria a auto-

Brasileiro), disposições sobre segurança jurídica e eficiência na criação e aplicação do direito público, realçando, em nosso parecer, a necessidade de motivação e de esvaziamento da discricionariedade. A partir de então, nas esferas administrativa, controladora e judicial, não se decidirá com base em valores jurídicos abstratos sem que sejam consideradas as consequências práticas da decisão. A motivação demonstrará a necessidade e a adequação da medida imposta ou da invalidação de ato, contrato, ajuste, processo ou norma administrativa, inclusive em face das possíveis alternativas

rização genérica uma incitação ao arbítrio, em construção doutrinária e clara de oposição ao próprio princípio da legalidade.

4.3 MORALIDADE E LEALDADE

A conduta policial, no seu aspecto cognoscitivo, deve pautar-se pela consciência de agir corretamente, dentro das opções de atuar que naturalmente exigem, para fins de escolha, a necessidade de uma reflexão acerca da honestidade, em consonância com os demais princípios e valores de todo o ordenamento jurídico.

No campo da atuação policial, a imoralidade possui consequências coercitivas em face do agente público, sujeito a ações de improbidade. A moralidade deve nortear a conduta policial, não se admitindo fazer o certo pelo motivo errado, nem fazer o certo da maneira errada. A valoração de um acertado ato investigativo pode ser negativa pelo motivo que o pautou. As conclusões de investigações devem pautar-se por fatos devidamente apurados, sob pena de se chegar a definições tidas como certas, por parte de mera sensitividade policial, em investigação deliberadamente superficial.

O agente policial tem que atuar com probidade, valorização da atividade pública e respeito em relação à vítima, testemunha e investigados, sendo a ele vedado divulgar ou fazer uso de informação privilegiada obtida em razão das atividades exercidas, prestar consultoria a pessoas jurídicas ou físicas como forma de blindagem de investigação e intervir em favor de interesse privado junto aos órgãos ou entidades com os quais tenha tido relacionamento relevante.

Em Portugal, o Código Deontológico dos Profissionais da PSP e da Guarda Nacional Republicana (GNR), como Forças de Segurança de Portugal, ao tratar dos princípios fundamentais, afirma que os membros dessas instituições devem cultivar e promover valores como o Humanismo, Justiça, Integridade, Honra, Dignidade, Imparcialidade, Isenção, Probidade e Solidariedade.

No Brasil, considerando a Lei n.º 4.878/1965, um dos requisitos para matrícula na Academia Nacional de Polícia é ter procedimento irrepreensível e idoneidade moral inatacável, avaliados em consonância com as normas da Direção Geral da Polícia Federal em procedimento de análise das fichas de informações pessoais, preenchidas pelo candidato quando do concurso de ingresso.

Entrelaçado ao princípio da moralidade, temos o da lealdade. Na lição de Silva (2000, pp. 66-67), a lealdade *não é uma noção jurídica autónoma, é sobretudo de natureza essencialmente moral, e traduz uma maneira de ser da investigação e obtenção das provas em conformidade com o respeito dos direitos da pessoa e a dignidade da justiça.*

Ser leal é respeitar os princípios e regras que norteiam a honra e a probidade, fiel ao espírito público e à missão institucional, atuando de maneira sempre impessoal.

4.4 IMPESSOALIDADE

Em constitucionalização do regime administrativo, o princípio da impessoalidade ou da imparcialidade está presente tanto na CF/88, no seu art. 37, como na Constituição da República Portuguesa, no art. 266, inserido nos princípios fundamentais da Administração Pública, e como tais verdadeiros mandamentos constitucionais a regerem todo o serviço público, neste se incluindo a investigação criminal pela polícia judiciária.

É que o policial deve atuar em compasso com a vontade do Estado, atento à lei e a ela servo, obediente ao compromisso com o serviço público e com o desfecho justo de uma investigação criminal. Assim dispõe o art. 5º do Código Deontológico do Serviço Policial em Portugal:

> Os membros das Forças de Segurança devem actuar com zelo e imparcialidade, tendo sempre presente a igualdade de todos os cidadãos perante a lei. 2. Em especial, têm o dever de, no uso dos poderes de autoridade de que estão investidos, se abster da prática de actos de abuso de autoridade, não condizente com um desempenho responsável e profissional da missão policial. 3. Os membros das Forças de Segurança abstêm-se de qualquer acto que possa pôr em causa a liberdade da sua acção, a independência do seu juízo e a credibilidade da Instituição a que pertencem.

Ao contrário do que muitos afirmam, em arena intelectual de falsas premissas, uma investigação criminal não possui o compromisso de confirmar a notícia de fato criminoso, imputando a determinada pessoa uma conduta ilegal. Ao revés, a investigação criminal possui o compromisso de autenticar uma verdade, confirmando ou não uma hipótese inicial. Em artigo acadêmico de Perazzoni e Silva (2015, p. 87), os autores sustentam que *a investigação criminal realizada através do inquérito e sob o paradigma garantista esposado na CF/88 não pode nem deve buscar exclusivamente confirmar a tese acusatória, muito pelo contrário: deverá, primordialmente, buscar verificar a plausibilidade da imputação evitando processos desnecessários.* Em seguida, afirmam que, em outras palavras, o inquérito policial se dirige não apenas ao Ministério Público, mas também ao investigado (para o exercício de sua atividade defensiva, seja nos autos do próprio inquérito, de forma deferida, ou no âmbito do posterior processo penal, de forma ordinária) e à própria autoridade judiciária, constitucionalmente encarregada de zelar pela sua legalidade e pelo deferimento de eventuais medidas judiciais que se façam necessárias ao seu regular curso.

Não deve a investigação possuir, portanto, objetivos pré-concebidos de instruir uma ação penal a ser proposta pelo MP. Se assim for, a investigação criminal pode revelar-se tendenciosa, descompromissada com a verdade. A autoridade policial há de adotar comportamento impessoal quanto à acusação e defesa, em fiel observância aos fins a que se propõe a polícia judiciária no Estado democrático de direito, como instrumento de Justiça Criminal.

O comportamento do policial deve distanciar-se de preferências subjetivas, partidárias, sempre regrado por valores que impõem, como vetor, uma conduta impessoal. Ser imparcial não significa ser neutro. A indiferença ou insensibilidade não são comportamentos exigidos de um policial. Como nos ensina Carvalho (2014, p. 144), *o princípio não exige um ser impessoal, mas um agir impessoal.* A proatividade deve compor-lhe sempre o perfil profissiográfico. E parte da proatividade pode decorrer exatamente da consciência da reprovação do delito investigado, combinada com a vontade de efetivação da justiça criminal.

Não se pode tolerar a conduta de retardar ou deixar de praticar, indevidamente, ato de ofício, ou praticá-lo contra disposição expressa de lei, para satisfazer interesse ou sentimento pessoal. Quanto mais hipóteses uma investigação criminal possuir no seu início, maior será a probabilidade de o policial atuar de maneira isenta e impessoal. Quando uma investigação se inicia com uma única hipótese de autoria, por exemplo, acaba-se por existir a possibilidade de o policial envidar todos seus esforços com o objetivo de confirmar a hipótese inicial, afastando-se do ceticismo moderado a nortear uma investigação criminal, para fins de satisfação de interesse próprio em demonstrar, ao final, ter imputado, acertadamente, responsabilidade a alguém, suspeito desde o início.

Sendo assim, a atuação policial deve ser pautada em esclarecer fatos e tê-los como baliza na apuração da autoria, o que não impede a serendipidade. Ao se investigar fatos e não pessoas, é perfeitamente possível, pela dita serendipidade, reunir elementos para além dos investigados iniciais, não devendo a autoridade policial permanecer cega ou alheia a eventuais fatos, que, por conexos ou continentes, terminem inclusive por indicar a participação de outras pessoas. Afastar ou procurar evitar o desencadeamento natural da investigação, como pesquisa de situações indeterminadas abrigando várias hipóteses, pode ofender, *in contrario sensu*, o mesmo princípio da imparcialidade, acaso se presente o intuito em blindar determinadas pessoas.

Ocorre que, tendo como foco primário a pessoa e não os fatos, inexiste serendipidade, como encontro fortuito. Teremos a motivação parcial de revolver a vida de determinados alvos, sempre em busca de algo que possa comprometê-los.

4.5 PUBLICIDADE

É primordial saber a que e a quem se destinam as ações policiais, o que foi considerado para avaliar as ameaças, aferir o potencial perigo e determinar o grau de risco. A publicidade, como princípio a ser observado via de regra nos atos administrativos, deve ser ponderada na investigação criminal a partir de quatro perspectivas claras: a) do controle externo, b) do investigado, c) da vítima; d) e de terceiros, sendo as três primeiras de vertente interna, e a última de vertente externa.

Não há como estabelecer uma regra geral, afirmando que as investigações policiais, por sua natureza, são todas sigilosas. Procedendo desta maneira, teríamos a generalização de apenas algumas destas perspectivas, ainda assim em apenas um critério temporal.

Aos responsáveis pela fiscalização dos atos policiais temos geralmente a publicidade, não sendo possível invocar o sigilo como argumento para negar o acesso à investigação criminal. Do contrário, rendemo-nos à possibilidade não democrática de diligências de investigações secretas, com o propósito parcial de encobrir a ilegalidade e a imoralidade, de modo a comprometer o controle externo.

No Brasil, o art. 129, inciso VII, da CF/88, dispõe que são funções institucionais do MP exercer o controle externo da atividade policial, na forma da lei complementar mencionada no artigo anterior. A Lei Complementar n. º 75, de 20 de maio de 1993, dispõe sobre a organização, as atribuições e o estatuto do MP da União. Estabelece o art. 9º, inciso II, da LC 75/1993 que o MP da União exercerá o controle externo da atividade policial por meio de medidas judiciais e extrajudiciais podendo ter acesso a quaisquer documentos relativos à atividade-fim policial.

Em Portugal, temos a Lei n.º 049/2008, que aprova a organização da investigação criminal. No seu capítulo IV, o art. 16 assim dispõe:

> 1 – O Procurador-Geral da República fiscaliza superiormente a actividade processual dos órgãos de polícia criminal no decurso do inquérito. 2 – No exercício dos poderes referidos no número anterior, o Procurador-Geral da República pode solicitar aos órgãos de polícia criminal de competência genérica informações sobre a actividade processual e ordenar inspecções aos respectivos serviços, para fiscalização do cumprimento da lei, no âmbito da investigação criminal desenvolvida no decurso do inquérito. 3 – Em resultado das informações obtidas ou das inspecções, o Procurador-Geral da República pode emitir directivas ou instruções genéricas sobre o cumprimento da lei por parte dos órgãos de polícia criminal referidos no número anterior, no âmbito da investigação criminal desenvolvida no decurso do inquérito. 4 – O Procurador-Geral da República pode ordenar a realização de inquéritos e sindicâncias aos órgãos de polícia criminal referidos no n.º 2 em relação a fatos praticados no âmbito da investigação criminal desenvolvida no decurso do inquérito, por sua iniciativa, a solicitação dos membros do Governo responsáveis pela sua tutela ou dos respectivos dirigentes máximos.

Ressalve-se que, a depender do ordenamento jurídico, esta publicidade não pode ser invocada para exigir o conhecimento prévio das diligências policiais, condicionando-as sem amparo normativo, o que acabaria por redundar em quebra de parcialidade do juízo, ou ainda, se por parte do MP no Brasil, em conduta de usurpação da presidência da investigação, função esta que, com supedâneo na Lei n.º 12.830/2013, é de responsabilidade do Delegado de Polícia, na qualidade de autoridade de polícia criminal com autonomia funcional.

Em Portugal, diversamente, a direção da investigação criminal é de atribuição do MP, por força do art. 263 do CPP: Direcção do inquérito:

> 1 – A direcção do inquérito cabe ao Ministério Público, assistido pelos órgãos de polícia criminal. 2 – Para efeito do disposto no número anterior, os órgãos de polícia criminal actuam sob a directa orientação do Ministério Público e na sua dependência funcional.

Diferentemente da perspectiva do controle externo, no que diz respeito ao investigado, temos uma publicidade diferida, com o objetivo de não frustrar as diligências ainda em curso, antevendo ser possível que o investigado envide seus esforços no sentido de ocultar provas ou inovar artificiosamente o estado de lugar, de coisa ou de pessoa, com o fim de induzir a erro a Polícia.

Nesta lógica, por exemplo, o § 11 do art. 7º, da Lei n.º 8.906/1994, que dispõe sobre o Estatuto da Advocacia e a Ordem dos Advogados do Brasil (OAB), afirma que, não obstante ser direito de o advogado examinar, em qualquer instituição responsável por conduzir investigação, mesmo sem procuração, autos de flagrante e de investigações de qualquer natureza, findos ou em andamento, ainda que conclusos à apreciação, podendo copiar peças e tomar apontamentos, em meio físico ou digital, a autoridade competente poderá delimitar o acesso do advogado aos elementos de prova relacionados a diligências em andamento e ainda não documentados nos autos, quando houver risco de comprometimento da eficiência, eficácia ou finalidade das diligências. Sobre o assunto, a Súmula Vinculante n.º 14 do STF do Brasil estabelece, como critério de publicidade, o encerramento das diligências com a sua documentação no caderno investigatório: É direito do defensor, no interesse do representado, ter acesso amplo aos elementos de prova que, já documentados em procedimento investigatório realizado por órgão com competência de polícia judiciária, digam respeito ao exercício do direito de defesa.

Uma vez encerradas as diligências, devem ser elas retratadas circunstanciadamente no procedimento investigatório, a permitir que o investigado, como sujeito de direito, exerça a autodefesa e a defesa técnica ainda na fase da atuação policial, não apenas para subsidiar seu interrogatório, quando a ele deverá ser dada a oportunidade de dar aos fatos sua versão, como também para permitir sua participação efetiva na investigação, como no caso do Brasil, em que o advogado pode, inclusive, no curso de uma investigação policial, apresentar quesitos em eventuais perícias, permitindo-se que a defesa não apenas tenha oportunidade de refutar provas, como também de contribuir para a descoberta da verdade. O art. 7º da Lei n.º 8.906/1994, expressa os direitos do advogado, *in verbis*:

> São direitos do advogado: XXI – assistir a seus clientes investigados durante a apuração de infrações, sob pena de nulidade absoluta do respectivo interrogatório ou depoimento e, subsequentemente, de todos os elementos investigatórios e probatórios dele decorrentes ou derivados, direta ou indiretamente, podendo, inclusive, no curso da respectiva apuração: a) apresentar razões e quesitos.

Em Portugal, o art. 70 do Estatuto da Ordem dos Advogados (Lei n.º 145/2015, de 9 de setembro) estabelece que, no exercício da sua profissão, o advogado tem o direito de solicitar, em qualquer tribunal ou repartição pública, o exame de processos, livros ou documentos que não tenham caráter reservado ou secreto, bem como de requerer, oralmente ou por escrito, que lhe sejam fornecidas fotocópias ou passadas certidões, sem necessidade de exibir procuração.

Ao contrário do que muitos supõem, a investigação criminal não deve ser sigilosa por norma. Citamos o doutrinador Nucci (2007, p. 174) que assim dispõe: *o inquérito policial, por ser peça de natureza administrativa, inquisitiva e preliminar à ação penal, deve ser sigiloso, não submetido, pois, à publicidade que rege o processo.* Assim sendo, teríamos uma interpretação de encontro ao Pacto de San José da Costa Rica, que dispõe no seu art. 85, ao tratar das garantias judiciais, que o processo penal deve ser público, salvo no que for necessário para preservar os interesses da justiça[2].

Compreender a investigação criminal como fase pré-processual demonstra uma visão não apenas reducionista de sua importância, como também serve como argumento para afastar nesta fase – como

---

2. O art. 8.5 do Pacto de San José da Costa Rica abriga todo o processo penal, desde o seu nascedouro. No Brasil, o Decreto n.º 678, de 06 de novembro de 1992, promulgou a Convenção Americana sobre Direitos Humanos (Pacto de San José da Costa Rica), de 22 de novembro de 1969. Em Portugal, o Pacto de San José da Costa Rica foi aprovado para ratificação por meio da Lei n.º 45/78, de 11 de Julho, publicada no Diário da República, I Série A, n.º 157/78.

se possível fosse – o respeito a direitos fundamentais previstos nos regimes constitucionais. Como pontua Colomer (2003, p. 5), relacionando Estado Democrático e Modelo Policial:

> En su actuación la policía judicial debe vigilar estrechamente, en la fase de investigación del crimen, no sólo que las garantías procesales se cumplan y que los derechos fundamentales consagrados en la Constitución, sobre todo los del imputado, se respeten, sino que también y ante todo, debe cumplirlos y respetarlos ella misma.

O CPP no Brasil data de 1941 e foi sancionado durante o regime político com inspiração fascista, durante o período conhecido por Estado Novo, que vigorou de 10 de novembro de 1937 a 31 de janeiro de 1946. Nunes (2016, pp. 170-175), em estudo sobre o Processo Legislativo para além do Parlamento em Estados Autoritários, apresenta uma análise comparada entre os Códigos Penais Italiano de 1930 e Brasileiro de 1940, e revela o esforço de dar ao regime político autoritário uma veste jurídica, numa ação sistemática de transformação do Estado, invocando-se à época a necessidade de um novo CP e um novo CPP, mesmo sem representação popular. Nas palavras de Nunes (2016, p. 170-175):

> Os regimes de força brasileiro e italiano souberam empregar isso a seu favor, utilizando a maleabilidade do tecnicismo para dar conta da demonstração de forças do autoritarismo com reformas penais. Neste sentido, o direito penal foi um espaço privilegiado, pois é por ele que o Estado tem a maior possibilidade de exercício de controle sobre os indivíduos. Reconstruir o sistema penal foi algo que ambos os regimes colocaram como prioridade, seja para reforçar a repressão contra os opositores políticos, como também para demonstrar sua adequação com a moderna dogmática jurídica que se vislumbrava ao período. Mesmo que o conteúdo eminentemente autoritário dessas leis seja discutível em alguns casos, para esses regimes a imposição da lei ao seu modo já era demonstração suficiente de força. O meio para tanto foi desprezar o parlamento e avocar para o Governo a legitimidade da atividade legislativa e fazer a Lei ser irrestritamente respeitada. O autoritarismo, no caso das codificações penais, fascista e estadonovista, se valeu do legalismo para seu respeito. A participação de juristas renomados ofereceu uma cobertura capaz de inebriar os ânimos quanto aos meios empregados, uma vez que as codificações penais brasileira e italiana são reconhecidas como de alto nível técnico,

a ponto de manterem-se em vigor – mesmo com as reformas do pós-guerra em diante – até o presente momento, com marcas subterrâneas de sua genealogia autoritária que continuam a circular pelo direito penal.

Assim dispõe o art. 20 do CPP do Brasil: *A autoridade assegurará no inquérito o sigilo necessário à elucidação do fato ou exigido pelo interesse da sociedade.* Reservados à interpretação gramatical desta norma, doutrinadores insistem em caracterizar como sigilosa a investigação criminal por excelência[3]. Releitura que se impõe, uma vez que o CPP do Brasil, precipuamente pela sua essência, deve ser interpretado à luz da CF/88[4] e em controle de convencionalidade face ao Pacto de San José da Costa Rica.

No caso de Portugal, o CPP em vigor adota a publicidade como regra no processo penal, incluindo a fase de inquérito, de maneira que o segredo de justiça, como exceção, deve ser determinado por força de despacho irrecorrível, nos casos em que se entender que os interesses da investigação ou os direitos dos sujeitos processuais o justifiquem. Reza o CPP português, no seu art. 86 (Publicidade do processo e segredo de justiça):

> 1 – O processo penal é, sob pena de nulidade, público, ressalvadas as excepções previstas na lei. 2 – O juiz de instrução pode, mediante requerimento do arguido, do assistente ou do ofendido e ouvido o Ministério Público, determinar, por despacho irrecorrível, a sujeição do processo, durante a fase de inquérito, a segredo de justiça, quando entenda que a publicidade prejudica os direitos daqueles sujeitos ou participantes processuais. 3 – Sempre que o Ministério Público entender que os interesses da investigação ou os direitos dos sujeitos processuais o justifiquem, pode determinar a aplicação ao processo, durante a fase de inquérito, do segredo de justiça, ficando esta decisão sujeita a validação pelo juiz de instrução no prazo máximo de setenta e duas horas. 4 – No caso de o processo ter sido sujeito, nos termos do número anterior, a segredo de justiça, o Ministério Público, oficiosamente ou mediante requerimento do arguido, do assistente ou do ofendido,

3. Neste sentido, vide NUCCI (2007, p. 174).
4. Dispõe o art. 5º, LX, da CF/88: "a lei só poderá restringir a publicidade dos atos processuais quando a defesa da intimidade ou o interesse social o exigirem".

> pode determinar o seu levantamento em qualquer momento do inquérito. 5 – No caso de o arguido, o assistente ou o ofendido requererem o levantamento do segredo de justiça, mas o Ministério Público não o determinar, os autos são remetidos ao juiz de instrução para decisão, por despacho irrecorrível. 6 – A publicidade do processo implica, nos termos definidos pela lei e, em especial, pelos artigos seguintes, os direitos de: a) Assistência, pelo público em geral, à realização do debate instrutório e dos actos processuais na fase de julgamento; b) Narração dos actos processuais, ou reprodução dos seus termos, pelos meios de comunicação social; c) Consulta do auto e obtenção de cópias, extractos e certidões de quaisquer partes dele".

Na Espanha, como outro exemplo, o segredo de justiça (*sólo en cuanto es necesario) y sirve para impedir que desaparezcan las huellas del delito, para recoger e inventariar los datos que basten a comprobar su existencia y reunir los elementos que más tarde han de utilizarse y depurarse en el crisol de la contradicción durante los solemnes debates del juicio oral y público* (MONTE, 2018, p. 105).

Prosseguindo, temos o princípio da publicidade na terceira perspectiva. Ao adotar como regra o sigilo das investigações criminais nesta ótica, embaraços surgem à colaboração de investigação. Não raro, a vítima ou algum parente, após o relato inicial, toma conhecimento de outros fatos e circunstâncias que possam vir a colaborar com a investigação. O sigilo como regra pode vir a esvaziar o sopro espiritual colaborativo da vítima, personagem tão negligenciada no Direito Penal. No Brasil, existe a possibilidade de a vítima intervir na ação penal pública e não na investigação criminal, como reza o art. 268 do CPP: *Em todos os termos da ação pública, poderá intervir, como assistente do MP, o ofendido ou seu representante legal, ou, na falta, qualquer das pessoas mencionadas no art. 31.*

Ocorre que é na investigação que os elementos informativos são descobertos e reunidos, reservando-se, no mais das vezes, a ação penal a confrontá-los em contraditório, qualificando como provas o que antes informava o início da perseguição.

A colaboração da vítima, tão importante na seara da investigação, acaba por se restringir, não raro, ao seu depoimento na ação penal, confirmando ou não o que foi por ela narrado em momento anterior. Quando o sigilo se impõe como elementar de uma investigação criminal, há possibilidade inclusive de não se obter a colaboração de outras pessoas, vítimas ainda não conhecidas.

Em Portugal, por outro lado, a vítima passou recentemente a ter melhor tratamento jurídico. Com a Lei n.º 130/2015 (Estatuto da Vítima), foi inserido no CPP, dentre outros, o art. 67-A, 03 e 04, segundo o qual assistem à vítima os direitos de informação, assistência, proteção e participação ativa no processo penal. A vítima tem direito a colaborar com as autoridades policiais ou judiciárias competentes, prestando informações e facultando provas que se revelem necessárias à descoberta da verdade e à boa decisão da causa.

Em determinados casos, como no Brasil, quando individualizado o sujeito passivo imediato de um crime, temos a possibilidade de a vítima ou seus sucessores ingressarem com uma ação penal subsidiária da pública, caso inerte permaneça o MP, ou seja, não ofereça denúncia, não requeira diligências complementares à Polícia, ou nem proponha o arquivamento. Assim dispõe a CF/88, no seu art. 5º:

> Todos são iguais perante a lei, sem distinção de qualquer natureza, garantindo-se aos brasileiros e aos estrangeiros residentes no País a inviolabilidade do direito à vida, à liberdade, à igualdade, à segurança e à propriedade, nos termos seguintes: LIX – será admitida ação privada nos crimes de ação pública, se esta não for intentada no prazo legal.

Já o CPP do Brasil estabelece no art. 29:

> Será admitida ação privada nos crimes de ação pública, se esta não for intentada no prazo legal, cabendo ao Ministério Público aditar a queixa, repudiá-la e oferecer denúncia substitutiva, intervir em todos os termos do processo, fornecer elementos de prova, interpor recurso e, a todo tempo, no caso de negligência do querelante, retomar a ação como parte principal.

Quanto aos sucessores, reza o art. 100, § 4º, do CP brasileiro:

> Art. 100. A ação penal é pública, salvo quando a lei expressamente a declara privativa do ofendido. § 1º – A ação pública é promovida pelo Ministério Público, dependendo, quando a lei o exige, de representação do ofendido ou de requisição do Ministro da Justiça. § 2º – A ação de iniciativa privada é promovida mediante queixa do ofendido ou de quem tenha qualidade para

> representá-lo. § 3º – A ação de iniciativa privada pode intentar-se nos crimes de ação pública, se o Ministério Público não oferece denúncia no prazo legal. § 4º – No caso de morte do ofendido ou de ter sido declarado ausente por decisão judicial, o direito de oferecer queixa ou de prosseguir na ação passa ao cônjuge, ascendente, descendente ou irmão.

Em Portugal, podem constituir-se assistentes no processo penal, além das pessoas e entidades a quem leis especiais conferirem este direito, os ofendidos, considerando-se como tais os titulares dos interesses que a lei especialmente quis proteger com a incriminação, desde que maiores de 16 anos[5]. De acordo com o art. 69 do CPP português, compete em especial aos assistentes intervir no inquérito e na instrução, oferecendo provas e requerendo as diligências que se afigurarem necessárias e conhecer os despachos que sobre tais iniciativas recaírem; bem como deduzir acusação independente da do MP e, no caso de procedimento dependente de acusação particular, ainda que aquele não a deduza.

Sob o abrigo do sigilo, pode-se então negar o acesso aos autos à vítima, alegando-se a não conclusão da investigação criminal, ocultando a inércia institucional do MP ou a deste – em controle externo – combinado com o da própria Polícia, frustrando o desejo de Justiça Criminal que anima a vítima desde a conduta criminosa, bem como a possibilidade de se propor ação civil *ex delicto*, para fins de ressarcimento do dano patrimonial e de reparação ao dano moral.

No Brasil, para Nucci (2007, p. 233), *a ação civil ex delicto "trata-se de uma ação ajuizada pelo ofendido, na esfera cível, para obter indenização pelo dano causado pelo crime, quando existente.* Para Pacelli de Oliveira (2017, p. 189), cuida-se de *procedimento judicial voltado à recomposição do dano civil causado pelo crime.* Em Portugal, está previsto no art. 71 do CPP: *O pedido de indemnização civil*

5. Sobre a figura do assistente e do ofendido, vide Ac. TRC de 28-01-2010, CJ, 2010, T1, p. 48: I. A figura do assistente, embora sustentada de alguma forma no conceito de ofendido, não pode ser com este confundido. II. O conceito de ofendido, para efeitos de legitimidade para constituição como assistente, coincide com o conceito consagrado no CP para aferir da legitimidade para apresentar queixa. III. No caso do crime de fraude fiscal, o bem jurídico especialmente protegido com tal crime é a ofensa ao património ou erário público, não sendo visíveis quaisquer bens jurídicos de natureza particular que justifiquem a atribuição de legitimidade para se constituir como assistente aos denunciantes particulares.

fundado na prática de um crime é deduzido no processo penal respectivo, só o podendo ser em separado, perante o tribunal civil, nos casos previstos na lei.

Na quarta perspectiva, os demais órgãos públicos possuem também interesse na investigação criminal. Citamos, em elenco não exaustivo, as unidades de fiscalização tributária, ambiental, trabalhista, além de controladorias, conselhos de defesa econômica e unidades de corregedoria, neste último caso quando há servidores públicos envolvidos. De igual sorte, o sigilo a eles se impõe somente quando houver argumentos negativos (falta de interesse do órgão que postula, legitimidade em pedir ou possibilidade jurídica do pedido), ou se presentes critérios de ponderação que indiquem não ser, por ora, conveniente ou oportuno o compartilhamento de provas. Há de se ter, pois, motivação para tanto, não sendo razoável invocar o sigilo como argumento único e como tal isolado e sem lastro de sustentação.

Ainda nesta última perspectiva, no que pertine ao controle da sociedade sobre a investigação policial, temos um assunto de contornos vários, muitos deles em abordagem que transpõe o escopo deste trabalho. Avancemos, portanto, somente com o sigilo ou a publicidade dos resultados investigativos.

Em crimes vagos, entendidos como tais aqueles em que o sujeito passivo é a coletividade, sem personalidade jurídica, tais como os delitos relacionados a desvio de recursos públicos e corrupção, o sigilo dos resultados investigativos evita o controle social da própria atuação dos órgãos de investigação e de perseguição.

Sem pretensão de exaurir o tema, temos que a investigação deve ser considerada pública, por natureza, de maneira que o sigilo deve ser sempre motivado e não a publicidade, por regra geral. A motivação do sigilo pode ser fundada em critérios de ponderação (oportunidade), ou por argumentos relacionados à intimidade dos autores (investigação envolvendo menores por atos infracionais, auto circunstanciado com áudio sobre a vida pessoal, sem relação aos fatos investigados), ou à intimidade das vítimas (crimes contra a dignidade sexual).

Em Portugal, o CPP assim dispõe sobre o assunto no art. 86, item 7:

> A publicidade não abrange os dados relativos à reserva da vida privada que não constituam meios de prova. A autoridade judiciária especifica, por despacho, oficiosamente ou a requerimento,

> os elementos relativamente aos quais se mantém o segredo de justiça, ordenando, se for o caso disso, a sua destruição ou que sejam entregues à pessoa a quem disserem respeito.

Como ressalva Monte (2018, p. 45), em Portugal:

> É certo que o Regulamento de Processo e Prova, adotado em 09 de setembro de 2002, estabelece medidas mais específicas que visam garantir a proteção das vítimas de crimes sexuais, regas 87, com destaque para a alínea e) do n. º 02 e n. º 03, e 107 para vítimas em geral, e 88 para situações especiais, salientando-se, aqui, o n. º 2), bem como a confidencialidade de documentos ou informações quando da divulgação de dados do processo, estabelecida nos termos do Estatuto (regras 81, 82 e 107).

Assim como o sigilo não deve ser utilizado como manto não democrático, a publicidade deve ser sempre pautada pelo respeito aos investigados, evitando julgamentos antecipados pela comunicação social e pela sociedade, em homenagem à presunção de inocência. E quando sigilo motivado houver, à semelhança do que ocorre em Portugal, todos aqueles que contactem com o processo devem ficar a ele vinculados. Sobre isso, Monte (2018, p. 384) apresenta importante ressalva quanto à natureza residual do segredo que, uma vez invocado, torna-se indispensável:

> Seja como for, duas ideias nos parecem agora óbvias. Por um lado, o espaço de segredo no processo penal é atualmente residual. Mas, por ser assim, também significa que quando se verifica é porque se torna indispensável. Deveria, pois, haver uma tutela mais eficaz de sua violação.

A respeito da comunicação social, tem-se como referência o *Guide pour une Police Démocratique* (2007, p. 12) acerca do papel da mídia, na divulgação de informações que elevem o sentimento de segurança, sem comprometer as investigações policiais nem o princípio da presunção de inocência. Dispõe este Guia que a maneira mais eficaz de respeitar as exigências de transparência é informar ao público através da mídia. No entanto, é necessário desenvolver políticas para governar a natureza das informações a serem divulgadas, entre elas as que aumentem o nível de confiança do público ou ofereçam uma sensação de segurança ou fatos gerais sobre os objetivos da polícia e a sua maneira de trabalhar. As informações que não devem ser publicadas são aquelas que comprometeriam as investigações policiais, bem como as informações confidenciais indispensáveis à manutenção da ordem ou específicas para a presunção de inocência.

Como regra, o sigilo ou o segredo reforça a premissa – também equivocada – de uma investigação criminal inquisitiva, em receita amarga de uma polícia em desacordo com os mandamentos de um Estado Democrático. Somente se deve aceitar o sigilo quando funcional, justificando-se este "selo" (do latim *sigillu*) à investigação policial. Portanto, na esteira dos demais atos administrativos, temos a publicidade como princípio mandamental e o princípio do sigilo instrumental motivado pela eficiência da investigação, em prol do interesse público na perseguição penal.

4.6 EFICIÊNCIA E EFICÁCIA

Não cabe confundir eficiência com eficácia. Enquanto eficiência diz respeito aos critérios de desempenho interno, relacionados à instituição e seu servidores, na organização e execução dos serviços públicos, a eficácia se relaciona aos critérios de desempenho externo, mais precisamente à ideia de obtenção dos efeitos desejados à sociedade.

Vários doutrinadores abordam os termos "eficiência" e "eficácia" na seara administrativa e/ou policial. Como exemplo, para Meirelles (2000, p. 21):

> Dever de eficiência é o que se impõe a todo agente público de realizar suas atribuições com presteza, perfeição e rendimento funcional. É o mais moderno princípio da função administrativa, que já não se contenta em ser desempenhada apenas com legalidade, exigindo resultados positivos para o serviço público e satisfatório atendimento das necessidades da comunidade e de seus membros.

Sousa (2016, p. 441) sustenta que a *eficiência consiste em produzir o máximo com os menos custos. A eficiência consiste no grau de concretização dos objetivos traçados.* Já Skolnick (1966, p. 6) afirma que:

> The police in democratic society are required to maintain order and to do so under the rule of law. This tension between the

> operational consequences of ideas of order, efficiency, and initiative, on the one hand, and legality on the other, constitutes the principle problem of police as a democratic legal organization.

Com relação à eficiência, a atuação da polícia deve orientar-se pelos critérios de economia processual e celeridade, evitando-se a burocracia disfuncional, excessiva e injustificada, com respeito às garantias constitucionais clássicas. Segundo Sousa (2012, p. 59):

> A burocracia consiste numa forma de organização da Administração Pública (e de organizações empresariais), que se baseia na racionalidade e adequação dos meios aos fins a atingir, procurando-se a maior eficiência com a maior segurança e os menores custos. Max Weber, considerado o pai da teoria da burocracia, concebeu a burocracia como a organização que é, por excelência, eficiente e segura. Só posteriormente surgiu o conceito de burocracia como disfunção do sistema burocrático (eficiente), no sentido de uma excessiva ligação dos funcionários às normas e às rotinas, com claro prejuízo da eficiência.

Esta orientação de racionalidade e adequação dos meios não deve, porém, redundar em provas ilegítimas ou ilegais, nem significar inexigência de documentar os atos, sob pena de a investigação policial não ser transparente.

No tocante à eficácia, a atuação policial deve esclarecer, por completo, a notícia criminal, confirmando ou refutando as hipóteses de investigação, reunindo, ao final, elementos indicativos relacionados à materialidade (se presente ou não), autoria e circunstâncias, bem como aqueles que comprovem a incidência de excludentes da tipicidade, da ilicitude e da culpabilidade.

Em busca da eficácia, a polícia deve reconhecer sua incapacidade de rendimento eficiente em resposta a toda e qualquer notícia de fato ilícito. Deve haver uma análise jurídica e técnica não apenas quando da apreciação de eventual suspeição formal em face do investigado (no Brasil, utiliza-se o termo indiciamento[6]), mas sim desde a própria

6. A Lei n.º 12.830/2013 dispõe, no Brasil, sobre a investigação criminal conduzida pelo delegado de polícia. no seu art. 2º, § 6º, dispõe que o indiciamento, privativo do delegado de polícia, dar-se-á por ato fundamentado, mediante análise técnico-jurídica do facto, que deverá indicar a autoria, materialidade e suas circunstâncias.

notícia criminal recebida, a justificar a continuidade de uma investigação criminal.

Juridicamente, pela inexistência de interesse investigativo criminal, nem tudo o que viola uma norma exige resposta do Direito Penal e, por conseguinte, a atuação da polícia judiciária. Não se justifica iniciar ou continuar uma investigação para apurar fatos que reclamam resposta de outras áreas do Direito, em homenagem à última *ratio* da lei penal.

Mesmo que o fato reclame uma resposta do Direito Penal, descabe falar em atuação da polícia judiciária nos casos de prescrição, posto que já extinta a punibilidade do autor, ausente, pois, a possibilidade jurídica de imputar autoria criminal. No Brasil, temos o art. 109 do CP que regula a prescrição antes do trânsito em julgado da sentença final:

> Art. 109. A prescrição, antes de transitar em julgado a sentença final, salvo o disposto no § 1º do art. 110 deste Código, regula-se pelo máximo da pena privativa de liberdade cominada ao crime, verificando-se: I – em vinte anos, se o máximo da pena é superior a doze; II – em dezesseis anos, se o máximo da pena é superior a oito anos e não excede a doze; III – em doze anos, se o máximo da pena é superior a quatro anos e não excede a oito; IV – em oito anos, se o máximo da pena é superior a dois anos e não excede a quatro; V – em quatro anos, se o máximo da pena é igual a um ano ou, sendo superior, não excede a dois; VI – em três anos, se o máximo da pena é inferior a 1 (um) ano.

Em Portugal, temos o art. 118 do CP:

> 1 – O procedimento criminal extingue-se, por efeito de prescrição, logo que sobre a prática do crime tiverem decorrido os seguintes prazos: a) 15 anos, quando se tratar de crimes puníveis com pena de prisão cujo limite máximo for superior a 10 anos ou dos crimes previstos nos arts. 335, 372, 373, 374, 374-A, 375, n.º 1, 377, n.º 1, 379, n.º 1, 382, 383 e 384 do Código Penal, 16, 17, 18 e 19 da Lei n.º 34/87, de 16 de julho, alterada pelas Leis n.º 108/2001, de 28 de novembro, 30/2008, de 10 de julho, 41/2010, de 3 de setembro, 4/2011, de 16 de fevereiro, e 4/2013, de 14 de janeiro, 7º, 8º e 9º da Lei n.º 20/2008, de 21 de abril, e 8º, 9º, 10º e 11 da Lei n.º 50/2007, de 31 de agosto, e ainda do crime de fraude na obtenção de subsídio ou subvenção; b) Dez anos, quando se tratar

> de crimes puníveis com pena de prisão cujo limite máximo for igual ou superior a cinco anos, mas que não exceda dez anos; c) Cinco anos, quando se tratar de crimes puníveis com pena de prisão cujo limite máximo for igual ou superior a um ano, mas inferior a cinco anos; d) Dois anos, nos casos restantes.

Ainda sob o enfoque penal, a intervenção da polícia judiciária deve ser mínima, justificando-se apenas para esclarecer condutas humanas cujos resultados apresentem, por sua significância, uma tipicidade material.

Administrativamente, é necessário avaliar se os recursos humanos e materiais disponíveis se revelam suficientes para investigar com eficiência todas as notícias criminais recebidas. Eis a razão da existência de uma relação de instrumentalização recíproca e positiva entre eficiência e eficácia. Caso não sejam suficientes os recursos, ponderações se impõem entre o uso racional dos recursos versus o grau de reprovação das condutas que se pretendem investigar, combinadas com a probabilidade de se alcançar o êxito investigativo esperado, utilizando-se de critérios objetivos e transparentes, jamais ao sabor da discricionariedade, oportunizando o devido controle externo da atuação policial[7].

Sabe-se que há duas formas de não investigar um fato: por omissão propriamente dita ou por ação ineficaz. A ponderação em dar início ou continuidade à investigação criminal, pelos princípios da eficiência e eficácia, redunda em ações significativas em seletividade objetiva, com base em critérios públicos. Ferreira (2005, p. 150) defende a existência, inclusive, do princípio da mínima intervenção, sendo necessário:

> Haver comprovação da exigibilidade de atuação, adequação entre a medida policial a utilizar e o valor constitucional a salvaguardar; e uma regra de proporcionalidade entre o sacrífico resultante dos actos de execução da medida da polícia escolhida como adequada e o benefício alcançado com a actuação policial.

---

7. No Enunciado 60 do MPF do Brasil, reconhece-se a possibilidade de arquivamento de uma investigação com base na inviabilidade ou na improvável produção de prova, pelo decurso do tempo.

Para se ter então uma atuação eficaz, a polícia judiciária deve realizar uma investigação criteriosa e eficiente, com informalidade instrumental, valendo-se de todos os meios de obtenção de prova, desde que racionais, adequados, proporcionais, legais e legítimos, como esperado numa polícia inserida no Estado democrático de direito.

4.7 INFORMALIDADE INSTRUMENTAL

Quanto à informalidade de uma investigação criminal, temos ao menos duas possíveis leituras: a informalidade documental e a informalidade instrumental. A primeira diz respeito à falta de documentação dos atos, sendo necessária apenas a revelação dos resultados, dispensando-se a formalização do caminho cognitivo, o que é possível, uma vez que, na atuação policial, os fins não justificam os meios, os quais devem ser lícitos, legítimos e transparentes, como garantia ao controle externo.

A segunda leitura é a informalidade instrumental, como princípio inspirador da atuação da polícia judiciária, traduzindo-se no respeito à formalidade documental, à legalidade e à legitimidade, em grau desejado de certeza e respeito aos direitos fundamentais, porém sem o culto à forma, esta vista não como fim em si mesmo, mas como instrumento hábil para o esclarecimento de uma situação criminal indeterminada. Como afirma Di Pietro (2020, p. 512), *o processo administrativo é formal no sentido de que deve ser reduzido a escrito e conter documentado tudo o que ocorre no seu desenvolvimento; é informal no sentido de que não está sujeito a formas rígidas.*

No Brasil, como exemplo de interesse, a Lei n. º 9.784/1999 regula o processo administrativo na esfera da Administração Pública Federal e dispõe que a Administração Pública obedecerá, dentre outros, aos princípios da legalidade, finalidade, motivação, razoabilidade, proporcionalidade, moralidade, ampla defesa, contraditório, segurança jurídica, interesse público e eficiência. E, neste contexto, a Administração Pública deverá observar, nos processos administrativos, a adequação entre meios e fins, a indicação dos pressupostos de fato e de direito que determinarem a decisão; a observância das formalidades essenciais à garantia dos direitos dos administrados; e a adoção de formas simples, suficientes para propiciar adequado grau de certeza, segurança e respeito aos direitos dos administrados.

Considerando que o inquérito policial possui natureza híbrida de procedimento processual-administrativo, a Lei n.º 9.874/1999 deve servir como norma de regência, caso isto não se contraponha à norma especial processual.

Não há, na investigação criminal, um rito preordenado de diligências a determinar e comumente as provas podem ser obtidas por diversos meios. Como exceção, algumas provas são consideradas de meio vinculado. Para ilustrar, o art. 62 do CPP brasileiro: "No caso de morte do acusado, o juiz somente à vista da **certidão de óbito**, e depois de ouvido o Ministério Público, declarará extinta a punibilidade"; o art. 149: "Quando houver dúvida sobre a integridade mental do acusado, o juiz ordenará, de ofício ou a requerimento do Ministério Público, do defensor, do curador, do ascendente, descendente, irmão ou cônjuge do acusado, seja este submetido **a exame médico-legal**"; o art. 155, parágrafo único: "Somente quanto ao estado das pessoas serão **observadas as restrições estabelecidas na lei civil**" (grifos nossos).

Ocorre que a liberdade probatória não é absoluta. São inadmissíveis as provas ilícitas (extraprocedimentais), entendidas como aquelas proibidas por regras materiais, e nulas as ilegítimas (endoprocedimentais), assim consideradas aquelas realizadas em desrespeito a regras formais, quando existentes e imperativas. Conforme o art. 5º, inciso LVI, da CF/88 do Brasil: *são inadmissíveis, no processo, as provas obtidas por meios ilícitos*. O CPP brasileiro assim dispõe, em seu art. 157:

> Art.157. São inadmissíveis, devendo ser desentranhadas do processo as provas ilícitas, assim entendidas as obtidas em violação a normas constitucionais ou legais. § 1º São também inadmissíveis as provas derivadas das ilícitas, salvo quando não evidenciado o nexo de causalidade entre umas e outras, ou quando as derivadas puderem ser obtidas por uma fonte independente das primeiras. § 2º Considera-se fonte independente aquela que por si só, seguindo os trâmites típicos e de praxe, próprios da investigação ou instrução criminal, seria capaz de conduzir ao facto objeto da prova. § 3º Preclusa a decisão de desentranhamento da prova declarada inadmissível, esta será inutilizada por decisão judicial, facultado às partes acompanhar o incidente.

Na Constituição de Portugal, temos o art. 32.8: *São nulas todas as provas obtidas mediante tortura, coação, ofensa da integridade física ou moral da pessoa, abusiva intromissão na vida privada, no domicílio, na correspondência ou nas telecomunicações.* No CPP português, reza o art. 125: *São admissíveis as provas que não forem proibidas por lei.* No CPP português, no seu art. 126, termos que:

> 1 – São nulas, não podendo ser utilizadas, as provas obtidas mediante tortura, coacção ou, em geral, ofensa da integridade física ou moral das pessoas. 2 – São ofensivas da integridade física ou moral das pessoas as provas obtidas, mesmo que com consentimento delas, mediante: a) Perturbação da liberdade de vontade ou de decisão através de maus tratos, ofensas corporais, administração de meios de qualquer natureza, hipnose ou utilização de meios cruéis ou enganosos; b) Perturbação, por qualquer meio, da capacidade de memória ou de avaliação; c) Utilização da força, fora dos casos e dos limites permitidos pela lei; d) Ameaça com medida legalmente inadmissível e, bem assim, com denegação ou condicionamento da obtenção de benefício legalmente previsto; e) Promessa de vantagem legalmente inadmissível. 3 – Ressalvados os casos previstos na lei, são igualmente nulas, não podendo ser utilizadas, as provas obtidas mediante intromissão na vida privada, no domicílio, na correspondência ou nas telecomunicações sem o consentimento do respectivo titular. 4 – Se o uso dos métodos de obtenção de provas previstos neste artigo constituir crime, podem aquelas ser utilizadas com o fim exclusivo de proceder contra os agentes do mesmo.

Como exemplo de provas ilícitas, temos aquelas obtidas mediante tortura ou por interceptação telefónica sem autorização judicial ou para além do mandado autorizador. E como exemplo de prova ilegítima, temos a oitiva de pessoas que não podem depor por razões profissionais.

4.8 PRINCÍPIOS DA PROPORCIONALIDADE

Considerando o necessário respeito aos sujeitos da investigação, a atuação da polícia judiciária deve sempre ser proporcional, ponderando a todo momento o interesse público na resolução de um caso com os direitos fundamentais dos investigados, das vítimas e das testemunhas.

Em razão de sua importância, vários autores se debruçam com profundidade sobre o assunto. Sousa (2016, p. 443) apresenta a base legal e caracterização jurídica do princípio da proporcionalidade, sustentando ter este princípio *categoria constitucional, com fundamento dogmático jurídico tanto no princípio do Estado de Direito, como nos direitos fundamentais*. Para Sousa (2016, pp. 443-451), por via de regra, na atuação policial, o princípio da proporcionalidade é omnipresente e deve ser compreendido conjugando três subprincípios: aptidão, indispensabilidade e proporcionalidade em sentido estrito. Inserindo esses subprincípios no contexto da polícia judiciária, podemos dividi-los em aptidão inequívoca (idoneidade), razoabilidade necessária (exigibilidade) e ordenação indispensável (proporcionalidade em sentido estrito)[8].

Grabitz (1976, p. 570 e ss.) defende a existência de três segmentos do princípio da proporcionalidade em sentido lato (Verhältnismäßigkeit in weiteren Sinne): Geeignetheit (adequação), Erforderlichkeit (exigibilidade, indispensabilidade ou necessidade), e Proportionalität (proporcionalidade). Canotilho (2000, pp. 269-270) se posiciona pela existência do princípio da conformidade ou adequação, princípio da exigibilidade ou da necessidade, e princípio da proporcionalidade em sentido restrito. Miranda (2012, p. 308), por seu turno, refere-se aos subprincípios de necessidade, adequação e racionalidade ou proporcionalidade.

Embora a doutrina não seja uníssona nos termos utilizados, temos que o seu significado converge de algum modo, ou ao menos possui larga zona de sobreposição. No que diz respeito à aptidão, a atuação da polícia judiciária deve escolher, entre os meios eficientes, aqueles que apresentam potencialidade para alcançar um resultado esperado e que indique oportunamente, de forma inequívoca, a direção da investigação escolhida por critérios técnicos. Para Ferreira (2005, p. 150):

> Deve haver comprovação da exigibilidade de atuação, adequação entre a medida policial a utilizar e o valor constitucional a salvaguardar; e uma regra de proporcionalidade entre o sacrifício resultante dos actos de execução da medida da polícia escolhida como adequada e o benefício alcançado com a actuação policial.

Para tanto, é fundamental ter um objeto definido, num projeto de pesquisa de investigação com a definição do seu problema, indicação

8. O termo idoneidade é utilizado por Andrade (2001, pp. 296-300).

das hipóteses e estabelecimento dos objetivos. Na ausência desses elementos, a polícia judiciária se rende ao amadorismo e acaba por determinar uma série de diligências ou ainda renovar algumas que não possuem um direcionamento esclarecedor, orbitando o essencial, que se deve restrigir aos fatos investigados. A divagação tende à perambulação da investigação, em peregrinação penal face do investigado, pelo que ele é, ou foi, e não pelo que ele faz ou fez.

Após identificação dos meios idôneos e inequívocos, dentro de um plano investigativo, a polícia judiciária deve estabelecer quais dos meios são razoavelmente necessários, sem os quais não pode a investigação avançar, fadada ao fracasso por falta de provas. Eis talvez uma das maiores dificuldades da polícia judiciária: restringir-se à exigibilidade, com o discernimento do relevante. Para se apurar um fato, pode haver uma série de diligências idôneas e inequívocas, com potencialidade de ofensa de direitos do investigado. Não é proporcional determinar todas elas, em verdadeira devassa pessoal, se uma ou algumas delas já se mostram suficientes. Com razão, Winter (2010, p. 173), afirma que o princípio da proporcionalidade *actúa como un importante factor de corrección y limitación de la adopción de medidas restrictivas de derechos fundamentales*.

A razoabilidade necessária deve regrar também a ação da polícia judiciária em face das vítimas e das testemunhas. Seja em respeito à intimidade delas, entre outros direitos, seja para resguardá-las de coações e riscos para a integridade; pode ser recomendável optar por outros meios de produção de prova, declinando, parcial ou integralmente, da colaboração e do relato de pessoas vulneráveis. Seria o caso da ex-mulher que, por razões passionais, decide divulgar fatos contra o antigo companheiro, como membro de uma organização criminosa voltada para o tráfico de drogas, mas que, no decorrer da investigação, se verifica o restabelecimento da relação conjugal. A formalização de uma oitiva dela (da sua audição) como testemunha somente se revela necessária quando estejam ausentes outros meios idôneos e inequívocos.

Após identificados os meios aptos e inequívocos e estabelecidos aqueles que demonstram ser necessários e razoáveis, resta à polícia judiciária ordená-los, em escala de indispensabilidade, valendo-se, primeiramente, dos menos ofensivos, em agrupamento, por critério de privação dos direitos do investigado. Assim atuando, temos a proporcionalidade em sentido estrito, em obediência à proibição do excesso.

Citamos alguns exemplos. Em Portugal, face à Lei n.º 101/2001, as ações encobertas devem ser adequadas aos fins de prevenção e repressão criminais identificados em concreto, nomeadamente a descoberta de material probatório, e proporcionais, quer àquelas finalidades quer à gravidade do crime em investigação. No Brasil, por força da Lei n.º 9.296/1996, temos que a interceptação telefónica somente pode ser requerida pela autoridade policial no caso de ser descrita com clareza a situação objeto da investigação e se a) houver indícios razoáveis de autoria ou participação em infração penal; b) a prova não puder ser feita por outros meios disponíveis; e c) se o facto for punido com pena de reclusão. Com efeito, tal medida não deve ser utilizada como meio de obtenção de prova em todos os crimes, mas apenas naqueles em que for cominada uma pena de reclusão. Ainda assim, mesmo apenados em regime mais restritivo, somente pode haver interceptação telefónica como ultima ratio de investigação. Nesta base, o legislador brasileiro também considerou o princípio da proporcionalidade na infiltração policial. Como se extrai da Lei n.º 12.850/2013, no seu art. 10, a infiltração de agentes de polícia somente será admitida se houver indícios de infração penal praticada por uma organização criminosa e se a prova não puder ser produzida por outros meios disponíveis.

No contexto da segurança pública, os meios ativos ou passivos continuamente destinados a prevenir o dano ou o potencial perigo de dano para bens jurídicos e reprimir condutas transgressoras, se concretizada a lesão, não podem ser desproporcionais, a ponto de serem a própria causa da insegurança que procuram evitar. Entrevistado em 2006 pelo Instituto Humanitas Unisinos (IHU), Beck (2009) afirmou que a *cultura do medo vem do facto paradoxal de que as instituições feitas para controlar produzem incontrolabilidade.*

Caso a atuação seja desproporcional, há um risco alto de a própria ação policial resultar exatamente numa insegurança social, traduzindo-se numa ambiguidade reversa.

A polícia pode então procurar, em demasia, prevenir e reprimir potenciais perigos, e, por ricochete, a própria ação policial nutre o sentimento de insegurança. No posfácio da obra Animal Farm de Orwell (2007, p. 121), conclui Christopher: *aqueles que renunciam à liberdade em troca de promessas de segurança acabarão sem uma nem outra.* De fato, a prevenção da insegurança pode ser exatamente a origem dela, em retroalimentação. Identifica-se a direção do risco, mas não o sentido de onde provém.

Se os meios são inequivocamente aptos, possuem a razoabilidade necessária e respeitam uma ordenação indispensável; eles devem ser contemplados na metodologia da pesquisa de investigação.

4.9 INDISPONIBILIDADE

Ocorrendo justa causa para o início de uma investigação criminal, devidamente considerado o princípio da eficiência[9], a polícia judiciária deve impulsionar de forma ininterrupta as diligências, desempenhando obrigatoriamente as suas funções, para satisfazer o supremo interesse público de esclarecer por completo a notícia de fato delituoso.

Isto ocorre no caso dos crimes tidos como de ação penal pública de iniciativa incondicionada ou nos crimes de ação penal pública condicionada à representação e nos crimes de ação penal privada, desde que, nos dois últimos casos, tenhamos manifestação da vítima em dar início à investigação. No Brasil, conforme o art. 100, do CP, a ação penal é pública, salvo quando a lei expressamente a declara privativa do ofendido. A ação pública é promovida pelo MP, dependendo, quando a lei o exige, de representação do ofendido ou de requisição do Ministro da Justiça. A ação de iniciativa privada é promovida mediante queixa do ofendido ou de quem tenha qualidade para representá-lo. Em Portugal, como dispõe o art. 48 do CPP, o MP tem legitimidade para promover o processo penal, com as restrições constantes dos arts. 49 a 52, que tratam da legitimidade em procedimento dependente de queixa (art. 49), legitimidade em procedimento dependente de acusação particular (art. 50), homologação da desistência da queixa ou da acusação particular (art. 51) e legitimidade no caso de concurso de crimes (art. 52).

Na lição de Tourinho Filho (2013, p. 177), *os órgãos incumbidos da persecução não podem possuir poderes discricionários para apreciar a conveniência ou oportunidade da instauração do processo ou do inquérito*. Para Mirabete (2006, p. 27), este princípio tanto obriga a autoridade policial a instaurar o inquérito no Brasil, como também

9. Como dito, a ponderação da obrigatoriedade em dar início ou continuidade à investigação criminal, pelos princípios da eficiência e eficácia, redunda em ações significativas com seletividade objetiva, baseadas em critérios públicos.

serve de mandamento ao MP na promoção da ação penal. Por seu turno, Nucci (2006, p. 92) afirma que inexiste a faculdade, e sim o dever de investigar.

Importante destacar que, referindo-se à função de prevenção do perigo, Sousa (2016, p. 373) conclui que *a polícia possui uma certa discricionariedade funcional na escolha do tipo e do modo de realização das investigações, ou no estabelecimento de prioridades em caso de conflito com outras funções*. O autor considera que:

> Não há discricionariedade quanto ao 'se', uma vez que a atribuição da função de salvaguarda da ordem e segurança públicas obriga não apenas a que toda a situação de perigo seja cuidadosamente examinada para saber se há dever de intervenção, como também obriga à prevenção dos perigos que venham a ser considerados necessitados de prevenção (Sousa, 2016, p. 380).

Respeitado o princípio da eficiência, incumbe investigar os fatos em sua plenitude e todos aqueles que com eles estejam envolvidos. Não deve a autoridade policial dispor sobre a investigação e declinar, de maneira discricionária, do dever de apurar por completo as notícias criminais. Se assim proceder, atuando de maneira parcial, temos o desrespeito implícito ao princípio da indisponibilidade, de maneira objetiva (apuração parcial dos fatos) ou subjetiva (quando a omissão ocorre por não contemplar algum investigado).

5

CONDIÇÕES GERAIS DE ATUAÇÃO DA POLÍCIA JUDICIÁRIA EM GERAL

Além dos princípios, existem condições gerais a serem obedecidas na atuação da polícia judiciária, quando do exercício do direito e cumprimento do dever de se valer dos meios ativos ou passivos continuamente destinados a prevenir o dano ou o potencial perigo de dano e reprimir condutas transgressoras, se concretizada a lesão, com vista a proteger e preservá-los, contribuindo para a ordem pública na salvaguarda das instituições democráticas, do regular exercício dos direitos, liberdades e garantias fundamentais dos cidadãos.

5.1 LEGITIMIDADE

A legitimidade ativa de um órgão investigativo possui reserva legal, reclamando um ordenamento preciso a evitar um conflito negativo ou positivo de atribuições. Em Portugal, tem-se o art. 3º, item 3, da Lei n.º 049/2008: *a atribuição de competência reservada a um órgão de polícia criminal depende de previsão legal expressa.* No Brasil, a CF/88 assim estabelece no art. 144 sobre os órgãos policiais, destacando-se as PFs, como polícia judiciária da União, e as polícias civis, como polícias judiciárias dos Estados:

> A segurança pública, dever do Estado, direito e responsabilidade de todos, é exercida para a preservação da ordem pública e da incolumidade das pessoas e do patrimônio, através dos seguintes órgãos: I – polícia federal; II – polícia rodoviária federal; III – polícia ferroviária federal; IV – polícias civis; V – polícias militares e corpos de bombeiros militares. § 1º A polícia federal,

> instituída por lei como órgão permanente, organizado e mantido pela União e estruturado em carreira, destina-se a: I – apurar infrações penais contra a ordem política e social ou em detrimento de bens, serviços e interesses da União ou de suas entidades autárquicas e empresas públicas, assim como outras infrações cuja prática tenha repercussão interestadual ou internacional e exija repressão uniforme, segundo se dispuser em lei; II – prevenir e reprimir o tráfico ilícito de entorpecentes e drogas afins, o contrabando e o descaminho, sem prejuízo da ação fazendária e de outros órgãos públicos nas respectivas áreas de competência; III – exercer as funções de polícia marítima, aeroportuária e de fronteiras; IV – exercer, com exclusividade, as funções de polícia judiciária da União. § 2º A polícia rodoviária federal, órgão permanente, organizado e mantido pela União e estruturado em carreira, destina-se, na forma da lei, ao patrulhamento ostensivo das rodovias federais. § 3º A polícia ferroviária federal, órgão permanente, organizado e mantido pela União e estruturado em carreira, destina-se, na forma da lei, ao patrulhamento ostensivo das ferrovias federais. § 4º Às polícias civis, dirigidas por delegados de polícia de carreira, incumbem, ressalvada a competência da União, as funções de polícia judiciária e a apuração de infrações penais, exceto as militares. § 5º Às polícias militares cabem a polícia ostensiva e a preservação da ordem pública; aos corpos de bombeiros militares, além das atribuições definidas em lei, incumbe a execução de atividades de defesa civil. § 6º As polícias militares e corpos de bombeiros militares, forças auxiliares e reserva do Exército subordinam-se, juntamente com as polícias civis, aos Governadores dos Estados, do Distrito Federal e dos Territórios. § 7º A lei disciplinará a organização e o funcionamento dos órgãos responsáveis pela segurança pública, de maneira a garantir a eficiência de suas atividades.

Se de um polo, temos a necessidade de atribuições claras a legitimar a atuação de determinado órgão policial em qualquer cenário de ameaça, risco ou ofensa criminal, do outro é imperioso evitar zona de sobreposições, o que vai de encontro, no enfoque formal, ao princípio administrativo da eficiência da investigação criminal e expõe a risco direitos fundamentais do investigado, ao sujeitá-lo a se defender de um duplo flanco em ação difusa do Estado, como tal ilegítima.

Deve-se ter, pois, uma vedação da dupla perseguição penal, a reger o processo penal por inteiro e não apenas em retalhos, a contemplar a investigação policial. Se assim não for, na perspectiva do investigado, em questões de ordem prática, temos a possibilidade de sujeição a duas medidas de constrição do direito de intimidade, sendo possível no seu desfavor a representação de duas medidas de busca e apreensão domiciliar, com identidade de fundamentos e convergência de objetivos, porém no interesse de investigações paralelas.

Ainda na legitimidade ativa, em colaboração à investigação oficial, temos a possibilidade da contribuição da vítima, das testemunhas e do próprio investigado, a quem é facultado, com ressalvas, valer-se também da própria polícia judiciária. No caso do investigado, mesmo que alguns entendam por se utilizar da expressão investigação defensiva, optamos por colaboração defensiva, pois a legitimidade ativa é de responsabilidade apenas do Estado Democrático, nada impedindo, porém, que o próprio investigado venha a auxiliar com os esclarecimentos dos fatos[1].

Azevedo e Baldan (2004, p. 06) entendem por investigação defensiva ou colaboração defensiva:

> O complexo de atividades de natureza investigatória desenvolvido, em qualquer fase da persecução criminal, inclusive na antejudicial, pelo defensor, com ou sem assistência de consulente técnico e/ou investigador privado autorizado, tendente à coleta de elementos objetivos, subjetivos e documentais de convicção, no escopo de construção de acervo probatório lícito que, no gozo da parcialidade constitucional deferida, empregará para pleno exercício da ampla defesa do imputado em contraponto à investigação ou acusação oficiais.

1. A colaboração defensiva foi reconhecida pela Diretiva 2014/41/UE do Parlamento Europeu, relativa à decisão europeia de investigação em matéria penal: 1. A decisão europeia de investigação (DEI) é uma decisão judicial emitida ou validada por uma autoridade judiciária de um Estado-Membro (Estado de emissão) para que sejam executadas noutro Estado-Membro (Estado de execução) uma ou várias medidas de investigação específicas, tendo em vista a obtenção de elementos de prova em conformidade com a presente diretiva. Também pode ser emitida uma DEI para obter elementos de prova que já estejam na posse das autoridades competentes do Estado de execução. 2. Os Estados-Membros executam uma DEI com base no princípio do reconhecimento mútuo e nos termos da presente diretiva. 3. **A emissão de uma DEI pode ser requerida por um suspeito ou por um arguido, ou por um advogado no seu nome, no quadro dos direitos da defesa aplicáveis nos termos do processo penal nacional** (grifos nossos).

A colaboração defensiva possui restrições constitucionais e legais[2], algumas superáveis apenas por meio do auxílio da própria polícia judiciária, que, se isenta, poderá encampar os requerimentos apresentados pelo investigado ou pela vítima e representar por medidas com reservas de Jurisdição.

A legitimidade passiva da investigação recai num investigado ou num grupo de investigados, seja em crimes plurissubjetivos (de concurso necessário como os delitos de associação criminosa), seja em crimes monossubjetivos (de concurso eventual), neste último caso desde que haja pluraridade de condutas, relevância causal de cada uma, ligação subjetivo entre os agentes e, por regra, identidade de infração para todos participantes. Os investigados são sujeitos de direito na investigação e devem assim ser considerados não pelo que são, pelo que foram ou em razão de presunção futura, e sim pelo que fizeram, ou pelo que estão a fazer ou ainda por atos preparatórios com relevância penal futura.

5.2 INTERESSE DE AGIR

Na investigação policial, temos de respeitar o trinómio necessidade, utilidade e adequação. A atuação, neste caso, reclama a expectativa de um resultado útil. Neste sentido, valendo-se da Teoria Geral do Processo, Cintra, Grinover e Dinamarco (1999, p. 257) afirmam: *embora o Estado tenha interesse no exercício da jurisdição, não lhe convém acionar o aparato judiciário sem que dessa atividade se possa extrair algum resultado útil.* Já Liebman (1985, pp. 155-156) afirma que:

> O interesse de agir é representado pela relação entre a situação antijurídica denunciada e o provimento que se pede para debelá-la mediante a aplicação do direito; devesse esta relação consistir na utilidade do provimento, como meio para proporcionar ao interesse lesado a proteção concedida pelo direito.

Como já defendido, a investigação criminal somente se mostra necessária quando os fatos não tenham resposta satisfatória por outras áreas do Direito, em homenagem à ultima *ratio* da lei penal. E somente

2. Como exemplo, ainda que em colaboração defensiva, não há como advogados representarem por medidas cautelares em face de outros investigados.

há utilidade da investigação criminal quando presentes elementos mínimos que possibilitem o esclarecimento dos fatos. Lemieux (2006, p. 31), ao estudar o modelo canadense de polícia e de investigação criminal, afirma que:

> Para dar entrada ou seguimento a um inquérito, os investigadores recorrem a uma tabela de filtragem que permite determinar se os elementos que já constam no processo (vítima, testemunhos, pistas etc.) respondem às condições de motivos racionais e de oportunidade de sucesso do inquérito.

O início ou o desenvolvimento de uma investigação policial apenas se justifica quando presente também mínimo lastro fático probatório legitimidador. Com efeito, tem sua base ainda na potencial comprovação dos fatos, com a análise da presença ou ausência completa de elementos que indiquem com razoabilidade uma conduta humana (consciente, voluntária e dirigida a uma finalidade), o nexo causal e o resultado.

A depender da análise fática, a ausência de interesse em agir também ocorre por ausência inequívoca de elementos de fato a materializar o resultado de uma conduta, antes mesmo da análise da tipicidade, esta própria da possibilidade jurídica de agir.

No Enunciado 60 do MPF do Brasil, reconhece-se a possibilidade de arquivamento de uma investigação com base na inviabilidade ou na improvável produção de prova, pelo decurso do tempo. Assim dispõe o Enunciado:

> É cabível o arquivamento de procedimento investigatório referente ao crime de moeda falsa quando a quantidade e o valor das cédulas, o modo que estavam guardadas pelo agente, o modo de introdução ou a tentativa de introdução em circulação, o comportamento do agente ou as demais circunstâncias indicarem ausência de conhecimento da falsidade ou de dolo do agente e sendo inviável ou improvável a produção de prova em sentido contrário, inclusive pelo decurso do tempo.

No Brasil, no que se refere à adequação, como dispõe o art. 26 do CPP, a perseguição penal em face de crimes cuja pena máxima seja maior que 02 anos se inicia ou por auto de prisão em flagrante ou por meio de portaria expedida pela autoridade policial. Para além desses casos, a portaria se revela a peça inaugural adequada para o inquérito policial. Quando se trata de inquérito instaurado pela PF, como polícia judiciária da União, a portaria de instauração deverá conter: datas do fato, da sua comunicação e da instauração do procedimento; resumo dos fatos; valor de suposto prejuízo ao erário, quando conhecido; probabilidade de autoria; tipificação penal; determinação das diligências de investigaçãos iniciais; e identificação e assinatura do presidente do feito.

Por esta razão, usualmente, carece de adequação o procedimento que se inicia por portaria nos casos de prisão em flagrante. A perseguição penal em face de infrações penais de menor potencial ofensivo (cuja pena máxima seja igual ou menor que 02 anos) se inicia, como regra, por um simples termo circunstanciado e não por um inquérito, conforme art. 61 da Lei n.º 9.099/1995: *Consideram-se infrações penais de menor potencial ofensivo, para os efeitos desta Lei, as contravenções penais e os crimes a que a lei comine pena máxima não superior a 2 (dois) anos, cumulada ou não com multa.*

Neste caso, ao autor do fato que for imediatamente encaminhado ao juizado ou assumir o compromisso de a ele comparecer, não se imporá prisão em flagrante, nem se exigirá fiança, conforme art. 69, parágrafo único, da Lei n.º 9.099/1995, *in verbis*:

> Art. 69. A autoridade policial que tomar conhecimento da ocorrência lavrará termo circunstanciado e o encaminhará imediatamente ao Juizado, com o autor do facto e a vítima, providenciando-se as requisições dos exames periciais necessários. Parágrafo único. Ao autor do facto que, após a lavratura do termo, for imediatamente encaminhado ao juizado ou assumir o compromisso de a ele comparecer, não se imporá prisão em flagrante, nem se exigirá fiança. Em caso de violência doméstica, o juiz poderá determinar, como medida de cautela, seu afastamento do lar, domicílio ou local de convivência com a vítima.

A apuração de Ato Infracional atribuído a adolescente segue, de outro modo, o regramento da Lei n.º 8.069/1990. Em caso de flagrante de ato infracional cometido mediante violência ou grave ameaça à pessoa, à autoridade policial deverá lavrar auto de apreensão, ouvidos as testemunhas e o adolescente; apreender o produto e os instrumentos da infração; requisitar os exames ou perícias necessários à comprovação da materialidade e autoria da infração. Nas demais hipóteses de flagrante, a lavratura do auto poderá ser substituída por boletim de ocorrência circunstanciada.

Em Portugal, no estado flagrancial, temos a hipótese de lavratura de auto de detenção. Quando não há flagrante, temos o auto de notícia, lavrado sempre que uma autoridade judiciária, um órgão de polícia criminal ou outra entidade policial presenciarem qualquer crime de denúncia obrigatória. Deve o auto de notícia conter referência aos fatos que constituem o crime; o dia, a hora, o local e as circunstâncias em que o crime foi cometido; e tudo o que puderem averiguar acerca da identificação dos agentes e dos ofendidos, bem como os meios de prova conhecidos, nomeadamente as testemunhas que puderem depor sobre os fatos. O auto de notícia é assinado pela entidade que o levantou e pela que o mandou levantar e é obrigatoriamente remetido ao MP no mais curto prazo, que não pode exceder 10 dias, e vale como denúncia.

5.3 POSSIBILIDADE JURÍDICA DE AGIR

Mesmo que o fato reclame uma resposta do Direito penal, nem sempre há possibilidade jurídica de iniciar uma investigação policial. Isso ocorre, como já explanado, nos casos de prescrição, por já extinta a punibilidade do autor, ausente pois uma condição de agir e imputar autoria criminal. Caso a investigação tenha se iniciado, e no seu transcurso incida o prazo prescricional, o seu não encerramento pode configurar constrangimento ilegal aos investigados.

A impossibilidade jurídica de agir pode restar demonstrada não apenas pelas causas de extinção da punibilidade, mas também pela manifesta atipicidade da conduta. Não há respaldo jurídico para uma investigação quando ausente ao menos um fato típico a apurar.

Ainda sobre o tema, a possibilidade jurídica de agir deve ser analisada durante os sucessivos impulsos investigatórios, uma vez que determinados meios de obtenção de prova somente se revelam possíveis juridicamente se preenchidos determinados requisitos e presentes determinadas circunstâncias. A observância da (im)possibilidade jurídica de agir se revela como pilar do respeito ao princípio da legalidade, impondo à Polícia que verifique, a cada ação pretendida, se não há vedação no ordenamento jurídico.

6

CONFIGURAÇÃO POLICIAL

Em cada país, as atividades de ordenação, prevenção e repressão são realizadas por diferentes corpos policiais, com funções e competências distintas, em constantes transformações de modelos organizacionais, contemplando os diversos conceitos: polícia administrativa, forças de segurança e polícia judiciária. Relevante destacar, aqui, as palavras de Sousa (2016, p. 254) sobre a heterogeneidade da organização policial na Europa:

> Em termos gerais, a organização policial na Europa ocidental apresenta uma grande variedade de sistemas, o que se explica não só pela tradição histórica (por exemplo, no que respeita ao papel dos militares na segurança interna), como também devido a outros fatores, como o índice de criminalidade, o número de habitantes e os diferentes hábitos sociais de participação democrática. Fora da União Europeia as forças de segurança estão muitas vezes organizadas de forma diferente, considerando as necessidades de adaptação às respectivas realidades.

O modelo de configuração ou sistema policial pode ser centralizado ou descentralizado, ou pode haver uma combinação de ambos. O primeiro, por regra, possui fortes traços nacionais de concentração administrativa, em relações de hierarquia com braços regionais e locais. Nesta organização administrativa vertical, as unidades centrais são responsáveis por dirigir, planejar, coordenar, controlar e avaliar as atividades promovidas pelas demais unidades.

O segundo modelo, por sua vez, prevê uma descentralização territorial, na qual, conforme Di Pietro (2018, p. 538), *uma entidade local, geograficamente delimitada, é dotada de personalidade jurídica própria, de direito público, com capacidade administrativa genérica*. O ente descentralizado possui, por conseguinte, personalidade jurídica de direito público própria e capacidade de autoadministração numa delimitação geográfica. Já Sousa (2016, p. 255) assim descreve o segundo modelo:

> Caracteriza-se pelo seu elevado grau de descentralização e de envolvimento das comunidades locais, bem como pelo seu caráter marcadamente civil. Caracteriza-se ainda pela existência de um âmbito territorial limitado e frequentemente complexo, devido à existência de múltiplos serviços policiais orientados por critérios nem sempre uniformes em matéria de organização interna, de funcionamento e de função.

No estudo da perspectiva angloamericana sobre a polícia, Vogler (2003, p. 18) explica, em outras palavras, as características do segundo modelo e, em seguida, procura contextualizá-lo por razões históricas, com sua fragmentação local:

> La primera característica es la fragmentación organizativa e independencia, sujeta sólo al control ejercido por las agencias políticas locales. Segundo, no hay diferenciación entre las funciones de los oficiales de policía entre prevención y represión; todos los oficiales disfrutan una autoridad original más que la autoridad delegada por una autoridad judicial o gubernamental. Tercero, la principal forma de control es a través de los tribunales más que a través de una jerarquía profesional. (...) Los países anglosajones desarrollaron fuerzas de policía relativamente tarde y, por razones políticas relacionadas con las revoluciones inglesa y americana, nunca permitieron el control nacional estatal de la policía, pero insistieron en la fragmentación local de fuerzas, en una total negación de la organización militar y en la independencia profesional de la policía de influencia política.

No segundo e terceiros modelos (este último um combinado), o grau de descentralização exige clareza nas atribuições, sob pena de haver conflitos positivos ou negativos de atuação.

Citamos a Espanha e o Chile. Ao estudar o sistema de polícia espanhola, caracterizada por António Francisco de Sousa como "misto", Brunet (2006, p. 90) sustenta que a divisão de funções entre o Corpo Nacional de Polícia e a Guarda Civil é imprecisa, com aspectos nunca respeitados (nem territorial, nem funcionalmente), implicando uma luta de poder mal dissimulada entre os corpos.

No Chile, dias sim dias não, tem-se uma confusão de atribuições entre os Carabineros (militar preventiva) e a Polícia de Investigações (civil repressiva), a ponto de ambos os corpos policiais acabarem atuando na investigação de um mesmo fato. Uribe (2003, p. 172) alerta, inclusive, sobre a possibilidade de produção de relatórios contraditórios por parte de diferentes órgãos policiais sobre a investigação de um mesmo incidente.

Leciona Sousa (2016, pp. 255-256) que, na Europa, existem os três sistemas de polícia: o primeiro amplamente centralizado e tendencialmente fechado (Portugal, França e Itália), o segundo marcadamente autônomo e aberto à sociedade civil (Suécia e Inglaterra) e o terceiro que combina aspectos dos demais (Noruega, Finlândia, Dinamarca, Holanda, Bélgica e Espanha).

Tal concepção pode ser alargada para os países da América, cujos corpos policiais não muito distoam, em configuração, dos demais modelos além-mar. Sobre a América do Norte, Vogler (2003, p. 27), ao estudar a configuração policial dos Estados Unidos, destaca sua semelhança com o modelo inglês, afirmando que sua fragmentação é um legado do modelo colonial britânico.

Mesmo guardando proximidade com a referência europeia considerada de excelência – complementa Vogler – logo se percebeu a necessidade de readequar a configuração com as especificidades locais, especialmente em razão do surgimento de grandes cidades, destacando uma mudança organizacional posterior, com ênfase no Federal Bureau of Investigation (FBI), a despeito dos argumentos contra a federalização. Neste sentido, Vogler (2003, p. 31) afirma:

> El rápido crecimiento de grandes ciudades como Nueva York y Boston reveló la debilidad de este sistema informal. La versión americana contra la autoridad central seguró que las fuerzas de la nueva ciudad difirieran del modelo londinense en ser altamente descentralizadas, desconectadas de la Autoridad Federal y sin reinvidicación del estado profesional. El nivel federal de la policía es mejor ejemplificado por el Federal Bureau of Investigation o FBI. Esta fuerza fue fundada en 1908 y ahora comprende aproximadamente el 10% de todos los oficiales de policía de Estados Unidos y ejerce una influencia sobre la policía en casi todas las áreas.

No México, temos uma configuração descentralizada, como dispõe o art. 21 da Constituição Política dos Estados Unidos Mexicanos:

> Art. 21. "La seguridad pública es una función a cargo de la Federación, el Distrito Federal, los Estados y los Municipios, en las respectivas competencias que esta Constitución señala. [...] La Federación, el Distrito Federal, los Estados y los Municipios se coordinarán, según los términos que la ley señale, para establecer un sistema nacional de seguridad pública.

García (2004, pp.14-19) relata que, no México, no início da década passada, existiam 350.000 oficiais de polícia, divididos em aproximadamente 300 corporações distintas, ou como polícias preventivas, ou como polícias de investigação.

Na América do Sul, Córdoba e Pastor (2003, pp. 43-49), ao citarem o modelo de configuração da Argentina, afirmam que cada província possui sua polícia, sendo a Argentina um Estado Federal. Acrescentam ainda, em quase todas as províncias, as atribuições próprias de forças de segurança e de polícia judiciária se confundem num mesmo corpo de funcionário.

Dorado (2003, pp. 79-116) explica o modelo de polícia na Bolívia, onde existe apenas um corpo policial, porém organizado em diferentes funções, contemplando a prevenção e a repressão, nos termos da Lei Orgânica da Polícia Nacional. Existe a polícia de investigação criminal (designada Polícia Técnica Judiciária) cujo trabalho se centra na identificação dos responsáveis, reunião e guarda das provas; e a polícia operacional com funções preventivas e de manutenção da segurança interna.

No Chile, além da Gendarmería, há dois corpos policiais, cujos dirigentes são nomeados pelo Presidente da República: os Carabineiros, que se separaram do Exército em 1927, preservando ainda fortes traços de hierarquia militar como força de segurança com atribuição preventiva, e a Polícia de Investigações do Chile, como polícia judiciária, conforme o art. 74 da Lei n.º 1853/2013 (CPP chileno):

> La Policía de Investigaciones de Chile deberá cumplir en sus respectivos territorios jurisdiccionales las órdenes y resoluciones emanadas de los Tribunales de Justicia y también fuera de ellos, cuando éstos así lo dispongan. Carabineros de Chile, deberá desempeñar las funciones indicadas precedentemente en aquellos lugares en que no exista Policía de Investigaciones y, aun existiendo, cuando el tribunal así lo resuelva. Gendarmería de Chile deberá cumplir las órdenes y resoluciones de los Tribunales de

> Justicia respecto de los delitos cometidos en el interior de los establecimientos penales, sin perjuicio de que el Tribunal pueda encomendar su cumplimiento a Carabineros de Chile o a la Policía de Investigaciones. El personal de las instituciones indicadas, cuando cumpla órdenes o resoluciones judiciales, actuará de conformidad a lo dispuesto en este Código.

No Peru, existe a Polícia Nacional, como resultado da integração das três forças policiais antes existentes (Guardia Civil, Policía de Investigaciones y Guardia Republicana), reunindo as atribuições de prevenção e de polícia judiciária, conforme reza o art. 166 da Constituição Política do Peru:

> La Policía Nacional tiene por finalidad fundamental garantizar, mantener y restablecer el orden interno. Presta protección y ayuda a las personas y a la comunidad. Garantiza el cumplimiento de las leyes y la seguridad del patrimonio público y del privado. Previene, investiga y combate la delincuencia. Vigila y controla las fronteras.

Castro (2003) destaca o modelo de organização fortemente militarizado e hierarquizado na polícia peruana, na prevenção e investigação de crimes e contravenções. Nos registros do autor:

> Hoy en día es posible detectar la diferenciación de funciones de seguridad y represión, a partir de la estructura orgánica de la Policía. Si se toma en cuenta las Direcciones Especializadas, las funciones de seguridad están distribuidas en las Direcciones de Defensa Nacional y Control de Fronteras, Operaciones Especiales, Policía de Carreteras, Seguridad Vial y Turismo y Ecología. Las funciones propiamente de represión del delito están concentradas en las Direcciones de Policía del Ministerio Público, Judicial, Antidrogas, Terrorismo e Investigación Criminal (Castro, 2003, p. 476).

Na Venezuela, com base no art. 332 da Constitución de la República Bolivariana de Venezuela e no art. 23 da *Ley Orgánica de Seguridad de la Nación*, além do corpo de bombeiros e de uma organização de proteção civil, existe um corpo uniformizado de polícia nacional, um corpo de investigações científicas, penais e criminalísticas, que devem trabalham em conjunto para a garantia da preservação da ordem interna.

Sobre as atividades de prevenção e de repressão na Venezuela, Gabaldón (1987, p. 116) compreende a atividade policial como parte da administração do Estado, concebida como uma força organizada para a manutenção da ordem pública por meio da vigilância (aspecto preventivo) e apreensão de infratores para fins de aplicação de uma sanção (aspecto repressivo).

Cotejando as informações sobre as diversas configurações policiais dos países latino-americanos, Malarino (2003, pp. 576-614) apresenta um panorama geral, iniciando pela divisão funcional bipartida, como regra, entre as funções preventivas e as de repressão de investigação, ressalvando não serem claras as atribuições dos corpos policiais, já que alguns acabam por assumir atividades que, por norma, seriam de outros.

As configurações retratam – ou deveriam retratar – as necessidades de manutenção de ordem e segurança pública de determinados países. Há uma tendência de configuração policial militarizada quando o panorama reclama componentes para a imposição da paz (*peace-enforcement*) e não apenas para a sua construção (*peace-building*) e manutenção (*peace-keeping*).

Em verdade, inexiste uma solução ideal e padronizada para todas as realidades. Nem em configuração, nem em número de organizações policiais num país. Um único corpo policial nacional pode resultar na falta de especialização necessária tanto ao policiamento ostensivo de prevenção quanto à atividade de polícia judiciária. A prevenção – como tradicionalmente compreendida – reclama formação e capacitação de servidores para fins operacionais, enquanto a repressão – como percebida atualmente – exige ensino diferenciado, tangenciando o operacional, mas concentrado em aspectos técnicos e jurídicos da investigação criminal.

Além dos recursos humanos, na prevenção e repressão, a estrutura e gestão dos recursos materiais também distoam, face às peculiariedades de cada atuação. Na prevenção, por regra, as vestes, as viaturas e os equipamentos são próprios para conter o combate e a resistência aos comandos policiais. Na atividade de polícia judiciária, ao revés, a disposição comum é a não ostensividade.

A pluralidade de corpos policiais, de outra parte, pode gerar na prática uma confusão de atribuições, mesmo que normativamente claras, o que não é recomendado, ainda que positivo o conflito, por economia dos meios e pela probabilidade de insegurança na formação de uma *opinio delicti*, entre outras razões. Há risco de colisões, duplicidades e sobreposições em ações policiais concretas.

Para Malarino (2003, pp. 576-614), esta confusão de atribuições entre os corpos policiais se acentua especialmente nos países organizados na forma de Estado federal, onde há possibilidade de legislação própria em diferentes circunscrições políticas, ou quando distintos corpos policiais estão sujeitos aos mais variados órgãos políticos, como Ministério do Interior, Ministério da Justiça ou até Ministério da Segurança Pública.

Analisando as diversas configurações, impõe-nos ressalvar que o êxito em determinado país não se traduz em selo de exportação aos demais. Cada qual possui peculiariedades históricas, sociais, econômicas, culturais e políticas que exigem uma busca sóbria e individualizada de uma adequada configuração policial. São estas as peculiariedades a serem consideradas e não necessariamente a análise dos índices de criminalidade, por se tratar de critério de valoração que pode levar a conclusões precipitadas sobre a configuração policial de determinado país.

No campo da prevenção, difícil se revela, inclusive, quantificar o "não ocorrido", ou valendo-se de expressão do professor Fontes (2011, p. 26), as "vitórias silenciosas". A prevenção nem sempre é demonstrada pela matemática simples de subtração entre dados a maior e a menor em diferentes períodos, mesmo que numa mesma região de estudo. No campo da repressão, sabe-se que a atuação policial resulta da falência do Estado em diversos campos de atuação social. No dizer de Outrive (1998, p. 345), *a sociedade tem a polícia que merece.*

Atribuir, pois, a elevada criminalidade à ineficiência de uma determinada configuração policial é tratar o assunto de maneira reducionista e sem respaldo acadêmico. A conclusão pode ser exatamente a oposta. A atuação em configuração policial de determinados países em desenvolvimento pode revelar-se mais produtiva do que nos países desenvolvidos, em resposta ao campo de tensão criminal constantemente elevado. Como assevera Malarino (2003, p. 580), *en este marco, los reclamos sociales por mayor seguridad se traducen en respuestas demagógicas que, obviando las causas reales, intentan resolver el problema mediante el otorgamiento a la policía de mayores posibilidades de intervención en el confronte con el ciudadado.*

Para Saraiva (2006, p. 48), *quanto maior a desordem, maior será a intervenção policial. Ou seja, a intervenção retrata mais a sociedade do que a própria polícia. É a deficiência da sociedade que acaba por reclamar o posicionamento de maior enfrentamento.*

O modelo policial pode – e deve – ser dinâmico, desde que seja compreendido como corrigível e ajustável diante da evolução ou involução da criminalidade e dos mais variados aspectos e percepções em cada país.

Pode ser ainda amplamente centralizado e tendencialmente fechado ou marcadamente autônomo e aberto à sociedade civil ou uma simbiose, como descrito, com as dificuldades próprias a cada configuração. Propor uma configuração modelar, ainda que próxima à ideal, é iniciar uma pesquisa de desconhecida amplitude sem saber se há possibilidade de encerrá-la com êxito, em risco de eutanásia do conhecimento ainda em sua produção. Para Clemente (2005, p. 370), *nunca há uma polícia singular, apenas a singularidade da ideia de polícia: a polícia é plural na aldeia global.*

Com efeito, para além da configuração, mais importante é pesquisar com rigor um novo padrão de agir, como propõe este estudo, em rebeldia intelectual necessária ao que, nesta segunda parte da obra, é assinalado como tradicionalmente compreendido.

7

DA NECESSÁRIA RELEITURA DA ATUAÇÃO POLICIAL

Diante da evolução das organizações criminosas, em perspectivas que as distinguem da criminalidade comum, dentro de um fundamento estrutural próprio, percebeu-se o perigo e o risco da criminalidade contemporânea e a deficiente atuação tradicional da polícia, nomeadamente na prevenção e na repressão, independentemente da configuração adotada. Na percepção de Alves (2010, p. 109), verificou-se *um fortalecimento das organizações criminosas e a deficiência da atuação tradicional da polícia*. Novos métodos tornaram-se necessários não apenas para a eficácia, como também para a eficiência policial.

Em resposta, foram realizados esforços internacionais, embora tardiamente, pela necessidade de centralizar a atuação na prevenção, como melhor caminho para a eficácia policial. As ações de repressão não se revelaram suficientes para deter a escalada transnacional do crime organizado, mesmo com todas as investidas policiais, em diferentes configurações, e nas mais diversas formas de ação.

Não por outra razão, em 1992, o Tratado da UE (Tratado de *Maastricht*) considerou como questão de interesse comum a cooperação policial com vista à prevenção de formas graves de criminalidade internacional, não confinando a política criminal no seu aspecto repressivo.

No ano de 1999, no Conselho Europeu de Tampere, sobressaiu o apelo à prevenção criminal, com o desenvolvimento de programas nacionais e intercâmbio de melhores práticas, a gerar e avigorar uma rede cooperativa de autoridades nacionais para atuação neste domínio.

A Decisão do Conselho 2002/187/JAI, de 28 de Fevereiro de 2002, tratou da criação da unidade (Eurojust) composta por procuradores, magistrados ou oficiais de polícia com prerrogativas equivalentes, a fim de reforçar a luta contra as formas graves de criminalidade, reconhecendo a necessidade de melhorar ainda mais a cooperação judiciária entre os Estados-Membros, nomeadamente na luta contra as modalidades graves de criminalidade frequentemente praticadas por organizações transnacionais.

Já na Decisão do Conselho 2009/902/JAI, de 30 de novembro de 2009, formou-se uma nova Rede Europeia de Prevenção da Criminalidade (REPD), revogando a Decisão 2001/427/JAI, com o objetivo de contribuir para o desenvolvimento de diferentes aspectos da prevenção da criminalidade ao nível da União, levando em conta a estratégia da UE para a prevenção da criminalidade, e com o objetivo de apoiar as ações de prevenção da criminalidade nos planos nacional e local. Considerou-se que a prevenção da criminalidade abrange todas as medidas destinadas a reduzir ou a concorrer para a redução da criminalidade e da insegurança dos cidadãos, tanto quantitativa como qualitativamente, quer através de medidas diretas de dissuasão de atividades criminosas, quer através de políticas e ações destinadas a reduzir os fatores potenciadores das causas da criminalidade.

Em relatório do Ministério da Justiça de Portugal, produzido em 2010 após a Conferência de Alto Nível sobre a Prevenção da Criminalidade, em Lisboa, percebeu-se a necessidade de uma política preventiva mais abrangente, com a integração dos aspectos preventivos nas ações de combate à criminalidade, com uma atuação para além da repressão, reconhecendo, inclusive, a melhor relação custo-resultado na prevenção criminal.

Ainda nos termos do relatório do Ministério da Justiça de Portugal (2010, p.105), observou-se a necessidade de serem criadas condições para a acumulação metódica e sistemática de informação sobre conhecimentos e boas práticas de prevenção e para a sua troca e difusão eficientes.

Quanto à cooperação dos países da UE, assim constou do documento:

> Deve ser criada uma rede, ao nível da União Europeia, para desenvolver a cooperação em matéria de prevenção. (...) A rede deverá funcionar como ponto de contacto da cooperação entre os Estados-Membros; assegurar a ligação às organizações nacionais de prevenção; promover a troca e disseminação de melhores práticas

> e a organização de encontros e seminários; encontrar critérios e métodos de avaliação que permitam eleger as melhores práticas: identificar tendências de criminalidade e novas prioridades de prevenção; promover e divulgar resultados de projectos, estudos e investigações sobre prevenção; e fomentar ligações entre profissionais, acadêmicos e centros europeus de prevenção. Neste contexto, o tratamento dos dados, nomeadamente estatísticos, relativos à criminalidade, deve permitir igualmente uma análise comparativa deste fenômeno (Relatório do Ministério da Justiça de Portugal, 2010, p. 221).

Em conclusões programáticas, com a finalidade de avaliar medidas e iniciativas de prevenção, este relatório reservou-se a indicar, no ano de 2010, a necessidade de se criarem condições para a acumulação metódica e sistemática de informação sobre conhecimentos e boas práticas de prevenção e para a sua troca e difusão eficientes (Relatório do Ministério da Justiça de Portugal, 2010, p. 105).

O esforço na prevenção à criminalidade é contínuo. Temos o *United Nations Drugs and Crime Office*, que se destina a apoiar Estados-Membros a cumprir os compromissos assumidos. Conforme a Declaração de Doha, aprovada no Décimo Terceiro Congresso das Nações Unidas sobre Crime, Prevenção e Justiça Criminal, no Catar, em abril de 2015, os Estados membros reafirmaram o compromisso de manter o Estado de Direito e prevenir e combater o crime em todas as suas formas e manifestações, nos níveis doméstico e internacional, em prol de sistemas de justiça criminal efetivos, justos, humanos e responsáveis, reconhecendo várias responsabilidades, dentre elas o esforço de desenvolver e implementar respostas abrangentes à prevenção ao crime e à justiça criminal, neste sentido incluindo o fortalecimento das capacidades das instituições judiciárias e de aplicação da lei, e a adoção, quando necessário, de medidas legislativas e administrativas para prevenir e combater, efetivamente, novas formas de crimes, nos níveis nacional, regional e internacional, levando em consideração o escopo de aplicação da Convenção das Nações Unidas contra o Crime Organizado Transnacional em relação aos "crimes graves", em conformidade com a legislação nacional.

De lá para cá, a prevenção policial evoluiu, não se restringindo ao patrulhamento ostensivo, contemplando outros flancos, tais como planos de vigilância participativa; projetos de prevenção primária, secundária e terciária; e prevenção como política criminal avançada.

Como política criminal avançada, em Portugal, sucessivas são as leis que definem os objetivos, prioridades e orientações de política criminal. Como exemplo, para o biênio 2020-2022, a Lei n.º 055/2020 estabeleceu, como objetivos da política criminal, além de reprimir e reduzir, o de prevenir a criminalidade, promovendo a defesa dos bens jurídicos, a proteção das vítimas e a reintegração dos agentes do crime na sociedade. Na prevenção da criminalidade, definiu-se que as forças e os serviços de segurança desenvolvam programas e planos de segurança comunitária e de policiamento de proximidade destinados a proteger as vítimas especialmente vulneráveis, em especial as vítimas de violência em contexto familiar e, bem assim, a controlar as fontes de perigo referentes às associações criminosas e organizações terroristas, aos meios especialmente perigosos, incluindo armas de fogo, químicas, biológicas, radiológicas e nucleares ou engenhos ou produtos explosivos, e aos meios especialmente complexos, como a informática e a Internet.

No Brasil, apenas em 2018, por meio da Lei n.º 13.675/2018, foi criada uma Política Nacional de Segurança Pública e Defesa Social (PNSPDS), disciplinando, enfim, a organização e o funcionamento dos órgãos responsáveis pela segurança pública, nos termos da CF/88. Como uma das diretrizes desta Política, foi previsto o fortalecimento das ações de prevenção (art. 5º, inciso III). Após a PNSPDS, por meio do Decreto n.º 9.630/2018, foi instituído o Plano Nacional de Segurança Pública e Defesa Social (PNSP), com prazo de duração de dez anos, figurando como um dos objetivos o combate às estruturas do crime organizado.

Acontece que, mesmo inserida numa política criminal avançada, em valia de reconhecida ascedência, a prevenção policial do crime organizado evoluiu apenas em ideias e intenções, não resultando numa (re)leitura da atuação policial tradicional, restrita ao clássico modelo.

Tradicionalmente, como visto, a atividade de ordenação confere à Polícia administrativa um conjunto de prerrogativas e competências estatais (função administrativa) para o exercício concreto (atividade administrativa) do poder disciplinador da liberdade individual de pessoa física ou jurídica, por meio de regras de conduta social (obrigações positivas ou negativas), de vigilância ou de fiscalização do cumprimento de regras limitadoras de convívio que possam vir a causar ameaça, perigo ou violação a normas jurídicas administrativas, em prejuízo da coletividade, valendo-se de medidas de coerção moral, por vozes de comando, ou de coação física, se no estrito cumprimento do seu dever, combinadas ou não com sanções lastreadas de prévia cominação legal. A ordenação é atividade por excelência da polícia administrativa, em razão de suas competências e funções, ainda que exercida tanto pelas forças de segurança como pela polícia judiciária, por dever de cooperação na Administração Pública, e como meio necessário à prossecução de seus principais fins, uma vez que qualquer serviço público pressupõe o estabelecimento e a manutenção da ordem necessária.

Ainda na percepção clássica, ao contrário da prevenção (olhos ao futuro), temos a repressão como atividade, em regra, relacionada ao passado e ao presente. Em visão retrospectiva, a repressão policial se propõe subsidiar uma ação penal em desfavor dos responsáveis pelo delito, identificando fontes de prova e obtendo elementos de materialidade, autoria e circunstâncias.

Em cada país, as atividades de ordenação, prevenção e repressão são realizadas por diferentes corpos policiais, com funções e competências distintas, em constantes transformações de modelos organizacionais, a contemplar os diversos conceitos: polícia administrativa, forças de segurança e polícia judiciária. Independentemente da configuração, as atividades de prevenção e de repressão são, em regra, realizadas em flancos bem distintos pelas polícias do mundo, ao adotarem um modelo convencional.

Certo é que a doutrina acaba por ceder seus escritos à pragmática policial, sem questioná-la como deveria. E assim a própria atuação policial é compreendida, nesta tradicional perspectiva, como estanque, binária, entre prevenção e repressão. Nessa linha acadêmica, Gabaldón (1987, p. 166) concentra a prevenção criminal apenas em alguns dos seus possíveis aspectos, mediante a vigilância, ao passo que apresenta a leitura da repressão apenas com a finalidade de imposição de uma sanção penal:

> La actividad de policía, parte de la administración del Estado, puede concebirse como la disposición de una fuerza organizada para el mantenimiento del orden público mediante la vigilancia (aspecto preventivo) y la aprehensión de los infractores a los fines de imposición de una sanción (aspecto represivo), sanción a cargo de la propia instancia policial, de otras dependencias administrativas o de una instancia jurisdiccional.

Em verdade, sem mudanças na atuação policial tradicional, de nada adiantam os tratados, os estudos relatados, as políticas e os planos de segurança pública. Independentemente do elenco alargado de atribuições das polícias no mundo, da formação profissional de seus membros, da pluridade de corpos policiais e dos sistemas de polícia, se amplamente centralizado, se tendencialmente fechado ou se marcadamente autônomo e aberto à sociedade civil, a atuação da polícia exige uma releitura, uma revisão, sob pena de não cumprir sua missão institucional tão importante para a segurança pública, como direito fundamental.

A prevenção policial, como percebida ainda nos dias atuais, pelos agentes políticos, pelos doutrinadores e pela própria academia, atua apenas no plano da metáfora, como mero efeito placebo frente às organizações criminosas. Nem as atividades de ordenação, nem as de patrulhamento ostensivo, vigilância, abordagem e revista, mesmo que em modelos escalonados, revelam-se sufucentes para prevenir as ações de uma organização criminosa.

A (re)leitura que propomos se concentra na (re)visão da atuação específica da polícia judiciária, diante dos índices progressivos de delitos cometidos por grupos organizados. O Direito Policial deve ser retrospectivo no estudo da segurança pública, da evolução histórica das organizações criminosas e das formas de atuação da Polícia, como também prospectivo em busca da máxima proteção jurídica e social, a partir de uma análise crítica dos modelos tradicionais de investigação policial, e proposição de uma nova atuação em repressão preventiva, com contornos jurídicos precisos.

PARTE III

DA REPRESSÃO PREVENTIVA DA POLÍCIA JUDICIÁRIA À CRIMINALIDADE ORGANIZADA

A repressão preventiva deve ser compreendida como atividade policial preordenada tanto para a prevenção como para a repressão de delitos, auxiliando a Justiça Criminal e contribuindo para a ordem pública na salvaguarda das instituições democráticas e do regular exercício dos direitos, liberdades e garantias fundamentais dos cidadãos.

Em não havendo um conjunto de normas reguladoras a respeito, forçoso se mostra contribuir academicamente com o tema, no âmbito do Direito Policial. Como modelo de organização e atuação policial, a repressão preventiva deve ser assimilada de maneira interdiciplinar, em diálogo constante com outros ramos do Direito Público, tais como o Direito Constitucional, no estudo da organização do Estado e dos direitos fundamentais; o Direito penal, nomeadamente na tutela de bem jurídicos e exame do *iter criminis*; e o Direito Processual Penal, na disciplina do *jus persequendi* ou *jus persecutionis*.

A segurança pública deve, como visto, contemplar a atividade de prevenir não apenas o dano, senão também o possível perigo de dano, minimizando ao máximo os riscos, como grau de probabilidade. Antes do panorama de probabilidade alta do crime está o de probabilidade alta do próprio risco de ofensa a bens juridicamente relevantes, principalmente quando a exposição decorre de ações do crime organizado. Na dicção de Dias (2012), toda a atividade policial tinha como fundamento a prevenção, porém se entende como novidade o princípio da precaução, com a prevenção do próprio risco não tolerado. Para o autor:

> A prevenção era o fundamento de toda a atividade da polícia. esta prevenção podia exercer-se em diversas oportunidades: imediatamente antes de o dano acontecer, durante a produção do dano (importava neste momento atalhar para que ele não se alastrasse e não se consolidasse) e depois da produção do dano (através da aplicação de sanções, entendendo-se que a repressão está sempre aliado um certo efeito preventivo). A novidade, e sem que isso implique a perda de utilidade daquela construção dogmática, parece ser agora que o princípio da precaução impõe uma prevenção dos riscos não tolerados cada vez mais a montante, mesmo quando se trate de mera possibilidade de perigo de produção de dano (Dias, 2012, p. 125).

A falta de plena certeza não deve ser usada como razão para postergar medidas preventivas. Não é suficiente evitar condutas sabidamente perigosas. Deve-se procurar impedir o perigo de condutas possivelmente perigosas, antecipando-se à ofensa em medidas alinhadas em projeções holográficas.

A importância da prevenção ao crime organizado já foi reconhecida por legisladores, ao tipificarem cada vez mais os atos preparatórios, inserindo-se em normas proibitivas de risco abstrato, que tipificam principalmente os crimes contra a paz e a segurança pública. Um passo antes no *iter criminis*, como política criminal.

Nunca noutro tempo se deu importância à prevenção como no presente. Cada vez mais, pesquisadores reconhecem que a própria repressão é – e deve ser – indelevelmente marcada pela prevenção. Nas sábias palavras de Sousa (2016, p. 363), *o fim último da repressão é a prevenção*. Tal como destaca Ferreira (2005, p. 153):

> A ideia de prevenção como forma preferencial de actuação dos órgãos policiais ressalta do próprio texto constitucional quando fala em defender a legalidade democrática e garantir a segurança... em vez de prima facie cometer à polícia a função de reprimir a violação.

Tradicionalmente, na repressão policial, temos atividade de investigação de busca, coleta, análise, processamento e documentação de elementos de prova, respondendo aos questionamentos sobre o crime em si: o que ocorreu (materialidade), quando ocorreu (aplicação da lei penal no tempo), onde (aplicação da lei penal no espaço), como ocorreu (circunstâncias), por quem / em desfavor de quem (estudo da autoria e vitimologia).

A resposta a estas perguntas não deve servir apenas à resolução de um ou outro crime ocorrido, mas igualmente para prevenir futuras ações do crime organizado. Não há mais espaço para esta tradicional perspectiva, estanque, binária, entre prevenção e repressão. Como sustenta Emmerig (1958, p. 338), *a polícia tem uma dupla função*.

Mesmo tendo responsabilidade primária pela prevenção criminal de organizações criminosas, a polícia judiciária atua principalmente na repressão. Infelizmente, não existe no Brasil nem em Portugal, no domínio da polícia judiciária, banco de dados nacional específico para subsidiar ações de prevenção, como por igual não se produzem relatórios periódicos com indicadores nesta área.

Há de se mudar paradigmas, entrelaçando repressão e prevenção em dupla função no combate ao crime organizado.

8

DOS FUNDAMENTOS DA REPRESSÃO PREVENTIVA

Se, de um lado, a repressão não conteve o aumento da criminalidade organizado, inclusive de forma transnacional, a prevenção policial – no seus moldes clássicos – também não alcançou seus objetivos. Na obra *Sun Tzu, A arte (e a Ciência) da Polícia*, Fernandes (2005, p. 347) apresenta críticas importantes ao modelo tradicional de prevenção policial, utilizado nas últimas 04 décadas. O autor defende a incapacidade de a polícia prevenir e combater a criminalidade, ao se distribuirem de maneira uniforme os recursos policiais, como se a omnipresença fosse um fator de prevenção. Acrescenta que os métodos policiais, essencialmente reativos, são genéricos e uniformes, e independem da natureza dos crimes, do índice de criminalidade e dos problemas recorrentes em cada localidade.

Com absoluta razão, o autor. Somadas às críticas acima, destacamos que a prevenção criminal se restringe, no mais das vezes, ao policiamento ostensivo, como se a atividade de "ver e ser visto" fosse idônea e efetiva ao combate ao crime organizado, a considerar as características já estudadas, em contexto histórico.

Patrulhas e vigilâncias aleatórias ou sem planeamento servem para aumentar o sentimento de segurança, ou no máximo para a prevenção de delitos praticados por ímpeto contra a vida ou contra o patrimônio, revelando-se inócuas as ações em face de associações não fortuitas de pessoas com divisão planeada de responsabilidade para a prática reiterada e insidiosa de infrações penais. Certo é o raciocínio de Alves (2010, p. 73), ao defender que o importante é vigiar sem ser visto.

É essencial compreender a dupla função policial para transpor barreiras teóricas, com a reafirmação do Direito Policial, fundamentando, como hipótese, a exigência de mudança de atuação policial, desenvolvendo conhecimentos numa vertente não suficientemente explorada nos meios acadêmicos: a repressão preventiva.

Para Machado e Vilalta (2018), discorrendo exatamente sobre novos paradigmas da investigação policial, a distinção entre prevenção e repressão tem sofrido temperamentos.

> A clássica dicotomia decorrente da natureza da atividade policial, policiamento ostensivo com abordagem preventiva, e a polícia judiciária com abordagem repressiva, tem sofrido temperamentos pela necessidade de uma abordagem holística do fenômeno criminal. A organização do estado e a distribuição de competências estruturadas no seus diversos órgãos refletem uma visão estanque da realidade, obscurecendo interconexões de fenômenos com os quais se pretende lidar (Machado e Vilalta, 2018, p. 17).

Temos de passar uma certidão acadêmica de óbito ao entendimento que ponha em relevo apenas a repressão, mesmo na atividade de investigação[1].

O entendimento estanque e de elementos conceituais impermeáveis está presente em várias obras, numa convencionalidade dicotômica entre prevenção e repressão. Para Raposo (2015, p. 271), como exemplo, enquanto as medidas de polícia da Lei de Segurança Interna se revestem precipuamente de natureza preventiva, e como tais afetas às autoridades de polícia administrativa, as medidas cautelares e de polícia do CPP dizem respeito à investigação, de atribuição da polícia judiciária. Arias, Rosada-Granados e Saín (2012), no estudo de Reformas Policiais na América Latina, afirma que as funções de prevenção incluem as tarefas de patrulhamento, controle e atenção, enquanto as funções de investigação criminal se dedicam à obtenção de informações para esclarecer responsabilidades individuais.

> Las funciones de prevención incluyen tareas de patrullaje, control y atención a las demandas ciudadanas; las de investigación

1. Tributando o máximo e costumeiro respeito, discordamos dos escritos de Freitas (1861, p. 192): "Polícia judiciária é a que procura as provas dos crimes e contravenções e se empenha em descobrir os seus autores, cujo caráter a torna, por isso, essencialmente repressiva". Em outro exemplo, citamos Almeida (1973, p. 60), ao se posicionar décadas atrás que "a polícia judiciária opera depois das infrações, para investigar a verdade e, a respeito, prestar informações à Justiça".

> criminal, la recolección y el uso de información sobre las formas de actuación de la delincuencia, el manejo adecuado de la escena del crimen y la custodia de los indicios de prueba, la formación, organización y utilización de bases de datos para la identificación de sospechosos y reincidentes, y la recolección de información que pueda servir de prueba para esclarecer responsabilidades individuales por hechos punibles específicos (Arias, Rosada-Granados e Saín, 2012, p. 38).

Mudança de paradigmas se impõe. Quando forças de segurança ou militares se encontram desorientadas, ainda que momentaneamente, numa mata ou floresta, um protocolo mundial é adotado: ESAON, sigla para os comandos "Estacione" (não andar à toa), "Sente-se" (descanse), "Alimente-se" (saciar-se), "Oriente-se" (Avaliar o melhor caminho) e "Navegue" (retorne à atividade, com percurso definido).

Inserindo dito conceito na esfera deste estudo, considerando o quadro ameaçador da criminalidade organizada, com as falhas na prevenção e repressão criminal, em potencial perigo e risco aos direitos fundamentais, unidimensionais, em suas várias perspectivas, deve a polícia judiciária "Estacionar" (não avançar com a doutrina convencional), "Sentar" (avaliar a eficiência e eficácia de suas ações), "Orientar-se" (modelar suas ações em novos paradigmas), e "Navegar" (prosseguir com sua missão constitucional, com o objetivo de respeitar e garantir os direitos fundamentais).

Na Alemanha, mais precisamente no Estado de Hesse, um grande avanço se deu com a Lei sobre Segurança Pública e Ordem – *Hessisches Gesetz über die öffentliche Sicherheit und Ordnung* (HSOG), em vigor desde 22 de dezembro de 2004, que estabeleceu ações preventivas contra a criminalidade, afirmando que as autoridades de segurança (autoridades administrativas, autoridades reguladoras) e as autoridades policiais têm a tarefa comum de evitar ameaças à segurança pública ou à ordem pública (segurança), salvo disposição em contrário. Consoante esta norma, a polícia também deve prevenir as infrações esperadas e providenciar a análise de futuras infrações.

Em Portugal, o Decreto-Lei n. º 137/2019, que aprova a nova estrutura organizacional da polícia judiciária, revogou a Lei n. º 037/2008 e trouxe, entre outros pontos, uma inovação: estabeleceu no art. 4º, ao tratar da prevenção e detecção criminal, que à polícia judiciária compete elaborar análises prospectivas sobre fenômenos criminais da competência da polícia judiciária. Antes, só havia como atribuições a) promover e realizar ações destinadas a fomentar a prevenção geral e a reduzir o número de vítimas da prática de crimes, motivando os cidadãos a adotarem precauções e a reduzirem os atos e as situações que facilitem ou precipitem a ocorrência de condutas criminosas; b) proceder às diligências adequadas ao esclarecimento das situações e à recolha de elementos probatórios.

Tal avanço demonstra a contemporaneidade do tema, elevando ainda mais a necessidade de maior e não tardio aprofundamento sobre a recolha, tratamento, registro, análise e difusão de dados em predição e prospecção, principalmente na ótica constitucional, por meio de princípios e sistemas de controles.

Considerando os aspectos que diferenciam a criminalidade comum da criminalidade organizada, a investigação, forçosamente, não deve se realizar de igual maneira. Se são duas as realidades, duas vias metodológicas hão de se ter na atuação policial.

No ensinamento de Braz (2013), na investigação do crime comum, a polícia trabalha para "algemar o facto com o autor", descobrindo e recolhendo as evidências, estabelecendo um nexo causal demonstrável entre o ato e o seu autor, determinando a responsabilidade criminal.

Por outro lado, na investigação do crime organizado, a polícia não deve seguir uma mesma cartilha. Neste caso, é importante conhecer as organizações criminosas, seus padrões comportamentais, estrutura, cadeia hierárquica e subcultura, bem como adotar um novo paradigma metodológico dentro do Estado de Direito e na observância de quadro de valores éticos-jurídicos de raiz democrática.

Na abordagem da delinquência tradicional e da chamada criminalidade comum ou de massas, segundo palestra proferida por Braz na Universidade do Porto em 2018, temos a atividade de reconstituição histórica do evento criminoso, em raciocínio dedutivo, valendo-se do silogismo, com a formulação de uma inferência que parte do geral para o particular, reorganizando e interpretando a realidade, num circuito fechado onde não se produz conhecimento novo, com trabalhos ausentes de hipóteses. Uma visão reativa e retrospectiva da realidade.

Na investigação da delinquência organizada, por sua vez, segundo Braz (2013), o raciocínio dedutivo cede espaço ao indutivo. Parte-se do particular para o geral, formulando conclusões universais através de premissas particulares. Ao contrário do raciocínio dedutivo, o indutivo não alcança conclusões necessariamente verdadeiras, mas produz conhecimento novo, com método empírico baseado na reunião da experiência adquirida em cada investigação, que se concentra não no ato e no autor, mas sim na atividade e na organização criminosa, valendo-se de regimes especiais de produção de prova. Braz (2013, pp. 31-32) aprofunda mais as diferenças de método nas investigações criminais:

> O método dedutivo está contido nas premissas, limitando-se à inferência, a reformulá-la e a validá-la. Nestas circunstâncias, o método dedutivo não gera conhecimento novo, apenas organiza o conhecimento pré-existente. Em outra margem, temos o método indutivo, que compreende um conjunto de distintos procedimentos empíricos, lógicos e intuitivos, e as conclusões – sendo apenas prováveis, ultrapassam contudo o conhecimento contido nas premissas sendo por tal razão considerado desde os empiristas dos séculos XVIIII, o método científico por excelência para o qual o conhecimento científico é fundamentado exclusivamente na experiência.

Como visto ao longo desse estudo, numa perspectiva endógena, temos "um olhar para si", em conexão consequencial associativa. Na exógena, "um olhar para além", em conexão teleológica associativa. Sendo assim, o planeamento exige mudanças constantes da forma de agir das organizações criminosas, para fins de garantia da continuidade das ações nas duas perspectivas. Servem-se as organizações criminosas da criatividade de seus membros, que moldam e remoldam permanentemente suas ações.

No raciocínio indutivo a atuação policial pode – e deve – afastar-se da visão confinada ao passado, em conformidade com as ameaças, os perigos e os riscos possíveis das organizações criminosas, evitando a continuidade ou escalada de suas ações, ou ainda a execução de atos já em preparação, em repressão preventiva com enfoque retrospectivo e prospectivo.

Para Braz (2013, pp. 30-31), a investigação criminal, num sistema operativo, possui basicamente três grandes pilares: método, informação e cooperação. Sendo assim, no caso das investigações de crime organizado, a polícia deve valer-se do método indutivo, gerando informação, conhecimento, a ser difundido aos demais órgãos, em cooperação.

Na Alemanha, a legislação de prevenção e combate à corrupção é das mais antigas da Europa, recuando especialmente aos anos cinquenta do séc. XX. Em Portugal, a Lei n.º 36/1994 estabeleceu medidas de combate à corrupção e à criminalidade econômica e financeira, com destaque para a importância da recolha de informações, como método para orientar a atividade da polícia – e do MP – na suspeita do perigo de prática de crime.

Nesta recolha de informação, com algumas – e muito pontuais – ressalvas ao entendimento de José Braz, entendemos que o método dedutivo não cede espaço total ao indutivo. Os dois devem ser empregados, em juízo de necessidade, conforme cada caso, a depender do grau de sofisticação de uma organização criminosa. Não apenas. Os métodos indutivos e dedutivos devem somar-se à abdução ou retrodução, como lógica de levantamento de hipóteses e obtenção de informações, na produção de conhecimento a ser difundido.

Na obra "O signo de três", Silveira et al. (1995), entre outros autores, apresenta uma intrigante compilação de vários artigos elaborados por autores de diversas áreas do saber, confrontando o método de investigação do personagem de Arthur Conan Doyle, Sherlock Holmes, e o argumento abdutivo de C. S. Peirce.

Neste estudo, diferencia-se a abdução ou retrodução, como lógica de levantamento de hipóteses; a dedução, como processo inferencial necessário das consequências experimentais das hipóteses; e a indução, como estratégia lógica de verificação destas consequências, mesmo que sem a pretensão de superar o falível.

> A abdução proposta e explorada por Peirce, a qual, em sua teoria, também denomina retrodução, seria aceita e praticada por Sherlock Holmes e a convergência entre ambos seria muito acentuada. Percebe-se esta convergência, quando o investigador, no caso, Sherlock Holmes, raciocina a partir de um evento e prevê suas consequências. Mas também e, principalmente, quando este mesmo investigador, a partir de urn facto dado, consegue remontar as suas fontes. Este modo de raciocinar é denominado pela personagem de "raciocinando para trás". Em comum, também, pode-se destacar que ambos tinham conhecimento da prática médica. Esta exige, e frequentemente exercita, as virtudes fundamentais do investigador, sendo o raciocínio retrodutivo imprescindível para o levantamento de hipóteses diagnósticas (SILVEIRA et al., 1995, pp. 158-159).

Na obra, a racionalidade de Sherlock encontraria seu eixo ao *procurar encontrar uma explicação natural, verificável diante do contexto. Isto supõe, com base num ponto de apoio sólido, uma escolha feliz de dados. Uma hipótese inicial, submetida à prova dos fatos, poderia dar origem a outras hipóteses e com isto aproximar-se da verdade dos fatos* (SILVEIRA et al., 1995, p. 163).

Tais estudos sobre o personagem Sherlock Holmes procuram, então, aproximar a ficção da realidade, enfatizando a importância do argumento abdutivo. Para Silveira et al. (1995, p. 159):

> Essa aceitação decorre da capacidade da personagem de colocar a argúcia a serviço das soluções de problemas concretos e, aparentemente pouco importantes: a solução de crimes, a identificação de pessoas comuns segundo seus hábitos de vida, seus afazeres, interesses e problemas. A inteligência, através de um método atencioso, sustenta o acesso possível às grandes descobertas. esta inferência teve repercussão, inclusive, na própria área da criminalística: a realidade colhendo na ficção diretrizes importantes de atuação. Pela análise dos fatos, é possivel remontar às suas causas, embora tal processo ofereça grandes dificuldades. Mais fácil seria deduzir, a partir das causas, seus efeitos, mas na decifração de um crime, o processo inverso é fundamental.

Deveras, o conhecimento necessita dos três métodos. Quanto mais hipóteses a investigação criminal possuir maior a probabilidade de ela ser isenta. Todavia, o elenco a ser reunido deve ser, sem demora, posto em arena de combate com cada fato descoberto e cada prova obtida, com o objetivo de confirmar indícios ou refutá-los. Ensina Braz (2013, p. 336) que:

> Na investigação do crime organizado já não basta a reconstituição do passado e a resposta às seis perguntas sacramentais da investigação criminal. É necessário um novo modelo-padrão, assente no raciocínio indutivo, que já não circunscreve o seu objeto de análise ao facto e seu autor, mas sim à atividade e à organização criminosa e que tem por objetivo, já não a reconstituição histórica daquele facto (visão retrospectiva), mas sim o conhecimento em tempo real daquela atividade no presente e, se possível, a sua antevisão no futuro (visão prospectiva).

O conhecimento derivado desses três métodos surge como base da repressão preventiva, em novo combate ao crime organizado. Não há mais espaço para replicar, no presente, soluções do passado, com a defesa incontestável da distinção entre medidas preventivas e repressivas, posto que assim estaríamos presos em referências ultrapassadas, inadequadas às atuais árvores de decisão.

Em verdade, novos paradigmas metodológicos são necessários, com o objetivo não mais restrito apenas à reconstituição histórica de um fato (visão retrospectiva), senão também a uma antevisão ao futuro (visão prospetiva).

Para Braz (2013, pp. 336), na investigação do crime organizado já não basta a reconstituição do passado e a resposta às seis perguntas sacramentais da investigação criminal. É necessário um novo modelo-padrão, assente no raciocínio indutivo, que já não circunscreve o seu objeto de análise ao fato e seu autor, mas sim à atividade e à organização criminosa e que tem por objetivo, já não a reconstituição histórica daquele fato (visão retrospectiva), mas sim o conhecimento em tempo real daquela atividade no presente e, se possível, a sua antevisão no futuro (visão prospectiva). Acrescenta o autor:

> Um novo modelo de investigação criminal, de forte pendor preventivo e dotado de elevados níveis de proactividade (e evidentemente, de necessária capacidade funcional e tecnológica para este fim) que lhe permitam produzir conhecimento novo sobre a realidade em que intervém. Deste modo, será possível implementar um sistema, que podemos denominar de alertas precoces, para situações em preparação ou já em curso, que permita, por um lado, direcionar com racionalidade o esforço investigatório que visa a recolha da prova e, por outro lado, antecipar a interrupção da atividade criminosa, impedindo a produção de resultado. (BRAZ, 2013, pp. 336-337).

Aos poucos, e de maneira crescente, diversos países buscam contemplar medidas de repressão preventiva no seus modelos de investigação criminal. Avancemos com alguns exemplos.

Holdaway (1983, pp.15-18), ao analisar a investigação criminal na Inglaterra e no País de Gales, defende o uso de policiamento proativo, com o uso de informações, vigilâncias e informadores, transformando a estratégia de prevenção ao crime em suporte probatório planeado. O autor sugere um modelo investigativo baseado em modelos específicos de informação policial, gerados por meio de técnicas de análise de resultados, dos riscos, do padrão dos crimes, do perfil do alvo, do perfil do mercado, das tendências democráticas/sociais e do perfil de crimes empresariais, além de outras considerações.

Cunha (2006, p. 110), por seu turno, ao estudar o modelo de investigação criminal de Portugal, cita como ideia, em termos de prevenção criminal, a natural tarefa de prevenção proativa no âmbito da criminalidade aguda, ou de criminalidade organizada e habitual.

Embora tardiamente, a comunidade policial internacional passou a reconhecer a importância desse assunto. Ainda assim poucos avanços se deram sobre o tema até então, quando se trata, especificamente, sobre prevenção do crime organizado, com medidas efetivas de repressão preventiva pela polícia judiciária à criminalidade organizada.

9

DA LIGAÇÃO ENTRE PREVENÇÃO, REPRESSÃO E REPRESSÃO PREVENTIVA

Nos últimos anos, autores vários reconheceram a dificuldade de se compreender a diferença entre a prevenção e a repressão policial. Malarino (2003) afirma inexistir uma clara linha divisória entre Estas atividades, existindo cada vez mais uma sobreposição. Para Malarino (2003, p. 608):

> Sin embargo, a pesar de que la distinción entre funciones preventivas y represivas de la policía encuentra respaldo en las leyes que organizan la actuación policial en los Estados de la región, no es sencillo trazar una clara línea divisoria entre ambas. Asimismo, ha sido puesto de resalto que en algunos casos el desarrollo de un tipo de función lleva consigo el cumplimiento de la otra. Por ejemplo, en algunos Estados latinoamericanos se establece como una de las tareas de la policía la de 'evitar que los hechos cometidos sean llevados a consecuencias ulteriores'. Existe una combinación ex post facto de funciones preventivas y represivas. En muchas ocasiones, tampoco es clara la delimitación del momento en que se pasa de una actuación preventiva a una repressiva.

Cunha (2006) afirma ser inclusive um erro desarticular prevenção da repressão, pela íntima ligação e dependência entre estas funções.

Sousa (2016, pp. 297-346) reconhece estudos que sustentam estar ultrapassada a distinção entre medidas preventivas e repressivas, especificamente quando se trata do combate às altamente sofisticadas manifestações de criminalidade moderna, ressalvando que a generalidade da doutrina e da jurisprudência recusa esta ampla função policial de prevenção ao perigo. Aprofundando estes estudos, o autor aponta ainda que esta distinção se torna ainda mais complexa quando a polícia atua em combate preventivo, na antecipada perseguição e impedimento de crimes, como medida de dupla função policial.

Para além da visão doutrinária, o STJ de Portugal já se manifestou, no sentido de que a linha demarcativa dos conceitos (prevenção – repressão) não é, por vezes, tão nítida. Os conceitos não podem ser postos em compartimentos-estanques[1].

---

1. Acórdão do Supremo Tribunal de Justiça de Portugal. 154/01.9JACBR.C1.S1. 5ª SECÇÃO. 15/04/2010. (...) Ora, a prevenção das infracções penais não pode ser lida literalmente como dizendo respeito a uma fase pré-processual ou a uma actividade de cariz meramente preventivo e mesmo administrativo. Quando a CEDH, no seu art. 8º, n.º 2, fala de prevenção das infracções penais, não quer referir-se especialmente à prevenção do crime em sentido administrativo, nem mesmo àquela que só cabe numa fase pré-processual. Até porque a investigação criminal não se desenrola da mesma maneira em todos os países da União Europeia, não havendo uma concepção unívoca de procedimento criminal e, sobretudo, de estrita legalidade do processo-crime, como aquele que entre nós resulta da lei processual penal. (...) Por último, a prevenção das infracções criminais também se realiza através de um processo judicial de investigação criminal (no caso, o inquérito, que corresponde, exatamente, a uma fase preliminar de investigação), pois a intercepção das telecomunicações não só permite descobrir o crime, como evitar, muitas vezes, a sua consumação. Veja-se, por exemplo, o caso de um processo-crime em que foi autorizada uma escuta, que, seguindo os passos dos agentes de um crime de homicídio contratado, não só permite a descoberta da infracção que estava em curso e em fase de execução, mas também, no último momento, a consumação do crime. O mesmo acontece na investigação de um crime de tráfico de estupefacientes em que, por norma, a intercepção telefónica permite perceber e acompanhar o desenrolar do crime e, em último termo, frustrar a operação de recepção da droga e da sua entrada no circuito da comercialização. Só que, enquanto que, no primeiro caso, não se passou provavelmente de uma tentativa de homicídio, neste segundo caso, dado tratar-se de um crime exaurido, de tutela antecipada, os actos anteriores à recepção da droga e ao destino que os agentes lhe pretendiam dar constituem já, na medida em que estão previstos na lei como actos de realização do tipo de ilícito, consumação do crime. Por aqui se vê que a linha demarcativa dos conceitos (prevenção – repressão) não é, por vezes, tão nítida como isso. Os conceitos não se podem meter em compartimentos-estanques. Aliás, se o direito penal visa a repressão dos crimes, também visa a prevenção deles. Um dos fatores determinantes da aplicação concreta da pena é, justamente, a prevenção, quer a prevenção geral, na sua dupla face de prevenção geral positiva ou de integração e de prevenção geral negativa ou de intimidação da generalidade, quer a prevenção especial, também no seu duplo aspeto de prevenção especial positiva ou de socialização e de prevenção especial negativa ou de intimidação individual ou ainda de segurança individual. Por conseguinte, toda esta análise conflui para a ideia de que, quando a CEDH, no seu art. 8º, n.º 2, fala de prevenção das infracções penais, não quer referir-se especialmente à prevenção do crime em sentido administrativo, nem mesmo àquela que só cabe numa fase pré-processual. Até porque a investigação criminal não se desenrola da mesma maneira em todos os países da União Europeia, não havendo uma concepção unívoca de procedimento criminal e, sobretudo, de estrita legalidade do processo-crime, como aquele que entre nós resulta da lei processual penal. Acresce a isto que a clássica separação entre acções de carácter preventivo e de carácter repressivo, objecto de atribuição de atividades bem demarcadas do Estado, está posta em crise mesmo em termos

Neste contexto, não há mais que se falar em distinção entre prevenção e repressão, mas numa ligação entre estas diversas formas de atuação policial, em (re)ordenação administrativa, numa nova concepção de agir face à criminalidade contemporânea.

Para se compreender esta ligação, oportuno se mostrar realizar um resgate de conceitos já adotados de ordenação, prevenção e repressão, em panorama de atuação tradicional da polícia, para então se perceber o horizonte da repressão preventiva da polícia judiciária à criminalidade organizada.

A atividade de ordenação, como visto, possui a finalidade imediata de prevenir o perigo, ao respeitar e garantir o exercício em harmonia com liberdades individuais e coletivas, protegendo-as de condutas particulares em descompasso com as regras de conduda social, com reflexos mediatos ou não na esfera criminal. É atividade por excelência da polícia administrativa, em razão de suas competências e funções. A atividade de prevenção criminal, por seu turno, compreende os meios ativos ou passivos imediatamente relacionados à responsabilização criminal, continuamente destinados a prevenir o dano ou o possivel perigo de dano a bens jurídicos de relevância penal, com o fito de respeitar e garantir a segurança interna, promovendo e protegendo a ordem pública na salvaguarda das instituições democráticas, do regular exercício dos direitos, liberdades e garantias fundamentais dos cidadãos. Numa visão habitual, a prevenção se traduz em atividade de vigilância própria das Forças de segurança, como "polícia de presença" para observar, e como "polícia ostensiva fardada". Ao contrário da prevenção (olhos ao futuro), comumente temos a repressão como atividade, em regra, relacionada ao passado e ao presente. Em visão retrospectiva, a repressão policial se propõe a subsidiar uma ação penal em desfavor dos responsáveis pelo delito, identificando fontes de prova e obtendo elementos de materialidade, autoria e circunstâncias, por meio de exames, revistas, buscas, apreensões, captação ambiental, escutas telefônicas, interceptação de comunicações telefônicas e telemáticas, ação controlada, perícias, entre outros meios.

---

dogmáticos, nesta época de criminalidade organizada e sofisticada. Como nota Andrade (1992, p. 220), "partindo dos seus originários e separados territórios, investigação criminal e prevenção policial desenvolvem (...) tropismos de convergência para um mesmo e novo espaço onde levam a cabo acções cada vez com mais significativos momentos comuns".

Ocorre que um questionamento naturalmente surge: como prevenir a criminalidade organizada, em suas várias perspectivas, considerando as mais variadas formas insidiosas de agir, em resiliência e dinamismo histórico? Ou melhor: como não prevenir? Certamente não é nem será com atividades de ordenação e de policiamento preventivo "de presença". Restaria-nos a repressão, porém esta atuação própria da polícia judiciária acaba por se concentrar, por força de uma visão estreita da doutrina e pela falta de normas administrativas e processuais a regrá-la, em atos investigativos de leitura de fatos atuais e de fatos decorridos. Então afinal quem irá prevenir a criminalidade organizada? Em regra, apenas os corpos policiais que adotem ou que despertem para a adoção de uma prática de medidas proativas e preditivas.

Com relação às medidas proativas, a polícia judiciária não mais se concentra apenas no crime consumado. Em passo anterior, tem-se uma atuação voltada em mesma atenção à execução, para fins de impedimento ou neutralização das ações de uma organização criminosa, por meio de repressão preventiva de continuidade ou escalada.

Figura 6 – Representação do iter criminis e possibilidades de atuação policial proativa

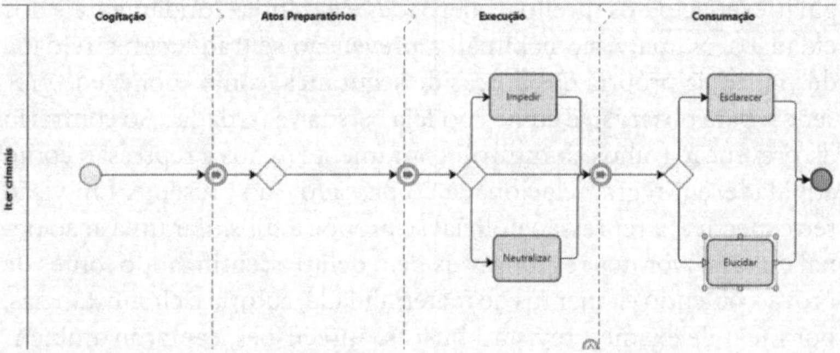

Fonte: Arquivo pessoal.

Nas medidas preditivas ou holográficas, nomeadamente por meio da inteligência artificial, são ações de polícia judiciária concentradas não apenas na consumação ou execução do crime, como também nos atos preparatórios de crimes.

Tais atos podem ser compreendidos sob a ótica subjetiva ou objetiva. Nas primeira, teríamos uma atuação policial justificada pelas intenções do grupo organizado, em dolo de ação, ou por aspectos sintomáticos de reprovação dos membros de uma organização criminosa, a considerar-lhes a conduta social, personalidade e antecedentes criminais. Não é o que se defende neste estudo.

A investigação preditiva somente se justifica em face de atos preparatórios para os quais as organizações criminosas já estão estruturadas, portanto em tempo já de ofensa à paz pública, não alcançando pensamentos e cogitações, por impedimento do princípio da lesividade. Beling (1944, pp. 140-141) afirma que os atos preparatórios, por estarem no âmbito da subjetividade, não são capazes de colocar em risco o bem jurídico tutelado, mas ressalva que algumas ações preparatórias já são equiparadas a crimes. É, pois, exatamente o que ocorre no crime de organização criminosa, compreendido como de consumação antecipada.

Ainda assim, a atuação policial deve manter a ótica objetiva, concentrando-se nas ações. Esta objetividade não precisa ser formal, no aguardo do início da execução do núcleo verbal de crimes por parte do grupo criminoso, nem somente material, apenas com análise de exposição do bem jurídico, mas sim na lógica de uma teoria objetiva-organizacional, ora proposta, com a apreciação de provável risco de perigo possível a um ou outro bem jurídico, ainda que em graus distintos de exposição, conforme o estágio de ações de ordenação de um grupo para tanto, em cenário de ameaça imediatamente antecedente à ofensa.

Figura 7 – Representação do iter criminis e possibilidades de atuação policial preditiva

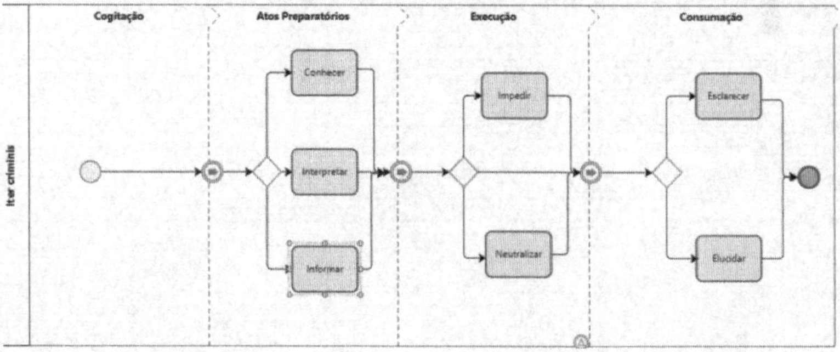

Fonte: Arquivo pessoal.

Tem-se, assim, ações com foco na investigação da preparação, com o objetivo de conhecer, interpretar e informar dados, cenários e interações, alcançando a esperada prevenção, em ligação de repressão preventiva ao crime organizado.

10

DA LIGAÇÃO ENTRE INTELIGÊNCIA POLICIAL E REPRESSÃO PREVENTIVA

A ligação entre a Investigação Policial e a Inteligência Policial é maior quando a investigação da polícia judiciária amplia o seu foco, em repressão preventiva, contemplando uma antecipada perseguição para a prevenção do perigo e impedimento de crimes.

Para Mingardi (2007, p. 54), ao tratar sobre as fases da inteligência policial:

> A primeira fase é a coleta do informe, ou dado bruto. A segunda é a análise do material, separando o joio do trigo e agregando dados pertinentes, o que, aos poucos, vai transformando o dado bruto em informação. A partir da informação, ou de um conjunto delas, o analista entra na terceira fase, a síntese, e produz uma apreciação, que já é uma forma de conhecimento. A quarta e última fase é a da estimativa, elaborada a partir de um conhecimento consolidado.

Como já por mim escrito no Manual de Inteligência da PF no Brasil (2019), alguns pontos de convergência são claros. Quanto ao sujeito, derivam da atuação oficial de um órgão policial. Quanto ao objeto principal, tanto a Investigação Policial como a Inteligência Policial se concentram no crime, como fato jurídico definido em tempo e espaço.

Relevante destacar que discorrendo acerca da aproximação dos serviços de inteligência interna das unidades investigativas responsáveis por delitos mais complexos, Cepik (2003, p. 103) afirma:

> A expansão das missões dos serviços de inteligência interna (security intelligence), inicialmente restrita ao policiamento político de dissidentes e mais tarde abarcando a contrainteligência, o contraterrorismo e inteligência sobre crime organizado, acabou por aproximar esses serviços das unidades investigativas das polícias encarregadas de dinâmicas criminais mais complexas, tais como o narcotráfico, fraudes financeiras, lavagem de dinheiro e outros crimes eletrônicos (cybercrimes). Em muitas polícias também agora existem unidades especializadas de inteligência sobre crime, utilizando informações coletadas de fontes diversas (inclusive imint e sigint) e métodos analíticos mais sofisticados (principalmente nas áreas de georreferenciamento de dinâmicas criminosas e de visualização de interrelacionamentos de criminosos).

Por outro lado, ao tratarmos o assunto com rigor de conteúdo, sem maiores esforços vislumbram-se diferenças exponenciais entre a investigação policial e a inteligência policial, conferindo-lhes as características de autonomia e complementaridade, não em razão do sujeito ou do objeto principal, mas teleologicamente em face dos componentes instrumentais, que conferem a cada um deles diferentes funções e alcances.

A investigação policial possui, como finalidade, a identificação, busca, coleta e análise de elementos de prova, em atividade-fim, instruindo inquéritos policiais, como primeiro instrumento de justiça criminal, em pesquisa cientificamente orientada, a confirmar ou não a notícia de fato, como umas das hipóteses iniciais, autenticando no seu relatório final uma análise-técnica jurídica dos fatos.

Em outra margem, a inteligência policial, diferentemente da inteligência tradicional, tem como finalidade prever, prevenir, neutralizar e reprimir atos criminosos de qualquer natureza ou atentatórios à ordem pública, bem como a identificar, acompanhar, avaliar e neutralizar ameaças reais ou potenciais na esfera criminal, em atividade-meio orientada para produção e salvaguarda de conhecimentos necessários para assessorar os órgãos policiais com vista à tomada de decisões, em sede de planeamento e execução da atividade-fim.

Bacca (2005, p. 04), que já pertenceu aos quadros da Polícia Nacional do Perú, ressalta a necessidade de não confundir inteligência policial com a inteligência tradicional:

> No se debe confundir la inteligencia operativa policial con la inteligencia tradicional o clásica. Una diferencia sustancial es

> que las primeras, además de contar con dos fases interrelacionadas (inteligencia e investigación), son cubiertas por la misma organización. Esto rompe el molde tradicional de la inteligencia tradicional que sólo se ciñe a buscar información, procesarla y luego pasarla a otros grupos operativos para que ejecuten las operaciones basado en la idea de que se debe preservar la identidad de los agentes de inteligencia (no 'quemarlos').

O ordenamento jurídico brasileiro apresenta importantes conceitos de inteligência, razão pela qual é possível considerá-lo como referência neste tema. Conforme o inciso 2º do art. 1º da Lei n.º 9.883/1999, inteligência é a atividade que objetiva a obtenção, análise e disseminação de conhecimentos dentro e fora do território nacional sobre fatos e situações de imediata ou potencial influência sobre o processo decisório e a ação governamental e sobre a salvaguarda e a segurança da sociedade e do Estado. Por seu turno, conforme o art. 2º do Decreto n.º 4.376, de 13 de setembro de 2002, inteligência é a atividade de obtenção e análise de dados e informações e de produção e difusão de conhecimentos, dentro e fora do território nacional, relativa a fatos e situações de imediata ou potencial influência sobre o processo decisório.

Na lição de Ferro Júnior (2008, p. 177):

> Inteligência policial é a atividade que objetiva a obtenção, análise, produção e disseminação de informações e conhecimentos sobre fatos e situações de imediata ou potencial influência da criminalidade na segurança pública, atuação de organizações criminosas, movimentos sociais e atos insidiosos de qualquer natureza, assessorando as ações de polícia judiciária e ostensiva por meio de tecnologias e técnicas especializadas.

Gonçalves (2008, p. 606) diz que:

> A atividade de inteligência, existente desde que o homem se organizou em sociedade, é percebida atualmente como fundamental para o Estado democrático. Suas atribuições envolvem a produção de conhecimento específico para assessorar o processo decisório e a proteção contra a inteligência adversa, sendo, em última análise, relevante para os que têm que decidir sobre os destinos da nação e para a defesa do Estado e da sociedade. Democracia nenhuma pode prescindir da atividade de inteligência.

Sobre a importância da inteligência policial, Silva (2005, p. 18) aduz que, *em uma democracia, o uso da força é só tolerado quando subsidiário do uso da inteligência.*

Inteligência Policial é compreendida pelo Ministério da Justiça no Brasil como o conjunto de ações que empregam técnicas especiais de investigação, visando a confirmar evidências, indícios e obter conhecimentos sobre a atuação criminosa dissimulada e complexa, bem como identificar redes e organizações que atuem no crime, de forma a proporcionar um perfeito entendimento sobre a maneira de agir e operar, as ramificações, as tendências e o alcance de condutas criminosas.

Paralelamente, a contrainteligência policial pode ser compreendida como atividade que objetiva prevenir, detectar, obstruir e neutralizar a inteligência adversa e as ações que constituam ameaça à salvaguarda de dados, conhecimentos, pessoas, áreas e instalações de interesse do organismo policial.

Na polícia judiciária, a função de assessoramento da inteligência policial possui três níveis: político-estratégico, tático e operacional. No primeiro, a inteligência atua em políticas e planos nacionais ou internacionais, por meio da produção e salvaguarda de conhecimentos requeridos para subsidiar a formulação de tais políticas ou planos. No segundo, a inteligência se relaciona com planos e ações setoriais, subsidiando as ações das unidades operacionais, como terceiro nível. Fernandes (2005, pp. 341-342) sustenta que:

> A estratégia é a disciplina dos meios e que a finalidade da estratégia é atingir os objetivos fixados pela política. A política representa o enquadramento superior da estratégia, a táctica representa o seu enquadramento inferior. O vocábulo 'táctica' deriva do grego taktica, tendo o significado de arte de dispor o exército. Na táctica, ao contrário da estratégia, o ambiente operacional é percebido pelo decisor com alto grau de certeza pois o escopo do ambiente decisório é muito mais limitado, tal como são os meios envolvidos.

Em vista disso, nos dois primeiros níveis, temos um assessoramento orientado fundamentalmente à gestão administrativa, na alocação e utilização dos meios necessários (pessoas, recursos materiais, processos, práticas) à disposição da polícia judiciária, no exercício de suas atribuições, a fim de contribuir para a manutenção da lei e da ordem, preservando o Estado democrático de direito.

No terceiro nível, a inteligência policial se vincula à execução de procedimentos e rotinas, requerendo a produção e salvaguarda de conhecimentos que embasem ações pontuais e específicas, incluindo as de polícia judiciária, na apuração de infrações penais.

Não obstante, mesmo no terceiro nível, a inteligência policial não pode ter, como função, a produção ou revelação de provas sobre uma ação criminosa, ainda que dissimulada e/ou complexa, nem deve possuir aptidão para a constrição de liberdades, afastando-se, pois, de medidas que, por sua natureza, possuam reserva de jurisdição.

Na investigação policial, como já sustentado na Doutrina de Inteligência da PF no Brasil, temos a busca, coleta, análise, processamento e documentação de elementos de prova no inquérito policial, respondendo aos questionamentos sobre o crime em si: o que ocorreu (materialidade), quando ocorreu (aplicação da lei penal no tempo), onde (aplicação da lei penal no espaço), como (circunstâncias), por quem/em desfavor de quem (estudo da autoria e vitimologia).

Na inteligência policial de terceiro nível, como atividade-meio no assessoramento à gestão na produção da prova, temos a busca, coleta, análise, processamento, difusão e salvaguarda de dados em documentos próprios, a subsidiar a atuação policial, identificando, acompanhando, avaliando e neutralizando ameaças reais ou potenciais na esfera criminal. Enquanto na investigação policial, temos a produção de prova em si, na inteligência policial se põe em relevo a gestão de produção da prova, contemplando o que fazer, quando, onde e como atuar (critérios de ponderação), por quem e por quais meios (pessoas, recursos materiais, processos, práticas).

Nos dois primeiros níveis, a inteligência assessora o gestor administrativo. No terceiro nível, a inteligência assessora toda a equipe de investigação, na resposta a diversos e relevantes pontos, tais como os a seguir aduzidos em elenco meramente exemplificativo: o que fazer (identificar quais os delitos de maior incidência e/ou escalada local, maior repercussão interestadual ou internacional); quando atuar (em que momento as diligências devem ser determinadas e em que ordem); onde atuar (em que local possivelmente se concentram os atos preparatórios, de execução e de consumação de determinados delitos, conforme padrões conhecidos); como atuar (qual o caminho cognitivo – metodologia – a seguir, conforme ameaças possíveis); por quem (qual o perfil policial adequado para a investigação); e por quais meios (quais os meios possíveis, lícitos e legítimos de obtenção de prova).

Como atividade de assessoramento, a contrainteligência também não é responsável pela busca da autoria e da materialidade para emprego na instrução de investigação criminal. Em qualquer nível, seja ele estratégico, tático ou operacional, a contrainteligência policial auxilia decisões de salvaguarda do conhecimento, ao atuar em diversos pontos: o que fazer (prevenir, detectar, obstruir ou neutralizar uma ameaça); quando atuar (em que momento as medidas de proteção devem ser implementadas e em que ordem); onde atuar (onde está a vulnerabilidade); como atuar (na segurança orgânica, na segurança de assuntos internos ou na segurança ativa); por quem (qual o perfil policial adequado para a salvaguarda de conhecimento e qual o perfil a ser refutado) e por quais meios (quais os meios possíveis, lícitos e legítimos de salvaguarda da prova).

A diversidade de objetivos é o diferenciador mais nítido entre investigação criminal e inteligência policial/contrainteligência policial, o primeiro com o objetivo de reunir provas da materialidade e autoria de um fato criminoso para formar a *opinio delicti* e fundamentar a justa causa para uma acusação em juízo, enquanto que o segundo tem por finalidade o assessoramento por natureza.

Ocorre que a produção de provas na investigação criminal reclama, em maior ou menor grau, dependendo da complexidade dos fatos a apurar ou em apuração, subsídios de gestão por meio da inteligência operacional. Sendo assim, o assessoramento na atuação policial deve ser permanente.

Os laços sempre presentes entre a inteligência e a investigação policial, embora não se encurtem demasiadamente, em respeito ao necessário distanciamento e à autonomia das atividades meio e fim, devem se manter firmes, densos e em constante realce quando presentes, em evidência, algumas características de nexo funcional, para além da tradicional ligação. Nas palavras de Ratcliffe (2008, p. 89), *policiamento baseado em inteligência é um modelo com uma estrutura objetiva de tomada de decisão que facilita a redução, interrupção e prevenção de problemas e crimes por meio de gerenciamento estratégico e estratégias eficazes.*

Conforme já escrito por este autor na Doutrina de Inteligência da PF no Brasil, laços qualificados são possíveis em caso de:

> Complexidade investigativa a exigir constante produção de conhecimento na área de inteligência por meio do raciocínio

indutivo baseado nas experiências e nos desafios enfrentados na investigação, em intercâmbio de assessoramento, com soluções adequadas e oportunas de gestão da prova.

Segurança investigativa a reclamar constante salvaguarda de conhecimento, em intercâmbio de assessoramento, com soluções adequadas e oportunas de gestão da prova, identificando, prevenindo ou neutralizando ameaças internas e/ou externas.

Alcance estratégico da investigação criminal, demandando produção adequada e oportuna de conhecimento no âmbito da inteligência, a fim de assessorar, em escalada hierárquica, planos de atuação da polícia judiciária.

Compromissos investigativos assumidos internacionalmente que demandem assessoramento internacional de inteligência, em produção de conhecimento que contemple a execução e a consumação de crimes, além dos riscos possíveis, ainda que nem sempre prováveis, mas suficientes como alertas a difundir como atos preparatórios, destacando-se a repressão ao terrorismo, uma grave ameaça aos valores democráticos e à paz e segurança internacionais.

Talvez os últimos anos e os próximos sejam considerados, em futuro não distante, o período da maior Revolução que o homem já testemunhou: a da Comunicação. Novas tecnologias permitem, no presente, a interação em tempo real de um volume incontável de dados. O processo de coleta e difusão de dados se tornou mais fácil, ágil e cada vez mais sem fronteiras, o que não necessariamente ocorreu – ainda ocorre – com a produção de conhecimento, que exige percepção, associação, raciocínio e juízo de valores.

Hughes-Wilson (2005, p. 15) defende que a necessidade do saber está hoje enraizada em nós tal como a necessidade de se reproduzir. E a inteligência faz parte do instinto básico de sobrevivência da humanidade, a considerar o interesse pelas informações em tempo real. Bacca (2005, p. 14) afirma que a inteligência policial é uma forma nova de combater o crime organizado, a partir de um método de seleção profissional das informações policiais, com rigor científico, que leva a resultados positivos numa investigação. Para o autor, é a união da inteligência com a investigação criminal que se baseia em valores e princípios, com características e metodologia própria.

No terreno da inteligência policial e da repressão preventiva, não há mais espaço para amadorismo. Os dados precisam ser coletados com filtro qualitativo e analisados em corte vertical, numa atividade permanente e densa. Tal exigência, naturalmente presente em níveis locais e regionais, acentua-se quando o fluxo de dados ocorre internacionalmente, em razão da maior dificuldade de se aferir o grau de idoneidade das fontes e a veracidade dos informes, ocasionada pelo distanciamento, não habitualidade e, por conseguinte, menor relação interpessoal.

Sem adequada produção de conhecimento, não há como subsidiar as decisões de combate ao crime, mormente quando se trata de criminalidade organizada internacional. Mais além, inexiste possibilidade até de dimensionar os crimes "além-fronteiras", considerando a natureza insidiosa das condutas.

E sem o dimensionamento necessário, as polícias, sejam elas de que país forem, não possuem meios para amoldar suas ações dentro de um campo específico, ao não compreenderem, em sua totalidade, o problema a ser enfrentado.

Dewey (1938, p. 60), ao escrever sobre lógica e teoria da investigação, sustenta que:

> O modo pelo qual o problema é concebido decide quais as sugestões específicas que serão tomadas em consideração e quais as que serão deixadas de lado; que dados serão selecionados e que dados serão rejeitados; ele é o critério de relevância e irrelevância das hipóteses e das estruturas conceituais.

A tecnologia é fundamental para o processamento de dados recebidos em larga escala, segundo filtros acordados, neutralizando os perigos já conhecidos e aqueles por cautela a imaginar, tratando-se de intercâmbio de dados por meio da Internet, com suas facilidades e vulnerabilidades, evitando o comprometimento, ou pior, o vazamento de informações sigilosas.

A atuação em rede é própria de uma concepção global de inteligência e de repressão preventiva, em resposta à capilaridade espacial das organizações criminosas. Tem como objetivo ampliar as parcerias, com a instalação de representações policiais e modernização das já existentes, além da qualificação de número maior de policiais, especialistas na produção e na proteção de conhecimento, com discernimento do que é relevante e atuação regrada por protocolos específicos e necessários de gestão integrada de coleta e difusão de dados, atentos ao poder e dever de colaboração, desde que presentes e comprovadas a necessidade e as balizas dos pedidos de informação (LEAL, 2019).

Tanto o plano como a estratégia internacional de inteligência policial devem considerar as forças e as fraquezas de cada organização (ambiente interno) e o binômio ameaças e oportunidades da cooperação internacional policial (ambiente externo). Atentos às ponderações quanto à conhecida análise SWOT (*Strengths, Weaknesses, Opportunities, Threats*), ressalvamos que cada aspecto deve ser claro, conciso, e especialmente particular, sempre se distanciando do intento por parte de alguns de não respeitar as particularidades de cada sistema policial, precipuamente quando se ecoa a falsa premissa de que modelos de atuação policial de países desenvolvidos são necessariamente mais eficazes que os demais. Tal comparação, no nosso entender, somente é possível quando as realidades de excelência de algumas unidades de cada um dos países, assim consideradas em capacitação pessoal e em recursos tecnológicos disponíveis, são acareadas em vários aspectos, destacando-se o critério essencial de exigência versus resolução de casos.

Sem esgotar o tema, destacamos como fraqueza a existência de várias forças policiais em cada país, cada qual representando uma ilha de dados, sem o esperado compartilhamento de informações. Atuar em rede internacional exige, antes de mais, por imperativo lógico, o fortalecimento interno do intercâmbio de conhecimento. E isto só é possível com tecnologia, o que exige recursos financeiros. Esta realidade, presente no Brasil, é compartilhada por outros países.

A fraqueza ensombra uma das principais forças policiais: a quantidade de dados a serem compartilhados. Uma vez vencida a dificuldade de atuar em rede, dar-se-á luz à quantidade de informações disponíveis, que, uma vez processadas devidamente, podem constituir fonte essencial de inteligência policial, possibilitando, por empirismo, o reconhecimento e análise de modelos de atuação de organizações criminosas e a identificação de tendências, como forma de antever e neutralizar as mais variadas ameaças internas e externas. O devido processamento consiste em tornar qualitativa a fonte quantitativa de dados, o que exige especialização das forças policiais, utilizando-se de critérios de ponderação e de formação de vínculos e identidades, inter-relacionando pessoas, contas bancárias ou bens móveis e imóveis, em espaço e tempo contextuais.

Muitas são as ameaças externas já conhecidas e por certo outras tantas a identificar. Terrorismo, ataques cibernéticos, lavagem de dinheiro, biopirataria, tráficos de pessoas e corrupção são algumas das ameaças de um elenco não exaustivo de crimes eminentemente transnacionais. Em destaque, o sistema financeiro internacional, que permanece à margem das transações por meio de moedas virtuais, à revelia de normas e controle, em progressão geométrica diretamente proporcional à omissão imprópria regulamentar.

A prática de tais crimes reconhecidos por sua reprovação, especialmente o terrorismo, possui um efeito positivo: o despertar da necessidade de cooperação policial internacional, criando, num efeito reverso indesejado, um ambiente de oportunidades, no qual alguns países iniciam, outros retomam e alguns intensificam o debate sobre a importância de conjugar esforços no combate às organizações criminosas internacionais. Não tão mais esparsos são os encontros e seminários internacionais com forças policiais, ocasiões em que são debatidas as ameaças externas, bem como as diversas percepções nacionais, e apresentadas boas práticas de perseguição penal.

A repressão preventiva, desta forma, se socorre da inteligência policial na ideia de análise de dados e produção de conhecimento, antevendo a ocorrência de atos futuros, novos ou em escalada, a partir de modelos conhecidos, amplamente estudados, ou de riscos possíveis, mesmo que nem sempre prováveis, mas suficientes como alertas a difundir. Por outro lado, não há como ter uma inteligência policial adequada, sem uma investigação de polícia judiciária prospectiva, inclusive por meio da obtenção de provas com reservas de jurisdição, o que é – ou ao menos deve ser – vedado à atividade de inteligência.

Sobre a *Investigação Criminal na Inglaterra e no País de Gales*, Holdaway (2006, pp. 12-18) narra o amadorismo inicial da atuação policial, sem métodos padronizados de investigação. Destaca o autor que não havia estratégia, nem recolha sistemática de provas. Com o aumento da criminalidade, a despeito dos investimentos a maior na área, decidiu-se por revisar as ações policiais, nomeadamente com a adoção de um Modelo de Inteligência Nacional, com quatro produtos de informação: avaliação estratégica, avaliações técnicas, perfis dos alvos e perfis dos problemas, resultantes de nove técnicas analíticas: análise de resultados, análise do padrão de crime, perfil do mercado, análise das tendências demográficas/sociais, perfis de crimes empresariais, análise de redes, riscos e perfil do alvo e avaliação da informação operacional. Assim procedendo, a estratégia foi alterada para a prevenção criminal, planejada e assente nas provas.

As organizações criminosas possuem cadeias de comandos estruturalmente ordenadas, sólidas e caracterizadas pela divisão de tarefas, ainda que informalmente. Suas ações são complexas, diante dos recursos tecnológicos, formas de execução planeada, dissimulada ou disfarçada, com emprego de ardil, lastro oculto econômico e sofisticados métodos. Por consequência, a atividade-fim de produção de provas é – e deve ser – assessorada pelo conhecimento de inteligência, como atividade-meio, a orientar o que fazer, quando atuar, onde atuar, como atuar, por quem e por quais meios.

Em sentido inverso, como retroalimentação positiva, a repressão preventiva é uma das fontes materiais da inteligência. Sob compromisso, por princípio administrativo, em oportunizar eficiência à atuação policial, a inteligência obtém e analisa dados de polícia judiciária quando possível, produzindo conhecimento no sentido de melhor orientar a atuação policial no presente e no futuro.

Em verdade, conforme já observado por este autor na Doutrina de Inteligência da PF no Brasil, não há como divorciar a inteligência policial da repressão preventiva, mas, ao revés, impõe-se fortalecer-lhes os laços. A investigação policial sem o assessoramento da inteligência se reduz à atividade de pesquisa criminal com raciocínio dedutivo, como se possível fosse padronizar o combate à criminalidade. Não mais se propondo auxiliar a investigação, a inteligência se isola às sombras de um ambiente anômico, condenada à inutilidade de seus propósitos e à fatalidade de seus rumos. Dantes, a lógica doutrinária reativa da investigação policial, como regra; hodiernamente, por dever profissional e acadêmico de reflexão, é necessário atribuir novos contornos à investigação, distanciando-a, em alforria, do equivocado juízo que a isola da indispensável visão de futuro.

11

DAS MEDIDAS DE REPRESSÃO PREVENTIVA DE CONTINUIDADE OU ESCALADA

A prevenção policial, mesmo em países como Portugal, com base legal avançada neste sentido, circunscreve-se a programas pontuais. Uns poucos mais importantes, como o de prevenção ao branqueamento de capitais, outros muitos que não chegam a alcançar a criminalidade organizada. Conforme se extrai do RASI de Portugal em 2017 – que foi replicado nos anos seguintes -, os programas gerais de prevenção e policiamento têm o objetivo fundamental de proteger grupos sociais mais vulneráveis, como crianças e idosos, no sentido de prevenir e também contribuir para um maior sentimento de segurança, e a realização de patrulhamentos ostensivos.

Em resposta ao cenário de criminalidade, novos meios investigativos foram inseridos nos ordenamentos jurídicos, municiando a polícia judiciária de outros flancos investigativos. No Brasil, a Lei n.º 12.850/2013 estabeleceu que, em qualquer fase da perseguição penal, serão permitidos, sem prejuízo de outros previstos em lei, os seguintes meios de obtenção da prova:

> I – colaboração premiada;
>
> II – captação ambiental de sinais eletromagnéticos, ópticos ou acústicos;
>
> III – ação controlada;
>
> IV – acesso a registros de ligações telefônicas e telemáticas, a dados cadastrais constantes de bancos de dados públicos ou privados e a informações eleitorais ou comerciais;

> V – interceptação de comunicações telefônicas e telemáticas, nos termos da legislação específica;
>
> VI - afastamento dos sigilos financeiro, bancário e fiscal, nos termos da legislação específica;
>
> VII – infiltração, por policiais, em atividade de investigação, na forma do art. 11;
>
> VIII – cooperação entre instituições e órgãos federais, distritais, estaduais e municipais na busca de provas e informações de interesse da investigação ou da instrução criminal.

Em Portugal, um estágio mais avançado do que no Brasil. Na palestra proferida aos dias 06 de abril de 2018, na Universidade do Porto, Braz (2018) discorreu sobre novos paradigmas metodológicos de investigação criminal e citou algumas importantes medidas aprovadas nos últimos anos:

- a dispensa de autorização judicial, na realização de revistas e buscas efectuadas por órgãos de polícia criminal em casos de terrorismo e de criminalidade altamente organizada, sempre que haja fundados indícios da prática iminente de crime que ponha em grave risco a vida ou a integridade física de qualquer pessoa (art. 174, n.º 05, do CPP);
- a possibilidade de efectuar buscas domiciliárias nocturnas (art. 34, n.º 3, da CRP e art. 177, do CPP).
- a possibilidade de extraditar nacionais (art. 33, n.º 03, da CRP) e, no seio da UE, o regime do MDE;
- a possibilidade de efectuar interceptações de telecomunicações em Portugal, a pedido das autoridades competentes de Estado estrangeiro, desde que tal esteja previsto em acordo, tratado ou convenção internacional e se trate de situação em que tal intercepção seria admissível, nos termos da lei de processo penal, em caso nacional semelhante (art. 160-C da Lei n.º 104/2001 de 25 de agosto);
- a exclusão da competência do tribunal do júri nos casos de terrorismo e de criminalidade altamente organizada (art. 207, n.º 01, da CRP);
- a atribuição ao MP do poder de determinar que o arguido não se comunique com pessoa alguma, salvo o defensor, antes do primeiro interrogatório judicial, nos casos de ter-

rorismo, criminalidade violenta ou altamente organizada (art. 207, n.º 1, da CRP);

- a possibilidade de escutas telefônicas, nos casos de terrorismo, criminalidade violenta ou altamente organizada, serem autorizadas pelo juiz dos lugares onde se efectue a conversação ou comunicação telefônica ou da sede da entidade competente para a investigação criminal (art. 187, n.º 2, al. a), do CPP);
- o prolongamento do prazo de duração máxima da prisão preventiva em casos de terrorismo, criminalidade violenta ou altamente organizada (art. 215, n.º 02, do CPP);
- a possibilidade de arrolar mais de 20 testemunhas (art. 283, n.º 07, do CPP);
- a extensão ao regime geral de admissibilidade das interceptações telefônicas às conversações ou comunicações transmitidas por qualquer meio diferente do telefone, designadamente correio eletrónico ou outras formas de transmissão de dados por via telemática, mesmo que se encontrem guardadas em suporte digital, e à interceptação das comunicações entre presentes (art. 189, do CPP).

Verdade é que os esforços normativos e estruturais, seja em cada país, seja em cooperação internacional, não se traduziram em modelos de ações especificamente destinadas à prevenção do crime organizado, concentrando-se na repressão.

Os novos meios de obtenção de prova não são utilizados para a prevenção criminal, no mais das vezes restringindo-se à investigação dos fatos presentes e pretérios. A atuação não qualificada redunda em escolhas de Sofia, tendo-se que optar o que reprimir. Com efeito, urge repensar esses atuais modelos de prevenção criminal, bem como alargar o escopo dos meios de obtenção de prova, para, em segundo passo, ao primeiro concatenado por nexos forçosos, reformular, de maneira ordenada e conjunta, a atuação policial em repressão preventiva.

No pensamento de Jaeger (2006, pp. 134-135), ex-Director Regional da *Kriminalpolizei* de *Reichshof*, na Alemanha, a sofisticação crescente da criminalidade não pode ser enfrentada com uma força policial indiferenciada, formada em moldes generalistas, somente havendo resposta adequada a estas ameaças com a qualificação profissional e um trabalho de investigação conjunto.

A repressão preventiva reclama ações planejadas, com profissionalismo, em novos paradigmas de combate ao crime organizado, com dois grupos principais de medidas de polícia judiciária: Repressão Preventiva de Continuidade ou Escalada e Repressão Preventiva Preditiva ou Holográfica. Avancemos com o primeiro grupo.

A investigação criminal pela polícia judiciária deve não apenas reunir elementos atuais e pretéritos, mas também lançar olhares para o futuro, impedindo a continuidade ou a escalada de suas ações permanentes, o que pode ocorrer por várias maneiras, com destaque às medidas que se seguem.

11.1 DIREITO PREMIAL PREVENTIVO

Considerando a ordenação como perspectiva da organização criminosa, temos uma associação não fortuita de pessoas com divisão de responsabilidades, estruturada, ainda que informalmente, por elos de dolo coletivo. Ocorre que a associação de pessoas não significa necessariamente um acordo de vontades, pois nem sempre há um cenário de concordância, e sim um de autocomposição permanente entre os membros das organizações criminosas, para fins de conciliação de suas opiniões e vontades. No mais das vezes, existe uma autocomposição permanente em coesão fiel de propósitos. E a fidelidade tem sua origem e fim nos objetivos.

Esta coesão se difere ainda da lealdade (*unus pro omnibus, omnes pro uno*), presente apenas quando há laços para além da própria organização, sejam eles familiares, de amizade, religiosos ou ideológicos de dominação, entre outros. Tais laços podem ser preexistentes ou não, considerando a possibilidade de eles se formarem concomitantemte às ações. Quanto maior for o alcance da lealdade, menor a probabilidade de se obter provas por meio do direito premial.

Não mais impera a lealdade e o silêncio das máfias italianos, como destacado por Paoli (2003, p. 407):

> The 'men of honour' in Sicily and Calabria are obliged to keep secret the composition, the action, and the strategies of their mafia group. In Cosa Nostra, in particular, the duty of silence is absolute. Secrecy constitutes, above all, a defence strategy. Since the unification of Italy in 1861, mafia groups have been at least formally criminalised by the state and, in order to pro-

> tect themselves from arrest and criminal prosecution for their continuing recourse to violence, they have needed to resort to various degrees of secrecy.

Quando não há mais como agir, ou se escusar, a organização se torna vulnerável às ações do Estado, substancialmente quando a Polícia ou o MP se utiliza do direito premial, destacando-se a colaboração premiada.

Não obstante termos códigos de conduta de organizações criminosas nos dias de hoje, baseadas em vínculos estreitos, os votos de silêncio (*Omertà*) só se sustentam quando ainda existe forte coesão de propósito, e mesmo assim um investigado pode vir a colaborar com a polícia, após reflexiva ponderação de autointeresse, procurando uma matriz de ganho, avaliando jogos de soma não zero.

Rosa (2015, p. 26), sobre a teoria dos jogos aplicada ao processo penal, afirma:

> O jogo como categoria universal está presente no processo penal. Embora o processo penal exija racionalidade dos jogadores, o exercício do jogo mostra que as decisões são tomadas para além da razão. Daí que a metáfora da teoria dos jogos pode ser invocada para modelar, de alguma maneira, a matriz teórica de como as decisões podem ser tomadas, partindo-se do estudo dos comportamentos dos jogadores e suas recompensas.

A deslealdade das organizações criminosas favorece a polícia e reforça a repressão preventiva por escalada ou continuidade. Geralmente o desleal é aquele com menor coesão de propósito, aquele que não está em estruturas de decisão e comando. É quem estabelece os vínculos entre os grupos ou blocos compostos.

Não raro, em investigações de crime organizado temos um grupo político/jurídico (corrupção), um grupo administrativo ou policial (favorece contratos públicos nos anseios exógenos da organização criminosa, ou blinda os membros, conforme interesses endógenos), um grupo econômico (favorecido por contratos ou por alterações legislativas) e um grupo operacional (responsável pela colocação, ocultação e integração das vantagens indevidas).

Em matrizes de ganho investigativo, a polícia judiciária não deve convergir seus esforços iniciais aos atos dos líderes dos grupos. Neles, o sentimento de coesão de propósitos é alto, como também é elevado o sentimento de impunidade, na crença de que o grupo político/jurídico, eventualmente ainda não alcançado, pode reforçar as ações de perspectiva endógena.

Dentre as principais características desses grupos organizados, temos a sua resiliência, demonstrada pela capacidade crescente e contínua de superar obstáculos e resistir à ação repressiva do Estado. A organização criminosa, mesmo que sofra abalo no vértice superior de comando, com a privação da liberdade de seus líderes, possui aptidão de recuperar o equilíbrio, reestrutrurando-se com novos personagens.

A polícia judiciária deve então concentrar seus esforços iniciais nos atos daqueles que se revelam pontos de interseção dos grupos, onde há menor resiliência, pois os responsáveis por esta conexão não se sentem blindados pela organização criminosa, muito menos favorecidos financeiramente, à semelhança dos líderes. Para além disso, os pontos de intersecção que tangenciam o operacional não raro acabam por servir a mais de um grupo organizado, de maneira que, uma vez colaborador, pode-se evitar a escalada ou a continuidade das ações de mais de uma organização criminosa.

Em sua tese de doutoramento em Física, Cunha (2017), agente de PF no Brasil, apresenta um estudo sobre a topologia de organizações criminais. Afirma o autor que, ao se estruturarem em rede, existe a vantagem da conectividade e agilidade das informações. Por outro lado, há a desvantagem enorme de vulnerabilidade, pois a falha de um elemento pode causar um efeito em cascata que desmantela o sistema como um todo. Cunha (2017, p. 68) sublinha a vulnerabilidade estrutural das organizações criminosas nos vértices entre comunidades distintas:

> Pode-se dizer que os vértices mais conectados ou os nós que têm o maior valor de centralidade de intermediação não são necessariamente os mais importantes para a sobrevivência da rede. Os nós que fazem as pontes entre comunidades distintas são estruturalmente mais importantes e cruciais para a coesão da rede do que hubs ou nós altamente centrais. Se atacarmos estas estruturas, o dano causado à rede é maior do que o causado por métodos tradicionais, eliminando-se a mesma quantidade de elementos. O objetivo de se aplicar o presente ataque baseado em módulos a uma determinada rede é revelar sua vulnerabilidade estrutural, medindo a rapidez com que se pode atingir o regime onde as comunidades da rede estão todas desconectadas. Assim,

> propõe-se caracterizar a vulnerabilidade modular de redes complexas precisamente pela velocidade com que o ponto final (onde todos os módulos estão desconectados) é atingido. Desta forma, o trabalho mostra que o ganho global de eficiência aumenta rapidamente com a modularidade da rede, isto é, quanto maior a modularidade, mais frágil é o sistema.

No curso de uma investigação no Brasil, como exemplo, por iniciativa do MP ou da própria polícia judiciária, servindo-se da colaboração premiada como meio de obtenção de prova, a polícia judiciária pode firmar acordos como negócios jurídicos processuais, respeitados a utilidade e o interesse público.

Nos termos do Habeas Corpus (HC) 127.483, o acordo de colaboração premiada constitui negócio jurídico processual que tem, por finalidade precípua, a aplicação da sanção premial ao colaborador, com base nos resultados concretos que trouxer para a investigação e o processo criminal. A homologação judicial do acordo constitui simples fator de atribuição de eficácia do acordo de colaboração. Por isso, o delatado não é beneficiado nem prejudicado por ela. O que, em tese, pode atingir a esfera jurídica do delatado é o ato de colaborar e não o acordo de colaboração, suas cláusulas ou a eventual homologação judicial. Assim, o delatado pode insurgir-se contra o conteúdo probatório resultante do acordo de colaboração, mas não contra o ato de colaborar em si, que, por integrar o catálogo de meios inerentes ao exercício do direito de defesa, constitui direito subjetivo dos acusados em geral.

No ordenamento jurídico brasileiro, para se firmar um acordo, da colaboração deve advir um ou mais dos resultados previstos no art. 4º da Lei n.º 12.850.2013. *In verbis*:

> Art. 4º. O juiz poderá, a requerimento das partes, conceder o perdão judicial, reduzir em até 2/3 (dois terços) a pena privativa de liberdade ou substituí-la por restritiva de direitos daquele que tenha colaborado efetiva e voluntariamente com a investigação e com o processo criminal, desde que dessa colaboração advenha um ou mais dos seguintes resultados:
>
> I – a identificação dos demais coautores e partícipes da organização criminosa e das infrações penais por eles praticadas;
>
> II – a revelação da estrutura hierárquica e da divisão de tarefas da organização criminosa;

> III – a prevenção de infrações penais decorrentes das atividades da organização criminosa;
>
> IV – a recuperação total ou parcial do produto ou do proveito das infrações penais praticadas pela organização criminosa;
>
> V – a localização de eventual vítima com a sua integridade física preservada.

Nos incisos I e II desse artigo, o legislador estabelece como objetivo possível da colaboração a identificação de demais autores e a revelação da estrutura hierárquica. Quando se investiga não apenas para reunir elementos do presente e passado, como também para compreender a estrutura hierárquica e a divisão de tarefas da organização criminosa, evita-se a escalada ou a continuidade da própria organização, com possibilidade de impedir a produção de um delito.

Nas palavras de Serrano-Piedecasas (2007, p. 05), discorrendo sobre o direito premial e o enfrentamento do crime organizado na Espanha, há referências do colaborador com possível impedimento da produção de um delito:

> El Código penal de 1995, a diferencia del anterior, regula un sistema premial menos privilegiado y de mayor dificultad de acceso. En efecto, se exige conjuntamente: a) abandonar voluntariamente las actividades delictivas; b) presentarse ante las autoridades; c) confesar los hechos en que haya participado; d) colaborar con la justicia. Para este último caso, la colaboración podrá consistir alternativamente en: **a) impedir la producción de un delito;** b) coadyuvar eficazmente a la obtención de pruebas decisivas para la identificación o captura de los responsables; c) impedir la actuación o el desarrollo de las organizaciones terroristas o de narcotráfico a las que haya pertenecido o con ellas colaborado. A su vez, el cumplimiento de estos requisitos nunca supondrá una remisión total de la pena, sino sólo la imposición de la inferior en uno o dos grados". (grifos nossos).

A colaboração premiada se traduz num meio de obtenção de prova, por excelência, e não uma prova em si. Tem como essência a fonte humana, razão pela qual está sujeita às regras de corroboração, com vista a verificar se o relato do colaborador e eventuais documentos que buscam apoiar-lhe a narrativa correspondem à verdade ou não. A Lei 12.850/2013, inclusive, no seu art. 19, estabelece, como crime, a conduta de imputar falsamente, sob pretexto de colaboração com a Justiça, a prática de infração penal a pessoa que sabe ser inocente, ou revelar informações sobre a estrutura de organização criminosa que sabe inverídicas. Com alteração da Lei 13.964/2019, passou-se a prever que o acordo de colaboração premiada poderá ser precedido de instrução, quando houver necessidade de identificação ou complementação de seu objeto, dos fatos narrados, sua definição jurídica, relevância, utilidade e interesse público.

Sem a validação necessária, o acordo de colaboração premiada seria, em verdade, um acordo premiado, presenteando os colaboradores com contrapartidas genéricas e específicas, antes da necessária apuração substancial sobre os fatos e versões. Ou seja, uma espécie de transação penal para crimes de maior potencial ofensivo, algo impensável no ordenamento jurídico.

Pela sua natureza, trata-se – ou deve tratar-se – de um instrumento de descoberta. Nesta base, temos que a homologação do acordo premiado não se traduz num juízo de valor sobre o conteúdo da colaboração, reservando-se a analisar-lhes os aspectos formais. Ao homologar o acordo de colaboração premiada, realizando o juízo de delibação do art. 4º, § 7º, da Lei n.º 12.850/2013, o juiz se limita a aferir a regularidade, a voluntariedade e a legalidade do acordo, não existindo emissão de qualquer juízo de valor sobre as declarações do colaborador.

Quando a investigação não se restringe a colher provas de fatos pretéritos, a repressão preventiva deve valer-se do que denomino direito premial preventivo, desvelando e desarticulando a estrutura de uma ou mais organizações criminosas, em prol da paz pública.

Além da identificação dos demais coautores e partícipes da organização criminosa que integrou, com a revelação da estrutura hierárquica e da divisão de tarefas, o colaborador pode atuar, se assim constar do acordo como contrapartida, auxiliando investigações de outras organizações criminosas. Foi o que ocorreu após determinada operação policial, em conjunto com o Ministério Público, no nordeste brasileiro. O colaborador, em razão de sua expertise na área de saúde, chegou a ministrar cursos para autoridades policiais e ajudou na indicação de eventuais tipologias utilizadas por outras organizações, revelando métodos de desvio de recursos públicos destinados ao combate de Covid-19 no Brasil, evitando, assim, a continuidade ou escalada de diversos ilícitos criminais.

No ordenamento jurídico português, na lição de Leite (2010, pp. 381-410), temos de distinguir a figura do arguido arrependido, que desiste da vida delituosa, arrepende-se dos atos e procurar realizar o ressarcimento, do arguido colaborador, este mais próprio dos crimes de comparticipação criminosa e criminalidade organizada, que não apenas se arrepende como também colabora na recolha de provas e na descoberta de outros membros do grupo criminoso.

Esta figura do arguido arrependido pode ser encontrada no art. 71, 02, E, do CP português (determinação da medida da pena); no art. 72, 02, do (atenuação especial da pena); e no art. 74 (dispensa da pena por reparação do dano)

A figura do arguido colaborador é prevista nos crimes de branqueamento (art. 368-A), com a pena especialmente atenuada se o agente auxiliar concretamente na recolha das provas decisivas para a identificação ou a captura dos responsáveis pela prática dos fatos ilícitos típicos de onde provêm as vantagens; nos crimes de corrução (art. 374-B), com a pena especialmente atenuada se, até ao encerramento da audiência de julgamento em primeira instância, o agente colaborar ativamente na descoberta da verdade, contribuindo de forma relevante para a prova dos fatos; nas medidas de combate à corrupção e criminalidade econômica e financeira (art. 6º da Lei 36/1994), sendo legítima com vista à obtenção de provas em fase de inquérito, a prática de atos de colaboração, desde que previamente autorizados pela autoridade judiciária competente.

Além disso, encontramos na legislação de combate à droga (Decreto-Lei n.º 15/1993), hipótese de atenuação ou dispensa da pena tanto para o arguido arrependido como para o arguido colaborador. *In verbis*:

> Se, nos casos previstos nos arts. 21, 22, 23 e 28, o agente abandonar voluntariamente a sua actividade, afastar ou fizer diminuir por forma considerável o perigo produzido pela conduta, impedir ou se esforçar seriamente por impedir que o resultado que a lei quer evitar se verifique, ou auxiliar concretamente as autoridades na recolha de provas decisivas para a identificação ou a captura de outros responsáveis, particularmente tratando-se de grupos, organizações ou associações, pode a pena ser-lhe especialmente atenuada ou ter lugar a dispensa de pena.

Não há porém, em Portugal, uma lei com regras próprias à colaboração premiada, com previsão de um negócio jurídico processual personalíssimo, tal como ocorre no Brasil, o que pode causar certa insegurança jurídica ao pretenso colaborador.

11.2 INFILTRAÇÃO POLICIAL PREVENTIVA

Sobre o tema, de início, necessário se revela diferenciar o agente provocador do agente infiltrado. O agente provocador induz ou instiga a organização criminosa a praticar um delito. Ao despertar um intento criminoso, ou ao reforçá-lo, o próprio agente se torna participante nos crimes[1], de maneira que os delitos cometidos pela organização criminosa, sob provocação insidiosa, são putativos por obra do agente provocador. Sobre este tema, o doutrinador brasileiro Jesus (1995, p. 750) assim se manifesta:

> É denominado crime de ensaio, de experiência ou de flagrante provocado. Ocorre quando alguém, de forma insidiosa, provoca o agente à prática de um crime, ao mesmo tempo que toma providências para que este não se consume. De ver-se que só se apresenta nos casos em que, em face das circunstâncias predispostas, há exclusão "absoluta" da possibilidade de o facto vir a ser consumado; nos casos concretos em que, "a priori", a vigilância providenciada pelo agente provocador constitui uma barreira intransponível para o sujeito. A Súmula n.º 145 do Supremo Tribunal Federal trata do delito putativo por obra de agente provocador: "Não há crime quando a preparação do flagrante pela Polícia torna impossível a sua consumação (...)

1. Esta diferença é apresentada em interessante julgado do STJ de Portugal: Acórdão da Relação de Lisboa de 22-03-2011. AGENTE ENCOBERTO. AGENTE INFILTRADO. AGENTE PROVOCADOR. PROIBIÇÃO DE PROVA. PRAZO DE INTERPOSIÇÃO DE RECURSO. A propósito da infiltração policial, a doutrina e a jurisprudência distinguem entre o agente provocador por um lado e, por outro, o agente encoberto e o agente infiltrado. O agente provocador será o membro do órgão de polícia criminal ou alguém a seu mando que pela sua actuação enganosa sugere eficazmente ao autor a vontade de praticar o crime que antes não tinha representado e o leva a praticá-lo, quando sem essa intervenção a actividade delituosa não teria ocorrido. A vontade de delinquir surge ou é reforçada no autor, não por sua própria e livre decisão, mas como consequência da actividade de outra pessoa, o membro do órgão policial. Agente infiltrado – polícia ou agente por si comandado – é aquele que se insinua nos meios em que se praticam crimes, com ocultação da sua qualidade, de modo a ganhar a confiança dos criminosos, com vista a obter informações e provas contra eles, mas sem os determinar à prática de infracções. Decisão Texto Parcial: Proc. 182/09.6JELSB. L1-5 Relator: Nuno Gomes da Silva.

Meireis (2006, pp. 97-98) enfatiza ainda que o provocador não quer o crime em si mesmo (o dolo não é de consumação), antes procura incriminar o provocado, para que este seja penalizado.

A depender do ordenamento jurídico, permite-se ou não a infiltração por terceiros não policiais, os chamados "homens particulares de confiança", que, no magistério de Andrade (1992, p. 220), pode vir a contemplar até as testemunhas colaborativas, que auxiliam o trabalho investigativo, sob promessa de confidencialidade, de maneira que nesta noção se incluem tanto os particulares como os agentes policiais disfarçados

Primordial ainda compreender a diferença entre o agente infiltrado e o agente encoberto. Este último se reserva a comparecer a determinados locais ou eventos, em postura essencialmente passiva, não participando de qualquer ação (como o agente provocador), nem estabelecendo qualquer vínculo objetivo ou subjetivo com os demais presentes (como o agente infiltrado). Em sua dissertação de mestrado na Universidade do Porto, Rego (2016, pp. 09-10) reforça esta diferença:

> O 'agente infiltrado' designa os agentes da autoridade ou particulares, em colaboração com as instâncias formais, que, ocultando a sua identidade ou qualidade, interagem com o(s) suspeito(s) e conquistam a sua confiança, acompanhando os seus atos e praticando, se necessário, atos de execução criminosa, com a finalidade de obter provas incriminatórias ou de prevenir a prática de futuros crimes. Por seu turno, o 'agente encoberto' identifica-se com a figura do 'polícia à paisana': o agente da autoridade ou terceiro particular (a atuar de forma concertada com a polícia), que, igualmente sem revelar a sua identidade ou qualidade, comparece em locais ligados ao crime, com o objetivo de desvendar eventuais criminosos, não interferindo nas condutas criminosas, nem sequer estabelecendo qualquer proximidade com os suspeitos. A sua conduta é 'de absoluta passividade relativamente à decisão criminosa', pois naquele lugar e naquele momento poderia estar qualquer outra pessoa e as coisas aconteceriam da mesma forma.

Diferentemente do agente infiltrado, não é possível ao agente encoberto participar ativamente de um grupo criminoso, a fim de coletar provas. Sobre o assunto, temos um importante julgado brasileiro. A Segunda Turma do STF concedeu parcialmente HC impetrado contra acórdão do STJ, para declarar a ilicitude e determinar o desentranhamento da infiltração realizada por policial militar e dos depoimentos por ele prestados em sede policial e em juízo, nos termos do art. 157, § 3º, do CPP, sem prejuízo da prolação de uma nova sentença baseada em provas legalmente colhidas. Na espécie, a paciente foi denunciada e presa preventivamente pela suposta prática do delito de associação criminosa, previsto no art. 288, parágrafo único, do CP. Ela teria se associado a outros indivíduos, de forma estável e permanente, para planejar ações criminosas e recrutar simpatizantes pelas redes sociais e outros canais, que resultaram em atos de vandalismo durante manifestações ocorridas no período da Copa do Mundo de 2014, na cidade do Rio de Janeiro. Segundo o STF, o policial militar, designado como agente de Inteligência para subsidiar a Força Nacional de Segurança em atuação estratégica diante dos movimentos sociais e dos protestos ocorridos no Brasil em 2014, acabou por se infiltrar sem autorização judicial, com a participação em grupo de mensagens criado pelos investigados e em reuniões do grupo em bares, a fim de coletar provas e realizar investigação criminal clandestina.

No Brasil, somente é admitida a infiltração se houver indícios de infração penal praticada por uma organização criminosa e se a prova não puder ser produzida por outros meios disponíveis. Assim estabelece a Lei n.º 12.850/2013, em seu art. 1º:

> Art. 1º. Esta Lei define organização criminosa e dispõe sobre a investigação criminal, os meios de obtenção da prova, infrações penais correlatas e o procedimento criminal a ser aplicado. § 1º Considera-se organização criminosa a associação de 4 (quatro) ou mais pessoas estruturalmente ordenada e caracterizada pela divisão de tarefas, ainda que informalmente, com objetivo de obter, direta ou indiretamente, vantagem de qualquer natureza, mediante a prática de infrações penais cujas penas máximas sejam superiores a 4 (quatro) anos, ou que sejam de caráter transnacional. § 2º Esta Lei se aplica também: I – às infrações penais previstas em tratado ou convenção internacional quando, iniciada a execução no País, o resultado tenha ou devesse ter ocorrido no estrangeiro, ou reciprocamente; II – às organizações terroristas, entendidas como aquelas voltadas para a prática dos atos de terrorismo legalmente definidos.

Conforme se extrai da Lei n.º 12.850/2013, no seu art. 10, a infiltração de agentes de polícia em tarefas de investigação, representada pelo delegado de polícia ou requerida pelo MP, após manifestação técnica do delegado de polícia quando solicitada no curso de inquérito policial, será precedida de circunstanciada, motivada e sigilosa autorização judicial, que estabelecerá seus limites. *In verbis*:

> Art. 10. A infiltração de agentes de polícia em tarefas de investigação, representada pelo delegado de polícia ou requerida pelo Ministério Público, após manifestação técnica do delegado de polícia quando solicitada no curso de inquérito policial, será precedida de circunstanciada, motivada e sigilosa autorização judicial, que estabelecerá seus limites. § 1º Na hipótese de representação do delegado de polícia, o juiz competente, antes de decidir, ouvirá o Ministério Público. § 2º Será admitida a infiltração se houver indícios de infração penal de que trata o art. 1º e se a prova não puder ser produzida por outros meios disponíveis. § 3º A infiltração será autorizada pelo prazo de até 6 (seis) meses, sem prejuízo de eventuais renovações, desde que comprovada sua necessidade. § 4º Findo o prazo previsto no § 3º, o relatório circunstanciado será apresentado ao juiz competente, que imediatamente cientificará o Ministério Público.

Dispõe ainda a Lei n.º 12.850/2013 em seus arts. 11, 13 e 14:

> Art. 11. O requerimento do Ministério Público ou a representação do delegado de polícia para a infiltração de agentes conterão a demonstração da necessidade da medida, o alcance das tarefas dos agentes e, quando possível, os nomes ou apelidos das pessoas investigadas e o local da infiltração.
>
> Art. 13. O agente que não guardar, em sua atuação, a devida proporcionalidade com a finalidade da investigação, responderá pelos excessos praticados. Parágrafo único. Não é punível, no âmbito da infiltração, a prática de crime pelo agente infiltrado no curso da investigação, quando inexigível conduta diversa.
>
> Art. 14. São direitos do agente: I – recusar ou fazer cessar a atuação infiltrada; II – ter sua identidade alterada, aplicando-se, no que couber, o disposto no art. 9º da Lei n.º 9.807, de 13 de julho de 1999, bem como usufruir das medidas de proteção a testemunhas; III – ter seu nome, sua qualificação, sua imagem, sua voz e demais informações pessoais preservadas durante a investigação e o processo criminal, salvo se houver decisão judicial em contrário; IV – não ter sua identidade revelada, nem ser fotografado ou filmado pelos meios de comunicação, sem sua prévia autorização por escrito.

Em Portugal, tem-se a Lei n.º 101/2001, que estabelece o regime jurídico das ações encobertas para fins de prevenção e investigação criminal. Conforme o art. 2º:

> Art. 2º. As acções encobertas são admissíveis no âmbito da prevenção e repressão dos seguintes crimes: a) Homicídio voluntário, desde que o agente não seja conhecido; b) Contra a liberdade e contra a autodeterminação sexual a que corresponda, em abstracto, pena superior a 5 anos de prisão, desde que o agente não seja conhecido, ou sempre que sejam expressamente referidos ofendidos menores de 16 anos ou outros incapazes; c) Relativos ao tráfico e viciação de veículos furtados ou roubados; d) Escravidão, sequestro e rapto ou tomada de reféns; e) Tráfico de pessoas; f) Organizações terroristas, terrorismo, terrorismo internacional e financiamento do terrorismo; g) Captura ou atentado à segurança de transporte por ar, água, caminho-de-ferro ou rodovia a que corresponda, em abstracto, pena igual ou superior a 8 anos de prisão; h) Executados com bombas, granadas, matérias ou engenhos explosivos, armas de fogo e objetos armadilhados, armas nucleares, químicas ou radioactivas; i) Roubo em instituições de crédito, repartições da Fazenda Pública e correios; j) Associações criminosas; l) Relativos ao tráfico de estupefacientes e de substâncias psicotrópicas; m) Branqueamento de capitais, outros bens ou produtos; n) Corrupção, peculato e participação econômica em negócio e tráfico de influências; o) Fraude na obtenção ou desvio de subsídio ou subvenção; p) Infracções econômico-financeiras cometidas de forma organizada ou com recurso à tecnologia informática; q) Infracções econômico-financeiras de dimensão internacional ou transnacional; r) Contrafacção de moeda, títulos de créditos, valores selados, selos e outros valores equiparados ou a respectiva passagem; s) Relativos ao mercado de valores mobiliários.

Nesta norma, consideram-se ações encobertas aquelas que sejam desenvolvidas por funcionários de investigação criminal ou por terceiro atuando sob o controle da polícia judiciária para prevenção ou repressão dos crimes indicados nesta lei, com ocultação da sua qualidade e identidade. Para Oneto (2005, p. 141), *parece que o legislador optou pela expressão "agente encoberto" ao invés de utilizar o termo 'agente infiltrado', nela se incluindo a realidade que pode comportar as duas figuras.*

Eis o ponto de destaque da norma portuguesa: a admissibilidade de ações encobertas não apenas na esfera da repressão como também da prevenção criminal. Tal previsão não encontra semelhança expressa no ordenamento jurídico brasileiro, o que acaba por retratar a falta de destaque à prevenção criminal no Brasil.

Ao se infiltrar, o agente pode não apenas obter provas de fatos presentes e pretéritos, como também reunir elementos que inibam ou embaracem a escalada ou a continuidade das ações da organização criminosa na qual esteja inserido, como também a escalada ou a continuidade das ações de outras organizações criminosas, com pontos focais em comum ou dinâmicas de atuação semelhantes, tanto na perspectiva endógena como exógena.

Diferentemente do ordenamento brasileiro, que somente permite a infiltração por policiais, a Lei n.º 101/2001 admite, no art. 1º, n.º 2, que as ações encobertas sejam desenvolvidas por funcionários de investigação criminal ou por terceiro atuando sob o controle da polícia judiciária, com a ocultação de sua qualidade e identidade. Por tal razão, Leite (2010, pp. 381-410) questiona sobre a possibilidade de este terceiro ser o próprio arguido colaborador, sublinhando que a lei não apresenta uma resposta clara à pergunta. Analisando a inquietude acadêmica, entendo não ser possível, pela própria natureza da infiltração, como técnica especial de investigação – ou meio de obtenção de prova – que reclama o ingresso de um agente externo, policial ou não a depender do ordenamento jurídico, no seio de uma organização criminosa, utilizando-se de artifícios de engano para a obtenção e consolidação de confiança.

No caso de arguido, sua ações não se confundem com infiltração, tratando-se da própria essência colaborativa. Não há ingresso, mas uma permanência na organização criminosa sob controle da polícia e/ou do MP. Quando no Brasil isto ocorre, devidamente comunicado o juízo, inclusive com medidas de ação controlada, o colaborador pode reunir provas de fatos pretéritos e presentes, bem como recolher elementos indicativos de ações futuras, a demonstrar seu esforço colaborativo, que ao final da investigação pode ser reconhecido inclusive com representação por perdão judicial.

11.3 ASFIXIA FINANCEIRA

Considerando a análise histórica – evolutiva das organizações criminosas, cada vez mais ordenadas para vantagens econômicas, a asfixia financeira se revela importante medida de repressão preventiva de continuidade ou escalada.

Em desfavor dos transgressores, pelo desequilíbrio social causado, surgiram as penas aplicadas pelo Estado, com fundamentos e fins diferentes ao longo da evolução social, conforme teorias absoluta, relativa e mista. Segundo a teoria absoluta, a pena se traduzia num castigo impiedoso, aplicada pelo soberano ao transgressor da lei. Neste caso, a pena não teria a finalidade de beneficiar a sociedade, diante da impossibilidade ética de o homem servir como instrumento de utilidade social. Não sendo possível a sua instrumentalização, o homem deveria ser considerado como fim em si mesmo, razão pela qual o transgressor precisaria ser castigado pelo simples fato de ter delinquido, inexistindo qualquer função preventiva da pena, seja geral ou especial.

Em uma visão mais jurídica que ética, defendeu-se que a pena encontrava fundamento na dialética necessidade de restabelecer a vigência da vontade geral e racional, como instrumento de resgate da ordem negada pela vontade irracional do condenado.

A teoria relativa se afastou da retribuição, justificando a pena pela sua possibilidade de inibir novos fatos delitivos, conferindo-lhe importantes finalidades preventivas, geral ou especial. Roxin (1981, p. 72) afirma que pena só pode ser imposta quando for indispensável por motivos de prevenção especial ou geral para a manutenção da ordem social pacífica. Já Foucault (1987, p. 113) sustenta que a punição necessita olhar para o futuro, cumprindo uma de suas funções mais importantes. É preciso punir o suficiente para impedir.

Em sua finalidade preventiva geral, a pena pode servir como instrumento de intimidação (prevenção geral negativa), dissuadindo os demais, que, ao testemunharem a aplicação da pena, acabam por refletir e evitar o mesmo destino. Em outro polo, a pena tem o fito de buscar a integração social e sua aplicação visa a reforçar a necessidade de respeito e fidelidade à ordem vigente.

Diferentemente, a prevenção especial se concentra no condenado, evitando seu retorno à delinquência. A pena não se presta a retribuir nem a intimidar um grupo social, mas apenas a neutralizar o condenado, em cárcere, impedindo a continuidade delitiva (prevenção especial negativa). Aliado a isso, a pena se propõe reeducar o condenado, que, segregado, irá refletir e meditar sobre seus atos, avaliando as consequências e desistindo de permanecer no seu propósito (prevenção especial positiva).

Com o objetivo de unificar as duas anteriores, a teoria mista, a despeito de ter como fim da pena a prevenção defendida pela teoria relativa, contemplou também a retribuição, porém não como finalidade, tal qual sustentada pela teoria absoluta, mas como critério proporcional e limitador da própria prevenção.

Surgiram, então, as teorias deslegitimadoras da pena, propondo o abolicionismo penal, invocando sua evidente falência. Segundo tais teorias, a maioria dos delitos sequer é investigada, nem contabilizada, permanecendo como cifras ocultas e que o crime apenas rotula a conduta e o condenado (*labeling approach* ou teoria do etiquetamento), resultando numa aplicação seletiva e arbitrária do Direito penal, reforçando, consequentemente, as desigualdades sociais.

A teoria absoluta, como precitada, reserva-se ao encarceramento como castigo, ao passo que a teoria relativa prevê tal pena com função inibitória. A teoria mista reúne as duas anteriores, concentrando-se também no encarceramento, quando se reporta à prevenção geral negativa e à prevenção especial positiva.

Todas elas buscam estudar o fundamento e o fim da pena, objetivando justificar o cárcere e, consequentemente, a perda da liberdade de ir e de vir, como direito fundamental de primeira dimensão. Nenhuma delas, porém, dedica-se a outra liberdade: a de usufruir.

Reduzir a finalidade da pena ao campo da liberdade de locomoção revela uma tradicional expectativa de eficácia do Direito penal. Frustradas as expectativas, surgiram, inclusive, teorias deslegitimidoras.

Fundamental, pois, uma releitura da pena, não sua abolição. O Direito penal deve amoldar-se à criminalidade atual, provocando por via reflexa mudanças estruturais no Direito Policial, mais precisamente na sistematização da atuação da polícia judiciária, com a efetividade de medidas assecuratórias, a permitirem, em passos seguintes, penas relacionadas à descapitalização das organizações, evitando ou embaraçando a continuidade ou a escalada das ações criminosas.

As medidas assecuratórias de constrição econômica se revelam fundamentais, com a finalidade de sequestrar o produto direto e o indireto dos crimes. Assim agindo, a polícia se concentra na finalidade das organizações criminosas em praticar concertadamente e de maneira reiterada infrações penais que, por sua natureza, continuidade ou transnacionalidade, exponham de maneira grave bens jurídicos penalmente revelantes, em propósito múltiplo e alternativo de obter, direta ou indiretamente, vantagem indevida, ocultar ou dissimular bens, direitos ou valores como produtos ou proveitos ilícitos.

Ressalvam Masson e Marçal (2018, p. 44) que, *apesar da franca conotação econômica na vantagem, não se descarta a obtenção de proveito ou ganho de natureza diversa ("disputa de poder; conquista de votos; ascensão a cargo ou posto etc."), o que deverá ser revelado no caso concreto*. Ainda que a vantagem econômica não seja o objetivo final, a obtenção de proveitos ou ganhos deve ser, no mínimo, um fim-meio, a manter economicamente a estrutura de uma organização criminosa, mesmo que informal, e lastrear suas ações ilícitas.

Na lição de Dias (2010, pp. 30-36), a criminalidade organizada tem, como campo principal de realização, a atividade econômica, e como finalidade objetiva a relevância do lucro em geral, neste incluídos os lucros futuros esperados no crime e as vantagens competitivas no campo do ilícito, razão pela qual a prevenção e repressão à criminalidade deve se concentrar na detecção, congelamento, apreensão e perda dos produtos de crime. Para o autor, o confisco ampliado do lucro lícito ocorre não apenas ao se verificar o descompasso entre os rendimentos ditos como lícitos e o valor dos bens, sendo necessária a existência de elementos de persuação de que os bens foram obtidos em decorrência da atividade criminosa.

Dias (2010, pp. 30-36) se posiciona como crítico à incriminação do enriquecimento injustificado, porquanto o silêncio do investigado acaba por influenciar as próprias elementares do delito. Escapa, porém, a críticas o confisco alargado do lucro. Nas palavras do autor, enquanto no crime de enriquecimento ilícito:

> "A não infirmação pelo arguido da suspeita de proveniência ilícita do patrimônio constitui a confirmação de culpa, e portanto o fundamento da punição, no confisco essa não informação é apenas pressuposto de um efeito da pena, nenhuma relação mantendo com a culpa".

Eis a razão da necessidade de a polícia se concentrar nas medidas assecuratórias de descapitalização, promovendo a asfixia financeira dos grupos criminosos. Nesta sistemática, as investigações devem alcançar o produto direto e os proveitos indiretos das vantagens indevidas, como também reunir esforços em face das ações de ocultação e dissimulação da natureza, origem, localização, disposição, movimentação ou propriedade de bens, direitos ou valores provenientes, direta ou indiretamente, de infração penal.

No Brasil, a Lei n.º 9.613/1998 tipifica como crime as ações alternativas de ocultar ou dissimular a natureza, origem, localização, disposição, movimentação ou propriedade de bens, direitos ou valores provenientes, direta ou indiretamente, de infração penal, estabelecendo, como sanção, a reclusão, de 03 (três) a 10 (dez) anos, e multa. Como previsão de asfixia financeira, esta norma estabeleceu, como um dos efeitos da condenação, a perda, em favor da União – e dos Estados, nos casos de competência da Justiça Estadual –, de todos os bens, direitos e valores relacionados, direta ou indiretamente, à prática dos crimes, inclusive aqueles utilizados para prestar a fiança, ressalvado o direito do lesado ou de terceiro de boa-fé.

Em Portugal, conforme o art. 368-A do CP, quem converter, transferir, auxiliar ou facilitar alguma operação de conversão ou transferência de vantagens, obtidas por si ou por terceiro, direta ou indiretamente, com o fim de dissimular a sua origem ilícita, ou de evitar que o autor ou participante dessas infrações seja criminalmente perseguido ou submetido a uma reação criminal, é punido com pena de prisão de 02 a 12 anos.

Como já defendido, a polícia judiciária deve concentrar seus esforços iniciais nos atos daqueles que se revelam pontos de intersecção dos grupos políticos/judiciais, econômicos, administrativos e operacionais, onde há menor resiliência, pois os responsáveis por esta conexão não se sentem blindados pela organização criminosa, muito menos favorecidos financeiramente à semelhança dos líderes. As duas figuras abaixo apresentam um exemplo de investigação financeira presidida por este pesquisador, na condição de Delegado de PF no Brasil. A PF obteve decisão de afastamento de sigilo bancário de 137 (cento e trinta e sete) contas. Com a representação gráfica, foi possível reunir elementos de prova em face dos pontos de intersecção dos grupos.

Figura 8 – Representação gráfica de movimentação financeira de 137 (cento e trinta e sete) contas bancárias suspeitas

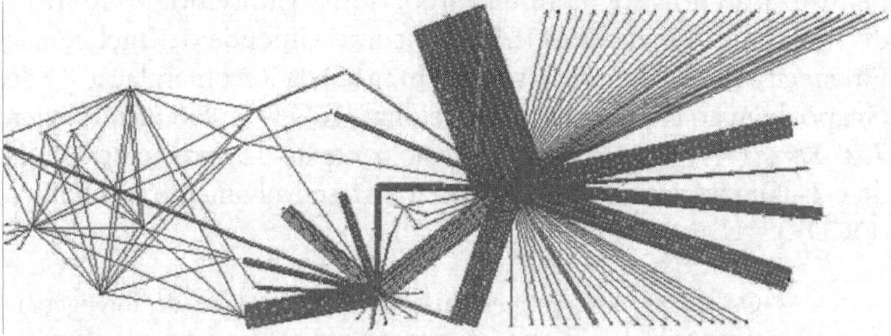

Fonte: Arquivo pessoal.

Figura 9 – Vértices representativos das 137 (cento e trinta e sete) contas bancárias suspeitas

Fonte: Arquivo pessoal.

Já não é de hoje que os países implementam operações de prevenção à lavagem de capitais. Em Portugal, estas operações são levadas a cabo na sequência de informação veiculada pelas entidades financeiras e não financeiras, a que se referem os arts. 3º e 4º da Lei n.º 25/2008, de 5 de junho.

A Lei n.º 9.613/1998, no Brasil, além de dispor sobre os crimes de "lavagem" ou ocultação de bens, direitos e valores; e sobre a prevenção da utilização do sistema financeiro, criou o Conselho de Controle de Atividades Financeiras (COAF), como Unidade de Inteligência Financeira (UIF). A criação se deu em razão da Recomendação 29 do Grupo de Ação Financeira Internacional (GAFI) ou *Financial Action Task Force* (FATF), criado em 1989 no contexto da reunião de cúpula do G7 – Organização para Cooperação e Desenvolvimento Econômico (OCDE) - UIFs:

> Os países deveriam estabelecer uma unidade de inteligência financeira (UIF) que sirva como um centro nacional de recebimento e análise de: (a) comunicações de operações suspeitas; e (b) outras informações relevantes sobre lavagem de dinheiro, crimes antecedentes e financiamento do terrorismo, e de disseminação dos resultados de tal análise. A UIF deveria ser capaz de obter informações adicionais das entidades comunicantes e ter acesso rápido a informações financeiras, administrativas e de investigação que necessite para desempenhar suas funções adequadamente (GAFI, 1989).

Pela lei, determinadas pessoas, físicas e jurídicas, tornaram-se responsáveis por vários mecanismos de prevenção à lavagem de dinheiro, com obrigações específicas, tais como a identificação de clientes e a manutenção de seus cadastros atualizados, registando e comunicando ao COAF toda transação em moeda nacional ou estrangeira, títulos e valores mobiliários, títulos de crédito, metais, ou qualquer ativo passível de ser convertido em dinheiro, que ultrapassar limite fixado pela autoridade competente. Segue um panorama das comunicações suspeitas recebidas não apenas pelo COAF, como também pelo Banco Central do Brasil (BACEN), Polícia Federal (PF), Conselho Federal de Contabilidade (CFC), Conselho Federal de Corretores de Imóveis (COFECI), Conselho Federal de Economia (COFECON), Comissão de Valores Imobiliários (CVM), entre outros setores obrigados.

Figura 10 – Tabela de comunicação de operações suspeitas

Regulador	Setor Econômico	COS 1998-2017	COS 2018	COS 2019	Total COS	COE 1998-2017	COE 2018	COE 2019	Total COE	Total
	TOTAL GERAL	**5.500.366**	**414.911**	**139.593**	**6.054.870**	**8.461.331**	**2.720.584**	**1.692.545**	**12.874.460**	**18.929.330**
COAF	Bens de luxo ou de alto valor	12.418	4.092	1.655	**18.165**	14.924	5.330	2.350	**22.604**	**40.769**
COAF	Bingos	2.380	0	0	**2.380**	2.380	0	0	**2.380**	**4.760**
COAF	Bolsas de mercadorias	3	0	0	**3**	3	0	0	**3**	**6**
COAF	Cartões de crédito	158.880	7.890	3.428	**170.198**	51	0	0	**51**	**170.249**
COAF	Factoring e securitização de ativos	173.873	7.841	3.264	**184.978**	1.313	350	163	**1.826**	**186.804**
COAF	Joias, pedras e metais preciosos	341	33	20	**394**	4.770	4.019	2.330	**11.119**	**11.513**
COAF	Remessas Alternativas de Recursos	129	469	17	**615**	0	0	0	**0**	**615**
COAF	Serviços de assessoria/consultoria	179	164	119	**462**	38	126	5	**169**	**631**
BACEN	Agência de Fomento	51	15	20	**86**	0	0	0	**0**	**86**
BACEN	Arranjos e Instituições de Pagamento	269	1	0	**270**	0	1.796	1.415	**3.211**	**3.481**
BACEN	Associação de Poupança e Empréstimo	2.673	193	135	**3.001**	0	0	0	**0**	**3.001**
BACEN	Bancos	573.189	77.785	47.155	**698.129**	8.193.624	2.475.626	1.465.197	**12.134.447**	**12.832.576**
BACEN	Bancos Cooperativos	4.637	1.944	850	**7.431**	24.097	3.841	1.671	**29.609**	**37.040**
BACEN	Companhia Hipotecária	15	0	0	**15**	0	0	0	**0**	**15**
BACEN	Consórcio	15.979	2.546	1.335	**19.860**	6	10	4	**20**	**19.880**
BACEN	Cooperativa de Crédito	106.333	35.015	19.029	**160.377**	205.826	219.337	123.893	**549.056**	**709.433**
BACEN	Sociedade Corretora de Câmbio	33.237	139.615	705	**173.557**	10	283	170	**463**	**174.020**
BACEN	Sociedade Corretora de TVM	4.355	1.049	1.638	**7.042**	11	23	8	**42**	**7.084**
BACEN	Sociedade Distribuidora de TVM	31.515	964	323	**32.802**	2	3	19	**24**	**32.826**
BACEN	Sociedade de Arrendamento Mercantil	1.180	46	11	**1.237**	0	2.291	1.026	**3.317**	**4.554**
BACEN	Sociedade de Crédito/Financiamento/Investimento	3.297	2.408	889	**6.594**	0	283	104	**387**	**6.981**
CFC	Contador - Assessoria/Consultoria/Contadoria/Auditoria	3.317	496	374	**4.187**	769	954	484	**2.207**	**6.394**
COFECI	Promoção imobiliária compra/venda imóveis	36.518	677	370	**37.565**	4.780	1.279	503	**6.562**	**44.127**
COFECON	Consultoria	0	3	0	**3**	0	0	0	**0**	**3**
CVM	Mercado de Valores Mobiliários	45.715	28.114	7.912	**81.741**	0	0	0	**0**	**81.741**
DPF	Transporte e Guarda de Valores	293.654	23.862	1.211	**318.727**	0	0	90.343	**90.343**	**409.070**
DREI	Juntas Comerciais	690	1.568	703	**2.961**	0	0	0	**0**	**2.961**
IPHAN	Objetos de arte e antiguidades	117	2	0	**119**	15	12	6	**33**	**152**
PREVIC	Previdência Complementar	98.636	13.018	7.739	**119.393**	403	346	160	**909**	**120.302**
SEAE	Loterias	690.382	444	171	**690.997**	8.142	4.109	2.169	**14.420**	**705.417**
SUSEP	Mercado Segurador	3.205.570	60.766	38.439	**3.304.775**	9	0	0	**9**	**3.304.784**
	Outros setores previstos na Lei nº 9.613/1998	834	3.891	2.081	**6.806**	158	566	525	**1.249**	**8.055**

Fonte: https://www.gov.br/fazenda/ptbr/centraisdeconteudos/publicacoes/relatoriodeatividades/arquivos/o_que_faz.pdf

Figura 11 – Tabela de ilícitos informados nas comunicação de operações suspeitas

Ano	Corrupção	Tráfico de Armas	Tráfico de Drogas	Tráfico de Pessoas	Crimes Contra o SFN	Crimes Contra o Patrimônio	Crimes Tributários	Crimes Eleitorais
2014	617	18	289	-	95	55	220	17
2015	990	32	449	3	113	110	348	10
2016	1.043	37	488	9	98	136	259	16
2017	1.494	99	807	8	188	206	408	23
2018	2.134	109	1.088	7	281	250	541	14
2019	1.377	88	902	-	84	214	470	10
Total	7.655	383	4.001	27	855	971	2.244	90

Ano	Extrações Ilegais	Facções Criminosas	Financiamento do Terrorismo	Fraudes	Jogos Ilegais	Pirâmide Financeira	Pirataria
2014	21	54	5	164	59	3	7
2015	46	54	14	294	35	5	-
2016	47	53	12	285	40	3	-
2017	53	125	10	358	61	12	1
2018	71	267	28	566	49	10	4
2019	72	289	14	468	39	7	-
Total	310	842	83	2.135	283	40	12

Fonte: https://www.gov.br/fazenda/ptbr/centraisdeconteudos/publicacoes/relatoriodeatividades/arquivos/o_que_faz.pdf

Conforme dados oficiais, o COAF recebe, examina e identifica ocorrências suspeitas de atividade ilícita e comunica às autoridades competentes para instauração de procedimentos. Sobre o compartilhamento de informações do COAF, o STF já analisou o assunto em importante julgamento datado de 28/11/2019:

> Por maioria de votos, o Plenário do Supremo Tribunal Federal aprovou nesta quarta-feira (4) a tese de repercussão geral no Recurso Extraordinário 1055941, no qual foi validado o compartilhamento com o Ministério Público e com as autoridades policiais dos dados bancários e fiscais do contribuinte obtidos pela Receita Federal e pela Unidade de Inteligência Financeira (UIF) sem a necessidade de autorização prévia do Poder Judiciário. A tese fixada foi a seguinte: 1 – É constitucional o compartilhamento dos relatórios de inteligência financeira da UIF e da íntegra do procedimento fiscalizatório da Receita Federal do Brasil, que define o lançamento do tributo, com os órgãos de persecução penal, para fins criminais, sem a obrigatoriedade de prévia autorização judicial, devendo ser resguardado o sigilo das informações em procedimentos formalmente instaurados e sujeitos a posterior controle jurisdicional. 2 – O compartilhamento pela UIF e pela Receita Federal do Brasil, referente ao item anterior, deve ser feito unicamente por meio de comunicações formais, com garantia de sigilo, certificação do destinatário e estabelecimento de instrumentos efetivos de apuração e correção de eventuais desvios.

"Pessoas obrigadas" são aquelas para as quais existe uma obrigação legal para a prevenção e combate ao crime de lavagem de dinheiro e financiamento ao terrorismo. As comunicações encaminhadas pelos setores obrigados são recebidas pelo SisCoaf – que, programado com regras de inteligência previamente definidas, efetua análise sistêmica e distribui as comunicações que deverão ser tratadas individualmente pelos analistas.

As comunicações e análises são armazenadas em sistema próprio, cotejando esses dados com outras informações. Sinais de alertas são então gerados, exigindo uma análise de risco. A depender do resultado, os riscos mais altos instruem um documento denominado Relatório de Inteligência Financeira – RIF, como documento de extrema importância para medidas policiais de prevenção de escalada ou de continuidade das ações criminosas, com um viés importante para uma investigação capitalista com o objetivo de promover a asfixia financeira[2].

Em 2003, o Brasil instituiu uma Estratégia Nacional de Combate à Corrupção e à Lavagem de Dinheiro (ENCCLA), reunindo mais de 90 entidades dos Poderes Executivo, Legislativo e Judiciário – das esferas federal, estadual e municipal; além de Ministérios Públicos e associações que atuam, direta ou indiretamente, na prevenção e combate à corrupção e à lavagem de dinheiro, com o objetivo de intensificar a prevenção a esses crimes.

Em Portugal, a Lei n.º 83/2017 estabelece medidas de natureza preventiva e repressiva de combate ao branqueamento de capitais e ao financiamento do terrorismo e transpõe parcialmente para a ordem jurídica interna a Diretiva 2015/849/UE, do Parlamento Europeu e do Conselho, de 20 de maio de 2015, relativa à prevenção da utilização do sistema financeiro e das atividades e profissões especialmente designadas para efeitos de branqueamento de capitais e de financiamento do terrorismo, bem como a Diretiva 2016/2258/UE, do Conselho, de 6 de dezembro de 2016, que altera a Diretiva 2011/16/UE, no que respeita ao acesso às informações sobre antibranqueamento de capitais por parte das autoridades fiscais.

Conforme RASI de Portugal (2017), baseado em dados estatísticos de 2016 e 2017, foram iniciados 6.194 procedimentos de prevenção de branqueamento de capitais, efetuadas 178 comunicações ao abrigo do art. 17 da citada Lei, tendo sido judicialmente confirmadas 69 situações de suspensão de operações bancárias envolvendo os montantes totais de 13.440.990 euros e 2.642.997 dólares americanos[3]. Esses números foram ainda mais expressivos em relatório mais recente:

---

2. O COAF, na análise de operações suspeitas, utiliza-se de vários bancos de dados: SisCoaf; Rede Infoseg; Cadastro de Pessoas Físicas (CPF); Cadastro Nacional de Pessoas Jurídicas (CNPJ); Declaração de Operações Imobiliárias (DOI); Sistema Integrado de Administração de Recursos Humanos (Siape) Sistema de Informações Rurais (SIR); Cadastro Nacional de Informações Sociais (CNIS); Cadastro Nacional de Empresas (CNE); Análise das Informações de Comércio Exterior (Alice Web); Base de grandes devedores da União; Bases do TSE; e Declaração de Porte de Valores (e-DPV).
3. No Brasil, esses dados não são consolidados à semelhança do que se faz em Portugal.

Figura 12 – Tabela com dados sobre branqueamento de capitais e financiamento ao terrorismo

Prevenção de Branqueamento de Capitais e Financiamento do Terrorismo - Ano 2020						
Procedimentos Instaurados	Procedimentos Urgentes (Artigo 47º da Lei 83/2017, de 18-8)	Suspensão de Operações Bancárias	Montantes das operações bancárias suspensas no período			Nº de inquéritos instaurados
			Euros	Dólares (USD)	Libras (UK)	
11 524	711	357	547.186.689,30	17.015.374,71	41.907,00	305

Fonte: https://www.portugal.gov.pt/downloadficheiros/ficheiro.aspx?v=%3D%3DBQAAAB%2BLCAAAAAAABAAzNDQ1NAUABR26oAUAAAA%3D

Mais avançado que outros países, inclusive o Brasil, onde não há iniciativa semelhante, Portugal criou, nas dependências da própria polícia judiciária, um Gabinete de Recuperação de Ativos (GRA). De acordo com a Lei n.º 45/2011, o GRA tem como missão proceder à identificação, localização e apreensão de bens ou produtos relacionados com crimes, ao nível interno e internacional, assegurar a cooperação com os gabinetes de recuperação de ativos criados por outros Estados e exercer as demais atribuições que lhe sejam legalmente atribuídas. Compete ainda ao GRA realizar a recolha, a análise e o tratamento de dados estatísticos anonimizados, resultantes da sua atividade ou que a lei mande comunicar-lhe, referentes à apreensão e à aplicação de medidas de garantia patrimonial em processo penal, bem como ao destino final que os bens por elas abrangidos tiveram, nomeadamente a restituição, o envio à autoridade de outro Estado em cumprimento de pedido de cooperação judiciária internacional ou a declaração de perda a favor do Estado, com especificação do tipo de bem, do respetivo valor, da sua titularidade como pertencendo ao arguido ou a terceiro e ainda do fato ilícito típico previsto nas leis penais com o qual o mesmo está relacionado.

Em palestra proferida na Faculdade do Porto em 29 de março de 2019, Carlos Costa, então Coordenador do GRA, realçou a missão do GRA em identificar os bens ilícitos, localizá-los e apreendê-los. Para tanto, a polícia judiciária possui acesso a um sistema interligado de informações civis e patrimoniais, como poucos países da Europa possuem. A investigação patrimonial e financeira se inicia com a recolha de informações, seguida da análise de variações anuais de patrimônio e de rendimentos, bem como de produtos financeiros, com a apuração da diferença entre o que foi declarado e comunicado com o que foi identificado no período de análise, ao final com proposição de sequestro e arresto de ativos. Em Portugal, no ano de 2017, foram apreendidos/arrestados valores na ordem de € 20.804.000,00 (vinte milhões, e oitocentos e quatro mil euros). No ano seguinte, um salto quantitativo: foram apreendidos/arrestados valores na ordem de € 22.892.376,98 (vinte e dois milhões, oitocentos e noventa e dois mil, e trezentos e setenta e seis euros e noventa e oito centavos).

Carlos Costa também apresentou uma evolução normativa na UE, a qual, objetivando manter e desenvolver um espaço de liberdade, de segurança e de justiça, reconheceu que a apreensão e a perda dos instrumentos e produtos do crime constituem um dos meios mais eficazes de luta contra a criminalidade, e estabeleceu novo regime jurídico da União em matéria de reconhecimento mútuo tanto das decisões de apreensão como das decisões de perda.

O grande desafio da investigação capitalista ainda reside na administração dos bens apreendidos pelo Estado, no terreno da prevenção e repressão criminal. No Brasil, considerando a última publicação do Manual de Bens Apreendidos do Conselho Nacional de Justiça (CNJ, 2011), o valor dos bens apreendidos somava, até julho de 2010, o montante de R$ 2,337 bilhões. Deste valor, apenas 0,23% havia sido objeto de alienação antecipada e outros 4,43% haviam sido restituídos. Outros 93,35% permaneciam sob a responsabilidade do Poder Judicial, aguardando decisão quanto à sua destinação. Muitos desses bens acabam perdendo parte de seu valor até que haja uma decisão final sobre a destinação.

Reconhecendo o quadro negativo, o Ministério da Justiça no Brasil, na ENCCLA, visando à articulação e à atuação conjunta entre órgãos públicos que trabalham com a fiscalização, o controle e a inteligência como forma de aperfeiçoar a prevenção e o combate à corrupção e à lavagem de dinheiro, estabeleceu como meta, no ano de 2013, apresentar uma proposta de criação de órgão encarregado da administração dos bens submetidos a medida assecuratória. Apesar de estabelecida esta meta governamental anos atrás, nenhuma proposta foi efetivamente implementada. Restam algumas iniciativas isoladas, sem orientação conjunta, nem procedimentos estabelecidos.

No ano de 2013, este autor representou pelo sequestro de aproximadamente 100 (cem) imóveis de alto padrão, localizados na Região

Nordeste do Brasil, por caracterizarem proveitos indiretos ocultos de um grupo criminoso responsável por desvio de recursos públicos na Região Norte. Após o deferimento da medida assecuratória, verificou-se que os investigados continuavam a lucrar com os aluguéis decorrentes desses imóveis, todos pagos em espécie. Diante desse panorama, representou-se pelo sequestro dos aluguéis respectivos e o STJ acolheu a representação policial, determinando o depósito de todos os valores em conta judicial vinculada à investigação.

Para além de iniciativas como estas, na prática, as medidas assecuratórias no Brasil acabam se traduzindo apenas em indisponibilidade dos bens para a venda ou cessão a terceiros em cartórios. Enquanto isso não ocorre, ao longo de processos penais que se arrastam por anos ou décadas, as organizações criminosas, não raro, continuam a ter proveitos dos seus bens, mesmo aqueles sequestrados. Tal cenário ainda é mais desanimador quando presente a racionalidade empresarial numa organização criminosa, seja ela simples ou complexa[4]. Mesmo objeto de medidas assecuratórias, as empresas continuam administradas pelas organizações criminosas, esvaziando o objetivo de asfixia financeira. Isso ocorre muito no caso dos postos de combustíveis, que, em razão da venda em espécie, revelam-se comumente instrumentos de lavagem de dinheiro. Mesmo com sequestro, os postos de combustíveis continuam sendo administrados por prepostos da organização criminosa.

No Brasil, como regra, inexiste uma ação efetiva do Estado em gerir esses bens. Já na Europa, mais precisamente na França, foi criada no ano de 2010 a Agência de Gestão e Recuperação de Bens Apreendidos e Confiscados (AGRASC), sob a supervisão conjunta dos Ministérios da Justiça e Orçamento[5]. Como dispõe o site oficial, esta agência tem,

4. Como visto, na racionalidade simples, a organização criminosa se ordena para atuar apenas em atividades ilícitas com rentabilidade. Já na racionalidade complexa, a organização criminosa se insere em contextos legais, ou para impulsionar a rentabilidade, ou para se escusar da atuação do Estado (proteção como terceira perspectiva).

5. A AGRASC é um estabelecimento administrativo público colocado sob a dupla tutela dos Ministérios da Justiça e do Orçamento, cuja criação foi prevista pela Lei n.º 768, de 9 de julho de 2010, para facilitar a apreensão e confisco em matéria penal. Dirigido por um magistrado da ordem judicial, dotado de um conselho de administração também presidido por um magistrado da ordem judicial, é composto por 11 agentes oriundos dos Ministérios da Justiça, do Interior e do Orçamento. Esta lei, para melhor compreender os lucros gerados pela delinquência e pelo crime organizado e, assim, reforçar o efeito dissuasor da sanção penal, alargou o campo dos bens susceptíveis de apreensão.Também criou um procedimento de

como objetivos, assegurar a gestão centralizada de todos os montantes apreendidos durante as investigações e processo penal, a possibilitar o confisco; proceder a todas as vendas antecipadas de bens móveis apreendidos, decididas pelos magistrados quando esses bens móveis deixarem de ser úteis para a manifestação da verdade e quando estiverem sujeitos à depreciação; gerir, por ordem judicial, todos os bens complexos que lhe são confiados, ou seja, todos os bens que requeiram, para a sua conservação ou valorização, atos de administração; assegurar a gestão das mercadorias apreendidas, proceder à sua venda e distribuição dos seus rendimentos em execução de qualquer pedido de assistência mútua internacional ou cooperação de uma autoridade judiciária estrangeira; e assegurar, por fim, se necessário, a informação prévia dos credores (credores públicos ou vítimas) antes da execução de qualquer decisão judicial de restituição e a indenização prioritária de partes civis em bens confiscados da pessoa condenada. Desde a sua criação, a Agência tratou mais de 87.722 processos correspondentes à gestão de 173.077 bens de natureza muito diversa (numerário, contas bancárias, veículos, barcos, imóveis etc.), num valor total estimado em 920 milhões de euros.

Em Portugal, outro bom exemplo: a Lei n.º 45/2011 criou um Gabinete de Administração de Bens na esfera do Instituto de Gestão Financeira e Equipamentos da Justiça (IGFEJ), com a finalidade de proteger, conservar e gerir os bens recuperados ou à guarda do Estado; determinar a venda; determinar a afetação a finalidade pública ou socialmente útil conexa com a administração da justiça, embora os bens a afetar se revelem de interesse para a entidade beneficiária e sejam adequados ao exercício e prossecução das suas competências legais ou estatutárias; determinar a destruição de bens, desde que salvaguardado o cumprimento da regulamentação comunitária aplicável; e assegurar a destinação dos bens recuperados ou declarados perdidos a favor do Estado por decisão transitada em julgado.

Havendo dúvidas quanto à efetividade da asfixia financeira em determinados países, como no Brasil, existe um ambiente de oportunidades para as organizações criminosas transnacionais, que optam por investir os recursos em países com legislação menos avançada,

---

apreensão penal especial para efeito de confisco, mais adequado do que os procedimentos de execução civil, que são complexos e onerosos.

numa perspectiva endógena, em dolo coletivo ordenado a garantir o produto ou proveito ilícito. A repressão preventiva seria então um meio a impedir a continuidade ou escalada das ações.

Não é uma tarefa fácil, temos de reconhecer. Inclusive atuar nos crimes de lavagem de dinheiro revela-se um desafio investigativo por diversos fatores transversais, principalmente no campo do direito penal, processual penal e administrativo. Romantini (2003) sustenta que a lavagem de dinheiro é um processo por meio do qual pretende-se viabilizar o uso de ativos sem atrair atenção da ação repressora do Estado. De fato, eis um ponto principal: o desígnio de atuar encoberto, o que distingue este crime do mera exaurimento de outros delitos[6].

Cuida-se de crime autônomo[7], em perspectiva de proteção das organizações criminosas, para garantir o aproveitamento impune e encoberto dos delitos antecedentes. Embora tenhamos larga discussão sobre o assunto, e posicionamentos pendulares, nos aproximamos do magistério de Conceição (2018, p. 50), que considera este crime como de "mera conduta", ou de "mera atividade".

A lavagem pode ocorrer em diversas fases[8]. De início, em fase denominada de "placement", os recursos provenientes de ilícitos são introduzidos em circulação, num primeiro distanciamento a dificultar

6. Quando, por exemplo, determinado funcionário público solicita vantagem indevida e emprega tal recurso na compra de um apartamento em nome de um familiar, de modo a beneficiar os seus, não necessariamente há o desígnio de encobertar tal compra da ação do Estado, razão pela qual, a considerar o "iter criminis", a aquisição do imóvel se revela mero exaurimento de um crime formal de corrupção.

7. Para o STF no Brasil, o ato configurador da lavagem há de ser distinto e posterior à disponibilidade sobre o produto do crime antecedente (AP. 470/MG).

8. No Acórdão de 8 de Janeiro de 2014 (Processo n.º 7/10.0TELSB.L1.S1), o STJ de Portugal abordou essas três fases: "A designação mais comum para significar as fases, etapas, ou possíveis operações de branqueamento de capitais, é a adoptada pelo GAFI, que distingue três etapas, designadas na terminologia inglesa habitualmente usada por placemen,layering e integration (fases de colocação, circulação e de integração), tendo inspirado a Convenção de Viena e em consequência o legislador português, que seguiu aquela muito de perto. A primeira fase – placement – consiste na colocação dos capitais no sistema financeiro, seja em instituições financeiras tradicionais ou noutras. A segunda fase — layering — consiste na realização de várias transacções, com vista a criar várias «camadas» (layers) entre a origem real e a que se pretende visível, para assim dissimular a origem dos fundos. O objectivo é o de interromper o chamado paper trail, ou seja, o conjunto de elementos documentais que permitem a reconstrução dos movimentos financeiros efectuados. A terceira fase —integration— é o investimento (ou, na terminologia dos autores italianos, o «emprego» dos fundos), já «lavados», nas mais variadas operações económicas (p. ex., a compra de imóveis ou metais preciosos), numa perspectiva designadamente de longo prazo.

a identificação de sua procedência. Isso pode ocorrer de diversas maneiras, tais como o depósito de valores ilícitos em conta de terceiros, simulação de contratos fictícios, nomeadamente os de serviços, ou simples transporte físico de valores para outras localidades. Os contratos de serviços são demasiadamente utilizados nos dias de hoje, seja pela generalidade de suas cláusulas, pela dificuldade de se questionar o valor de um serviço especializado, ou ainda pelo abrigo de sigilo, como os contratos advocatícios.

Após o distanciamento inicial, como segunda fase, referida como "layering", temos a conduta de dissimulação dos valores com vistas a dificultar-lhes o rastreamento. Isso pode ocorrer com a movimentação sequencial dos recursos após seu primeiro depósito ("*placement*"), fracionando-os, por meio de ações fragmentadas ("*smurfing*"), em diversas contas e instituições financeiras, muitas delas anónimas, apenas numeradas, com sede em centros "*off-shore*"[9], inclusive por meio de valores não elevados a fim de evitar comunicações obrigatórias por parte de pessoas responsáveis[10].

Na terceira fase ("*integration*"), as ações são direcionadas à disponibilização dos valores. Após o distanciamento e dissimulação, os valores são reincorporados ao domínio dos atores iniciais, através de

9. O termo "offshore" é utilizado para definir empresas em paraísos fiscais, sem atividade neles registrada. Possuem uma blindagem endógena, uma vez que, nesses paraísos, além de existirem vantagens tributárias, há sigilo em relação ao quadro societário e em relação às suas atividades financeira.

10. Sobre a rede de alertas e comunicações obrigatórias, reza o art. 7º, 1, "a", da Convenção das Nações Unidas contra a Criminalidade Organizada Transnacional (Convenção de Palermo): Cada Estado Parte deverá instituir um regime interno completo de regulamentação e controlo dos bancos e das instituições financeiras não bancárias e, quando se justifique, de outras entidades especialmente susceptíveis de ser utilizadas para fins de branqueamento de capitais, dentro dos limites da sua competência, a fim de prevenir e detectar qualquer forma de branqueamento de capitais, sendo que neste regime as exigências relativas à identificação de clientes, ao registo das operações e à notificação de operações suspeitas devem ser consideradas essenciais. Neste sentido, o art. 14, 1, "a", da Convenção da ONU contra a Corrupção (Convenção de Mérida): Cada Estado Parte Deverá instituir um regime interno completo de regulamentação e controlo dos bancos e das entidades financeiras não bancárias, incluindo de pessoas singulares ou colectivas que prestam serviços de transferência de dinheiro ou valores, através de mecanismos formais ou informais e, quando se justifique, de outras entidades especialmente susceptíveis de ser utilizadas para fins de branqueamento de capitais, dentro dos limites da sua competência, a fim de prevenir e detectar qualquer forma de branqueamento de dinheiro, sendo que neste regime as exigências relativas à identificação de clientes e, se for caso disso, dos beneficiários efectivos, ao registo das operações e à notificação de operações suspeitas devem ser consideradas essenciais.

diversos modos, tais como investimento em redes hoteleiras, loterias, supermercados, compra de ativos e participação oculta ou em conta de participação no capital social de sociedades empresariais.

Sublinhe-se não ser necessária a ocorrência destas três fases para que o delito de lavagem esteja consumado[11]. Trata-se de um crime de perigo abstrato e as suas diversas maneiras de ocorrência (crime de forma livre), complexas ou não[12], dificultam demasiadamente a repressão preventiva policial. Ilustrando, temos a possibilidade de os valores retornarem aos atores iniciais logo após a primeira fase.

---

11. O tipo penal do art. 1º da Lei n.º 9.613/1998 é de ação múltipla ou plurinuclear, consumando-se com a prática de qualquer dos verbos mencionados na descrição típica e relacionando-se com qualquer das fases do branqueamento de capitais (ocultação, dissimulação, reintrodução), não exigindo a demonstração da ocorrência de todos os três passos do processo de branqueamento. Julgados: APn 923/DF, Rel. Ministra Nancy Andrighi, Corte Especial, julgado em 23/09/2019, DJe 26/09/2019. Neste sentido ainda: STF no Brasil. RHC – 80816.
12. Sobre a possibilidade de condutas não complexas, o Supremo Tribunal de Justiça de Portugal assim se manifestou no Acórdão de 20 de Outubro de 2019 (Processo n.º 405/14.0TELSB. L1-3): "Face à amplitude da configuração do crime de branqueamento de capitais no art. 368-A do Código Penal, deve entender-se que o processo trifásico – conversão; dissimulação e integração – de reciclagem dos bens ou vantagens patrimoniais resultantes de factos típicos e ilícitos das espécies previstas no seu n.º 1 pode ser mais ou menos elaborado, consoante a economia de esforço necessária à produção do resultado antijurídico, pelo que a mera introdução de dinheiro proveniente da prática de crimes base, ou da venda de bens obtidos através do cometimento desses tipos de ilícito, por exemplo, através de um mero depósito bancário, ainda que menos grave e perigosa do que outras mais sofisticadas e engenhosas, é já branqueamento de capitais, sob pena de restrição ilegal do âmbito objectivo do tipo e de desarticulação funcional com o bem jurídico tutelado com a incriminação". No Brasil, endossando, temos ainda importante decisão: RHC n.º 80.816-SP Relator: Min. Sepúlveda Pertence. Ementa: "Lavagem de dinheiro: L. 9.613/98: caracterização. O depósito de cheques de terceiro recebidos pelo agente, como produto de concussão, em contas-correntes de pessoas jurídicas, às quais contava ele ter acesso, basta a caracterizar a figura de "lavagem de capitais" mediante ocultação da origem, da localização e da propriedade dos valores respectivos (L. 9.613, art. 1º, caput): o tipo não reclama nem êxito definitivo da ocultação, visado pelo agente, nem o vulto e a complexidade dos exemplos de requintada "engenharia financeira" transnacional, com os quais se ocupa a literatura. (STF, RHC 80.816-SP, 18/06/2001). Como já se manifestou o STF – recurso em habeas corpus n.º 80.816/SP – o tipo não exige a complexidade da conduta, nem que dela resulte a perfeita ocultação ou dissimulação. Dessa forma, configura o crime de lavagem a simples compra de bens em nome de terceiros, até complexas estruturações envolvendo numerosas condutas (interposição de incontáveis "laranjas" e empresas, realização de negócios jurídicos simulados, fracionamento de depósitos em contas correntes, transferência do dinheiro ao exterior, utilização do mercado financeiro, etc.)".

Figura 13 – Representação das três fases da lavagem de dinheiro

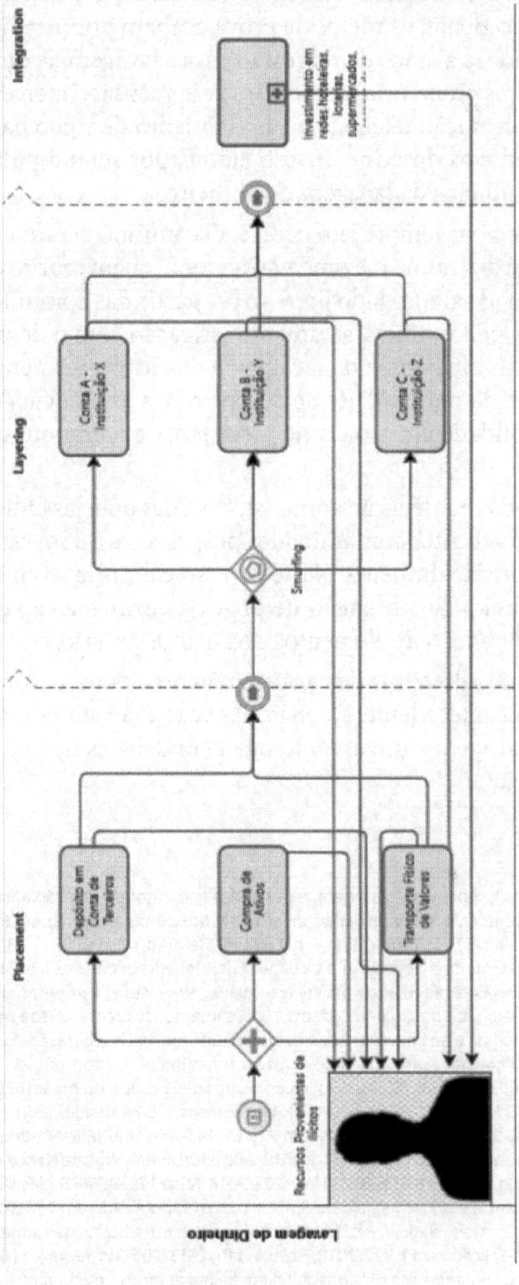

Fonte: Arquivo pessoal.

Quando a polícia reúne elementos de autoria e materialidade da infração antecedente, os meios de prova acabam por permitir, em menor dificuldade, o avanço da repressão para a lavagem de dinheiro. Medidas cautelares probatórias como busca e apreensão, interceptação telefónica, interceptação telemática e afastamento de sigilo bancário podem obter indícios do crime investigado e, por serendipidade de primeiro grau, indícios da lavagem de dinheiro.

Ocorre que nem sempre isto ocorre. O caminho geralmente é o inverso. Como se diz, numa máxima portuguesa, "quem cabritos vende e cabras não têm, de algum lado lhe vem". A partir das comunicações de operações suspeitas, inicia-se uma investigação com o desafiador objetivo de reunir elementos da lavagem e das infrações penais antecedentes, além da necessidade de comprovar a existência de uma relação de causalidade entre o crime precedente e o branqueamento (CONCEIÇÃO, 2018).

Eis a razão da reordenação administrativa das polícias judiciárias, em tempos mais recentes com unidades próprias para a investigação inicial da lavagem de dinheiro. Neste inverso caminho, com menor frequencia os meios de obtenção de prova a confirmar a lavagem possibilitam a obtenção de elementos dos delitos anteriores.

O sujeito ativo do crime de lavagem não precisa ter participação na infração penal antecedente. No mais das vezes, são atores distintos. A própria autolavagem é um assunto que gera debates na doutrina e na jurisprudência[13].

13. Para o STJ no Brasil, sobre a autolavagem, é possível que o autor da infração antecedente responda por lavagem de dinheiro, dada à diversidade dos bens jurídicos atingidos e à autonomia deste delito (STJ, 5ª Turma, REsp 1.234.097/PR, Rel. Min. Gilson Dipp, j. 03/11/2011, DJe 17/11/2011). Embora a tipificação da lavagem de dinheiro dependa da existência de uma infração penal antecedente, é possível a autolavagem – isto é, a imputação simultânea, ao mesmo réu, da infração antecedente e do crime de lavagem -, desde que sejam demonstrados atos diversos e autônomos daquele que compõe a realização da primeira infração penal, circunstância na qual não ocorrerá o fenômeno da consunção. Julgados: AgRg no RHC 120936/RN, Rel. Ministro Reynaldo Soares da Fonseca, quinta turma, julgado em 16/06/2020, DJe 25/06/2020; APn 940/DF, Rel. Ministro Og Fernandes, Corte Especial, julgado em 06/05/2020, DJe 13/05/2020; APn 923/DF, Rel. Ministra Nancy Andrighi, Corte Especial, julgado em 23/09/2019, DJe 26/09/2019; APn 856/DF, Rel. Ministra Nancy Andrighi, Corte Especial, julgado em 18/10/2017, DJe 06/02/2018; REsp 1785866/RO (decisão monocrática), Rel. Ministro Felix Fischer, julgado em 01/02/2019, publicado em 13/02/2019; HC 482825/RJ (decisão monocrática), Rel. Ministro Rogerio Schietti Cruz, sexta turma, julgado em 06/12/2018, publicado em 10/12/2018. No Acórdão n.º 13/2007 do Supremo Tribunal de Justiça de Portugal, entendeu-se pela possibilidade de um agente cometer tanto um crime

Certamente, como crime "parasita, de fusão, acessório ou de precedentes", a lavagem de dinheiro exige não apenas uma conduta em desígnio próprio de ocultação ou dissimulação, como também um delito antecedente com potencial de gerar bens, direitos ou valores[14]. Todavia, no aspecto investigativo e processual, a investigação prescinde, ao nosso ver, do processo e julgamento do delito antecedente. Assim dispõe, acertadamente, o ordenamento jurídico do Brasil: o art. 2º da Lei n.º 9.613/1998, com redação dada pela Lei n.º 12.683/2012, reza que o processo e julgamento dos crimes de lavagem independem do processo e julgamento das infrações penais antecedentes, ainda que praticados em outro país[15]. Em Portugal, segundo o art. 368-A, 7, do Decreto-Lei n.º 48/1995, o fato é punível ainda que o procedimento criminal relativo aos fatos ilícitos típicos de onde provêm as vantagens depender de queixa e esta não tiver sido apresentada.

Com efeito, a deflagração de uma investigação exige apenas uma justa causa com indícios minimos de lavagem de dinheiro e sua conclusão exitosa necessita de uma dupla justa causa, com a reunião de elementos de tipicidade e de ilicitude – sem prova cabal – do delito

---

antecedente como o de lavagem. Em outro Acórdão (ACSTJ de 20-06-2002), o Supremo Tribunal de Justiça de Portugal se posicionou no sentido de que o autor do crime de tráfico pode cometer, em concurso efectivo com este, o crime de branqueamento de capitais, pois os bens jurídicos tutelados por ambos os ilícitos são efectivamente distintos. Isso não ocorre em todos os países. Conforme art. 6º, 2, "e", da Convenção de Palermo, se assim o exigirem os princípios fundamentais do direito interno de um Estado Parte, poderá estabelecer-se que as infracções enunciadas no n.º 1 do presente artigo não sejam aplicáveis às pessoas que tenham cometido a infracção principal. Em determinados ordenamentos jurídicos, não se admite a autolavagem, tratando-se a ocultação e a dissimulação de um ato posterior não punível ("post factum"). No Acórdão de 02 de Outubro de 2008 (Processo n.º 08P1608), o Supremo Tribunal de Justiça de Portugal fez referência à possibilidade de cada uma das partes contratantes da "Convenção [de Estrasburgo] Relativa ao Branqueamento, Detecção, Apreensão e Perda dos Produtos do Crime", do Conselho da Europa, assinada por Portugal em 08-11-1990, formular declaração de reserva, prevendo nomeadamente que o crime de branqueamento não se aplicaria aos autores do crime principal, porém se posicionou no sentido de que o legislador português, ao não se ter se expressado sobre esta eventual ressalva, deixou de isentar de tal responsabilização o autor do crime base.

14. Assim entendeu o STJ no Brasil (AgRg no HC 603357 / MS, 23/03/2021): o crime de lavagem de capitais (art. 1º da Lei n.º 9.613/98) é delito autônomo em relação à infração penal antecedente. Por conseguinte, a participação no crime antecedente não é indispensável à adequação da conduta de quem oculta ou dissimula a natureza, origem, localização, disposição, movimentação ou propriedade de bens, direitos ou valores provenientes, direta ou indiretamente, de infração penal ao tipo do art. 1º da Lei n.º 9.613/98.

15. Para o STJ no Brasil, a apuração do crime de lavagem de dinheiro é autônoma e independe do processamento e da condenação em crime antecedente, sendo necessário apenas sejam apontados os indícios suficientes da prática do delito anterior (HC 137.628/RJ).

anterior, este mesmo que prescrito ou de autoria desconhecida, de punibilidade e culpabilidade incerta, diante da relação de acessoriedade objetiva limitada.

Ainda assim, a reconstrução dos fatos nem sempre é possível. O tempo dispersa a possibilidade de se produzir provas. Quando se recebe comunicação de operações suspeitas – o que ocorre por vezes de maneira tardia -, o delito anterior já mais distante está do alcance investigativo, precipuamente quando não se tratar de uma autolavagem, existindo, pois, atores diversos.

A dificuldade não se restringe à materialização do delito, mas também à identificação da autoria. A conduta pode ser comissiva ou omissiva imprópria, esta nos casos em que o crime for de natureza formal – e não de mera conduta – e o agente tiver a possibilidade e o dever de agir para evitar ou comunicar a dissimulação e ocultação de valores, mas intencionalmente deixa de agir. O saber e o dever saber são igualmente importantes. A cegueira deliberada ("*willful blindness*" ou "*conscious avoidance doctrine*") e o conhecimento manifesto são, a sua maneira, culpáveis e não apenas uma conivência impunível.[16]

Caso interessante ocorreu no Brasil, no ano de 2005, no contexto de um dos maiores crimes patrimoniais registrados no país: o furto de valores do Banco Central, em Fortaleza/CE, com a subtração de R$ 164.755.150,00 (cento e sessenta e quatro milhões, setecentos e cinqüenta e cinco mil, cento e cinquenta de reais) ou cerca de U$ 71.000.000 (setenta e um milhões de dólares), na conversão à época.

Logo após a subtração dos recursos, um dos responsáveis decidiu pela compra de onze veículos numa concessionária, pagando uma quantia aproximada de R$ 980.000,00 (novecentos e oitenta mil reais), apenas com cédulas de R$ 50,00 (cinquenta reais), e deixando à disposição da concessionária outros R$ 250.000,00 (duzentos e cinquenta mil reais) para "aquisições futuras".

16. "A justificação substantiva para a regra é que ignorância deliberada e conhecimento positivo são igualmente culpáveis. A justificativa textual é que, segundo o entendimento comum, alguém 'conhece' factos mesmo quando ele está menos do que absolutamente certo sobre eles. Agir 'com conhecimento', portanto, não é necessariamente agir apenas com conhecimento positivo, mas também agir com indiferença quanto à elevada probabilidade da existência do facto em questão. Quando esta indiferença está presente, o conhecimento 'positivo' não é exigido." United States, v. Jewell, 532 F 2.d 697, 70 (9th Cir. 1976).

Em decisão inovadora, o juízo de primeiro grau Danilo Fontenelle Sampaio, autor de obra já referida nesta obra, decidiu pela condenação dos sócios da concessionária no crime de lavagem de dinheiro.

Certo é que a conduta comissiva, no aspecto penal e processual penal, é mais fácil de ser comprovada por provas que indicam o elemento subjetivo do dolo direto. Já a conduta omissiva imprópria (comissiva por omissão), além de deixar menos vestígios, ingressa em ambiente de compreensão nem sempre pacífica quanto ao dolo indireto eventual na obrigação de dever saber – e não apenas saber ou poder saber – por parte de pessoas físicas específicas[17].

A prática de um crime de lavagem por omissão pressupõe uma previsão legal de condutas de identificação de clientes, registro e informação de dados, por parte de pessoas sujeitas a estas obrigações, por dever de diligência, tal como ocorre no Brasil, por força do art. 9º e seguintes da Lei n.º 9.613/1998, distanciando-se, assim, do tipo penal de prevaricação.

Mesmo sendo considerado, na esfera penal, um crime permanente, e não instantâneo de efeitos permanentes[18], fato é que, no contexto das provas, as ações investigativas são mais eficazes quando há possibilidade de apuração dos atos que, no primeiro momento, foram realizados para ocultar e dissimular, em ofensa à realização da Justiça como um dos bens jurídicos tutelados.

No Acórdão de 8 de Janeiro de 2014 (Processo n.º 7/10.0TELSB. L1.S1), o STJ de Portugal reconheceu que alguns autores entendem ser a lavagem um crime pluriofensivo, mas se posicionou no sentido de que o bem jurídico protegido pela incriminação é a realização da justiça. Entendo não ser a melhor posição. O reconhecimento da pluriofensividade não esvazia a norma por ser furtar de uma definição precisa, no seu conteúdo teológico. Ao revés, há um reconhecimento – não vago – de ofensa à ordem econômica-financeira e à administração da justiça. A dupla ofensividade neste caso se dá pela dificuldade maior

17. No art. 4º da Lei Portuguesa n.º 5/2002, de 11 de janeiro, que estabelece medidas de combate à criminalidade organizada e económico-financeira.

18. Sobre o assunto, há intensos debates doutrinários. Alguns sustentam ser instantâneo de efeitos permanentes, pela consumação no momento da ocultação e da dissimulação como atos iniciais, mesmo que seus efeitos se prologuem no tempo. O STJ do Brasil assim não entende. Recentemente reforçou o entendimento que se trata de um crime permanente (AgRg no HC 574573 / RJ, 22/06/2021).

de recuperação do produto direto e indireto dos delitos antecedentes e do embaraço ao equilíbrio do mercado financeiro, com a introdução e (re)investimento de valores de origem ilegal.

Tal cenário ofensivo eleva a importância da repressão preventiva. As comunicações realizadas por dever de diligência e as provas reunidas em determinada investigação de lavagem de dinheiro podem servir como elemento de definição de algoritmos que, uma vez processados em modelagens matemáticas, sirvam para aumentar a probabilidade de identificação de operações suspeitas ou para identificar novos modos de agir das organizações criminosas, reforçando ou criando alertas em outras investigações futuras ou contemporâneas, de modo a prevenir a continuidade ou a escalada desse crime de uma forma geral.

A investigação policial é uma atividade técnica, levada a efeito em inquérito, como procedimento público de perseguição penal, a partir de uma situação-problema, confirmando ou não uma notícia criminal como hipótese, a partir da identificação, no caminho cognitivo de descoberta, das fontes de provas, e obtenção e análise técnico-jurídica dos elementos informativos de materialidade, autoria e circunstâncias, em pesquisa de investigação comprometida a esclarecer a verdade material dos fatos, como instrumento de justiça criminal.

Na lavagem de dinheiro, a investigação, ainda que tradicional, reclama o levantamento patrimonial, como técnica necessária para a descoberta do bens, direitos e valores, sejam em nome dos investigados, sejam ocultos ou dissimulados. Para tanto, faz-se necessário, no mais das vezes, lançar mão de medidas com reserva de jurisdição, tais como o afastamento do sigilo bancário e fiscal.

Recebidos os dados, devem ser eles analisados e processados, em técnica de cruzamento de informações, análise de fluxos e identificação dos envolvidos, beneficiários ou mero prepostos, como ações de investigações preparatórias à representação pela constrição patrimonial, por meio de medidas como o sequestro.

Na repressão preventiva, para além do tradicional, deve-se buscar, em cada investigação, por empirismo, tipologias que possam servir como alertas, dentro de uma metodologia objetiva, a casos congêneres ou semelhantes, que possam vir a confirmar ou refutar uma (re)ordenação das organizações criminosas, inclusive em perspectiva endógena, de modo a prevenir a continuidade ou a escalada dos crimes de lavagem de dinheiro, numa visão nacional e transnacional, em cooperação vinculante.

A Carta Circular n.º 4001/2020 do BACEN, por exemplo, divulga relação de operações e situações que podem configurar indícios de ocorrência dos crimes de "lavagem" ou ocultação de bens, direitos e valores, de que trata a Lei n.º 9.613, de 3 de março de 1998, e de financiamento ao terrorismo, previstos na Lei n.º 13.260, de 16 de março de 2016, passíveis de comunicação ao COAF.

Por meio de investigações policiais, várias ações de ocultação e dissimulação foram identificadas, desde aquelas mais complexas, com engenharia financeiras, às mais simples. Como primeiro exemplo, cito a confusão entre ativos lícitos e ilícitos (*Commingling*), combinada com a simulação de lucros em estabelecimentos de difícil auditoria, ou por receber valores em espécie, ou pela natureza do serviço, de difícil contabilização, como os hotéis, lavandeiras, postos de gasolinas, comércio de ouro etc.

Temos ainda a ação de ingresso e saída com recursos financeiros, dinheiro em espécie ou instrumentos negociáveis ao portador, ocultos em malas ou roupas, o ingresso e saída de dinheiro em aviões particulares (*cash courier*), ou ainda a utilização de boletos de câmbio, que dispensam a formalização de contrato, além do fluxo financeiro por meio de moedas virtuais.

Importante registrar que o GAFI, como agrupamento governamental internacional de carácter informal, já indicou as características das moedas virtuais que apresentam os principais riscos:

> i) possibilidade de anonimato no comércio de moedas virtuais na internet; ii) a limitada possibilidade de identificação e verificação dos participantes neste mercado; iii) a falta de clareza no que se refere à responsabilidade do monitoramento, supervisão e aplicação de sanções ligadas à PLDFT; iv) a falta de um órgão central supervisor, o que favorece a impunidade; v) a dificuldade ou a impossibilidade de rastreamento dos fluxos de trocas; vi) a rapidez para transferir valores entre países; vii) o aumento substancial do número de pessoas/organizações que utilizam e aceitam pagamento de transações em moeda virtual; e viii) o aumento da facilidade de uso das moedas virtuais, com baixo investimento e grande retorno para o criminoso (GAFI-FATF, 2014).

A blindagem patrimonial ocorre em várias situações, em especial com a transferência do patrimônio de pessoa física para uma sociedade empresarial, como integralização de capital, seguida do controle societário por empresas *offshores* em paraísos fiscais, o que permite a retirada da pessoa física do quadro societário, migrando como sócio em ações ao portadores emitidas pelas *offshore* controladora.

Além disso, litígios judiciais ou arbitrais também são simulados, de maneira que a procedência de um pedido pode gerar a integração de valores antes dissimulados. Em verdade, várias são as tipologias existentes e tantas outras irão surgir. Eis a importância da repressão preventiva, que não fica circunscrita à repressão de um caso específico, mas se vale de uma análise e processamento de dados a permitir a prevenção de outros casos, evitando sua continuidade ou escalada.

Uma crítica à repressão preventiva de crimes é que o esforço não evita o crime, mas apenas o embaraça, adiando ou deslocando a prática delituosa. Caso a atuação policial seja em localidades pontuais, isso de fato pode ocorrer. Ocorre que, se a repressão preventiva for uma prática comum, não apenas nacionalmente, mas em flancos transnacionais, há uma redução na convergência de elementos convidativos à prática dos crimes por organizações criminosas. Teríamos um duplo fator: redução de oportunidades e dissuasão.

Discorrendo sobre teorias de oportunidades de crimes, Felson e Clarke (1998, p. 04) sustentam a necessidade de convergência de três elementos mínimos: um provável infrator, um alvo adequado e a ausência de um guardião capaz contra o crime.

Figura 14 – Representação gráfica sobre os três elementos de convergência

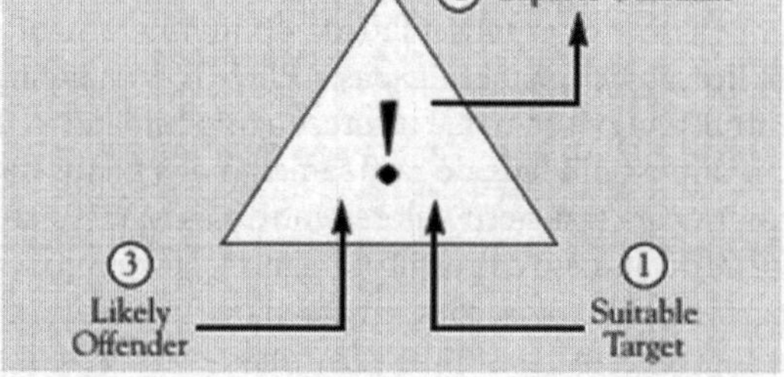

Fonte: Felson e Clarke (1998, p. 04).

Sobre a teoria da dissuasão, Eide, Rubin e Shepherd (2006, pp. 205-207) sustentam que mesmo aqueles que violam as leis respondem a incentivos sobre uma escolha racional particular.

Prevenção por dissuasão, sublinhando-se a importância da certeza da pena e não a sua severidade. Se as oportunidades, no campo criminal, caminharem para uma redução contínua, as opções lícitas podem voltar a ser convidativas. Quando no campo de escolhas não há apenas ganhos, mas também perdas, os criminosos, à semelhança dos demais em sociedade, podem escolher não pela utilidade da opção, e sim pela perspectiva possível de ganhos e fracassos.

Para Becker (1968, pp. 169-217), numa teoria econômica do crime, as ações buscam maximizar os lucros e diminuir os custos, de forma racional, e a decisão pela prática ou não de um crime é resultado de uma ponderação entre o lucro possível e os riscos decorrentes.

Kahneman e Tversk (1979, pp. 263-291) em artigo intitulado P*rospect Theory: An analysis of decision under risk*, criticaram a Teoria da Utilidade Esperada, que dominou a análise da tomada de decisão sob risco, como modelo normativo de escolha racional amplamente aplicado. Para tanto, utilizaram-se de um questionário para alunos e professores, levando-os a escolhas hipotéticas.

> In expected utility theory, the utilities of outcomes are weighted by their probabilities. The present section describes a series of choice problems in which people's preferences systematically violate this principle. The demonstrations are based on the responses of students and university faculty to hypothetical choice problems (Kahneman; Tversky, 1979, pp. 264-265).

As respostas foram categorizadas a depender das chances de ganho maior financeiro, com risco (alternativa A), ou opção segura de ganhar menos, porém sem o risco (aternativa B) (Kahneman; Tversky; 1979, pp. 264-265).

A: 50% chance to win 1,000,	**B: 450 for sure.**
50% chance to win nothing;	

Quando houve riscos de perda, percebeu-se que a escolha não se deu mais pela simples utilidade, mas pela perspectiva. Deliberar por ganhar 100 euros (opção A) ou 200 euros (opção B) é uma tarefa sem dificuldades, pela utilidade maior da segunda opção. Já não é tão simples decidir por 100 euros (opção A) ou por 200 euros (opção B), quando inserida na última escolha a chance de nada receber.

Neste caminho cognitivo, muitos acabam por optar pela perspectiva mais segura e não por uma maior utilidade arriscada. Isto em razão de o sentimento de perda ser maior que a sensação de ganho. num menor panorama de oportunidades.

Acaso sistêmica seja a repressão preventiva, as escolhas criminosas, hoje convidativas pela maior utilidade, podem ceder à perspectiva de ganhos lícitos, mesmo que demorados.

11.4 IDENTIFICAÇÃO E ANÁLISE PROATIVA DE DADOS

A avaliação preventiva é uma atividade sistemática e ordenada de compreender a possibilidade de um perigo e estimar-lhe a probabilidade, deduzindo graus classificados de risco e impacto, com a finalidade de planejar e aplicar medidas no plano de espaço.

Esta avaliação pode gerar uma matriz combinada entre probabilidade e impacto. A probabilidade varia entre extremo, alto, moderado, baixo e irrelevante. Já o impacto entre quase certo, muito provável, pouco provável, improvável e raro. Se o evento for provável e extremo, temos uma situação muito crítica. Se o evento for irrelevante e raro, temos uma situação insignificante.

Esta avaliação se dá com frequência nos crimes contra a pessoa e o patrimônio, porquanto os indicadores se revelam com mais facilidade, seja pelos registros de atendimento médico, seja pelo relato das testemunhas oculares e das próprias vítimas imediatas.

Por outro lado, difícil se revela realizar uma comparação de resultados não conhecidos, em razão da atuação de organizações criminosas cada vez mais insidiosas, encobertas e dissimuladas. Nestes casos, a atuação policial, no mais das vezes, reserva-se à repressão, considerando seu início somente quando o resultado naturalístico ou jurídico das condutas se revela, o que acaba ocorrendo após largo hiato temporal, que distancia a polícia do tempo do crime, comprometendo demasiadamente a investigação, pela dificuldade de se estabelecer nexos causais entre as condutas e os resultados, bem como de se apontar eventuais elos subjetivos de autoria, em espaço e tempo.

Antes, pois, de buscar a avaliação, a polícia judiciária deve realizar a identificação de dados suspeitos, que possam indicar a ocorrência presente de um crime e prevenir sua continuidade ou escalada. Após a identificação, a polícia judiciária deve obter os dados, processá-los e analisá-los, e somente após realizar uma avaliação desses dados, na busca de um resultado que venha a validar os critérios de identificação ou a refutá-los. Não sendo uma atividade individual, essa verificação deve ser lastreada por uma avaliação de dados que recomende a diligência em determinadas circunstâncias de tempo e de local.

No caso do tráfico de drogas, como primeiro exemplo, são juridicamente controversas a abordagem e busca pessoal sem critérios. Com a Identificação e Análise Proativa de Dados, em regras objetivas, a atuação policial encontra respaldo procedimental, blindando-se de alguns questionamentos.

A depender da avaliação de dados identificados nas prisões em flagrante, a polícia judiciária pode sair do confinamento das investigações pretéritas e começar a vigiar de maneira qualificada suspeitos de tráfico internacional, atenta aos fatos presentes.

Identificando e combinando, como variáveis suspeitas, a forma de pagamento da viagem, o tempo entre a ida e o retorno, a quantidade de bagagem despachada e as dimensões da bagagem ao portador; pode-se não apenas obter uma compreensão de resultados pretéritos, senão também moldar as ações presentes de polícia judiciária, a justificar uma abordagem e busca pessoal.

Esta atividade proativa pode surgir da expertise de um policial, ao testemunhar e, de maneira intuitiva, compreender os flagrantes anteriores. Ocorre que, como antes defendido, não há mais lugar para amadorismo. A polícia judiciária, no combate ao crime organizado, necessita se profissionalizar cada vez mais. Sendo assim, a depender da avaliação de resultados, a identificação de dados, obtenção, processamento e análise devem direcionar toda as ações de uma instituição e não apenas se restringirem a uma pessoa ou a um grupo. Para tanto, dois fatores devem convergir: a experiência policial e a tecnologia.

A experiência policial é importante na identificação de critérios indicativos de suspeita criminal. Muitos subestimam o termo intuição policial. O agir intuitivamente não significa ter uma conduta aleatória, sem justificativa que a explique. É uma experiência precipuamente empírica. Como é geralmente exigida em prazos curtos de resposta, não há tempo para uma reflexão alongada das razões de agir. Por outro lado, a intuição, quando objeto de estudo próprio, pode vir a identificar quais foram os critérios indicativos que justificaram a ação policial.

Nas palavras de Gigerenzer (2009), o inconsciente dita as melhores decisões, lastreadas por métodos empíricos simples e aptidões evolutivas do cérebro. Para o autor, a Justiça não mais se contenta com a abordagem lastreada por um "palpite policial", sem dados objetivos que justifiquem "*ante factum*" a atuação policial. Para o autor:

> Os tribunais americanos tendem a desconsiderar os palpites policiais, exigindo que apresentem fatos específicos que justifiquem uma revista, interrogatório ou prisão. Mesmo quando um policial tem um palpite, para um carro e encontra drogas ilícitas ou armas, e diz exatamente isso no relatório, os juízes frequentemente rejeitam o que chama de 'meros palpites' por considerá-los razões insuficientes para uma revista. Estão tentando proteger os cidadãos de revistas arbitrárias e proteger liberdades civis de um modo geral. Mas esta insistência em justificativas colhidas a posteriori ignora que as melhores decisões de um especialista têm normalmente origem intuitiva. Assim, quando os policiais são ouvidos em juízo, precisam aprender a evitar termos como palpite ou pressentimento, e apresentar razões 'objetivas' para o ocorrido. Caso contrário, de acordo com a lei americana, todas as provas descobertas após um palpite podem ser desconsideras, e o acusado pode ser inocentado (GIGERENZER, 2009, p. 27).

A expressão "Regra de Negócio (RN)" é comumente utilizada nas empresas, quando do uso de *software*s para automatizar ações e avaliações, com as premissas e restrições a serem observadas nas operações comerciais. Em razão das especificidades, no terreno da polícia judiciária, mais adequado é valer-se da expressão "critérios suspeitos", primeiro em razão de manter um distanciamento com atividade negocial, segundo por não se caracterizar bem uma regra, mas apenas um critério.

A avaliação de dados não encerra uma verdade absoluta, nem conhecimento perfeito, caracterizando apenas uma verdade possível, um alerta, como hipótese a ser reavaliada continuamente, em dinâmica de confronto de hipóteses, formuladas com outras variáveis ou com diferentes ponderações sobre aquelas já contempladas, num ceticismo moderado. Ainda assim, a matriz compreendida como adequada em determinado momento não necessariamente se revelará apropriada dias após, de maneira que sua única certeza está na corrigibilidade permanente e necessária.

Identificados os critérios suspeitos pela experiência policial, a tecnologia serve para otimizar o processamento e cruzamento de informações, com identificação ágil e em massa desses critérios suspeitos, permitindo a prevenção de continuidade ou escalada.

Ainda no caso do tráfico internacional de drogas, com esta forma de agir, a polícia judiciária não mais se restringe a esclarecer e elucidar os fatos já consumados, avançando para uma atuação proativa à execução e consumação do crime, a impedir ou neutralizar a continuidade ou a escalada das ações de uma organização criminosa.

No campo eleitoral, como segundo exemplo prático, ao se avaliar investigações anteriores, a polícia judiciária pode vir a identificar critérios suspeitos com gastos de campanha. No Brasil, observando as investigações da PF, sabe-se que recursos são desviados das mais variadas formas. Gastos com postos de combustíves e gráficas podem vir a identificar esses critérios. Em razão do volume de recursos nestas duas áreas, e considerando a dificuldade de controle sobre a venda real da mercadoria ou a prestação fidedigna de um serviço, importâncias ditas como empregadas nestes dois setores são desviadas como pagamento ou promessa de vantagens ao eleitorado, em troca da obtenção ou abstenção de votos.

Com o processamento e cruzamento de informações, alertas são possíveis para melhor direcionar não apenas a atividade da Justiça Eleitoral, como também da polícia judiciária, na repressão preventiva dos crimes praticados por organização criminosa, ao investigar de maneira proativa elos frágeis de ligação de grupos, neste caso os links entre o grupo econômico, responsável pela captação e investimento de recursos, e o operacional, dedicado à arrecadação oculta e dissimulada de valores para a compra de votos.

Identificando gráficas utilizadas por vários políticos com análise de dados, a polícia judiciária pode realizar diligências de campo, com o objetivo de verificar o efetivo funcionamento delas, e realizar pesquisas em banco de dados, acrescentando por consequência outros critérios suspeitos, em reforço aos primeiros, caso observe, eventualmente, número de empregados incompatíveis com a prestação de serviços dita como contratada, ou ainda observe data de criação recente da pessoa jurídica, com capital social integralizado por sócios que não ostentem lastro patrimonial para tanto.

A própria identificação das gráficas e dos postos pode ser direcionada por critérios anteriores, como as gráficas e postos utilizados por "candidatos de fachada", entendidos como tais aqueles que participam de várias eleições, porém não registam sequer o próprio voto. Ressalve-se, como será melhor aprofundado em tópico próprio, que este critério suspeito não pode ser subjetivo. Com efeito, não se pode incluir como variável um candidato pelo que ele é, e sim pelo que fez ou pelo que deixou de fazer, no caso a inscrição reiterada ou não como candidato, combinada com o registro inexistente de qualquer voto em sua opção.

11.5 IDENTIFICAÇÃO E ANÁLISE PROATIVA DE CENÁRIOS

A avaliação preventiva de cenários, à semalhança da análise de dados, também é uma atividade sistemática e ordenada de compreender a possibilidade do perigo e a probabilidade do risco.

Considerando a necessidade de uma abordagem transversal, as variáveis devem ir para além dos dados do crime e da resposta policial, integrando dados políticos e de ordem geográfica, entre tantos outros, em tarefa não isenta de dificuldades, a permitir dimensionar a influência de cada uma das características no padrão criminal local ou regional.

A fonte material de tais dados não deve restringir-se, pois, aos bancos de dados policiais, sendo necessária uma pesquisa com a participação de diversos atores sociais, com representatividade e interesse em fornecer elementos necessários à prossecução de uma estratégia de prevenção criminal. Se possível, a pesquisa deve reunir dados e percepções das vítimas, tão negligenciadas nos estudos de prevenção criminal.

Sobre a participação de representantes da comunidade no estudo de cenários, Ochoa (2003, p. 286) cita sua importância na atuação preventiva da Polícia Cubana, defendendo ser necessário *el análisis sistemático de la situación operativa y las relaciones de trabajo con las organizaciones comunitarias y las Asambleas de Vecino.*

Afora a comunidade e as demais fontes citadas, é importante realizar uma pesquisa ampla, classificada em abordagem qualiquantitativa e não reservada apenas aos dados estatísticos, em estudo transversal a fundamentar critério valorativo, ainda que não exato. Ainda assim, a avaliação de um cenário também não encerra uma verdade absoluta, nem conhecimento perfeito, caracterizando apenas uma verdade possível.

Pode a avaliação de cenário indicar a necessidade de vigilância, seja ela física ou eletrônica. Revela-se necessária a vigilância quando as características da localidade forem proclives à prática contumaz ou impune de condutas criminosas. É o caso de ambientes com grande aglomeração humana, dificultando a observação, pela vítima, de ações praticadas com destreza. Como variável a considerar, este cenário pode também contribuir com uma resposta policial tardia ou ineficaz. E o retardo pode significar a não interrupção do *iter criminis*, quando os atos preparatórios e os de execução forem manifestamente próximos em marcos temporais.

Por conseguinte, a elaboração de relatórios periódicos sobre a criminalidade de um cenário avaliado, combinado com o estudo constante das variáveis, contribui para a atividade de prevenção criminal. Não apenas. A avaliação de cenário é imprescindível para determinar a própria característica do policiamento. Conforme for, a atividade de prevenção pode ser estabelecida por meio de policiamento comunitário, com policiais de proximidade em número reduzido, descentralizado, disperso, e integrado à comunidade, com vestes em cores sóbrias, portando armas de pequeno calibre; ou por meio de policiamento de alta ostensividade em oposto claro, com a reunião de vários policiais com farda operacional e diversos equipamentos perceptivos, portando armas de grosso calibre.

Interessante exemplo de polícia comunitária temos nos estudos de García (2004, p. 18):

> En Chile, el Ministerio del Interior ha creado un programa para intervenir en comunidades donde la delincuencia tiene una presencia dominante en las redes sociales y con amplia influencia en la vida del barrio, y representa por ello una amenaza para el estado de derecho. Este programa, llamado Barrio Seguro, tiene un enfoque multi-causal para responder a dicha situación. El Estado básicamente invade el barrio y atiende los distintos fatores que han permitido que la situación florezca. Tiene tanto un carácter social --que incluye actividades educativas, recreativas, construcción de

infraestructura, trabajo social, como un carácter policial-- que se basa en la presencia física de los policías con trabajo de inteligencia y detenciones de los criminales más peligrosos.

Com esteio nesta avaliação, é possível inferir a necessidade de se valer de uma arquitetura preventiva, projetando meios físicos que possam impedir ou ao menos embaraçar as ações criminosas. Um local ermo se revela mais propício ao crime por ser desfavorável à identificação ou reconhecimento de uma conduta e à observação de eventuais traços físicos que permitam futura representação do autor pela vítima, de maneira a recomendar a instalação ou reforço da iluminação pública.

Barreiras físicas podem ser postas em deteminadas localidades para evitar a aproximação de pontos compreendidos como vulneráveis por diversas razões, a depender dos critérios de ameaça. Podem ser inseridas também no cenário como elementos a dificultar eventual fuga de criminosos ou a facilitar a aproximação rápida da polícia.

Sem a avaliação de cenários não há como a polícia estabelecer prioridades na atividade de prevenção, o que se mostra imprescindível, considerando não ser possível vigiar simultaneamente todos os lugares, nem vigiar com o emprego de mesmo esforço todos os cenários possíveis.

E em razão da necessária eficácia no controle possível da criminalidade, a atividade de prevenção deve respeitar os princípios da especialização e eficiência no emprego dos recursos disponíveis. A definição de prioridades deve ser transparente, objetiva, coerente com a análise de dados e compromissada com a eficaz prevenção criminal, distanciando-se do objetivo de proporcionar à sociedade apenas um falso sentimento de segurança.

Alves (2010, p. 31) pontua a diferença entre segurança e seguridade: *existe diferença entre segurança, como efectiva carência de perigo, e a seguridade, que exprime a tranquilidade de espírito. Pode haver, por exemplo, seguridade sem segurança.*

Os recursos humanos e materiais devem ser mensuráveis. O custo da atividade preventiva precisa ser contabilizado, ou no mínimo estimado, e permanentemente ponderado com os resultados que se alcancem. Com base nesta análise, é possível redimensionar os recursos ou alterá-los em sua natureza. Por exemplo, o uso de câmeras com recursos apropriados pode vir a otimizar a vigilância, antes apenas física.

Nesta base, Lemieux (2006, p. 33), tratando da atividade de prevenção criminal no modelo canadense, sustenta a necessidade do uso de informação, métodos de análise e de tecnologia no combate à criminalidade. A vigilância sem avaliação de cenários é uma atividade por vezes inútil, realizada por corpos policiais estanques e amadores. Empregam-se recursos humanos e materiais sem critérios, como se a simples ocupação fardada de policiais em locais aleatórios possa, de fato, prevenir o crime. A pretensa atividade de prevenção criminal, sem avaliação de cenários e estudo de relatórios periódicos com taxas de criminalidade, pode gerar inclusive frustração no corpo policial, ao não visualizar resultados efetivos de seu trabalho. Uma polícia sem qualquer proatividade.

Na identificação e análise proativa de cenários, destaca-se ainda importância da polícia judiciária na prevenção e repressão de crimes ambientais, assim atuando na proteção aos direitos fundamentais, numa perspectiva unidimensional, respeitando e garantindo para as presentes e futuras gerações um meio ambiente ecologicamente equilibrado. As propostas de desenvolvimento sustentável, quando não vinculadas a mecanismos eficazes, tornam-se vagas e inócuas. Há de ser associadas a políticas públicas que efetivamente garantam a tutela pretendida num Estado Ambiental de Direito.

Entre 2008 e 2011, em pesquisa de campo realizada no Brasil por este autor, no interesse do Mestrado em Direito Ambiental e Políticas Públicas, confirmou-se uma demasiada exploração florestal e a comercialização ilegal de madeira na Amazônia. Sobre a atividade de supressão, na região da foz do rio Amazonas, que contempla parte da zona costeira do Estado do Amapá bem como vizinhas ilhas do Estado do Pará, a população ribeirinha vive basicamente da pesca e do extrativismo. Grupos econômicos do setor madeireiro, porém, têm estimulado o desmatamento destas regiões, antes em regime de subsistência, agora em escala industrial. Tais grupos atuam financiando o desmate ou explorando diretamente os recursos florestais, valendo-se da capilaridade de "furos" e "igarapés" da bacia Amazónica, onde pouco o Estado se faz presente.

Nos anos seguintes, o cenário não mudou. Ao revés, nos últimos dez anos, foi registrada uma maior taxa de aumento de desmatamento em 2021, conforme dados oficiais do IPEA, dedicado à pesquisa e exploração espacial (INPE, 2021)[19].

Figura 15 – Representação das taxas de desmatamento na Amazônia – Brasil

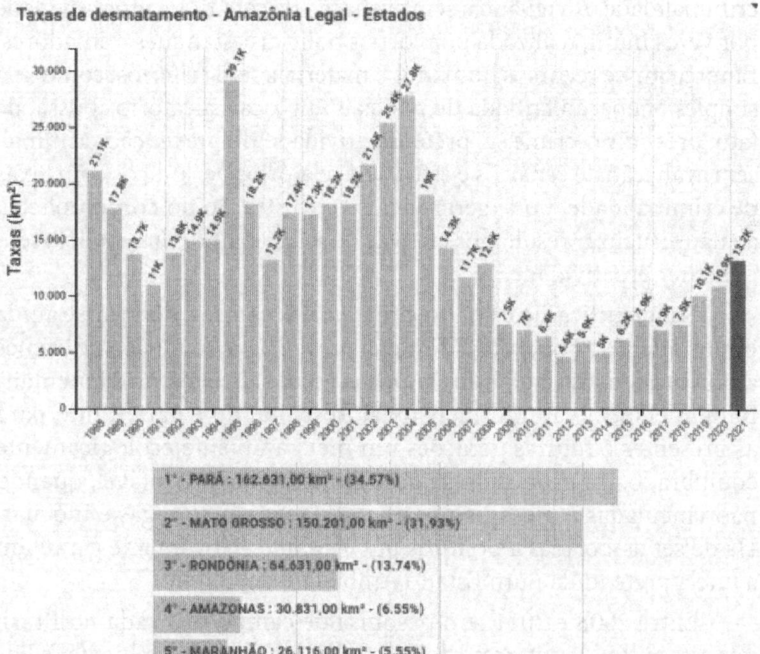

Fonte: INPE. TerraBrasilis (2022).

19. O IPEA realiza o monitoramento por satélites do desmatamento por corte raso na Amazônia Legal e produz, desde 1988, as taxas anuais de desmatamento na região, que são usadas pelo governo brasileiro para o estabelecimento de políticas públicas (INPE, 2021).

Neste contexto, eleva-se a importância da Identificação e Análise Proativa de Cenários, para a prevenção da continuidade e escalada dos crimes ambientais. Ainda considerando o Brasil, pelas evidências de ilícitos na Amazónia Legal, existe a Lei n.º 9.605/1998, que dispõe sobre as sanções penais e administrativas derivadas de condutas e atividades lesivas ao meio ambiente. Nos arts. 38 e seguintes, constam diversas condutas consideradas como injusto penal. Destacamos o art. 50–A, que estabelece como crime as condutas alternativas de desmatar, explorar economicamente ou degradar floresta, plantada ou nativa, em terras de domínio público ou devolutas, sem autorização do órgão competente, estabelecendo, como pena, reclusão de 2 (dois) a 4 (quatro) anos e multa.

No CP português, destacamos o art. 278 (Danos contra a natureza):

> 1 – Quem, não observando disposições legais, regulamentares ou obrigações impostas pela autoridade competente em conformidade com aquelas disposições: a) Eliminar, destruir ou capturar exemplares de espécies protegidas da fauna ou da flora selvagens ou eliminar exemplares de fauna ou flora em número significativo; b) Destruir ou deteriorar significativamente habitat natural protegido ou habitat natural não protegido causando a este perdas em espécies protegidas da fauna ou da flora selvagens ou em número significativo; ou c) Afectar gravemente recursos do subsolo; é punido com pena de prisão até 5 anos. 2 – Quem, não observando disposições legais, regulamentares ou obrigações impostas pela autoridade competente em conformidade com aquelas disposições, comercializar ou detiver para comercialização exemplar de espécies protegidas da fauna ou da flora selvagens, vivo ou morto, bem como qualquer parte ou produto obtido a partir daquele, é punido com pena de prisão até 2 anos ou com pena de multa até 360 dias. 3 – Quem, não observando disposições legais, regulamentares ou obrigações impostas pela autoridade competente em conformidade com aquelas disposições, possuir ou detiver exemplar de espécies protegidas da fauna ou da flora selvagens, vivo ou morto, é punido com pena de prisão até 1 ano ou com pena de multa até 240 dias. 4 – A conduta referida no número anterior não é punível quando: a) A quantidade de exemplares detidos não for significativa; e b) O impacto sobre a conservação das espécies em causa não for significativo. 5 – Se a conduta referida no n.º 1 for praticada por negligência, o agente é punido com pena de prisão até 2 anos ou

com pena de multa até 360 dias. 6 – Se as condutas referidas nos n.º 2 e 3 forem praticadas por negligência, o agente é punido com pena de multa até 240 dias.

Até um passado recente, o trabalho de polícia judiciária no Brasil estava mais concentrado na repressão de crimes ambientais quando do transporte ou da comercialização ilegal dos produtos florestais. Isto em razão de o desmatamento ocorrer em regiões de díficil acesso, embaraçando ou obstando o trabalho investigativo. Não havia meios para uma atuação policial preventiva.

No ano de 2018, porém, a PF no Brasil passou a utilizar o sistema PlanetScope/DOVE, para fins de sensoriamento remoto da Amazônia Legal, a partir de uma constelação de satélites, com 03 (três) metros de resolução, para fins de Identificação e Análise Proativa de Cenários, mediante o acesso a imagens de área aproximada de 5.445.100 hectares, permitindo alertas contemporâneos de desmatamento.

Figura 16 – Localização dos alertas de desmatamento

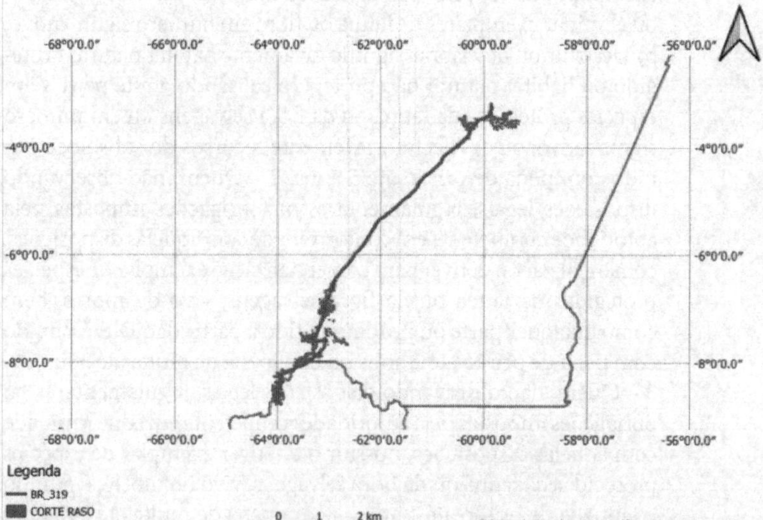

Fonte: Informação Técnica 118/2020 – PF no Brasil, assinada pelos Peritos Criminais Federais Herbert Dittmar, Diogo Ricardo Mrozinski e Evandro Hermínio da Silva.

Figura 17 – Painel de alertas de desmatamento sobre mosaicos Planet/Dove. Localização dos alertas de desmatamento.

Fonte: Informação Técnica 118/2020 – PF no Brasil, assinada pelos Peritos Criminais Federais Herbert Dittmar, Diogo Ricardo Mrozinski e Evandro Hermínio da Silva.

Segundo os Peritos Criminais Federais Dittmar, Mrozinski e Silva (2020, p. 05), a plataforma permite um mapa interativo de alertas, baseado em algoritmos computacionais e base técnico-científica, com a oportunidade de uso imediato pela polícia judiciária, inclusive em ações flagranciais, quando da materialização do dano ambiental, evitando assim sua continuidade ou escalada. Ainda segundo os Peritos Criminais:

> O relatório fornece mapas, imagens e polígonos semanais das áreas que foram desmatadas no interior de cada polígono de interesse, com o registro das coordenadas geodésicas dos centróides de cada alerta, cotejo realizado pelo relatório de alertas entre as áreas desmatadas e polígonos de unidades de conservação, terras indígenas, polígonos do Sicar/SFB, áreas embargadas pelo Ibama e pelo ICMBio, sítios arqueológicos, comunidades quilombolas, polígonos do Incra e Glebas Federais, por estar baseado em algoritmos computacionais e base técnico-científica robusta, garante a materialidade do dano ambiental ocorrido (especialmente desmatamento) e permite que este relatório seja utilizado imediatamente pelos agentes investigadores ou sirva como base para a elaboração de laudos periciais de desmatamento, bastando que o Perito complemente com outros dados ou mesmo que apresente a valoração dos danos ambientais e o custo de recuperação

> da área desmatada ilegalmente. De posse do laudo, a equipe de investigação pode inclusive executar flagrantes, o que facilita a indicação da autoria e permite recolher maior quantidade de provas materiais (Dittmar, Mrozinski e Silva, 2020, p. 05).

Figura 18 – Monitoramento em tempo real de balsa com toras de madeira nativa (18/08/2018)

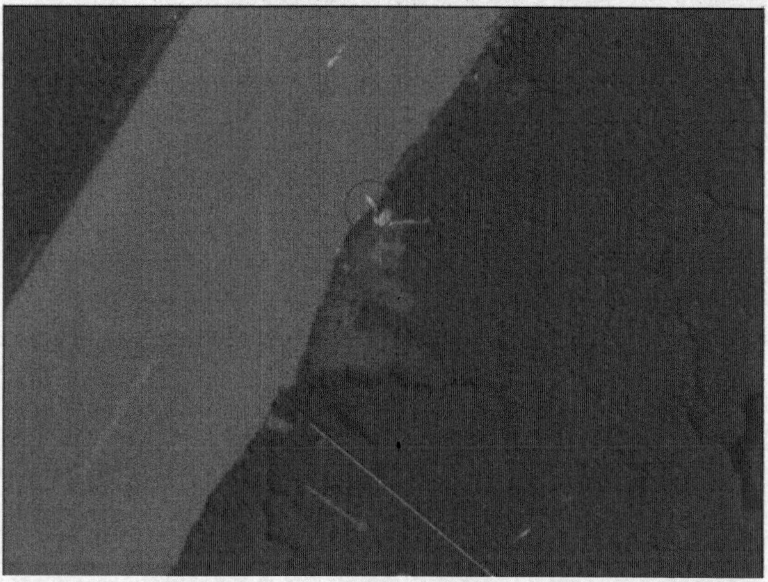

Fonte: Informação Técnica 118/2020 – PF no Brasil, assinada pelos Peritos Criminais Federais Herbert Dittmar, Diogo Ricardo Mrozinski e Evandro Hermínio da Silva.

Esta Identificação e Análise Proativa de Cenários, exemplificada acima na exploração comercial ilegal de produtos e subprodutos florestais, pode servir também em outras hipóteses, como em rompimento de barragens, mineração irregular, pistas clandestinas de pouso e incêndios florestais intencionais, de maneira e evitar a continuidade ou escalada do evento criminoso.

12

DAS MEDIDAS DE REPRESSÃO PREDITIVA OU HOLOGRÁFICA

Como defendido, a polícia é uma instituição pública organizada com a função específica de manter a ordenação do corpo social num estado dinâmico de bem-estar geral, por meio do emprego impositivo de meios ativos ou passivos continuamente destinados, isoladamente ou em conjunto, a prevenir o dano ou o seu potencial perigo e reprimir condutas transgressoras a bens jurídicos relevantes, se concretizada a lesão.

A atuação preditiva, com efeito, revela-se imprescindível. É preciso atuar para além dos fatos presentes, alcançando uma análise em repressão preventiva, observando e compreendendo a tendência dos fatos. Diferentemente da proativa, a atuação preditiva deve buscar, com variados graus de sucesso, antecipar situações possíveis, ainda que improváveis, permitindo à polícia, em toque de alvorada, atuar não apenas após a consumação do crime, ou quando de sua execução, como também na fase anterior do *iter criminis*, quando dos atos preparatórios, conhecendo e interpretando o futuro, por holografia, para informar os próximos passos investigativos. Não se trata de alcançar a cogitação, fase do foro íntimo, e de interesse próprio de outras ciências. A repressão preditiva ou holográfica se concentra nos atos e fatos, em régua objetiva.

12.1 IDENTIFICAÇÃO E ANÁLISE PREDITIVA DE DADOS

Algumas considerações sobre análises descritivas devem preceder o estudo da predição. A análise descritiva deve ser complementada com um olhar retrospectivo, em análise diagnóstica, procurando cotejar a dinâmica atual das organizações criminosas com traços pretéritos de atuação, de maneira a compreender a evolução das formas de agir, identificando novas características e repensando os conceitos.

Já numa análise prescritiva, combinam-se a descritiva com a diagnóstica, observando-se os fatos anteriores e estabelecendo resultados possíveis e suas consequências, numa matriz de probabilidade de perigos iminentes, combinada com o grau de ofensa a bens jurídicos penalmente relevantes.

Sousa (2016) eleva a importância do conceito de perigo iminente, apresentando três pontos de vistas. Assim como o autor, entendemos que o perigo iminente deve considerar não apenas o momento temporal como também a sua possibilidade e a probabilidade do risco, em cenário já de ofensa à paz pública e de ameaça a outros bens jurídicos, a considerar que a análise preditiva ocorre já em face de organizações criminosas.

Para Sousa (2016, p. 284):

> Outro conceito fundamental é o de perigo iminente e é um dos mais importantes e complexos 'conceitos indeterminados' do Direito Policial. A apreciação da 'iminência' de um perigo pode ser feita segundo diferentes pontos de vista. Por um lado, o carácter iminente de um perigo pode ser entendido apenas como uma forma elevada (ou graduada) da ocorrência próxima e provável de um dano. Por outro lado, o caráter iminente de um perigo pode resultar da especial dimensão do dano esperado. Finalmente, segundo um terceiro ponto de vista – eclético -, o caráter iminente de um perigo apoia-se tanto no momento temporal, como no peso, relevância ou significado do bem jurídico ameaçado. A prevalência deverá ser dada a este terceiro ponto de vista.

Para a análise prescritiva, podem-se utilizar várias metodologias como a Delphi, baseada no conhecimento empírico estruturado e coletivo de especialistas. Sobre a metodologia Delphi, de início, o seu objetivo principal militar, na análise de possíves ataques com bombas atômicas (Boberg & Morris-Khoo, 1992, p. 27). Anos após, tornou-se meio para a tomada de decisões em várias áreas, com o objetivo de facilitar e melhorar a tomada de decisões feitas por um grupo de especialistas (Osborne et al., 2003, p. 697), reunindo não necessariamente uma resposta única, mas variados posicionamentos, que, pela sua convergência, venham a lastrear formas de posicionamento ou de atuação (Gupta e Clarke, 1996, p. 186). Para os autores:

> Ao contrário de outros métodos de planejamento e previsão, o objetivo do Delphi não é chegar a uma resposta única ou a um consenso, mas simplesmente obter o maior número possível de respostas e opiniões de grande qualidade, de um grupo de especialistas, de modo a subsidiar tomadas de decisão (Gupta e Clarke, 1996, p. 186).

Esse conhecimento pode ser estruturado da seguinte maneira, com matriz de risco e de ofensa a bens penalmente relevantes:

Grau de Probabilidade / Grau de Ofensa a Bem Jurídico Penalmente Relevante	Extremamente Provável	Provável	Ocasional	Remoto	Improvável
	5	4	3	2	1
A Crítico	IN	IN	AL	AL	AL
B Moderado	IN	AL	AL	ME	ME
C Leve	AL	ME	ME	ME	BA
D Insignificante	ME	BA	BA	BA	AC

Legenda: IN – inaceitável; AL – alto; ME – médio; BA – baixo; e AC – aceitável.

Outra forma de estruturar é por bem jurídico penalmente relevante, como desmonstrado a seguir:

<table>
<tr><th colspan="4">ANÁLISE PRESCRITIVA</th></tr>
<tr><td colspan="4">OFENSA AO SISTEMA FINANCEIRO NACIONAL</td></tr>
<tr><td>GRAU DE PROBABILIDADE</td><td>EXTREMAMENTE PROVÁVEL</td><td rowspan="2">RISCO</td><td rowspan="2">ALTO</td></tr>
<tr><td>GRAU DE IMPACTO</td><td>CRÍTICO</td></tr>
<tr><td colspan="4">EXEMPLO DE ATUAÇÃO POLICIAL: Em razão do grau de probabilidade, grau de impacto e dos riscos, como medidas apropriadas, mostram-se necessárias ação controlada, infiltração policial e captação ambiental para identificar todos os autores que integram a organização estruturada reunindo elementos de prova de habitual gestão fraudulenta da sociedade de capitalização, com eventual ocultação de vestígios financeiros da indevida vantagem, em práticas recorrentes que podem vir a ofender o Sistema Financeiro Nacional.</td></tr>
</table>

A análise prescritiva pode também se concentrar especificamente na conveniência da própria investigação criminal. No exemplo abaixo, uma análise possível quando há indícios de ameaça a familiares das testemunhas de crimes cometidos por organizações criminosas.

<table>
<tr><th colspan="4">ANÁLISE PRESCRITIVA</th></tr>
<tr><td colspan="4">AMEAÇA A FAMILIARES DA TESTEMUNHA</td></tr>
<tr><td>GRAU DE PROBABILIDADE</td><td>PROVÁVEL</td><td rowspan="2">RISCO</td><td rowspan="2">MÉDIO</td></tr>
<tr><td>GRAU DE IMPACTO</td><td>CRÍTICO</td></tr>
<tr><td colspan="4">EXEMPLO DE ATUAÇÃO POLICIAL: Estas ameaças ou assassinatos podem servir como meio de coação à testemunha. Em razão do grau de probabilidade, grau de impacto e dos riscos, como medida apropriada, é preciso inserir os familiares em programa de proteção de testemunha, com a transferência de residência ou acomodação provisória em local compatível com a proteção.
Caso não seja possível a transferência de residência, seguem medidas alternativas:
I – segurança na residência, incluindo o controle de telecomunicações;
II – preservação da identidade, imagem e dados pessoais;
III – ajuda financeira mensal para prover as despesas necessárias à subsistência, no caso de impossibilidade de desenvolver trabalho regular;
IV – apoio e assistência social, médica e psicológica; e
V – sigilo em relação aos atos praticados em virtude da proteção concedida.</td></tr>
</table>

Para além das análises descritivas, diagnósticas e prescritivas, temos a análise preditiva de dados, identificando tendências ou possibilidades futuras de ações das organizações criminosas, a depender dos quadros de ameaça, com possível perigo e riscos prováveis.

Nesta análise preditiva, importante delinear um padrão de delitos. Isto se dá com o exame dos diferentes tipos de crime praticados, quando, onde e por quais meios ocorreram, identificando prováveis oportunidades em favor de uma organização criminosa, seja para auferir vantagens, seja para se escusar de uma fiscalização de órgãos de controle, ou de um monitoramento policial.

O estudo de oportunidades deve se ater a cada um dos fatores, pois as circunstâncias favoráveis à atuação da organização criminosa podem se justificar simplesmente pelo tempo do crime, ou pelo local de crime, ou pelos meios utilizados, ou ainda pela combinação de um ou mais fatores. A comparação em períodos agrega um elemento de alto relevo: o dinamismo, com análises comparativas de semelhanças e divergências de atos no evoluir dos tempos.

A análise preditiva, em padrões dinâmicos, deve levar ainda em consideração a avaliação da capacidade de resposta do Estado, em busca da eficácia na tutela do bem jurídico. Conforme for, o inverso proporcional pode exigir maior atenção, por sinalizar uma vulnerabilidade exponencial no combate às organizações criminosas.

Não se pode aceitar uma análise preditiva por critérios pessoais dos criminosos. Por outro lado, é possível levar em consideração alguns aspectos não subjetivos, mas que orbitam em torno da figura do autor. Sem rótulos ou estigmas. O que importa não é quem, mas o que foi feito por quem. O foco não é a pessoa e sim os atos eventualmente por ela praticados. O grupo de criminosos em si não deve ser objeto de estudos subjetivos. Por outro lado, deve-se analisar quando se deu a reunião dos membros em dolo coletivo, onde e por quais meios as tarefas foram divididas, ainda que informalmente, e como as atividades são realizadas, os pontos fortes e os pontos fracos de uma rede criminosa, expressão esta cada vez mais utilizada na Europa.

Nas palavras de Albrecht (2010, p. 76), enquanto Diretor do Departamento de Criminologia do Instituto Max Planck de Direito Penal Estrangeiro e Internacional, *de facto, o conceito da criminalidade organizada tendo vindo a ser, nos últimos 10 anos, substituído cada vez mais pelo termo rede criminosa, o qual mostra uma menor carga (cultural), permitindo, ainda, uma melhor descrição das características do fenômeno.*

No primeiro momento, quando da análise descritiva, é possível obter dados de interesse nas investigações em curso, valendo-se de meios de obtenção de prova com reserva de jurisdição, o que é vedado à atividade de inteligência, ainda que de inteligência policial. Observando-se o passado, agrega-se dinamismo ao padrão de crime, compreendendo, como dito, a evolução das formas de agir, identificando novas características e repensando os conceitos. Em seguida, a análise prescritiva, estabelecendo resultados possíveis e suas consequências, numa matriz de probabilidade, combinada com o grau de ofensa a bens jurídicos penalmente relevantes.

Com base nas análises descritivas, diagnósticas e prescritivas, a polícia judiciária consegue avançar numa análise preditiva necessária à repressão preventiva. A prospecção de tendências é fundamental à prevenção. E, quando a fonte dos dados desta predição provém de uma investigação, temos uma repressão preventiva.

A atuação da polícia judiciária por holografia, de igual sorte às demais medidas de repressão preventiva, não se insere no campo da certeza. Os dados mais importantes, não raro, são aqueles ainda desconhecidos, de maneira que tão importantes quanto as informações já obtidas existentes são os claros de conhecimento. Mesmo os dados obtidos e já analisados devem ser periodicamente reanalisados com ceticismo moderado, em enfoque zetético, no qual a única certeza é a dúvida constante, oportunamente invertendo uma lógica imaginada como natural na tentativa de falseá-la, traduzindo a frustração desse intento na probabilidade de a lógica ser – e se manter – verdadeira, frente às mudanças de cenários e à reformulação constante das formas criminosas de agir à margem dos ordenamentos jurídicos.

A repressão preventiva não deve realizar a predição de resultados naturalísticos e jurídicos, combinados com uma antecipação de nexo causal, com o objetivo de prenunciar a autoria, em juízo prematuro de culpabilidade em cenário não delituoso. Considerando tratar-se de uma análise preditiva em face de uma organização criminosa, a repressão preventiva já se inicia num quadro delituoso, com um crime autônomo de ofensa à paz pública. Em outras palavras, o que se espera da repressão preventiva é a predição de crimes a serem cometidos por organizações criminosas, cuja formação já ofende a paz pública.

Em panorama de ameaças em potencial, com perigos possíveis e riscos elevados de criminalidade, somente assim a polícia judiciária pode progredir na busca da eficácia esperada no combate ao crime organizado, contribuindo em maior grau para a ordem pública na salvaguarda das instituições democráticas, do regular exercício dos direitos, liberdades e garantias fundamentais dos cidadãos.

Ilustrando, a PF no Brasil realiza um controle de produtos químicos possíveis de serem utilizados como insumos no preparo ou refino de droga, como a cocaína. Segundo o art. 1º da Lei n.º 10.357/2001, todos os produtos químicos que possam ser utilizados como insumo na elaboração de substâncias entorpecentes, psicotrópicas ou que determinem dependência física ou psíquica estão sujeitos a controle e fiscalização, na forma prevista nesta Lei, em sua fabricação, produção, armazenamento, transformação, embalagem, compra, venda, comercialização, aquisição, posse, doação, empréstimo, permuta, remessa, transporte, distribuição, importação, exportação, reexportação, cessão, reaproveitamento, reciclagem, transferência e utilização.

Em conformidade com a Portaria 240/2019 – Ministério da Justiça e da Segurança Pública (MJSP) do Brasil, para o regular exercício das atividades com produtos químicos controlados, as pessoas físicas ou jurídicas deverão cadastrar-se na PF, a fim de obter o Certificado de Registro Cadastral (CRC), bem como requerer o Certificado de Licença de Funcionamento (CLF) ou a Autorização Especial, documento que comprova que a pessoa física ou jurídica está autorizada a exercer, eventualmente, atividade com produtos químicos. Entre outras disposições gerais de controle, as pessoas físicas ou jurídicas que comercializam produtos químicos deverão manter em arquivo, pelo prazo de cinco anos, para fins de apresentação à PF, mapas de controle, notas fiscais, manifestos e outros documentos fiscais. Não apenas. As pessoas jurídicas que exercem atividades sujeitas a controle e fiscalização, assim como, de forma equiparada e em caráter excepcional, as pessoas físicas que desenvolvam atividade na área de produção rural ou pesquisa científica, estão obrigadas a fornecer mensalmente à PF todas as informações referentes às atividades praticadas com produtos químicos no mês anterior, por meio dos mapas de controle.

Assim atuando, a PF procura se antecipar ao preparo e ao refino de drogas por organizações criminosas, monitorando a comercialização de produtos químicos que possam ser utilizados como insumo na elaboração de substâncias entorpecentes, psicotrópicas ou que determinem dependência física ou psíquica. Para tanto, há que ter recursos de análise, processamento e cruzamento de informações. Eis a importância da inteligência artificial, nas duas dimensões propostas por Stuart e Norvig (2013, p. 03): *a de aprender a pensar como humano e seguir com modelagens matemáricas em algoritmos, como sequências de ações para se resolver dado problema.*

A polícia judiciária cada vez mais se utiliza de algoritmos e de *softwares* de processamento massivo de dados (Big data), para o tratamento e análise preditiva de crimes, em variáveis temporárias e espaciais, antevendo a dinâmicas destas tendências das organizações criminosas resilientes.

Relevante comentar, aqui, que nos termos do resumo da 5ª Conferencia Internacional sobre la Observación de la Criminalidad y el Análisis Criminal, realizada na Cidade do México, entre os dias 03 e 06 de novembro de 2015:

> Junto con el desarrollo de 'Big Data', en materia de seguridad, desde hace 5 años, el *software* de análisis predictivo continúa a hablar de ellos. Es, gracias a algoritmos y a un procesamiento masivo de datos, que se intenta anticipar donde se cometen los delitos. Esto por supuesto nos hace recordar la famosa película de Steven Spielberg "Minority Report". Las nuevas herramientas denominadas como "control predictivo" utilizan el Big data y los modelos de probabilidad que se basan en el análisis de un territorio para determinar los elementos predictivos de la aparición o la concentración de actos delictivos (2015, pp. 08-17).

A expressão *Big data* comumente é associada ao volume, velocidade e variabilidade complexa de dados. Como descreve Saisse (2017, pp. 06-10):

> Somente em meados dos anos 2000, o termo Big data ganhou a mídia de forma abrangente devido à veiculação de Doug Laney, membro da Gartner, com sua definição em 3 Vs: Volume, dados massivos de inúmeras fontes, Velocidade, capacidade e tempo de processamento sustentável ao objetivo e a necessidade de processamento em tempo real para diversos segmentos, e Variedade, diversos formatos entre vídeos, fotos, hashs, transações financeiras etc. Há ainda a empresa SAS que possui uma família de *software* SAS (Statistical Analysis System) em que, além dos

3Vs de Laney, utiliza mais duas dimensões para descrever o Big data que são a Variabilidade, inconsistência de fluxos de dados variados com picos sazonais, e a Complexidade no qual dispensa definição. Porém, é adotado majoritariamente Volume, Variedade, Velocidade, Veracidade e Valor como os cinco "Vs" do Big data.

Os dados a serem analisados de maneira preditiva são recebidos em massa, de diversas origens e em alta velocidade, reclamando mineração e processamento com apoio da tecnologia.

Várias são as possíveis análises preditivas de dados. No curso de cada investigação, já existe a oportunidade de realizar uma análise descritiva de uma ou de várias organizações criminosas, minerando e processando dados do que ocorreu (materialidade), quando ocorreu (aplicação da lei penal no tempo), onde (aplicação da lei penal no espaço), como ocorreu (circunstâncias), por quem/em desfavor de quem (estudo da autoria e vitimologia).

Na Identificação e Análise Preditiva, temos um grande volume de dados diversos, com alta velocidade de fluxo e variabilidade complexa, a exigir recepção, processamento e estudo com apoio da tecnologia, evitando o (re)trabalho humano, em ações repetitivas. Com efeito, a repressão preventiva pode utilizar-se de algoritmos, como trilhas necessárias à análise preditiva.

Lucena (2019) defende a ideia de utilização de algoritmos desde as antigas civilizações às sociedades contemporâneas, inclusive na segurança pública, permitindo alcançar objetivos específicos em menor tempo, numa sequência de passos iniciados com o recebimento de um extenso volume de dados. Consoante Lucena (2019, pp. 04-05):

> Com o algoritmo, ao se delimitar um problema, é realizada uma sequência de passos, que geram a resolução da problemática. Tudo expresso sempre por meio de uma linguagem. Seu uso parte desde os primórdios das sociedades estruturadas. Antigas civilizações, como a egípcia, já aplicavam os algoritmos no desenvolvimento de cálculos, em sistemas de numeração com diversas aplicações, como questões agrícolas e de construção civil. As pirâmides, por exemplo, foram construídas com aplicação de algoritmos. A evolução matemática, com algoritmos complexos, tem grandes influências na constituição das sociedades contemporâneas. Foi com a aplicação dos algoritmos que guerras foram vencidas, sistemas de irrigação foram criados, conhecimentos

de astronomia e ciclos de marés foram compreendidos e censos populacionais foram realizados. E foi com a aplicação de algoritmos que dados puderam ser organizados e catalogados, preservando uma série de informações, que contam, de algum modo, a história das civilizações. Entretanto, é com a criação do computador e sua evolução, principalmente após evoluções em machine learning, e mais recentemente, com o deep learning e a popularização da Internet, que algoritmos tomam novo espaço de análise e presença na sociedade. Estima-se que a cada um ano e meio a humanidade produza a mesma quantidade de dados que a criada em toda a história passada. Isto ocorre pois, com a evolução tecnológica, numa realidade complexa, há a geração contínua de uma série de informações, seja de forma ativa, em publicações nas redes sociais, compartilhamentos de fotos, uploads de artigos e documentos, conversas nos mensageiros virtuais, uso de IOTs, rolamento de tela, e em modo não ativo e remoto, com dados criados sobre a nossa pessoa por agências, empresas, ou monitoramento das nossas atividades. Um destes usos dar-se-á na segurança pública. E esta remeterá a nossa atenção. Algoritmos e a aplicação em segurança pública no Ocidente. O uso de dados para aplicação em segurança pública é antigo, e rememora tempos das primeiras polícias organizadas. No período do Reino de Castela e Leão, durante a Espanha medieval, os "hermandades" usavam dados referentes aos números de saques em estradas e violências desferidas, para colocar pessoas armadas em locais estratégicos, do Caminho de Santiago de Compostela, protegendo, assim, a vida dos peregrinos que faziam o caminho. No reinado francês de Luis XIV, foram organizados os primeiros corpos de Polícia urbana ocidental, que monitoravam e fiscalizavam a população, na época, da maior cidade da Europa, Paris. Dados eram usados no patrulhamento de áreas com maiores incidentes e distúrbios. O modelo utilizado pela França, em Paris, foi logo copiado e surgiram inúmeras outras polícias municipais. Patrulhamentos, a partir de análises de dados de locais que apresentavam maiores crimes, principalmente relacionados a crimes patrimoniais, tornaram-se comuns nos grandes centros populacionais.

Trask (2019, p. 11) apresenta alguns exemplos possíveis de transformação de um conjunto de dados de entrada na predição de eventos:

- Using the pixels of an image to detect the presence or absence of a cat;

- Using the movies you've liked to predict more movies you may like;
- Using someone's words to predict whether they're happy or sad;
- Using weather sensor data to predict the probability of rain;
- Using car engine sensors to predict the optimal tuning settings;
- Using news data to predict tomorrow's stock price;
- Using an input number to predict a number double its size;
- Using a raw audio file to predict a transcript of the audio.

O uso de algoritmos na repressão preventiva deve ocorrer com o apoio de de *big data softwares*, como instrumentos necessários para a reunião de dados obtidos por polícia judiciária, padronização, organização, formatação e planilhamento, permitindo as análises descritivas, diagnósticas, prescritivas e preditivas.

As máquinas podem desenvolver modelos profundos de aprendizagem em inteligência artificial (*deep learning*), em processos automatizados por redes neurais, para fins de análises de dados, identificando alertas de crimes presentes e antevendo delitos futuros.

Um dado objetivo de entrada pode ser um elemento obtido pela polícia judiciária, quando de investigações repressivas, a permitir um indicativo preventivo de saída.

Em crimes licitatórios, como exemplos, segundo análises descritivas, temos hoje, tal como antes (análises diagnósticas), vários casos de frustração do caráter competitivo dos certames com a utilização de empresas "fantasmas", "fictícias" ou "de fachadas"[1].

Como consequência, tem-se uma possível e grave ofensa à Administração Pública, como bem jurídico penalmente tutelado (análise prescritiva), a justificar uma predição policial, de maneira a prevenir tais atos, antes de serem praticados por organizações criminosas, por meio de uma análise objetiva.

1. As empresas "fantasmas" são aquelas que não existem nem documentalmente. As empresas "fictícias" são as que, embora não existam fisicamente, possuem algum lastro documental. As empresas "de fachada" são legalmente constituídas, possuem sede, mas sua atividade é mera encenação.

Quanto à objetividade ou subjetividade do dado de entrada como critério suspeito na avaliação do perigo, Sousa (2016, pp. 462-465) sustenta:

> O perigo policial assenta numa previsão à qual é inerente, geralmente, alguma subjetividade, mas que é essencialmente determinada por uma análise objetiva da evolução normal dos acontecimentos. Podemos, pois, dizer que se é verdade que o conceito de perigo conhece um momento de subjetividade (essencialmente na prognose), ele é essencialmente objetivo.

Vários dados objetivos de entrada podem indicar a natureza fraudulenta de uma empresa, tais como a data da constituição da pessoa jurídica, o número de funcionários, o capital social da empresa, a redundância em perdas e o endereço do estabelecimento.

Cada um desses dados pode revelar-se um critério suspeito[2], após o uso dos três métodos: abdução, no levantamento de hipóteses; dedução, como inferência; e a indução, para validação e verificação das consequências, segundo o empirismo necessário às investigações de organizações criminosas. Os conceitos se tornam mais claros para quem se utiliza das ferramentas e confirma ou refuta os indícios de saída, conforme os dados de entrada.

A data da constituição da pessoa jurídica licitante, por si só, não é um dado de entrada. Precisa-se agregar um elemento, com a retrodução, a partir da elaboração de hipóteses, com a observação de dados obtidos em investigações criminais: o lapso temporal a justificar a suspeita. Por abdução, deve-se ter um alerta para as empresas constituídas há menos de 06 meses do procedimento licitatório. Combinando outros elementos, alertas surgem em desfavor de empresas com menos de 05 funcionários, com capital social menor que R$10.000,00 mil reais, com histórico de nunca ter vencido qualquer licitação e com endereço em caixa postal ou em espaços de coworking.

2. Como já sustentado, a expressão "regra de negócio", ou simplesmente "RN", é comumente utilizada nas empresas, quando do uso de *softwares* para automizar, como premissas e restrições a serem observadas nas operações comerciais. Em razão das especificidades, mais adequado se valer da expressão "critérios suspeitos", primeiro em razão de convir o distanciamento com atividade negocial, segundo por não se caracterizar bem uma regra, mas apenas um critério.

Assim teríamos 04 (quatro) dados de entrada como critérios suspeitos:

- Empresa constituída com menos de 06 meses;
- Empresa com menos de 05 funcionários registrados;
- Empresa sem registro de vitória em procedimento licitatório; e
- Empresa com endereço em caixa postal ou em espaços de coworking.

Em pesquisas de publicações de editais em diários oficiais, é possível obter um volume expressivo de dados a respeito, de diversas origens e em alta velocidade. No caso de subsunção dos fatos aos critérios definidos, os dados conhecidos passam a ser considerados como de entrada e o seu processamento em *softwares* de *big data* pode indicar vários dados de saída, destacando-se três tipos:

a. Alertas de fraudes em licitações pretéritas, seguidas de prejuízo ao erário na formalização do contrato com a Administração Pública;

b. Alertas de fraude em licitações contemporâneas, seguidas de prejuízo ao erário na formalização do contrato com a Administração Pública; e

c. Alertas de fraude em licitações em curso, sem contrato formalizado com a Administração Pública.

Na primeira hipótese, os dados de saída apenas justificam a repressão de uma organização criminosa, organizada ainda que informalmente em várias empresas supostamente concorrentes. Na segunda hipótese, a polícia judiciária pode realizar uma repressão preventiva por identificação proativa de dados, de forma a impedir a continuidade ou a escalada das ações de um grupo criminoso. Já na terceira hipótese, sempre observando critérios objetivos, sem estigmas e rótulos, a polícia judiciária pode reprimir um grupo criminoso e ao mesmo tempo prevenir o prejuízo ao erário, antecipando-se à formalização de um contrato que seria decorrente de uma fraude. Poderíamos inicialmente ilustrar da seguinte forma:

Figura 19 – Análise e processamento de dados (O que se sabe e indícios possíveis)

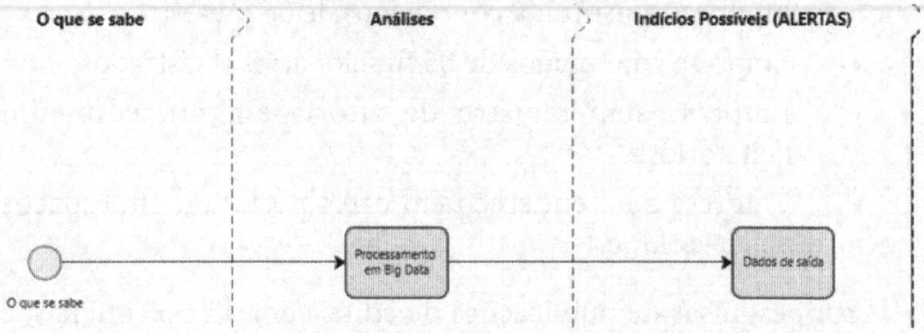

Fonte: Arquivo pessoal.

Os dados de entrada são dinâmicos e precisam ser revistos com periodicidade. Se nos dias de hoje, empresas suspeitas optam por indicarem como endereços de matriz espaços coworking, como exemplo, em futuro próximo talvez a suspeição decorra exatamente do oposto, pela adesão cada vez maior a esta opção.

Os dados de saída, por sua vez, precisam ser validados. A não validação, a validação parcial ou integral se dá com o resultado das investigações da polícia judiciária, à justificar a confirmação, retificação ou invalidação de um critério suspeito. Por esta razão, há uma retroalimentação constante nas análises, optando-se por ilustrar, definitivamente, da seguinte maneira:

Figura 20 – Retroalimentação (dados de entrada e dados de saída)

Fonte: Arquivo pessoal.

A reincidência criminal de uma pessoa física ou de uma pessoa jurídica não pode ingressar na trilha de processamento como dado de entrada. Se isto ocorrer, a tendência é sempre termos dados de saída com viés, direcionando a polícia judiciária a investigar sempre as mesmas pessoas ou os mesmos grupos de pessoas, sejam elas físicas ou jurídicas. A reincidência, porém, pode se traduzir em ponto de ponderação maior de um critério de entrada.

Exemplificando, atribuindo os numerais 0 ou 1 para o dado de entrada (base "y"), somados ou não, se positiva ou negativa a resposta; e os expoentes 1 ou 2, para os pesos e ponderações, somados ou não, há possibilidade de um algoritmo com viés ou sem viés.

ALGORITMO COM VIÉS					
Trilha	Inserção como dado de entrada	Peso/ Ponderação	Peso/ Ponderação	Peso/ Ponderação	Resultado
Critérios	Empresa ou pessoa com histórico criminal	Empresa constituída com menos de 06 meses	Empresa com menos de 05 funcionários registrados	Empresa sem registro de vitória em procedimento licitatório	
Empresa A	SIM (1) $y=1$	NÃO (^{1}) $y^1=1$	NÃO (^{1}) $y^2=1$	NÃO (^{1}) $y^2=1$	**Alerta por 01 ponto**
Empresa B	NÃO (0) $y=0$	SIM (^{2}) $y^2=0$	SIM (^{2}) $y^{2+2}=0$ ou $0^4=0$	SIM (^{2}) $y^{2+2+2}=0$ ou $0^6=0$	**Sem alerta (0 ponto)**

Na representação acima, o simples fato de a empresa A já ter histórico criminal, como dado de entrada, justificou o alerta final, ao passo que a empresa B, sem histórico, não teve qualquer alerta, uma vez que os critérios suspeitos se tornaram meras ponderações exponenciais, em raciocínio matemático sempre igual a zero.

Seguindo a trilha correta, inserindo eventual reincidência como critério de ponderação e não como dado de entrada, temos um algoritmo sem viés:

Figura 21 – Retroalimentação (dados de entrada e dados de saída), com a reinciência como peso exponencial e não como dado de entrada (critério suspeito)

Fonte: Arquivo pessoal.

ALGORITMO SEM VIÉS					
Trilha	Inserção como dado de entrada	Inserção como dado de entrada	Inserção como dado de entrada	Peso/ Ponderação	Resultado
Critérios	Empresa constituída com menos de 06 meses	Empresa com menos de 05 funcionários registrados	Empresa sem registro de vitória em procedimento licitatório	Empresa ou pessoa com histórico criminal	
Empresa A	NÃO (0) y=0	NÃO (0) y=0	NÃO (0) y=0	SIM (²) $Y^2=0$	**Sem alerta (0 ponto)**
Empresa B	SIM (1) y=1	SIM (1) y=1+1 ou y=2	SIM (1) y=1+1+1 ou y=3	SIM (²) $y=(1+1+1)^2$ ou y=9	**Alerta por 09 pontos**

Os exemplos de algoritmo se concentraram até então em fraudes à licitação, com possibilidade de superfaturamento contratual, em prejuízo da Administração Pública. Ressalve-se que o raciocínio de trilhas e critérios suspeitos pode ser aplicado nos mais diversos delitos praticados por organizações criminosas.

Prosseguindo, os dados de entrada e os critérios de ponderação podem ser controlados sempre pelo policial ou podem ser objeto de aprendizado do próprio *software* em inteligência artificial, de maneira supervisionada ou não.

No aprendizado supervisionado, sabe-se a relação entre os dados de entrada e os dados de saída, uma vez que processados segundo critérios suspeitos conhecidos, conforme hipóteses levantadas por abdução, embora em funções de mapeamento a ser definido pela máquina, para gerar com segurança o algoritmo a estabelecer em precisão escalável uma variável de saída em razão dos dados de entrada. Após o processamento, o policial pode validar o resultado, verificando se os alertas gerados estão em consonância com os critérios eleitos, de maneira a proporcionar um aprendizado à maquina, em regressão ou em classificação. Na regressão, o objetivo é estabelecer uma função contínua preditiva de maneira a processar com velocidade uma variedade massiva de dados, a prever com mais efetividade possíveis fatos criminosos. Na classificação, procura-se mapear as variáveis de entrada, classificando-as, de maneira que algumas podem vir a assumir um valor maior ou um valor menor, (re)direcionando a aprendizagem supervisionada regressiva. A categorização dos dados é importante antes de sua generalização, em busca de uma função que melhor transforme dados de entrada em dados de saída. A depender da aprendizagem classificatória, os exponenciais podem ser modificados, agregando peso maior ou menor, considerando os resultados possíveis e suas consequências, numa matriz de probabilidade, combinada com o grau de ofensa a bens jurídicos. Toda alteração tem como consequência a variabilidade de resultados preditivos.

No aprendizado de máquina não supervisionado, a própria máquina se encarrega de aprender a lidar com os números, num paradigma citado por Trask (2019, p. 22): *predict, compare and learn*. Diferentemente da supervisionada, nesta aprendizagem não há resultados pré-definidos, o policial não afirma, de pronto, se o resultado é correto ou incorreto, uma vez que ele não conhece com precisão os critérios adotados como suspeitos pela máquina ao (re)criar um algoritmo de função entre os dados de entrada e de saída. A validação e verificação dos resultados pela própria máquina podem levar o *software* a reler e a reinterpretar os dados, alterando matematicamente os dados de entrada e os critérios de ponderação, para a obtenção sempre de um resultado seguro, em processos de automatização por tentativa e erro. Este aprendizado por redes neurais artificiais deve ser estruturado, evitando que a máquina altere classificações, passando, por exemplo, a considerar um dado de entrada como critério de ponderação ou o contrário.

Algumas iniciativas de inteligência artificial com aprendizado de máquina já se consolidaram em orgãos de controle administrativo e fiscal, devendo a polícia judiciária acompanhar esses avanços. É o caso do Sistema de Análise de Licitações e Editais (ALICE), criado pela Controladoria-Geral da União (CGU), órgão de controle interno do Governo Federal brasileiro, responsável por realizar atividades relacionadas à defesa do patrimônio público e ao incremento da transparência da gestão, por meio de ações de auditoria pública, correição, prevenção e combate à corrupção e ouvidoria. O Robô Alice começou a ser utilizado nos anos de 2016 e 2017, como ferramenta para identificar irregularidades em licitações e pregões eletrónicos da administração federal, examinando diariamente o Diário Oficial da União (DOU) e todos os editais e atas inseridos no site Compras net, o portal federal de aquisições. Nesta varredura, consideram-se como dados de entrada todas as licitações e todas as atas de realização publicadas. O Robô Alice se utiliza de algoritmos e trilhas para realizar o cruzamento de informações em bases estruturadas e identificar, principalmente, restrições de competitividade na habilitação das empresas.

Ao julgar a Tomada de Contas 030.126/2018-5, o Tribunal de Contas da União (TCU) no Brasil se manifestou sobre a viabilidade das fiscalizações com o emprego de novos sistemas, incluindo o Robô Alice.

> Cuidam os autos de relatório de levantamento com o objetivo de conhecer problemas sistêmicos em editais e/ou planilhas orçamentárias de obras, publicados pelo DNIT – Departamento Nacional de Infraestrutura de Transportes e analisadas pela CEF – Caixa Econômica Federal, na qualidade de mandatária da União. Em especial, foi avaliada a viabilidade de realização de fiscalizações usando identificação automatizada de deficiências, com o Sistemas de Análise de Licitações e Editais (ALICE) e do Sistema de Análise de Orçamento (SAO). (...) O TCU tem utilizado este conceito

> amplamente, tendo trabalhos com Big Data, sistemas automatizados em uso na Sefip, robôs desenvolvidos pelas secretarias de tecnologia da informação do Tribunal e outros sistemas em uso pelas unidades técnicas. No contexto deste levantamento, foi dado ênfase ao uso do Sistema Análise de Licitações e Editais (ALICE) e do Sistema de Análise de Orçamento (SAO). (...) O Alice é um sistema, desenvolvido no Tribunal, que realiza buscas e análise textual em documentos que compõem um edital de licitação, buscando palavras chaves para identificar inconsistências. Esse conjunto de palavras chaves a serem filtradas são denominadas de tipologias de busca. Com o acrônimo de 'Análise de Licitações e Editais', o ALICE tem analisado diariamente os editais e atas inseridos no Compras net – o sistema informatizado de apoio às atividades operacionais do Sistema de Serviços Gerais (SISG), que integra os órgãos da Administração Pública Federal direta, autárquica e fundacional. A sua análise é fundamentada em tipologias desenvolvidas por usuários das diversas áreas de negócios do Tribunal de Contas. Cada tipologia está associada a um conjunto de palavras que são utilizadas para identificação de inconsistências por meio de técnica de informática denominada expressão regular.

Panis (2020, p. 41), em sua dissertação de mestrado, resume bem o propósito desse sistema:

> Antes do robô Alice, o foco da CGU era o passado, ou seja, os trabalhos basicamente olhavam os processos para buscar o que tinha acontecido de errado. Após a criação do Alice, o foco da CGU é no futuro, olhando para frente, promover o aperfeiçoamento e a transparência da Gestão Pública, a prevenção e o combate à corrupção, com participação social, por meio da avaliação e controle das políticas públicas e da qualidade do gasto.

Além de critérios suspeitos, é possível inserir como dados de entrada alguns panoramas de oportunidade. Os pesquisadores espanhóis López-Iturriaga e Sanz (2017), no artigo *Predicting Public Corruption with Neural Networks: An Analysis of Spanish Provinces*, relatam um modelo de redes neurais por eles desenvolvido para prever a corrupção pública com base na economia e fatores políticos. Aplicaram este modelo nas províncias espanholas, valendo-se de dados de casos reais de corrupção, ocorridos entre 2000 e 2012, que foram descobertos pela mídia ou foram a julgamento. Estabeleceram um procedimento de estilo com dados de entrada e dados de saída para fins de decisão:

> Our model provides two main insights. First, we identify some underlying economic and political factors that can result in public corruption. Taxation of real estate, economic growth, and an increase in real estate prices, in the number of deposit institutions, and the same party remaining in office for a long time seem to induce public corruption. Second, our model provides different time frameworks to predict corruption. In some regions, we are able to detect latent corruption long before it emerges (up to three years), and in other regions our model provides short-term alerts, and suggests the need to take urgent preventive or corrective measures (LÓPEZ-ITURRIAGA e SANZ, 2017, p. 30).

López-Iturriaga e Sanz (2017) se utilizaram de dados de entrada para além dos dados criminais, estabelecendo, como variáveis, a tributação imobiliária do local, dívida *per capita*, variação no número de empresas registradas, taxa de desemprego, entre outras. Sobre esta última variável citada, os autores afirmam, inclusive, que *is the percentage of the total labor force that is unemployed and actively seeking employment and willing to work. The unemployment rate is usually related to high informal sectors and corruption* (López-Iturriaga e Sanz, 2017, p. 17).

Observamos, com ressalvas, este uso da taxa de desemprego para uma análise preditiva de corrupção. Isso pode levar a polícia judiciária a uma visão tendenciosa do crime, passando a investigar atos de corrupção apenas em certas localidades, quando a corrupção pode estar presente exatamente em centros políticos e econômicos, onde a taxa de desemprego não se destaca como fator negativo.

No âmbito da PF no Brasil, há registros de estudos sobre o tema, como o realizado pelo Delegado Federal Macêdo (2020, pp. 47 a 89), cuja dissertação de mestrado discorre sobre Redes Criminosas em Investigações Previdenciárias na PF. O autor estudou a rede de relacionamentos de grupos criminosos já investigados pela PF e propôs um modelo de detecção/predição para investigações atuais e futuras. Numa primeira etapa, Nelson Kneip Macedo fez um mapeamento inicial de investigações já concluídas, relacionadas ao combate a crimes contra a Previdência Social no Brasil, realizando uma diagramação da rede, com a importação desses dados no *software IBM Analyst Note-*

book. Numa segunda etapa, o autor procurou identificar elementos comuns nas investigações, com o objetivo de: a) identificar os dados dos eventos criminais e o índice de gravidade dos crimes; b) somar a quantidade de incidentes criminosos num intervalo de tempo determinado; c) extrair as redes de coautoria e detectar grupos criminosos; d) calcular a atividade de cada um dos grupos criminosos identificados; e) identificar possíveis grupos organizados; e, por fim, f) avaliar o lucro obtido pelo grupo organizado. A análise e o processamento foram feitos a partir dos meios utilizados para fraude nas operações.

Figura 22 – Meios utilizados para fraudes nas operações, a partir da compilação de dados dos relatórios das investigações

Operação	Pessoa fictícia como beneficiário	Pessoa fictícia como instituidor	Associação criminosa tipificada	Envolvimento de servidor do INSS	Pessoas do mesmo núcleo familiar indiciados	Processo físico inexistente na APS	Vários benefícios no mesmo endereço
Fim de Linha	X		X	X	X		
Casa Cheia	X			X		X	X
Casa Cheia II			X		X		
Intervenção		X			X	X	X
Intervenção II	X			X			X
Aquestos	X			X	X		
D. Fratres II	X		X		X		X

Fonte: Macedo (2020, p. 53).

Na etapa seguinte, o algoritmo foi testado, com base no levantamento de dados de outras 2250 investigações policiais em andamento, de igual maneira relacionadas a crimes contra a Previdência Social.

Figura 23 – Desenho das etapas de realização da pesquisa

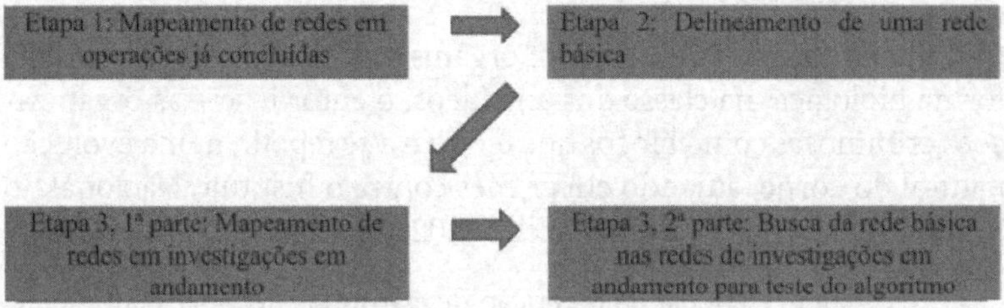

Fonte: Macedo (2020, p. 52).

Figura 24 – Rede obtida com análise das investigações em curso, com registro de dados convergentes

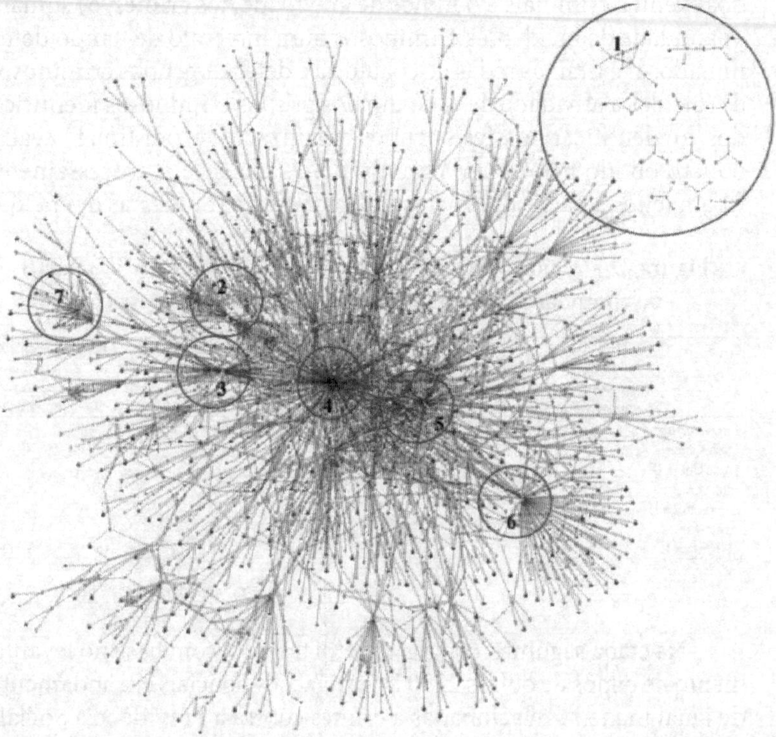

Fonte: Macedo (2020, p. 89).

Fazendo uma analogia com organismos de seres vivos, em dada forma biológica, na classe dos anelídeos, o autor insere as organizações criminosas como blocos que tendem a se repetir, numa evolução natural do corpo, atuando em crimes contra o Instituto Nacional do Seguro Social (INSS). Para Macedo (2020, p. 79):

> Com essa ideia de repetição de estruturas de blocos em mente, mutatis mutandi, os grupos criminosos com atuação na área de fraudes previdenciárias parecem atuar de maneira similar: 1) monta-se uma estrutura capaz de fraudar um único benefício (um servidor do INSS numa determinada APS ou um falsificador de documentos e uma pessoa para se passar pelo beneficiário, por

exemplo); 2) se a fraude obtiver sucesso, a mesma estrutura é repetida por diversas vezes, fraudando diversos benefícios; 3) se a fraude não obtiver sucesso, muda-se a estrutura básica e tenta-se outra forma de cometer a fraude até obter sucesso.

A partir de uma margem segura desse algoritmo, foi possível identificar a existência de 37 prováveis grupos criminosos em ação (investigação proativa) e verificar tendências criminosas a prevenir (investigação preditiva).

Acerca de alguns temas já explorados, a colaboração premiada, quando admitida num ordenamento jurídico, pode assumir a natureza de negócio jurídico processual e meio de obtenção de prova. A infiltração policial é uma técnica especial de investigação como meio de obtenção de prova. A asfixia financeira é uma medida assecuratória ou medida de garantia patrimonial, com o objetivo de assegurar ressarcimento ao erário e penas pecuniárias, indenização da vítima e custeio das despesas processuais. Não há dissenso relevante.

Todavia, um ponto de discussão é a natureza dos dados processados em inteligência artificial na repressão preventiva. Para sua resolução, importante se revela apresentar algumas distinções, a começar pela diferença entre meio elegível de obtenção de prova, meio de obtenção de prova, meio elegível de prova e prova.

Meio elegível de obtenção de prova é o direcionamento em vetor de utilidade para a eleição do meio certo para a obtenção correta da prova, combinando eficiência e eficácia, numa correta ação de repressão preventiva para alcançar um resultado. Um critério ou um alerta suspeito não tem o condão de alcançar a prova, mas de melhor direcionar os esforços investigativos. Passo seguinte, o meio de obtenção de prova, por si só, não valida nem refuta uma hipótese de investigação, sendo uma atividade realizada para a busca de uma fonte cognitiva. Diferentemente, temos os meios elegíveis de prova como aqueles escolhidos a confirmar ou refutar uma hipótese, de acordo com o seu objeto, assim considerados os fatos de relevo dentro de um escopo investigativo.

Como exemplo, dados processados de maneira preditiva podem resultar em alertas de localização a orientar uma atuação policial para uma medida de busca e apreensão como meio de obtenção de prova. Os documentos arrecadados pela polícia são os meios elegíveis. E o conteúdo deles pode vir a se tornar uma prova, porquanto sobre ele pode recair uma análise de confirmação ou refutação de hipótese.

Sendo assim, a inteligência artificial no processamento de dados é um meio elegível de obtenção de prova, de maneira que o resultado do processamento pode se tornar um conteúdo a ser valorado pela polícia ao direcionar sua atuação.

Considerando que as ações presentes e pretéritas podem predizer o futuro, a inteligência artificial no processamento de cenários e interações tem a possibilidade de se revelar um meio elegível de obtenção de prova holográfica, a subsidiar análise valorativa de um ambiente físico ou virtual ameaçador, com a possibilidade de perigo e probabilidade de risco. Isto se considerarmos prova não como resultado, e sim como atividade de repressão preventiva.

Neste caso, não podemos falar em "standard probatório", como grau de confirmação de um padrão de verdade pretendido, expressão essa comumente utilizada em ações penais. A repressão preventiva, no contexto da investigação, deve trabalhar com "standard de justificação" da atuação policial em critérios probabilísticos. Se no "standard probatório", temos em regra a necessidade de alcançar a prova de fatos presentes e pretéritos além da dúvida razoável (*beyond a reasonable doubt*) para transpor o mural da presunção da inocência (Baltazar Júnior, 2007, p. 161)' no standard de justificação temos a definição de critérios a fundamentar uma ação policial, diante de uma prova de possível perigo e provável risco.

12.2 IDENTIFICAÇÃO E ANÁLISE PREDITIVA DE CENÁRIOS

De forma igual à investigação proativa, pode-se realizar uma identificação e análise preditiva de cenários, em mapeamentos de organizações criminosas violentas, e de crimes contra o meio e ambiente e de crimes de tráficos de drogas, por meio de *softwares* de *big data*. O primeiro desafio para isso é haver uma base estruturada de dados para uma análise diagnóstica dos padrões de crime. Ou faltam os dados, ou a estatística não está indexada.

Surge então o grande problema: uma análise diagnóstica de crimes com dados parciais pode, no lugar de facilitar a predição, provocar um viés da repressão preventiva, levando a crer numa realidade evolutiva não correspondente ao testemunho da história criminal.

Com o despertar para a necessidade de olhar para o presente e para o futuro, o primeiro passo é resgatar o passado, numa tarefa repleta de dificuldades. Dados simples são necessários numa primeira leitura, para reunir num banco de dados mínimo: o que ocorreu, quando, onde e por quais meios. Tais dados, contudo, nem são por vezes reunidos, para efeitos de análise e processamento. Alguns são esparsos, outros são vagos e incompletos.

Superada esta primeira tarefa, seja por conseguir resgatar dados em volume de confiabilidade, seja por se iniciar ao menos por uma estatística mais recente, é viável descrever o padrão atual do crime, cotejá-lo com o diagnóstico obtido ou em fase de obtenção, e submeter os dados em critérios suspeitos ou situações convidativas, de maneira a conseguir antever, num cenário potencial de ameaça, os possíveis perigos e os riscos nos seus diferentes graus.

Dantas (2007) apresenta várias utilidades na aprendizem de máquina por regressão na gestão da segurança pública. Para o autor, é possível um aprendizado com algoritmos que permita medir a relação temporal entre os diversos crimes e o lucro obtido por crimes contra patrimônio. Combinando estas duas possibilidades, é ainda possível realizar um cruzamento de informações entre os valores obtidos e o tempo entre os delitos, de maneira a facilitar a predição de novas ocorrências, se houver um aspecto linear de tempo versus dinheiro. A própria dimensão em tempo deve ser considerada, considerando o dinamismo de atuação das organizações criminosas. E a dinâmica temporal resultante de um processamento em inteligência artificial pode resultar num mapeamento de cenários com alertas de possíveis perigos e riscos prováveis de ocorrência em determinadas localidades.

Como exemplo de crimes violentos, temos o assalto a bancos. Em Portugal, tem-se a publicação anual de dados estatísticos de criminalidade violenta, com registros de assaltos a bancos, em números inclusive decrescentes, conforme RASI de 2019 e de 2020 (RASI, 2019).

Figura 25 – Quadro dos valores registrados pelas tipologias que integram a criminalidade violenta e grave

Crimes violentos e graves	Ano 2018	Ano 2019
Homicídio voluntário consumado	110	89
Ofensa à integridade física voluntária grave	579	661
Rapto, sequestro e tomada de reféns	273	338
Violação	421	431
Roubo a banco ou outro estabelecimento de crédito	24	13
Roubo a farmácias	41	48
Roubo a ourivesarias	24	16
Roubo a posto de abastecimento de combustível	110	101
Roubo a residência	605	574
Roubo a tesouraria ou estação de correios	4	7
Roubo a transportes de valores	9	9
Roubo de viatura	106	126
Roubo em edifícios comerciais ou industriais	326	423

Crimes violentos e graves	Ano 2018	Ano 2019
Roubo em estabelecimento de ensino	26	32
Roubo em transportes públicos	447	424
Roubo na via pública exceto por esticão	5.296	5.923
Roubo por esticão	3.204	3.018
Outros roubos	321	212
Extorsão	505	507
Pirataria aérea outros crimes contra a segurança da aviação civil	29	38
Motim, instigação e apologia pública do crime	3	7
Associação criminosa	6	8
Resistência e coacção sobre funcionário	1.506	1.384
Organizações terroristas e terrorismo nacional	*	5
Outras organizações terroristas e terrorismo internacional	*	4

* Os valores inferiores a 3 são ocultados respeitando o princípio do segredo estatístico

Fonte: Rasi (2019, p. 14).

Figura 26 – Quadro dos valores registrados pelas tipologias que integram a criminalidade violenta e grave

Crimes violentos e graves	Ano 2019	Ano 2020
Homicídio voluntário consumado	89	93
Ofensa à integridade física voluntária grave	661	576
Rapto, sequestro e tomada de reféns	338	254
Violação	431	315
Roubo a banco ou outro estabelecimento de crédito	13	13
Roubo a farmácias	48	73
Roubo a ourivesarias	16	6
Roubo a posto de abastecimento de combustível	101	118
Roubo a residência	574	659
Roubo a tesouraria ou estação de correios	7	13
Roubo a transportes de valores	9	13
Roubo de viatura	126	141
Roubo em edifícios comerciais ou industriais	423	468

Crimes violentos e graves	Ano 2019	Ano 2020
Roubo em estabelecimento de ensino	32	22
Roubo em transportes públicos	424	346
Roubo na via pública exceto por esticão	5 923	4 698
Roubo por esticão	3 018	2 206
Outros roubos	212	200
Extorsão	507	660
Pirataria aérea outros crimes contra a segurança da aviação civil	38	15
Motim, instigação e apologia pública do crime	7	9
Associação criminosa	6	5
Resistência e coacção sobre funcionário	1 384	1 557
Organizações terroristas e terrorismo nacional	5	8
Outras organizações terroristas e terrorismo internacional	4	*

* Os valores inferiores a 3 são ocultados respeitando o princípio do segredo estatístico

Fonte: Rasi (2020, p. 33).

No Brasil, houve também um decréscimo da estatística de assalto a banco, conforme dados nacionais de segurança pública:

Figura 27 – Dados Nacionais de segurança pública

Crime	1º trimestre 2018	1º Trimestre 2019	% percentual
Estupro	12217	11566	-5%
Furto de Veículos	61898	54546	-12%
Homicídio Doloso	12655	9859	-22%
Lesão Corporal Seguda de Morte	232	211	-9%
Roubo a Instituição Financeira	273	160	-41%
Roubo de Carga	5938	3680	-38%
Roubo de Veículo	66477	46844	-30%
Roubo Seguido de Morte (Latocínio)	502	388	-23%
Tentativa de Homicídio	9703	8661	-11%

Crime	mar/18	mar/19	% percentual
Estupro	4320	3741	-13%
Furto de Veículos	21371	18430	-14%
Homicídio Doloso	4157	3318	-20%
Lesão Corporal Seguda de Morte	81	68	-16%
Roubo a Instituição Financeira	104	44	-58%
Roubo de Carga	2061	1377	-33%
Roubo de Veículo	23029	15665	-32%
Roubo Seguido de Morte	181	120	-34%
Tentativa de Homicídio	3272	3034	-7%

Fonte: https://www.justica.gov.br/news/collective-nitf-content-1563293956.35

Ainda assim, os números no Brasil impressionam, nomeadamente na zona rural, onde mais ocorrem assaltos a bancos, pela falta de policiamento ostensivo, reclamando, pois, uma repressão preventiva, com análise preditiva pela polícia judiciária. Na entrada de dados, além de números relacionados às ocorrências anteriores (onde e como), podem-se se inserir fatores que caracterizam um cenário de oportunidades ao crime.

Nem todas as cidades no Brasil possuem unidades de policiamento no local. Pela dimensão geográfica do país, nessas condições, quando há uma ocorrência a exigir um enfrentamento, a polícia chega a determinadas cidades somente minutos ou até horas após o acionamento. Diversas cidades em áreas rurais do Brasil possuem um acesso por meio de pontes acima de rios. Tais pontes revelam-se uma oportunidade ao assalto a banco, pois os grupos criminosos, no mais das vezes, posicionam veículos de grande porte nos acessos às cidades, para impedir a aproximação de uma viatura policial, deixando livre apenas o acesso oposto àquele mais próximo de cidades vizinhas onde há unidade policial. Muitas agências bancárias no Brasil, principalmente na zona rural, não possuem portas giratórias, vidros blindados nas fachadas, câmeras de vídeo internas e nas áreas próximas, com monitoramento em tempo real, escudos e assentos blindados para os vigilantes. Tais agências são identificadas por grupos e facções criminosas, como alvos em maior potencial.

Em situação de oportunidade, como peso exponencial, tem-se que prever quando o risco se torna mais elevado. Como diversas cidades do Brasil não possuem uma forte economia própria, os recursos econômicos são, em boa parte, oriundos do pagamento do funcionalismo público. Os saques ocorrem no final ou no início do mês, período em que as instituições financeiras recebem um volume alto de aporte de recursos, a fim de lastrear os saques em espécie.

Sendo assim, podemos resumir como algumas variáveis possíveis:

1. Presença ou não de unidade de policiamento ostensivo no local;
2. Acesso à cidade com pontes;
3. Agências sem portas giratórias;
4. Agências sem vidros blindados nas fachadas;
5. Agências sem câmeras de vídeo internas e nas áreas próximas, como calçada e estacionamento, com monitoramento em tempo real;
6. Agências sem escudos e assentos blindados para os vigilantes; e
7. Primeiros cinco dias úteis do mês.

Figura 28 – Critérios suspeitos e cenários de oportunidade, como dados de entrada na repressão preventiva de assaltos a banco

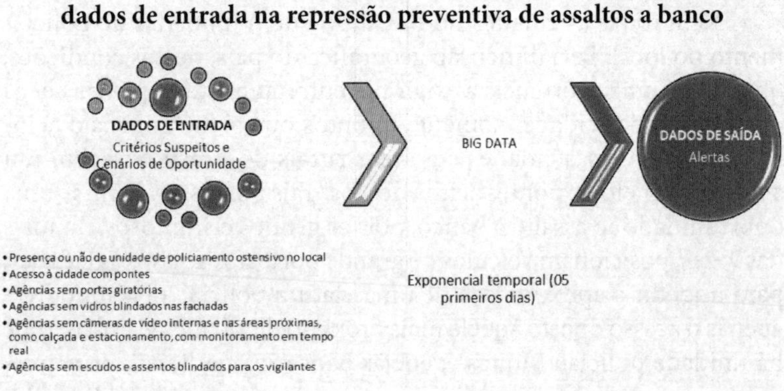

Fonte: Arquivo pessoal.

Essa análise preditiva, com base em dados de investigação e de cenários de oportunidade, pode orientar não apenas o trabalho da polícia judiciária, como também o da própria polícia ostensiva, em dever de cooperação a ser ampliado, contemplando também as instituições financeiras, em programas de *compliance*, com mensuração de riscos e (re)orientação de investimentos na segurança orgânica.

A própria arquitetura dessas cidades pode ser revista. Barreiras fixas podem ser implementadas em áreas próximas aos bancos, de maneira a evitar uma aproximação demasiada de veículos, que servem, frenquentemente, não apenas como apoio de blindagem, mas também como meio de fuga dos grupos criminosos, que se valem de clientes do banco ou transeuntes próximos como escudos humanos.

Para Saisse (2017, pp. 04-09), em Memphis, Cidade no Tennessee, nos Estados Unidos, num programa intitulado B*lue Crush (Criminal Reduction Utilizing Statistical History)*, ocorrências policiais são coletadas por policiais e inseridas em pacote estatístico para análise de um *software* preditivo da IBM, denominado SPSS. Em pesquisa no site da IBM, verifica-se que o *software* tem como objetivo preencher a lacuna entre ciência de dados e compreensão de dados, oferecendo uma análise estatística avançada, com uma vasta biblioteca de algoritmos de aprendizado, análise de texto, integração com *big data* e implantação contínua em aplicativos[3].

Renan Saisse destaca a cidade de Chicago, nos Estados Unidos, onde há uma unidade policial específica de predição criminal, valendo-se da tecnologia de uso massivo de dados em mapas computadorizados, auxiliando a polícia a antever panoramas e decidir pela melhor atuação. Quanto a Los Angeles, a Polícia firmou uma parceria com a Universidade da Califórnia em Los Angeles (UCLA), reunindo matemáticos e cientistas com o objetivo de lançar um projeto denominado PredPol, que geoposiciona as forças policiais conforme

3. The IBM SPSS® software platform offers advanced statistical analysis, a vast library of machine learning algorithms, text analysis, open source extensibility, integration with big data and seamless deployment into applications. Its ease of use, flexibility and scalability make SPSS accessible to users of all skill levels. What's more, its suitable for projects of all sizes and levels of complexity, and can help you and your organization find new opportunities, improve efficiency and minimize risk. Within the SPSS software family of products, SPSS Statistics supports a topdown, hypothesis testing approach to your data while SPSS Modeler exposes patterns and models hidden in data through a bottom-up, hypothesis generation approach.

dados de saída preditivos, em local e hora corretos para prevenir um possível crime violento.

A inteligência artificial já é uma realidade em algumas polícias no mundo, reforçando a importância de inserir tal campo nas discussões acadêmicas. Dados de entrada objetivos possuem maior aceitação. A controvérsia se dá com a possibilidade do mau uso de dados subjetivos. Em Los Angeles, consoante Renan Saisse, o PredPol possui um algoritmo: *Strategic Subjet Lists* (SSL), que ranqueia indivíduos, em pontuações de 0 a 500, entre maior conexão ou não, ao crime. Há dúvidas, inclusive, sobre quais preceitos foram utilizados para esta pontuação.

Inserir como critérios suspeitos dados gerais dos responsáveis pelos crimes (quem praticou?) pode direcionar o *software* a prever não padrões de crime, mas padrões de criminosos, inclusive com uso de DNA, o que definitivamente não deve ocorrer na repressão preventiva policial, sob pena de termos polícias atentas a determinados grupos estimatizados, porém cega ou alheia a outros, por critérios como faixa social, cor, nacionalidade, emprego e religião, entre outros. O uso ou não de dados subjetivos é um ponto essencial para a discussão acadêmica da repressão preventiva. As pedras angulares de qualquer predição em *big data* devem ser arquitetadas por redes neurais objetivas.

Neste sentido, importante ressalvar, aqui, um interessante mapeamento realizado por pesquisadores brasileiros para a predição das zonas de crime, utilizando técnicas de georreferenciamento (Padula et. al, 2017). Considerando o aumento de crimes violentos na região do Distrito Federal, no Brasil, os pesquisadores realizaram estudos que resultaram em quatro mapas, escalonados em frequência de ocorrências registradas. O objetivo foi gerar previsões de ocorrências com base em dados históricos de criminalidade, combinados com diversas variáveis, de maneira a indicar localidades de alto risco, a recomendar uma nova atuação policial. Ocorre que, dentre essas diversas variáveis, os pesquisadores se utilizaram de critérios como sexo, ao sustentarem que a maior parte dos crimes é cometida por indivíduos de sexo masculino; e raça, ao considerarem como ponto complementar da análise de desigualdade social. Com as ressalvas acadêmicas, entendo que tais variáveis não devam ser consideradas em análises preditivas.

12.3 IDENTIFICAÇÃO E ANÁLISE PREDITIVA DE INTERAÇÕES

Quando o estudo se relaciona à rede mundial de computadores, o mais correto não é a identificação e análise preditiva de dados ou cenário, mas a identificação e análise preditiva de interações, pois sempre se busca uma ação mútua, com uma pessoa ou com um dado ou ferramenta, para uma resposta ou para influenciar ou direcionar determinadas ações.

Usuários e estruturas com amparo na Internet são vítimas em potencial. No Relatório da EUROPOL, com base na *EDEN Conference Report Freedom and Security*, realizada entre 22 e 23 de novembro de 2018 (EUROPOL, 2018, p. 13), na UE, tem-se que os ataques possuem como alvo uma ampla gama de infraestruturas críticas e setores-chave, afetando os serviços de saúde, telecomunicações, transportes e indústrias transformadoras. Os ataques cibernéticos são múltiplos e geram um prejuízo enorme à economia.

> European law enforcement reports ransom ware attacks from a wide range of other ransomware families. The most commonly reported are Cerber, Cryptolocker, Crysis, Curve-Tor-Bitcoin Locker, Dharma and Locky. Overall damages arising from ransomware attacks are difficult to calculate, although some estimates suggest a global loss in excess of USD 5 billion in 2017. Furthermore, it is important to highlight the huge disparity between the losses of singular victims compared to the actual criminal revenue generated (EUROPOL, 2018, p. 13).

No sexto relatório sobre os progressos alcançados rumo a uma União da Segurança genuína e eficaz, um dos aspectos de relevo foi a utilização de novas tecnologias pelos criminosos, por meio do uso intensivo da Internet:

> Verifica-se uma utilização muito mais intensiva da Internet para todos os tipos de comércio ilícito de bens e serviços. Tal exige que as entidades policiais disponham das ferramentas adequadas para combater este tipo de criminalidade na Internet, devendo igualmente ser assegurada a sua formação e a aprendizagem em conjunto. A Agência da União Europeia para a Formação Policial tem um papel crucial a desempenhar no sentido de ministrar uma formação adequada aos agentes policiais que se encontram na primeira linha, em consonância com as prioridades estratégicas e as ameaças identificadas (União Europeia, 2017, p. 07).

Para Santos (2015, p. 63), o ciberespaço possui como características distintivas a velocidade e o volume de comunicações, bem como o fato de ser aterritorial, com a distância reduzida ou eliminada entre instituições, indíviduos e até nações, com a possibilidade de ações praticamente anônimas, implicando dificuldades na atribuição de autoria e identificação de responsáveis. Neste quadro, a repressão preventiva deve inserir-se também no campo da segurança cibernética.

Segundo Bacelar (2018, p. 917), *a segurança cibernética – ou a cibersegurança – significa a proteção que se realiza no ciberespaço contra as ameaças a valores ou direitos da comunidade política, assim perpetrados neste novo ambiente digital.* No entender de Gouveia (2018, p. 920), no tocante ao Direito da Cibersegurança, temos de considerar dois tópicos fundamentais:

> Por um lado, a proteção dos direitos fundamentais das pessoas frente ao uso da informática, proverbialmente antecipado pela CRP logo em 1976, assunto que se reforçou com a nova legislação europeia e interna aprovada; por outro lado, a proteção da comunidade política que seja empreendida através de estruturas de segurança nacional dedicadas a combater as ciberameaças, as quais podem assumir uma variedade apreciável.

No Brasil, o Decreto n. º 10.222, de 5 de fevereiro de 2020, aprovou a Estratégia Nacional de Segurança Cibernética, reconhecendo, inclusive, o risco para a economia brasileira, gerado pela intrusão em computadores e pela disseminação de códigos maliciosos praticados pelo crime organizado.

Em Portugal, o Decreto-Lei n.º 081/2016 criou a Unidade Nacional de Combate ao Cibercrime e à Criminalidade Tecnológica (UNC3T), admitindo que as entidades responsáveis pela respetiva prevenção e repressão detenham informação (*cyber-intelligence*) em tempo útil que possibilite não só a detecção precoce de ataques digitais, mas também a compreensão da intenção criminosa associada ao uso, à comercialização e à disseminação de programas maliciosos. Conforme o art. 9º- A, a UNC3T tem várias competências, dentre elas não apenas a investigação como também a prevenção criminal.

Tais iniciativas são uma resposta a um cenário de ameaça, com a utilização da Internet e das mídias sociais como ferramenta de manipulação, monitorando e influenciando comportamentos, numa rede de convencimento, induzindo ou instigando decisões, não somente para a monetização do acesso, mas também para a fraude por convencimento ou desinformação. Organizações criminosas se utilizam de técnicas de persuasão para obtenção de vantagens indevidas, mediante ardil ou artifícios. A resiliência das organizações criminosas se acentua na Internet. Variadas formas se sucedem, com apoio da tecnologia, para ludibriar e convencer usuários.

A polícia judiciária precisa utilizar-se das técnicas avançadas, identificando novas tendências de ameaças a neutralizar, com ações de resposta rápida e antecipada ao dano. Não importa apenas detectar situações atuais, essencial é preparar-se para ações futuras, em resiliência também de resposta às novas ações.

Em resposta a ataques cibernéticos, a polícia judiciária deve agir à semelhança de empresas que oferecem *software* antivírus. Citamos a Broadcom Inc. (2014, p. 02), que oferece ao mercado um projeto de resiliência cibernética, numa estrutura com cinco pilares: preparar/identificar, proteger, detectar, responder e recuperar, assim resumidos pela empresa:

> Looking at the pillar for prepare/identify, vulnerability assessments can expose weaknesses that exist in an organization's security posture. By evaluating the risk posed by each weakness and addressing the weaknesses that are most critical, you should be able to improve your preparedness for an attack. With each scheduled cycle of assessments, the security strategy is honed, and since every organization has unique systems and different security needs, the results of each series of assessments is evaluated based on the current threat environment and the acceptable risk level for the organization, rather than a relatively generic series of checklists. For each of these pillars, best practice-based approaches are recommended for minimizing cyber risk, with each requiring specific actions to be performed by identifiable (Broadcom Inc., 2014, p. 02).

Figura 29 – Plano de ação predefinido da Broadcom Inc.

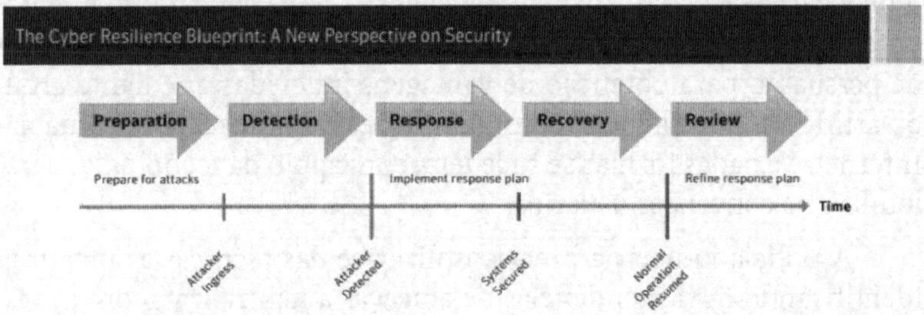

Fonte: https://www.ten-inc.com/presentations/Symantec-The-Cyber-Resilience--Blueprint.pdf

Em vários outros campos, é possível realizar esta análise preditiva de interação. Em casos de tráfico de drogas, o monitoramento pode ocorrer com a compra de insumos pela Internet, detectando atos suspeitos. Em se verificando suspeitas de relacionamentos para atos terroristas, o que se pesquisa em sites de busca pode ser útil para a Polícia preparar-se e proteger os cidadãos e ambientes. As interações em redes sociais podem também indicar atos tendenciosos a agenciar, aliciar, recrutar, transportar, transferir, comprar, alojar ou acolher pessoa, mediante grave ameaça, violência, coação, fraude ou abuso, com a finalidade de adoção ilegal ou exploração sexual. Estas e outras possibilidades formam apenas um elenco exemplificativo de identificação e análise preditiva de interações. Definitivamente, uma mudança de paradigma.

13

DO CONTROLE DA ATUAÇÃO DA POLÍCIA JUDICIÁRIA NA REPRESSÃO PREVENTIVA

Diante desta nova realidade, para além dos princípios elementares da investigação policial e das condições gerais de atuação da polícia judiciária, é preciso refletir sobre os controles e limites principiológicos da Repressão Preventiva, como ponto de maior relevo sobre o assunto no Direito Policial.

Como defendido, não podemos falar em Estado democrático de direito sem o império da lei a regrar a atuação dos Poderes Executivo, Judiciário e Legislativo. Os serviços de uma polícia democrática são obrigados a submeter os seus poderes ao escrutínio e à verificação pública, através de processos de reconhecimento de responsabilidade (*Guide pour une Police Démocratique*, 2007, p. 16).

A repressão preventiva defendida tem como ponto de partida uma ofensa à paz pública por uma ou várias organizações criminosas e deve estar sempre sujeita a um controle posterior. Para Ferreira (2005, p. 150), no estudo dos princípios fundamentais por que se deve pautar a ação policial num Estado democrático de direito, qualquer medida deve ser sujeita à apreciação posterior.

Em se tratando de organização criminosa, importante destacar que já existe uma possível e atual ofensa a um bem jurídico tutelado: a paz pública, figurando como vítima a sociedade. E a proximidade temporal de ocorrência de dano é citada por Sousa (2016, p. 462) como critério objetivo do grau de probabilidade do dano. Este perigo, potencial e atual de crime permanente, cuja consumação se protrai no tempo, já justifica a ação policial.

Nenhuma ação policial deve estar fora do alcance do controle, seja ele interno, quando realizado pela corregedoria do próprio órgão policial, ou externo, sob os olhares atentos do MP e do Poder Judicial. Neste sentido, o *Guide pour une Police Démocratique – Conseiller Principal de Police auprès du Secrétaire Général de l'OSCE* (2007, p. 17): *ainda que tipos específicos de atividades relacionadas à polícia possam justificar restrições à transparência para questões de segurança pública ou nacional, essas atividades não devem permanecer fora do controle das autoridades civis envolvidas.*

A repressão preventiva deve ser objetiva e justificável *ante actum* policial, mesmo que em controle realizado posteriormente, sob pena de o foco no resultado positivo de uma investigação proativa ou preditiva servir como sombra aos meios utilizados para a identificação e análise dos dados, cenários e interações.

O controle da repressão preventiva deve compreender toda a atuação policial, com rigor não apenas sobre os dados de saída e seus alertas, mas primordialmente sobre o leque de critérios suspeitos e o seu processamento. Tão importante quando à legalidade das provas obtidas na atuação policial é a legitimidade dos meios escolhidos para esta obtenção. Germano Marques da Silva, em palestra proferida no V Diálogo Científico entre os setores público e privado, promovido em Lisboa pelo Instituto de Cooperação Jurídica Internacional em 12 de março de 2019, com a discussão sobre novas Diretivas de Investigação na UE, sustentou que a discussão não deve ser sobre a prova em si, mas sobre os meios pelos quais se obteve a prova.

Não podemos investigar com base no pensamento, na cogitação, nem com base nos desejos e ilações, mas somente quando há – e se houver – manifestação de uma intenção, por meio de atos, ainda que preparatórios, praticados por uma ou mais organização criminosa.

O rigor do controle da repressão preventiva deve ser uma preocupação que se acentua quando a ação policial lança mão de recursos tecnológicos, com processamento massivo de dados. Roxin (2009, p. 393), com sensatez, defende que:

> O recurso à tecnologia para prevenção de atos lesivos da segurança interna e a utilização da prova produzida por medidas de prevenção exige uma minuciosa e fundada regulamentação no respeito pelos direitos de personalidade individuais, se quisermos evitar comportamentos de um Estado de polícia.

No controle judicial, dúvidas surgem sobre a competência, se dos tribunais administrativos ou judiciais. Considerando que a repressão preventiva possui como nascedouro as análises descritivas e diagnótiscas, essas próprias de investigações em curso ou já finalizadas por uma polícia judiciária, mesmo que a finalidade seja uma análise proativa ou preditiva, compete ao Poder Judiciário a responsabilidade pelo controle externo, e não a um Tribunal Administrativo.

Ao MP também compete o controle externo da atividade policial, como atividade fundamental. Para Cavallazzi e Suxberger (2019, p. 235):

> A atribuição do Ministério Público materializa ferramenta fundamental para assegurar controle social efetivo sobre a atuação policial e, além disso, aprimoramento dessas instâncias policiais. Para os autores, a transparência nos dados e o dever de prestar contas devem ser valores a informar a ação do próprio Ministério Público e da polícia, com o destaque de que aquele é instituição de garantia para exigir desse (polícia) a atenção a esses valores.

Em Portugal, o MP não apenas coordena a atividade dos órgãos de polícia criminal, mas também fiscaliza a atividade processual dos órgãos de polícia criminal, nos termos da Lei n.º 68/2019. No Brasil, a Lei Complementar n.º 75, de 20 de maio de 1993, dispõe sobre a organização, as atribuições e o estatuto do MP da União. Estabelece o art. 9º, inciso II, da LC 75/1993 que o MP da União exercerá o controle externo da atividade policial por meio de medidas judiciais e extrajudiciais podendo ter acesso a quaisquer documentos relativos à atividade-fim policial.

No exercício das funções de controle externo da atividade policial, o MP no Brasil possui várias prerrogativas funcionais, inclusive o direito de ter livre ingresso em estabelecimentos ou unidades policiais e ter acesso a quaisquer documentos, informatizados ou não, relativos à atividade-fim.

Para além do controle externo, todos os órgãos policiais devem ter controles internos pela Corregedoria, exercidos por meio de correições parciais, ordinárias e extraordinárias, e por meio de inspeções, quando necessárias.

As correições têm por finalidade analisar periodicamente a forma e o mérito dos procedimentos policiais, previamente à eventual redistribuição ou à remessa externa dos autos à autoridade competente.

Tanto os controles externos como internos devem realizar uma fiscalização em conformidade com os princípios elementares da investigação policial e com as condições gerais de atuação da polícia judiciária nas análises descritivas, diagnósticas e prescritivas, que devem ser replicados no controle das análises proativas e preditivas, observando-se, pois, os princípios da prossecução do interesse público, da legalidade e da juridicidade, da moralidade, da impessoalidade e da proporcionalidade.

Para além disso, o controle proativo e preditivo exige a observância de outros aspectos, próprios da atividade de obtenção, análise, processamento e uso de dados.

O primeiro é o da suspeição objetiva. No Estado alemão de Hesse, existem normas sobre investigação preditiva. Com base nestas normas, as autoridades policiais podem recolher dados pessoais inclusive se a evidência real justificar a suposição de que alguém cometerá ofensas graves, ou se a evidência real justificar a suposição de que a pessoa está ou estará em contato com alguém que possivelmente cometerá ofensas graves, não apenas num contato casual, mas de maneira que aumente, significativamente, a coleta de seus dados pessoais com a finalidade de prevenir o crime.

Cautela que se impõe. A justificação deve ser compreendida em conjunto com os demais princípios, sob pena de termos critérios vagos e subjetivos. Isso levaria a uma generalização de métodos investigativos. Posiciono-me de maneira oposta, inspirado pelo princípio da impessoalidade nas análises descritivas e diagnósticas (modelo tradicional de polícia), temos o princípio da suspeição objetiva nas análises proativa e preditiva (repressão preventiva).

Sobre o princípio da suspeição objetiva, assim dispõe Valente (2015, pp. 117-118):

> Mas e face às tentativas de implementação de medidas legislativas processuais de prossecução de segurança, que se possam converter em automáticos meios de prova ou em futuros meios de prova, impõe-se que, neste deambular do século, criemos uma barreira doutrinal e filosófico-constitucional ao legislador ordinário e identifiquemos um leque de princípios regentes da mutabilidade da investigação criminal, para orientação teleológica quando (ou se) viermos a admitir a investigação criminal preventiva (de futuros) crimes: (...) Princípio da suspeita objetiva do futuro agente

> do crime, ou seja, impõe-se uma suspeita não abstracta ou de animosidade pessoal ou ideológico-política-religiosa.

A suspeita objetiva reclama uma atuação policial centrada primeiramente nos atos e fatos como critérios suspeitos e, apenas por via reflexa, nas pessoas. Se assim não for, a repressão preventiva tende a ser eivada de pessoalidade, quiçá instrumento do direito penal do inimigo, lastreado em padrões estereotipados. Estaríamos, assim, no cenário aliciador da sociedade punitiva.

A polícia não tem que concentrar a repressão preventiva em determinada pessoa, vasculhando sua vida profissional ou pessoal, com o objetivo de verificar eventual existência de delito ou possível crime em preparação. Assim atuando, a polícia se revela parcial, à revelia dos princípios inspiradores da impessoalidade exigida pela Administração Pública.

Ao assumir a objetividade, por princípio, não se investigam as pessoas, em primeiro, para encontrar os fatos, em segundo. Ao revés, a investigação se concentra, *ab initio*, na notícia de fato, para somente após se debruçar em eventual responsabilização.

Imaginemos a criação de um algoritmo preditivo com base em repositórios de laudos periciais de superfaturamento em obras de engenharia. Caso todos os dados sejam inseridos, com a inclusão do nome das sociedades empresariais investigadas, o aprendizado de máquina pode vir a ter um viés, com apego ao dado subjetivo, de maneira a apontar sempre as mesmas empresas como suspeitas. Se por outro lado, apenas os dados de metodologia pericial e de padrões de atos suspeitos forem inseridos como dados de entrada, o algoritmo a ser criado irá ter um aprendizado concentrado em ações, respeitando assim o princípio ora defendido.

As principais críticas à atuação proativa e preditiva residem na possível antecipação de juízo de responsabilidade criminal, por critérios subjetivos, combinada com o adiantamento da punibilidade, em visão prospectiva de "legítima defesa da sociedade", como sustentado por Jakobs e Meliá (2007), que defendem o combate ao inimigo que se desvia do comportamento esperado pela sociedade. Para os autores (2007, p. 49):

> Quem por princípio se conduz de modo desviado não oferece garantia de um comportamento pessoal. Por isso, não pode ser

> tratado como cidadão, mas deve ser combatido como inimigo. Esta guerra tem lugar com um legítimo direito dos cidadãos, no seu direito à segurança; mas diferentemente da pena, não é Direito também a respeito daquele que é apenado; ao contrário, o inimigo é excluído. As tendências contrárias presentes no Direito material – contradição versus neutralização de perigos – encontram situações paralelas no Direito processual. Um Direito penal do inimigo, claramente delimitado, é menos perigoso, desde a perspectiva do Estado de Direito, que entrelaçar todo o Direito penal com fragmentos de regulações próprias do Direito penal do inimigo.

Forte crítico à perseguição criminal futura, Valente (2015, p. 104) afirma que as medidas de prevenção avançada podem colocar em risco a manutenção de garantias fundamentais. Valente (2015) reprova o que denomina direito penal preventivo, valendo-se de duas premissas para advogar a não admissibilidade de um recurso de investigação antecipada: a eleição de delinquentes pré-estabelecidos e pré-identificados; e a falta de controle nesta ação.

> A mesma crítica se direcciona à onda do Direito penal preventivo com a antecipação da prevenção da lesão dos bens jurídicos ou da colocação em lesão de bens jurídicos dignos da tutela penal, assim como a admissibilidade de recurso de investigação antecipada ou de campo avançado no quadro processual penal. É o regresso à ideia de que existem delinquentes pré-estabelecidos e pré-identificados, que devem ser vigiados e as suas condutas investigadas de modo que se evite um crime no futuro e se possa, por antecipação, obter indícios probatórios ou provas para serem utilizados no processo logo que ocorra a conduta negativa lesiva de bens jurídicos tutelados pelo Direito Penal. Consideramos que podemos estar perante a violação do princípio do risco permitido e do princípio da adequação social da conduta, por essas condutas entroncarem na teoria do risco permitido pela sociedade e, em muitas situações, se enquadrarem no âmbito da adequação social da conduta e nunca preencherem qualquer elemento objectivo de lesão de um bem jurídico identificado em concreto, digno de tutela penal. O problema agrava-se, na linha de pensamento de Costa Andrade, quando não há provas ou indícios concretos da prática de crime e só existem elementos probatórios da probabilidade de uma futura prática de crime que são recolhidos pela Polícia para uso futuro: pré-selecção de presumíveis futuros autores de crimes

> com base em pré-indícios probatórios. Esta admissibilidade, que não perfilhamos, implica uma selecção dos presumíveis agentes desses crimes – presunção de criminoso antes de o ser – e uma acção de vigilância de recolha de prova sem controlo judiciário e jurisdicional e uma total policialização da produção de prova com base no princípio da periculosidade futura de conduta delituosa (Valente, 2015, p. 104–117).

De fato, teria razão o autor se – e somente se – a repressão preventiva fosse orientada no subjetivismo próprio do Direito penal do Inimigo, em atividade alheia ao controle interno e externo, com o uso indiscriminado de dados, cenários e interações.

Não é, porém, o que defendemos. Em nosso parecer, a repressão preventiva policial deve se concentrar primeiramente nos fatos e nos atos, para somente após redirecionar sua atenção de investigação às pessoas. A lógica inversa não encontra respaldo nesta obra.

Ressalte-se ainda a total discordância acadêmica do presente estudo com qualquer defesa da análise preditiva baseada em perfil genético, nacionalidade, raça, cor, sexo, classe social, situação econômica, orientação sexual, convicções políticas e religiosas, ou qualquer elemento de discriminação, tal como proposto por Saisse (2017), que defende a utilização de perfis genéticos e comportamentais na luta contra o crime. Assim se manifesta:

> A primeira etapa de uma visão preditiva baseada em perfis genéticos e comportamentais inicia-se por pesquisas que buscam garantias psíquicas semelhantes através de perfis genéticos. Essa questão nos deixa um passo à frente na luta contra o crime e assim aumentando exponencialmente a justiça criminal em relação à natureza punitiva. Os estudos realizados buscam trazer à realidade o pré-crime e são tidos como relevantes ao futuro apesar de parecerem assustadores (Saisse, 2017, pp. 06-10).

César Lombroso, como se sabe, foi um estudioso da antropologia criminal e referência da Escola Positiva do Direito penal, defendendo o crime como uma circunstância natural por ser de caráter primariamente hereditário. O erro de Lombroso foi realizar uma pesquisa empírica sobre as causas da criminalidade a partir dos traços físicos e mentais de indivíduos. Propõe-se o caminho reverso: o estudo empírico de dados e fatos objetivos, ainda mais quando em massa, para a identificação do criminoso, sem estigmas.

No ensinamento de Bacila (2008, p. 13), em sua tese de doutoramento, *os estigmas estão perfeitamente enquadrados na concepção de metarregras e estão presentes em várias perspectivas.* Convém afastar-se de todos os estigmas, em distância acadêmica segura que nos permita avançar com as ideias de repressão preventiva.

Nessa esteira, posiciona-se Conceição (2018, pp. 214-215): *por mais desesperada que seja a voz comunitária que implore pela perseguição de certas pessoas, o principal instrumento punitivo do estado tem sempre que assentar nos fatos ou condutas e não no tipo de pessoas que os praticam.* Com a força gravitacional da razão, distanciamos este estudo do subjetivismo preditivo, do delinquente ou do grupo de delinquentes pré-estabelecidos.

Sobre a finalidade das ações de repressão preventiva, os objetivos devem estar claramente definidos antes da obtenção dos dados, sendo vedado recorrer a finalidades indeterminadas, ou mesmo utilizar para outra finalidade daquela tida como pressuposto de obtenção dos dados.

Importante se faz destacar que, por efeito da Diretiva n.º 2016/680 do Parlamento Europeu e do Conselho, de 27 de abril de 2016, os dados devem ser recolhidos para finalidades determinadas, explícitas e legítimas, e não tratados de uma forma incompatível com essas finalidades. Já em 1981, os Estados-Membros do Conselho da Europa, por meio da Convenção para a Proteção das Pessoas relativamente ao Tratamento Automatizado de Dados de Caráter Pessoal (Convenção 108), assumiram o compromisso de respeitar, entre outros, o princípio da especificação e da limitação da finalidade. Convencionaram que os dados de caráter pessoal que sejam objeto de um tratamento automatizado devem ser registrados para finalidades determinadas e legítimas, não podendo ser utilizados de modo incompatível com essas finalidades; adequados, pertinentes e não excessivos em relação às finalidades para as quais foram registrados; exatos e, se necessário, atualizados; e conservados de forma que permitam a identificação das pessoas a que respeitem por um período que não exceda o tempo necessário às finalidades determinantes do seu registo.

Para além desta especificidade, a repressão preventiva deve assumir o caráter de vinculação finalística, nomeadamente quando em cooperação policial. Cada vez mais os países assumem internacionalmente compromissos investigativos na área de prevenção e repressão policial, para fins de compartilhamento de dados e experiências de investigações não apenas nas áreas de repressão como também nas de prevenção criminal. Incluem-se como objeto de cooperação dados relacionados à preparação, execução e à consumação de crimes, como também análise de riscos possíveis, ainda que nem sempre prováveis, mas suficientes como alertas a difundir.

Vários são os exemplos neste sentido. Cito dois importantes. A Convenção sobre o Cibercrime, adotada em Budapeste em 23 de novembro de 2001, estabelece que as Partes deverão cooperar o mais possível entre si para efeitos de investigação ou de procedimento relativos a infrações penais relacionadas com sistemas e dados informáticos, ou para recolha de provas sob a forma eletrônica de uma infração penal, em aplicação dos instrumentos internacionais pertinentes sobre cooperação internacional em matéria penal, de acordos celebrados com base em legislação uniforme ou recíproca e dos respectivos direitos internos. Na Europa, a Decisão-Quadro n.º 2008/615 dispõe sobre o aprofundamento da cooperação transfronteira, em particular no domínio da luta contra o terrorismo e a criminalidade, e teve como objetivo incorporar o conteúdo das disposições do Tratado de Prüm no quadro jurídico da UE[4], intensificando a cooperação transfronteira em matérias abrangidas pelo Título VI do Tratado, em especial o intercâmbio de informações entre autoridades responsáveis pela prevenção e pela investigação de infrações penais. Com o objetivo de prevenir atentados terroristas, os Estados-Membros podem transmitir, em conformidade com a legislação nacional, em casos concretos, mesmo na ausência de pedido, aos pontos de contato nacionais de outros Estados-Membros referidos, dados pessoais como apelidos, nomes, data e local de nascimento, na medida do necessário e se circunstâncias determinadas justificarem a presunção de que as pessoas em causa vão cometer infracções penais.

Certo é que, nesta cooperação, a polícia judiciária, servindo-se, inclusive, de medidas especiais de obtenção de prova, com reserva de jurisdição, pode obter, processar e analisar dados, produzindo conhecimento criminal, que, uma vez difundido, gera informações de

4. O Tratado de Prüm foi celebrado entre o Reino da Bélgica, a República Federal da Alemanha, o Reino da Espanha, a República Francesa, o Grão-Ducado de Luxemburgo, o Reino dos Países Baixos e a República da Áustria, relativo ao aprofundamento da cooperação transfronteira, em particular no domínio da luta contra o terrorismo, a criminalidade transfronteira e a migração ilegal.

segurança para todas as polícias, como instituições públicas organizadas, com a função específica de manter a ordenação do corpo social num estado dinâmico de bem-estar geral.

Esta cooperação necessita, pois, ser vinculante por princípio, de maneira que, em regra, o Estado receptor das informações somente pode delas utilizar para os fins específicos convencionados, e em conformidade legislativa mútua, diante do manejo de dados sensíveis, que reclamam tratamento com responsabilidade protetiva.

Como dispõe, na Europa, a Decisão-Quadro n.º 2008/615, o tratamento de dados pessoais pelo Estado-Membro receptor só é permitido aos fins para os quais esses dados foram transmitidos. O tratamento para outros fins só é permitido com autorização prévia do Estado-Membro que administra o ficheiro e em conformidade com a legislação nacional do Estado-Membro receptor. A autorização pode ser concedida quando a legislação nacional do Estado-Membro que administra o ficheiro admitir este tratamento para outros fins.

A polícia judiciária deve implementar medidas para o tratamento seguro na proteção dos dados, salvaguardando-os na obtenção, análise, processamento e difusão, estando sempre em condições de demonstrar a conformidade das análises com o ordenamento jurídico. Sem esta responsabilidade, não há meios para o controle interno, muito menos o externo da atividade policial.

A Decisão-Quadro n.º 2008/977 trata da proteção dos dados pessoais tratados no âmbito da cooperação policial e judiciária em matéria penal. O Conselho da UE considerou que as ações em comum no domínio da cooperação policial implicam a necessidade de tratar informações relevantes, devendo este tratamento estar sujeito às disposições existentes em matéria de protecção de dados pessoais. Tem por finalidade a Decisão-Quadro n.º 2008/977 garantir um elevado nível de proteção dos direitos e liberdades fundamentais das pessoas singulares e, nomeadamente, do seu direito à privacidade, no que concerne ao tratamento de dados pessoais no quadro da cooperação policial e judiciária em matéria penal, garantindo, simultaneamente, um elevado nível de segurança pública.

No que se aplica à atividade de polícia judiciária, a Carta dos Direitos Fundamentais do Conselho da UE, no seu art. 8º, dispõe que os dados de caráter pessoal devem ser objeto de um tratamento leal, para fins específicos e com o consentimento da pessoa interessada ou com outro fundamento legítimo previsto por lei. No Manual da Legislação Europeia sobre Proteção de Dados, temos alguns princípios fundamentais sobre a proteção de dados. Um deles é o princípio do tratamento lícito dos dados, segundo o qual a obtenção, a análise e o processamento de dados pessoais só se revelam atividades lícitas se estiverem em conformidade com a lei, perseguirem um objetivo legítimo e forem necessárias numa sociedade democrática para alcançar o objetivo legítimo.

A Diretiva n.º 2016/680 do Parlamento Europeu e do Conselho, de 27 de abril de 2016, estabelece as regras relativas à proteção das pessoas singulares no que atine ao tratamento de dados pessoais pelas autoridades competentes para efeitos de prevenção, investigação, detecção ou repressão de infrações penais ou execução de sanções penais, incluindo a salvaguarda e prevenção de ameaças à segurança pública O Parlamento Europeu e o Conselho da UE consideraram que a tecnologia permite o tratamento de dados pessoais numa escala sem precedentes para o exercício de funções como prevenção, investigação, detecção ou repressão de infrações penais e execução de sanções penais. Consideraram também que a livre circulação de dados pessoais entre as autoridades competentes para efeitos de prevenção, investigação, deteção ou repressão de infrações penais ou execução de sanções penais, incluindo a salvaguarda e a prevenção de ameaças à segurança pública a nível da União, e a sua transferência para países terceiros e organizações internacionais, deverão ser facilitadas, assegurando, simultaneamente, um elevado nível de proteção dos dados pessoais.

Em alguns ordenamentos, existe, infelizmente, um claro normativo sobre o assunto. No Brasil, somente em 2018, foi publicada uma norma sobre proteção de dados pessoais: Lei n.º 13.709/2018, porém o seu art. 4º expressamente dispõe que o normativo não se aplica para fins de segurança pública ou atividades de investigação e repressão de infrações penais, existindo, pois, um claro normativo a preencher, sob pena de insegurança jurídica da repressão preventiva.

Ainda no Brasil, em 05 de novembro de 2020, por uma comissão de juristas, foi apresentado o anteprojeto da chamada "Lei Geral de Proteção de Dados Penal", com a finalidade de oferecer balizas e parâmetros que garantam um equilíbrio entre a proteção do titular contra a violação de seus direitos individuais e o tratamento de dados pessoais no âmbito de atividades de segurança pública e de persecução criminal. Críticas surgiram por parte do MP, entre outros órgãos, ao observarem um relevo absoluto do direito de autodeterminação informativa, sem outras ponderações, como a relacionada ao dever estatal de eficiência, por meio da previsão de mecanismos que otimizem a prevenção, investigação e repressão de infrações penais, sem incorrer em preconceitos de qualquer natureza.

Revela-se de extrema importância normatizar a responsável obtenção, tratamento, análise e difusão dos dados, em regime de responsabilização administrativa e/ou criminal aos que se utilizarem de artifícios para burlar, de alguma maneira, o resultado objetivo que se pretende alcançar, ou que de alguma maneira violarem sigilo profissional, ou ainda quem oferecer, trocar, disponibilizar, transmitir, vender ou expor à venda, distribuir, publicar ou divulgar, por qualquer meio, dados criminais.

A própria difusão de dados, seja externa, ou interna, deve ser de alcance conhecido, sendo recomendada, por segurança, normativos neste sentido, sob pena de a repressão preventiva ir de encontro ao livre desenvolvimento da personalidade.

A possibilidade de compartilhamento de dados obtidos, quando em fontes não abertas, mas por meio de órgãos públicos, deve ser de conhecimento geral. Por exemplo, em dias mais próximos, no Brasil, houve um grande recenseamento da população brasileira, para fins de cadastro em auxílio emergencial para subsistência no período da pandemia do Covid. Para receber o Auxílio Emergencial, a pessoa deveria cumprir, ao mesmo tempo, alguns requisitos tais como: ter mais de 18 anos; não ter emprego formal; não receber benefício previdenciário ou assistencial, seguro-desemprego ou de outro programa de transferência de renda federal que não fosse o Bolsa Família; ter renda familiar mensal *per capita* até meio salário mínimo (R$ 522,50) ou renda familiar mensal total de até três salários mínimos (R$ 3.135,00); e não ter recebido rendimentos tributáveis, no ano de 2018, acima de R$ 28.559,70[5].

Um dado de entrada como critério suspeito para análise proativa ou preditiva poderia ter sido a participação de empresas em contratos

---

5. À época, 01 Euro correspondia a 6,55 Reais (moeda Brasileira).

de dispensa de licitação, para fins de aquisição de respiradores hospitalares, remédios ou equipamentos de proteção individual, com quadro social composto por sócio beneficiário de auxílio emergencial. Neste caso, o critério suspeito seria objetivo e não subjetivo. Não teria como premissa determinada pessoa, sua raça, cor, religião, nacionalidade ou outro critério, e sim o fato de existir um registro no seu nome em programa social de baixa renda e ao mesmo tempo um registro seu numa empresa com capital social compatível com a importação de equipamentos de alto valor, como respiradores.

Tal possibilidade tinha abrigo no Decreto n.º 10.046/2019, que dispõe sobre a governança no compartilhamento de dados no âmbito da administração pública federal e institui o Cadastro Base do Cidadão e o Comitê Central de Governança de Dados, e estabelece as normas e as diretrizes para o compartilhamento de dados entre os órgãos e as entidades da administração pública federal direta, autárquica e fundacional e os demais Poderes da União.

No caso em tela, não houve um recenseamento estatístico, mas um levantamento de dados com o propósito específico, e com a possibilidade de compartilhamento de dados entre os órgãos, inclusive para verificar se os próprios candidatos teriam direito ao benefício pretendido.

Caso diferente, porém semelhante, foi enfrentado na Alemanda. Leonardo Martins (2016, pp. 55-56) discorre sobre uma Reclamação Constitucional contra Ato Normativo no Tribunal Constitucional Federal alemão: 15.12.1983 – # 4. BVerfGE 65, 1 (*Volkszählung*). Cita o autor que a Lei do Censo (*Volkszählungsgesetz*) de 1983, promulgada em 25 de março de 1982 (BGBl. I, p. 369), *ordenou o recenseamento geral da população, com dados sobre a profissão, moradia e local de trabalho, para fins estatísticos.* Ainda segundo o autor, *várias Reclamações Constitucionais foram ajuizadas diretamente contra a lei mediante a alegação de que ela teria violado diretamente alguns direitos fundamentais dos reclamantes, sobretudo o direito ao livre desenvolvimento da personalidade.* Para o Tribunal, quem não consegue determinar, com suficiente segurança, quais informações sobre sua pessoa são conhecidas em certas áreas de seu meio social, e quem não consegue avaliar mais ou menos o conhecimento de possíveis parceiros na comunicação, pode ser substancialmente inibido em sua liberdade de planejar ou decidir com autodeterminação. Com este entendimento, o

Tribunal, entre outras disposições, determinou a nulidade de trechos da lei, e a necessidade de regulamentação de outros.

Outro ponto de atenção versa sobre o controle internacional. Considerando os compromissos transnacionais assumidos por um Estado, ao se vincular juridicamente a um Ato Internacional, com acordo firmado entre países, sob a regência do direito internacional, forçosamente temos a necessidade de considerar não apenas o controle de constitucionalidade como também o de convencionalidade, para fins de regulamentação de determinadas situações, inclusive as relacionadas à atuação policial. A ordem jurídica é escalonada, porém não mais apenas numa pirâmide com vértice superior firmado na Constituição e sim, em trapézio isóscele ou simétrico, a figurar na média harmónica das bases os tratados comuns e na base superior a Constituição e, como veremos, os Tratados de Direitos Humanos.

As elementares do controle de convencionalidade surgiram com base e referência no controle de constitucionalidade, deste se distanciando apenas em relação ao parâmetro da conformação. Se no controle de constitucionalidade temos o ordenamento pátrio como referência, no controle de convencionalidade existem os atos internacionais.

O controle preventivo pode ocorrer no momento da assinatura e adesão, em virtude da necessária análise da viabilidade jurídica de execução do Ato Internacional pelo Estado signatário, sendo, inclusive, nulo o tratado, pela teoria constitucionalista, mesmo após a sua assinatura e adesão, se contrariar a Lei Maior. É possível ocorrer ainda o controle preventivo aquando do procedimento legislativo de aprovação, nada impedindo também uma reanálise da conformidade com a Constituição nas etapas seguintes: ratificação e promulgação de Decreto do Poder Executivo, que, uma vez publicado, determina a executoriedade do Ato Internacional, vinculando e obrigando o ordenamento jurídico interno. O controle repressivo, da mesma forma que, no cotejo constitucional, pode ser concentrado, em abstrato, se diretamente à Corte Maior, ou difusamente realizado em instâncias inferiores, de forma incidental e prejudicial à análise de um caso concreto.

No controle difuso, quando se exige avaliação da conformidade da legislação doméstica com Tratados e Convenções de Direitos Humanos, por idiossincrasia superlativa desses atos internacionais, o respeito e a garantia de direitos fundamentais não podem ficar reféns da provocação formal e da resposta do Poder Judicial, sendo responsabilidade das autoridades do Executivo, na aplicação da lei, em postura de alforria dos paradigmas restritivos, acolher os mandamentos internacionais. Caletti (2016, pp. 206-207), na defesa da extensão do controle de convencionalidade no Brasil, para além do Poder Judiciário, cita a Recomendação n.º 02/2015 da Defensoria Pública do Estado do Espírito Santo, assim se manifesta:

> E tanto é assim, que o próprio Poder Executivo já se lança a, em condutas proativas e administrativas, controlar previamente a convencionalidade. A Defensoria Pública do Estado do Espírito Santo, a título ilustrativo, editou, em 23 de abril de 2015, a Recomendação Conjunta Subdefensoria e CDH n.º 02/2015, que orienta a sustentação da absolvição do agente nas hipóteses de incriminação pelo crime de desacato E, convenha-se, não poderia ser de outra forma. Os tratados modernos sobre direitos humanos têm um caráter peculiar, cujo objeto e fim deságuam num ponto comum, a saber, a proteção dos direitos dos seres humanos, com independência da sua nacionalidade, tanto frente ao próprio Estado (consabidamente, o maior violador de direitos humanos), quanto aos restantes estados contratantes. Significa compreender que não se está a tratar de tratados multilaterais tradicionais, concluídos em função de uma relação recíproca de troca de direitos, para o benefício mútuo dos estados contratantes; ao contrário, quando os Estados aprovam um tratado sobre direitos humanos, aceitam se submeter a um ordenamento sui generis, dentro do qual assumem diversas obrigações, não com os demais estados contratantes, mas, sim, com as pessoas internamente jurisdicionadas.

Em Portugal, a Resolução do Conselho de Ministros n.º 37/2002, de 7 de fevereiro de 2002, que regista a adoção do Código Deontológico pelos profissionais da PSP e da GNR, estabelece como princípio fundamental dos membros das forças de segurança uma atuação com absoluto respeito não apenas pela Constituição da República Portuguesa, mas também pela Declaração Universal dos Direitos Humanos (DUDH), pela Convenção Europeia dos Direitos Humanos (CEDH), pela legalidade comunitária e pelas convenções internacionais, autorizando, sem demasiado esforço interpretativo, um controle de convencionalidade.

A polícia tem um importante papel no respeito pelo controle de convencionalidade, considerando que a autoridade de polícia criminal é quem, por regra, tem a cognição primária dos fatos, seja de maneira imediata, em razão de suas atividades rotineiras, seja de maneira mediata, quando o conhecimento dos fatos ocorre por escrito, ou ainda de maneira coercitiva, quando da apresentação de indivíduo preso em flagrante.

A autoridade de polícia criminal, na sua cognição imediata ou mediata, não deve resumir-se, pois, à análise da conduta, resultado, nexo causal e subsunção formal, como também, por imposição legal e convencional, deve enfrentar juridicamente a tipicidade material, as causas excludentes de antijuridicidade e os elementos de culpabilidade.

A atuação policial, quando comprometida com os Tratados de Direitos Humanos, demonstra-se possuir maturidade democrática, a justificar selo de credibilidade internacional por observância da necessária dupla compatibilidade vertical. Ao contrariar ou negar a vigência de Atos Internacionais de Direitos Humanos, a atuação policial chancelaria o desrespeito à matriz jurídica transnacional ratificada e justaposta ao ordenamento pátrio, nos termos que dispõe o art. 27 da Convenção de Viena de 1969 (Direito Interno e Observância de Tratados): *Uma parte não pode invocar as disposições de seu direito interno para justificar o inadimplemento de um tratado.*

A possibilidade de aplicação do Controle de Convencionalidade para além do Poder Judicial se desvela como justificativa a aplicar o princípio da juridicidade da atuação policial, no endosso e reforço de posicionamentos que revelam a alvorada de novos flancos de defesa dos direitos fundamentais, livrando-os, cada vez mais, da obscuridade a que ficaram confinados em passado não distante de uma polícia opressora.

No âmbito do controle de atuação proativa e preditiva, faz-se necessário ainda analisar o controle da repressão preventiva como projeto e processo de inferência. Os institutos de direito premial, as ações de descapitalização de organizações criminosas e a infiltração policial são medidas com reserva de jurisdição, exigindo, portanto, representações à justiça, de modo que não escapam do controle necessário da atuação policial.

A atenção se eleva com as ações pré-inquéritos, que não devem se escusar do controle devido sob o argumento de não formalização de investigação. Eis a preocupação legítima de Maria João Antunes (2016), que, em seu livro Direito Processual Penal, ao dispor sobre a "confusão" crescente entre prevenção e repressão, ressalva a possibilidade de um pré-inquérito ou inquérito preliminar abrigar atos de natureza processual penal em descompasso com as finalidades do processo penal e com menosprezo da proteção dos direitos fundamentais das pessoas.

Nem sempre a atuação proativa e preditiva policial é documentada em inquéritos, servindo apenas como (re)orientação policial quanto a meios elegíveis de obtenção de prova. Em não existindo inquérito aberto a justificar uma atuação proativa ou preditiva, a repressão de investigação deve ser compreendida no âmbito de projetos e de gerenciamento, gestão e modelagem de processos de inferência.

Conforme o *Project Management Body of Knowledge* – PMBOK (2008), projeto é um esforço temporário empreendido para criar um produto, serviço ou resultado exclusivo. Assim, para cada atuação policial preditiva e proativa às margens de um inquérito, faz-se necessário termos a formalização e documentação de um projeto, com a definição clara de uma autoridade ou comissão responsável, escopo, objetivos, metodologia, critérios suspeitos, exponenciais adotados e tipos de aprendizagem, se supervisionada ou não, entre outros dados a permitir o controle interno e externo da atuação policial, este último a ser realizado pelo Ministério Público, em inspeções ordinárias ou extraordinárias.

O gerenciamento de projeto, segundo PMNOK (2008, p. 17), é a aplicação de conhecimento, habilidades, ferramentas e técnicas às atividades do projeto a fim de atender aos seus requisitos. O gerenciamento de projetos é realizado através da aplicação e da integração dos seguintes processos de gerenciamento de projetos: iniciação, planejamento, execução, monitoramento e controle, e encerramento.

A repressão preventiva, como projeto, deve moldar um aprendizado automatizado de máquina, supervisionado ou não, de acordo com a estratégia de atuação frente à criminalidade organizada. Nesta modelagem, faz-se necessário ter um alinhamento de variáveis objetivas no desenvolvimento de sistemas, com objetivos determinados e escopo definido, sendo necessário ainda atribuir responsabilidades a gestores nominados.

Como processos de inferências, a repressão preventiva, ao tratar de dados, cenários e interações, revela-se um conjunto de atividades periódicas encadeadas e sequenciais, de maneira a transformar dados brutos em conhecimento, observando-se regras procedimentais, inclusive, observando-se ressalva de Dignum (2019, p. 93), com normas de conduta dos projetistas e desenvolvedores.

Esse processo exige uma metodologia de gestão, em avaliação humana rotineira do repositório de dados e dos algoritmos de automação, em busca da análise e melhoria do desempenho da atuação policial, em conformidade com padrões dinâmicos das organizações criminosas, nas perspectivas de ordenação, atuação e proteção[6].

Na gestão dos processos de inferência, temos de ter um adequado armazenamento e gerenciamento de dados por parte de policiais capacitados, observando-se a necessidade recorrente de produção de relatórios de validações, com alertas de erros, a oportunizar análise crítica do processo e eventual necessidade de corrigir o projeto.

No Brasil, a ENCLLA[7] estabeleceu como ação 08/2021 a necessidade de redigir documento contendo diagnóstico sobre o tratamento atual dado ao tema pelos órgãos que atuam no combate à corrupção e elaboração de possíveis caminhos institucionais visando a fomentar a coleta de dados em massa (*big data*) e seu tratamento por algoritmos (inteligência artificial e mineração de dados) voltados à prevenção, detecção e punição de crimes de lavagem de dinheiro e corrupção. Como resultado, foi elaborado um guia de boas práticas (ENCCLA, 2021), sublinhando, dentre vários fatores, a definição de modelos apropriados de aprendizado de máquinas, a necessidade de supervisão e integração humana nas estruturas digitais criadas, a definição de critérios claros e contínuos de aferição da veracidade dos dados coletados e a higidez e a segurança dos dados, com níveis de acesso.

6. A não supervisão humana pode vir a gerar um aprendizado de máquina com viés. Exemplo disso foi a inteligência artificial "Tay", criada pela Microsoft. Ao introduzir o perfil "Tay" no twitter, com aprendizado por interação com outras postagens, o que deveria servir para uma conversa amigável com demais usuários acabou por se transformar em perfil discriminatório, diante da interação em rede (TECMUNDO, 2016).

7. A ENCCLA, criada em 2003, é a principal rede de articulação para o arranjo e discussões em conjunto com uma diversidade de órgãos dos Poderes Executivo, Legislativo e Judiciário das esferas federal e estadual e, em alguns casos, municipal, bem como do MP de diferentes esferas, e para a formulação de políticas públicas e soluções voltadas ao combate àqueles crimes.

Para fins de controle interno e externo do MP, tanto a elaboração de um projeto como a execução dos processos de inferência devem ter normatização operacional, com regras de modelagem e fluxo procedimental, aliadas a uma memória organizacional de criação do projeto e de atuação dos processos, que permitam o conhecimento de sua estrutura e gestão, e possibilitem a validação de um objetivo transparente e definido, por meio de algoritmos claros. E caso o processo venha a orientar a atuação policial para determinada medida concreta inquérito policial, os critérios suspeitos adotados devem se submeter não apenas ao controle ministerial, como também ao controle judicial e ao escrutínio da defesa.

Respeitados tanto os princípios elementares e as condições gerais de atuação da polícia judiciária, como também observado o controle principiológico específico da repressão preventiva, a investigação policial deve ser retrospectiva como também prospetiva, em busca da máxima eficiência de medidas de repressão preventiva.

Não podemos falar em Estado Democrático quando inexiste controle e limites para atuação da Polícia. A investigação deve privilegiar o saber e não o poder. Convencer pelo conhecimento reunido, e não por ilações conclusivas. A sua legitimidade é, indubitavelmente, condicionada pelo respeito aos princípios e condições de ação.

O garantismo deve nortear todas as funções da polícia e realçar as suas necessárias limitações. A essência garantista se mostra presente quando a dualidade saber/poder se baseia na reunião lícita e legítima de provas, e não em meras convicções dos investigadores. Sem respeitar e proteger os próprios investigados, a investigação se revela anembrionária, em aborto natural dos propósitos democráticos.

Inexiste – nem deve existir – incompatibilidade entre o garantismo e a investigação, no âmbito da dogmática do Direito Policial. Toda investigação deve-se atentar para as regras do jogo, e não servir como um jogo de regras, afastando-as ou mitigando-as sob o argumento da busca pela repressão ou prevenção criminal.

CONCLUSÃO

De início, procurou-se melhor compreender os contornos conceituais de ordem e segurança pública, a considerar os cenários de impasses e conflitos de interesse. Diante da transversalidade de várias concepções, consolidou-se a ordem pública como princípio jurídico natural limitador do arbítrio e garantidor do interesse social, e como estado dinâmico de bem-estar geral diante da segura e tranquila convivência democrática de plurais particularidades, em respeito coletivo aos direitos fundamentais e aos valores essenciais da sociedade.

A Segurança, como elemento da Ordem Pública, foi apresentada em várias acepções: Segurança Externa, Segurança interna, Segurança das Relações Jurídicas, Segurança Industrial, Segurança Social, Segurança Econômica e Segurança Pessoal.

A Segurança Pública, como espécie do gênero Segurança interna, revelou-se conceitualmente em cenário de efetiva, provável ou possível trangressão delituosa, em ofensa a bens com relevância penal, sendo compreendida como os meios ativos ou passivos continuamente destinados a prevenir o dano ou o potencial perigo de dano a bens jurídicos e reprimir condutas transgressoras, se concretizada a lesão, no intuito de proteger e preservá-los, contribuindo para a Ordem Pública na salvaguarda das instituições democráticas, do regular exercício dos direitos, liberdades e garantias fundamentais dos cidadãos.

Foi proposta uma percepção nova dos direitos fundamentais, rompendo tradicionais concepções, ao desconsiderar qualquer tentativa, em perspectiva linear, de enquadramento dos fatos históricos em "gerações" ou "dimensões". Sustentou-se que os direitos fundamentais, por dialogarem entre si, devem ser admitidos como unidimensionais, alheios a qualquer tentativa de segmentação. São eles concatenados, formando um corpo uno, indivisível e esférico, em que todos os direitos estão alinhados e perfeitamente simétricos em todos os sentidos, à mesma distância de um centro comum: o ideal de justiça no Estado democrático de direito.

Esta propositura se deu com o objetivo de respeitar e garantir não apenas um corpo único, senão também seguro de direitos fundamentais, que não podem ser dissociados dos riscos a que estão expostos. E, na perspectiva da teoria dos direitos fundamentais unidimensionais, eleva-se a importância da Segurança Pública, como indispensável à garantia e ao respeito dos bens jurídicos penalmente relevantes.

Ao se estudar todos os aspectos conceituais das organizações criminosas em análise histórica-evolutiva, insertas nas perspectivas de ordenação, atuação e proteção, bem como numa reflexão estutural, com aceno de lenços nos restou despedir das definições de vários doutrinadores.

Organização criminosa, então, precisa ser reconhecida como associação não fortuita de pessoas com divisão de responsabilidades, estruturada ainda que informalmente por ligação de dolo coletivo, manifestado na prática ou na intenção de praticar, concertadamente e de maneira reiterada, infrações penais que, por sua natureza, continuidade ou transnacionalidade, exponham de maneira grave bens jurídicos penalmente revelantes, em propósito múltiplo e alternativo de obter, direta ou indiretamente, vantagem indevida, ocultar ou dissimular bens, direitos ou valores como produtos ou proveitos ilícitos, ou assegurar a impunidade de seus membros.

Com os perigos e os riscos decorrentes das organizações criminosas, reconhecidas em suas perspectivas de ordenação, atuação e proteção, a segurança pública se insere, na realidade, em ambiente ameaçador da criminalidade contemporânea, exigindo esforço acadêmico como resposta.

Decidiu-se por concentrar os estudos na atuação policial, em abordagem funcionalista, sem atribuir contornos de protagonismo, mas realçando o papel fundamental da polícia como guardiã da Ordem e da Segurança Pública, quando atuante num Estado democrático de direito.

Foram estudados primeiramente os conceitos de polícia, as suas distintas atividades, diversas configurações, princípios e condições de agir, verificando-se que o mais significativo era cruzar as fronteiras tradicionais e avançar na pesquisa de um novo modelo de atuação da polícia judiciária face à criminalidade contemporânea, com destaque à prevenção e não apenas à repressão.

Foram admitidos alguns esforços internacionais na prevenção, como melhor caminho para a eficácia policial. Observou-se, porém, que, mesmo inserindo-se numa política criminal avançada, em valia de reconhecida ascedência, a prevenção policial do crime organizado evoluiu apenas em ideias e intenções, não resultando numa (re)leitura da atuação policial tradicional, restrita ao clássico modelo: prevenção, com os olhos ao futuro, e a repressão como atividade, em regra, relacionada ao passado e ao presente.

Argumentou-se pela importância de se mudar paradigmas, entrelaçando repressão e prevenção em dupla função no enfrentamento ao crime organizado. A criminalidade organizada possui uma dinâmica própria, que a distância sobremaneira da criminalidade comum. O Direito Policial, na orientação de seus institutos, não pode permanecer em isolamento teórico, cego ou alheio às necessidades de novas soluções jurídicas, com reflexos na prática da polícia judiciária, que deve se valer dos métodos indutivos, dedutivos e abdutivos no combate às organizações criminosas, objetivando respeitar e proteger os direitos fundamentais.

Com esses três métodos, adotando as visões retrospectiva, proativa e prospetiva, valendo-se de uma ligação entre repressão, prevenção, combinando investigação policial e inteligência policial, a polícia judiciária se insere num novo paradigma de atuação, numa simbiose contínua em dupla função, atenta ao possível perigo de dano, minimizando ao máximo os riscos, nos seus graus de probabilidade. Neste pensamento, para atuar, a polícia se orienta pela lógica de possível e provável ofensa a bens jurídicos penalmente relevantes, segundo o desdobramento esperado de determinados atos, não se pautando apenas em inibir o dano, e sim em impedir o próprio risco de dano, em repressão preventiva de continuidade e em repressão preditiva.

Nesse modelo de combate ao crime organizado pela polícia judiciária, a Repressão Preventiva de Continuidade ou Escalada pode ser realizada por meio do Direito Premial Preventivo, da Infiltração Preventiva, da Asfixia Financeira, ou ainda através da identificação e análise proativa de dados e cenários. A Repressão Preventiva Preditiva, por seu turno, é possível com a identificação e análise de dados e cenários e interações.

Para a segurança jurídica desse novo modelo de atuação da polícia judiciária, entendeu-se por submeter a repressão preventiva a um controle principiológico. A suspeita há de ser sempre objetiva, sem antecipação de juízo de responsabilidade criminal, sem atentato ao livre desenvolvimento da personalidade, a partir de dados tratados de maneira lícita, leal e com responsabilidade protetiva, em escopo claramente definido, que vincule, inclusive, a cooperação policial.

Em não existindo inquérito aberto a justificar uma atuação proativa ou preditiva, a repressão de investigação deve ser compreendida como projeto e como processo, com regras de modelagem e fluxo procedimental, aliadas a uma memória organizacional de criação do projeto e de atuação dos processos, que permitam o conhecimento de sua estrutura e gestão, e possibilitem a validação de um objetivo transparente e definido, por meio de algoritmos claros, sujeitos a controle.

Em "standard de justificação", não há que se falar num juízo de convencimento sobre a verdade para condenação ou absolvição. Não se pode exigir a prova de um evento subsequente além da dúvida razoável para a convicção, porquanto a ação policial pode se justificar com a simples preponderância da prova de possível perigo e provável risco futuro (*preponderance of the evidence*). Com este critério, a depender do cenário de ameaça, diversos alertas podem surgir e, pela sua variedade, velocidade e volume, servirem como um meio elegível de obtenção de prova.

Os modelos matemáticos devem buscar, então, uma prova clara e convincente (*clear and convincing evidence*) de um evento em continuidade, ou em escalada, ou de um evento futuro, em juízo de verdade probabilística, com alta modelagem percentual, segundo critérios de utilidade esperada e validada. Se de um lado o emprego de probabilidade não afasta a necessária valoração humana, por outro evita o discurso de mera intuição como justificativa policial, de modo a oportunizar maior controle, combinando segurança e liberdade na atuação policial.

Afastada qualquer hipótese de estigma ou de dados baseados em raça, cor, sexo, classe social, situação econômica, orientação sexual, convicções políticas e religiosas, ou qualquer elemento discriminatório, respeitados todos os princípios e presentes todas as possibilidades de controle, a repressão preventiva, enfim, navegará em águas acadêmicas não revoltas, a permitir um contributo válido e aplicado, acendendo-se uma luz de lamparina nos escritos sobre a repressão preventiva policial.

REFERÊNCIAS BIBLIOGRÁFICAS

ALBRECHT, Hans-Jörg – Criminalidade organizada na Europa: perspectivas teorética e empírica. In DIAS, Augusto Silva de; MENDES, Paulo de Sousa; PALMA, Maria Fernanda – **2º Congresso de Investigação Criminal.** Coordenação Científica. Associação Sindical dos Funcionários de Investigação Criminal de Polícia Judiciária, Instituto de Direito Penal e Ciências Criminais da Faculdade de Direito da Universidade de Lisboa. Coimbra: Almedina, 2010. pp. 73-99.

ALMEIDA, Carlota Pizarro. – Cooperação Jurídica Européia e Intenacional. In DIAS, Augusto Silva de; MENDES, Paulo de Sousa; PALMA, Maria Fernanda – **2º Congresso de Investigação Criminal.** Coordenação Científica. Associação Sindical dos Funcionários de Investigação Criminal de Polícia Judiciária, Instituto de Direito Penal e Ciências Criminais da Faculdade de Direito da Universidade de Lisboa. Coimbra: Almedina, 2010. pp. 101-113.

ALMEIDA, J. Canuto Mendes de – **Princípios Fundamentais do Processo Penal**. São Paulo: Revista dos Tribunais, 1973.

ÁLVAREZ, Daniel González; RAMÍREZ, Helena Ulloa. – El caso Costa Rica. In AMBOS, Kai; COLOMER, Juan Luis Gómez; Vogler, Richard (Coords.) – **La Policía en los Estados de Derecho Latinoamericanos. Un proyecto internacional de investigación.** Instituto Max-Planck para El Derecho Penal Extranjero. Bogotá: Ediciones Jurídicas Gustavo Ibañez, 2003. pp. 239-278.

ALVES, Antonio Carlos – **Introdução à Segurança**. Lisboa: Edição da Revista da Guarda Nacional Republicana, 2010.

AMARAL, Diogo Freitas – **Curso de Direito Administrativo**. 3.ª ed. Coimbra: Almedina, 2017.

AMBOS, Kai Edito; GÓMEZ COLOMER, Juan Luis Edito; VOGLER, Richard A. (Coords.) – **La Policía en los Estados de Derecho Latinoamericanos. Un proyecto internacional de investigación**. Bogotá: Eds. Jurídicas Gustavo Ibáñez, 2003.

AMORIM, Carlos – **Comando Vermelho: A história secreta do crime organizado**. 4.ª ed. Rio de Janeiro: Record, 1994.

ANDRADE, José Carlos Vieira de – **Os Direitos Fundamentais na Constituição Portuguesa de 1976**. Coimbra: Almedina, 2001.

ANDRADE, Manuel da Costa – **Sobre as Proibições de Prova em Processo Penal**. Coimbra: Editora Coimbra, 1992.

ANTUNES, Maria João – **Direito Processual Penal**. Almedina: Coimbra, 2016.

ARAÚJO, Edmir Netto – **Curso de Direito Administrativo**. São Paulo: Saraiva, 2009.

ARAÚJO, Juliana Alves de – Notas sobre a Criminalidade Organizada. **Revista do Tribunal Regional Federal da 1º Região.** Brasília. Vol. 17, n.º 2 (fev. 2005).

ARIAS, Patricia; GRANADOS, Héctor Rosada; SAÍN, Marcelo Fabián – **Reformas Policiales en América Latina. Principios y Lineamientos Progresistas.** Programa de Cooperación en Seguridad Regional. Observatorio de Crimen Organizado en América Latina y el Caribe, con el auspicio de la Fundación Open Society Institute (Zug). Coordinación editorial: Juan Andrés Valderrama. Bogotá, 2012.

ASSIS, Machado de – **Dom Casmurro**. Rio de Janeiro: Nova Aguilar, 1994.

AZEVEDO, André Boiani; BALDAN, Édson Luís – A preservação do devido processo legal pela investigação defensiva: O direito de defender-se provando. **Boletim IBCCrim.** São Paulo. Vol.11, n.º 137, (abr. 2004), pp. 06-08,

BACILA, Carlos Roberto; CHOUKR, Fauzi Hassan – Relatório Brasileiro. In AMBOS, Kai Edito; GÓMEZ COLOMER, Juan Luis Edito; VOGLER, Richard A. (Coords.) – **La Policía en los Estados de Derecho Latinoamericanos. Un proyecto internacional de investigación**. Bogotá: Eds. Jurídicas Gustavo Ibáñez, 2003. pp. 117-158.

BACILA, Carlos Roberto – Reescrevendo a História do Direito Penal, a partir dos estigmas: O roteiro de uma tese. **Revista Direitos Fundamentais e Democracia.** Curitiba. UniBrasil – Faculdades Integradas do Brasil. Vol. 4 (2008).

BALZAC, Honoré de – **La Comédie humaine** (Nouvelle édition enrichie). Paris: *Arvensa éditions, 2017.*

BARBERÁ, Francisco Antón; LUIS Y TURÉGANO, Juan Vicente – **Policía Científica**. Volumen I. 3.ª ed. Colección Ciencia Policial. Valencia: Tirant Lo Blanch, 1998.

BATITUCCI, Eduardo Cerqueira; SOARES, Philipp Augusto Krammer – O Centro Integrado de Comando e Controle: ferramenta de coordenação, integração e planejamento na defesa social. **Rev. Bras. Segur. Pública.** São Paulo. Vol. 11, n.º 2 (ago./set. 2017), pp. 216-232.

BECK, Ulrich – **World at Risk**. English Edition, Translated by Ciaran Cronin. Cambridge/UK and Malden/MA: Polity Press, 2009.

BECKER, G. S. – Crime and punishment: an economic approach. **Journal of Political Economy.** Vol. 76, nº.2 (1968), pp. 169-217.

BECKER, Howard – **Outsiders: estudos de sociologia do desvio**. Rio de Janeiro: Zahar, 2008.

BELING, Ernst Von. – **Esquema de derecho penal: la doctrina del delito-tipo**. Traducción del alemán por el Dr. Sebastian Soler. Buenos Aires, Depalma, 1944.

BENTHAM, J. – **An introduction to the principles of morals and legislation.** Kitchener: Batoche Books, 2000/1781.

BITENCOURT, Cezar Roberto; BUSATO, Paulo César – **Comentários à lei de organização criminosa: Lei n.º 12.850/2013**. São Paulo: Saraiva, 2014.

BOBBIO, Norberto – **A Era dos Direitos**. 4ª reimpressão. Trad. de Carlos Nelson Coutinho. Rio de Janeiro: Ed. Campus, 1992.

______ – **Teoria geral da política. A filosofia política e as lições dos clássicos**. Reimpr. Trad. do Teoria Generale Della Politica de Daniela Beccaccia Versiani. Rio de Janeiro: Elsevier, 2000.

BOBERG, A. L.; & Morris-Khoo, S. A. – The Delphi method: A review of methodology and an application in the evaluation of a higher education program. **The Canadian Journal of Program Evaluation.** Vol. 7, n.º 1 (1992), pp. 27-39.

BONNARD, Roger – **Précis de droit administratif**. 2.ª ed. Paris: Sirey, 1935.

BONAVIDES, Paulo – A Quinta Geração de Direitos Fundamentais. **Revista Direitos Fundamentais & Justiça.** Vol. 2, n.º 3 (abr./jun. 2008).

______ – **Curso de Dir**eito Constitucional. 19.ª ed. São Paulo: Editora Malheiros, 2006.

BORGES, Paulo César Corrêa – **O crime organizado**. São Paulo: Editora UNESP, 2002.

BRASIL – **Doutrina de Inteligência da Polícia Federal no Brasil**. Brasília: Academia Nacional de Polícia, 2018.

______ – **Informação Técnica n.º 118/2020 – SETEC/SR/PF/AM** (Peritos Criminais Federais Herbert Dittmar, Diogo Ricardo Mrozinski e Evandro Hermínio da Silva). Polícia Federal do Brasil. Brasília, 2020.

______ – Ministério do Planejamento, Orçamento e Gestão. Secretaria de Logística e Tecnologia da Informação. **Metodologia de Gerenciamento de Projetos do SISP.** Brasília: MP, 2011.

______ – **Política para o Sistema Militar de Comando e Controle**. 2.ª ed. Brasília, DF: Ministério da Defesa, 2012.

______ – Ministério da Justiça e Segurança Pública. **Doutrina de Inteligência Policial 2018**. Brasília, DF, 2019.

BRAZ, José – **Investigação Criminal: A organização, o método e a prova: Os desafios da nova criminalidade**. 3.ª ed. Coimbra: Almedina, 2013.

BRETAS, Marcos Luiz; ROSEMBERG, André – A história da polícia no Brasil: Balanço e perspectivas. **Topoi.** Vol. 14, n.º 26 (jan./jul. 2013), pp. 162-173.

BRUNET, Amadeu Recasens – Modelos de Polícia Criminal: o modelo espanhol. In CUNHA, José Manuel Damião [et al.]. (Coords.) – **Modelos de polícia e investigação criminal.** Rev. Claudete Maria Pereira Panóias; Miguel Rodrigues. Vila Nova de Gaia: Gailivro, 2006. pp. 88-92.

CAVALAZZI, Vanessa Wendhausen; SUXBERGER, Antonio Henrique Graciano. – O Controle Externo da Atividade Policial em números do CNMP como ferramenta de Accountability Institucional. In **O Ministério Público e o Controle Externo da Atividade Policial/Conselho Nacional do Ministério Público**. Brasília: CNMP, 2019. pp. 226-236.

CALDERONI. Francesco – **Organized Crime Legislation in the European Union. Harmonization and Approximation of Criminal Law, National Legislations and the EU Framework Decision on the Fight against Organized Crime**. Berlin: Springer-Verlag, 2010.

CALETTI, Leandro – O controle difuso da convencionalidade e os direitos humanos no Brasil. **Revista Instituto Interamericano de Derechos Humanos.** Vol. 64 (2016), pp. 189-214.

CAMPERO, José Carlos – El crimen organizado (vinculado al narcotráfico) en Bolivia. **El Crimen organizado y gobernanza en la región andina: cooperar o fracasar.** 1.ª ed. Coordinación editorial: Juan Andrés Valderrama. Quito: Catalina Niño editorial, 2012. pp. 13-29.

CANOTILHO, José Joaquim Gomes – **Direito Constitucional e Teoria da Constituição**. Coimbra: Almedina, 2000.

CANOTILHO, José Joaquim Gomes; MOREIRA, Vital Martins – **Constituição da República Portuguesa Anotada**. 3.ª ed. Coimbra: Editora Coimbra, 1993.

CARNELUTTI, Francesco – **Lecciones sobre el proceso penal**. Volumen I, Buenos Aires: Ediciones Jurídicas Europa-América, Bosch y Cía, 1950.

CARVALHO, Paulo de Tarso Bilard de – **O Conceito Jurídico do Princípio de Impessoalidade no Direito Administrativo Brasileiro: Uma Releitura**. São Paulo: Universidade de São Paulo, 2014. Dissertação de Mestrado não publicada.

CASTRO, César San Martín – La Policía en el Estado de Derecho Latinoamericano: el caso Perú. In AMBOS, Kai; COLOMER, Juan Luis Gómez; Vogler, Richard (Coords.) – **La Policía en los Estados de Derecho Latinoamericanos. Un proyecto internacional de investigación.** Instituto Max-Planck para El Derecho Penal Extranjero. Bogotá: Ediciones Jurídicas Gustavo Ibañez, 2003. pp. 461-500.

CEPIK, Marco – **Espionagem e democracia: Agilidade e transparência como dilemas na institucionalização de serviços de inteligência**. Rio de Janeiro: FGV, 2003.

CERQUEIRA, Daniel [et al.] – **Atlas da Violência 2021**. São Paulo: FBSP, 2021.

CHOUKR, Fauzi Hassan – **O Papel do Direito Penal na Transição dos Estados Autoritários para a Democracia**. Projeto de pesquisa do Max Plack Institute. Freiburg im Breisgau, 1999.

______ – **Código de processo penal: comentários consolidados & crítica jurisprudencial.** Belo Horizonte: Lumen Juris, 2019.

CINTRA, Antonio Carlos Araújo; GRINOVER. Ada Pellegrini; DINAMARCO, Cândido Rangel – **Teoria geral do processo**. São Paulo: Malheiros, 1999.

CLAVERÍA, Julio César Rivera – La policía en el Estado de Derecho Latinoamericano: el caso Guatemala. In AMBOS, Kai; COLOMER, Juan Luis Gómez; Vogler, Richard (Coords.) – **La Policía en los Estados de Derecho Latinoamericanos. Un proyecto internacional de investigación.** Instituto Max-Planck para El Derecho Penal Extranjero. Bogotá: Ediciones Jurídicas Gustavo Ibañez, 2003. pp. 353-386.

CLEMENTE, Pedro José Lopes – A Polícia de Informações em Portugal. In Silva, Germano Marques da; Valente, Manuel Monteiro Guedes (Coords) – **Volume Comemorativo 20 anos – Instituto Superior de Ciências Policiais e Segurança Interna**. Coimbra: Editora Almedina, 2005. pp. 368-370.

COLOMER, Juan Luis Gómez – **Estado Democrático y Modelo Policial: una propuesta de diseño de cara a lograr una investigación eficaz del crimen**. In AMBOS, Kai; COLOMER, Juan Luis Gómez; Vogler, Richard (Coords.) – **La Policía en los Estados de Derecho Latinoamericanos. Un proyecto internacional de investigación.** Instituto Max-Planck para El Derecho Penal Extranjero. Bogotá: Ediciones Jurídicas Gustavo Ibañez, 2003. pp. 05-10.

CÓRDOBA, Gabriela E.; PASTOR, Daniel R. – El caso Argentina. In AMBOS, Kai; COLOMER, Juan Luis Gómez; Vogler, Richard (Coords.) – **La Policía en los Estados de Derecho Latinoamericanos. Un proyecto internacional de investigación.** Instituto Max-Planck para El Derecho Penal Extranjero. Bogotá: Ediciones Jurídicas Gustavo Ibañez, 2003. pp. 45-77.

CORREIA, Angelo – As Missões Internacionais das Polícias. In CUNHA, José Manuel Damião da [et al.] (Coords.) – **Modelos de polícia e investigação criminal**. 1.ª ed. Rev. Claudete Maria Pereira Panóias; Miguel Rodrigues. Vila Nova de Gaia: Gailivro, 2006. pp. 134-139.

COSTA, Romano José Carneiro da Cunha – **Inteligência Policial Judiciária: Os limites doutrinários e legais na assessoria eficaz à repressão ao crime organizado**. Programa de Mestrado em Ciências Policiais. Lisboa: Instituto Superior de Ciências Policiais e Segurança Interna, 2017. Dissertação de Mestrado.

CRETELLA JÚNIOR, José – Polícia e Poder de Polícia. **Revista de informação legislativa.** Vol. 22, n.º 88 (out./dez., 1985), pp. 105-128.

CORRÊA, Vanessa Pitrez de Aguiar – O Papel da Polícia Judiciária no Estado democrático de direito Constitucional. **Revista CEJ.** Brasília. Ano XII, n.º 43 (out./dez. 2008), pp. 16-21.

CUNHA, Bruno Requião – **Estudo sobre a topologia das redes criminais**. Instituto de Física. Programa de pós-graduação em Física. Rio Grande do Sul: Universidade Federal do Rio Grande do Sul, 2007. Tese de Doutorado.

CUNHA, José Manuel Damião de (Org.) – **Modelos de Polícia e Investigação Criminal**. Vila Nova de Gaia: Gailivro, 2006.

DEWEY, J. – **Logic: The Theory of Inquiry**. New York: Holt, Rinehart and Winston, 1938.

DI PIETRO, Maria Sylvia Zanella – **Direito administrativo**. 31.ª ed. Rio de Janeiro: Forense, 2020.

DIAS, Augusto Silva – Criminalidade Organizada e Combate ao Lucro Ilícito. In DIAS, Augusto Silva de; MENDES, Paulo de Sousa; PALMA, Maria Fernanda – **2º Congresso de Investigação Criminal.** Coordenação Científica. Associação Sindical dos Funcionários de Investigação Criminal de Polícia Judiciária, Instituto de Direito Penal e Ciências Criminais da Faculdade de Direito da Universidade de Lisboa. Coimbra: Almedina, 2010. pp. 23-47.

______ – Os criminosos são pessoas? Eficácia e garantia no combate ao crime organizado. **Revista do Ministério Público do Rio Grande do Sul.** Porto Alegre. n.º 72 (maio 2012/ ago. 2012), pp. 201-215.

DIAS, Augusto Silva; MENDES, Paulo de Sousa; PALMA, Maria Fernanda. – **2º Congresso de Investigação Criminal.** Coordenação Científica. Org. Associação Sindical dos Funcionários de Investigação Criminal de Polícia Judiciária, Instituto de Direito Penal e Ciências Criminais da Faculdade de Direito da Universidade de Lisboa. Coimbra: Almedina, 2010.

DIAS, Jorge de Figueiredo – **Direito processual penal. Lições coligidas por Maria João Antunes.** Coimbra: Texto policopiado, 1988-1990.

______ – **Temas Básicos da Doutrina Penal.** Coimbra: Editora Coimbra, 2001.

DIAS, Hélder Valente – **Metamorfoses da Polícia – Novos Paradigmas de Segurança e Liberdade.** Coimbra: Editora Almedina, 2012.

DIGNUM, Virginia – **Responsible Artificial Inteligence: How to Develop and Use AI em a Responsible Way.** Artificial Intelligence: Foundations, Theory, and Algorithms, Springer, 2019.

DORADO, Alfonso M. El caso Bolivia. In AMBOS, Kai; COLOMER, Juan Luis Gómez; Vogler, Richard (Coords.) – **La Policía en los Estados de Derecho Latinoamericanos. Un proyecto internacional de investigación.** Instituto Max-Planck para El Derecho Penal Extranjero. Bogotá: Ediciones Jurídicas Gustavo Ibañez, 2003. pp. 79-116.

EIDE, E.; RUBIN, P. H.; SHEPERD, J. M. – **Economics of crime.** Vol. 3. Hanover: Now Publishers, 2006.

FERNANDES, Luís Fiães – Sun Tzu. A arte (e a Ciência) da Polícia. In SILVA, Germano Marques da; VALENTE, Manuel Monteiro Guedes (Coords.) – **Volume Comemorativo 20 anos – Instituto Superior de Ciências Policiais e Segurança Interna.** Coimbra: Editora Almedina, 2005. pp. 17-97.

FERRAJOLI, Luigi – **Direito e Razão – Teoria do Garantismo Penal.** Trad. Luiz Flávio Gomes São Paulo: Revista dos Tribunais, 2006.

FERREIRA, Manuel Marques – Princípios fundamentais por que deve se pautar a acção policial num Estado democrático de direito. In SILVA, Germano Marques da; VALENTE, Manuel Monteiro Guedes (Coords.) – **Volume Comemorativo 20 anos – Instituto Superior de Ciências Policiais e Segurança Interna**. Coimbra: Editora Almedina, 2005. pp. 150-153.

FERRO JÚNIOR, Celso Moreira – **A inteligência e a gestão da informação policial**. Brasília: Editora Fortium, 2008.

FIGUEIREDO DIAS, Jorge de; ANDRADE, Manuel da Costa – Problemática geral das infracções antieconômicas. **Boletim do Ministério da Justiça.** Lisboa. Vol. 262 (1977).

FIGUEIREDO DIAS, Jorge de; ANDRADE, Manuel da Costa – **Criminologia. O homem delinquente e a sociedade criminógena**. Coimbra: Editora Coimbra, 1997.

FONTES, José – **A Arte da Paz**. Coimbra: Editora Coimbra, 2011.

______ – **Teoria Geral do Estado e do Direito**. 3.ª ed. Coimbra: Editora Coimbra, 2010.

FOUCAULT, Michel – **Vigiar e punir: Nascimento da prisão**. Do original em francês: Surveiller et punir. Trad. de Raquel Ramalhete. Petrópolis: Vozes, 1987.

FREITAS, Justino Antonio de – **Instituições de Direito Administrativo Português**. 2.ª ed. Coimbra: Imprensa da Universidade, 1861.

GABALDÓN, Luis Gerardo – **Control social y Criminología**. Caracas: Editorial Jurídica Venezolana, 1987.

GALLO, Fernanda de Almeida – **As Formas do Crime Organizado**. Instituto de Filosofia e Ciências Humanas. Campinas: Universidade Estadual de Campinas, 2014. Tese de Doutorado.

GARCÍA, Gabriela – **Diagnóstico sobre la Seguridad Pública en México**. Cidade do México: Fundar, Centro de Análisis e Investigación, 2004.

GASPAR, Vitor – Ordem Social e Economia. In SILVA, Germano Marques da; VALENTE, Manuel Monteiro Guedes (Coords.) – **Volume Comemorativo 20 anos – Instituto Superior de Ciências Policiais e Segurança Interna**. Coimbra: Editora Almedina, 2005. pp. 55-58.

GIGERENZER, Gerd – **O Poder da Intuição. O Inconsciente dita as melhores decisões**. Trad. de Alexandre Feitosa Rosas. Rio de Janeiro: BestSeller, 2009.

GONÇALVES, Ana Alexandra Silva – **O Crime Organizado em Portugal: Sua caracterização e ambiguidades**. Mestrado em Criminologia. Porto: Universidade do Porto, 2013. Dissertação de Mestrado.

GONÇALVES, Joanisval Brito – Conhecimento e Poder: a Atividade de Inteligência e a Constituição Brasileira. In DANTAS, Bruno [et al.] – **Constituição de 1988: O Brasil 20 Anos Depois (Volume III – A Consolidação das Instituições)**. 1.ª ed. Brasília: Senado Federal, Instituto Legislativo Brasileiro, 2008, vol. III. pp. 591-607.

GONZÁLEZ, José Luis G – La Policía en el Estado de Derecho Latinoamericano: el caso Uruguay. In AMBOS, Kai; COLOMER, Juan Luis Gómez; Vogler, Richard (Coords.) – **La Policía en los Estados de Derecho Latinoamericanos. Un proyecto internacional de investigación.** Instituto Max-Planck para El Derecho Penal Extranjero. Bogotá: Ediciones Jurídicas Gustavo Ibañez, 2003. pp. 501-535.

GOUVEIA, Jorge Bacelar – **Direito da Segurança. Cidadania, Soberania e Cosmopolitismo**. Coimbra: Almedina, 2018.

______ – **Direito Internacional de Segurança**. Coimbra: Almedina, 2015.

GOUVEIA, Jorge Bacelar; PEREIRA, Rui (Coords.) – **Estudos de Direito e Segurança**. vol. I. Coimbra: Almedina, 2015.

______ – **Estudos de Direito e Segurança**. vol. II. Coimbra: Almedina, 2015.

GRABITZ, Eberhard – **Freiheit und Verfassungsrecht: krit. Unters. zur Dogmatik u. Theorie d. Freiheitsrechte**. Front Cover, Mohr, Tübingen, 1976.

GRECO, Rogério – **Curso de Direito Penal**. Parte geral. 19.ª ed. Rio de Janeiro: Impetus, 2017.

GUINOTE, Hugo Duarte Sousa – Forças Armadas e Forças de Segurança. Competências Operacionais em Matéria de Segurança. In SILVA, Germano Marques da; VALENTE, Manuel Monteiro Guedes (Coords.) – **Volume Comemorativo 20 anos – Instituto Superior de Ciências Policiais e Segurança Interna**. Coimbra: Editora Almedina, 2005. pp. 951-952.

GUPTA, U. G.; & CLARKE, R. E. – **Theory and application of the Delphi technique: A bibliography (1975-1994)**. Technological Forecasting and Social Change, 1996. pp. 185-211.

HASSEMER, Winfried – **Fundamentos de Derecho Penal**. Barcelona: Bosch,1984.

HASSEMER, Winfried; CONDE, Francisco Muñoz – **Introducción a la Criminología**. Valencia: Ed. Tirant Lo Blanch, 2001.

HESSE, Konrad – **Escritos de Derccho Constitucional**. 2.ª ed. Madrid: Centro de Estudios Constitucionales, 1992.

HISAO, Marcelo – **Polícia: A Guardiã do Estado de Direito. Reflexões sobre a natureza jurídica do Estado-Polícia como condição para a caracterização de seu papel perante o cidadão, a sociedade e o próprio Estado**. São Paulo: Pontifícia Universidade Católica de São Paulo, 2015. Tese de Doutoramento.

HOBBES, T. – **Leviatã ou Matéria, Forma e Poder de um Estado Eclesiástico e Civil**. Tradução de João Paulo Monteiro e Maria Nizza da Silva. São Paulo: Martins Fontes, 2003.

HOFFMANN, Henrique – Aspectos jurídicos da busca e apreensão. In BEZERRA, Clayton da Silva; AGNOLETTO, Giovani Celso (Coords.) – **Busca e Apreensão**. Rio de Janeiro: Mallet, 2017. pp. 21-119.

HOLDAWAY, Simon – **Inside the Britsh Police: A Force at Work**. Oxford: Blackwell, 1983.

______ – Investigação Criminal na Inglaterra e no País de Gales. In CUNHA, José Manuel Damião da [et al.] (Coords.) – **Modelos de polícia e investigação criminal**. Rev. Claudete Maria Pereira Panóias; Miguel Rodrigues. 1.ª ed. Vila Nova de Gaia: Gailivro, 2006. pp. 12-18.

HERBLAY, Vendelin – **La police Judiciaire**. 2.ª ed. Paris: Presses Universitaires de France, 1997.

HUGHES-WILSON, John – **The puppet masters: Spies, traitors and the real forces behind world events**. London: Cassel, 2005.

JAEGER, Rolf – A Especialização da KRIPO – Unificação rumo à liberdade e segurança na Europa. In CUNHA, José Manuel Damião da – **Modelos de Polícia e Investigação Criminal**. Vila Nova de Gaia: Editora Gailivro. 2006. pp. 114-135.

JAKOBS, Gunther; MELIÁ, Manuel Cancio – **Direito Penal do Inimigo: Noções e Críticas**. Organização e Tradução de André Luís Callegari e Nereu José Giacomolli. 2.ª ed. Porto Alegre: Livraria do Advogado, 2007.

______ – **Derecho penal del enemigo**. 2.ª ed. Tradução de Manuel Cancio Meliá. Madrid: Thomson-Civitas, 2003.

______. – **Imputação Objetiva no Direito Penal**. 2.ª ed. Tradução de André Luís Callegari. São Paulo: Revista dos Tribunais, 2007.

JESCHECK, Hans-Heinrich – **Tratado de Derecho Penal: Parte General**. 4.ª ed. Granada: Editorial Comares, 1993.

JESUS, Damásio E. de – **Código Penal Anotado**. São Paulo: Saraiva, 1995.

KAHNEMAN, Daniel; TVERSKY, Amos – Prospect Theory: An Analysis of Decision under Risk. **Econometrica.** Vol. 47, n.º 2 (mar. 1979), pp. 263-291.

KELSEN, Hans – **Teoria Pura do Direito.** Tradução de João Baptista Machado. 6ª. ed. São Paulo: Martins Fontes, 1998.

KENT, Sherman – **Strategic intelligence for American World Policy**. Princeton: Princeton University Press, 1949. Reprinted 1965.

LAMPE, Klaus Von – The interdisciplinary dimensions of the study of organized crime. **Trends in Organized Crime.** Vol. 9, n.º 3 (2007).

LEAL, César Barros – Violencia, Seguridad Pública y Sistema Prisional: Una Visión desde la Perspectiva de los Derechos Humanos. **Revista do Instituto Brasileiro de Direitos Humanos.** Fortaleza, Ceará. Vol. 19, n.º 19 (2019), pp. 65-75.

LEAL, Felipe Alcântara de Barros – A Inteligência como Assessoramento à Repressão Preventiva do Terrorismo em Cooperação Policial Internacional. In. LASMAR, Jorge Mascarenhas; FAGUNDES, Carlos Frederico Felício; CHUY, José Fernando Moraes – **Perspectivas do Terrorismo Transnacional Contemporâneo.** Belo Horizonte: Arraes Editores, 2019.

LEITE, Inês Ferreira – Arrependido: a colaboração processual do co-arguido na investigação criminal. In DIAS, Augusto Silva de; MENDES, Paulo de Sousa; PALMA, Maria Fernanda – **2º Congresso de Investigação Criminal.** Coordenação Científica. Associação Sindical dos Funcionários de Investigação Criminal de Polícia Judiciária, Instituto de Direito Penal e Ciências Criminais da Faculdade de Direito da Universidade de Lisboa. Coimbra: Almedina, 2010. pp. 381-410.

LEITE, José Rubens Morato – **Dano ambiental: Do individual ao coletivo extrapatrimonial**. São Paulo: Revista dos Tribunais, 2000.

LEMIEUX, Fréderic – O Modelo Canadiano de Polícia e de Investigação Criminal. In CUNHA, José Manuel Damião da [et al.] (Coords.) – **Modelos de polícia e investigação criminal**. Rev. Claudete Maria Pereira Panóias; Miguel Rodrigues. 1.ª ed. Vila Nova de Gaia: Gailivro, 2006. pp. 31-34.

LEVI, Michael – Policing fraud and organised crime. In NEWBURN, Tim. **Handbook of policing, Cullompton.** Devon: Willan Publishing, 2008. pp. 522-552.

LIEBMAN, Enrico Tullio – **Manual de Direito Processual Civil.** 2.ª ed. Rio de Janeiro: Forense, 1985.

LIMA, Renato Brasileiro de – **Manual de processo penal**. Vol. único. 5.ª ed. São Paulo: Juspodivm, 2017.

______ – **Legislação Criminal Especial Comentada**. Vol. único. São Paulo: Juspodivm, 2020.

LLINARES, Fernando Miró – Inteligencia Artificial Y Justicia Penal: Más Allá de los resultados lesivos causados por robots. **Revista de Derecho Penal Y Criminología.** 3.ª Época, n.º 20 (jul. 2018), pp. 87-130.

LOCKE, John – **Segundo Tratado sobre o Governo Civil – e Outros Escritos: Ensaio sobre a Origem, os Limites e os Fins Verdadeiros do Governo Civil**. Tradução de Magda Lopes e Marisa Lobo da Costa. Petrópolis: Vozes, 1994.

LOPES Jr., Aury – **Sistema de Investigação Preliminar no Processo Penal**. Rio de Janeiro: Lumen Juris, 2006.

LOPES, Silvia Regina Pontes; PETERKE, Sven – Crime organizado e legislação brasileira à luz da Convenção de Palermo: Algumas observações críticas. **Verba Juris.** Ano 7, n.º 7 (jan./dez. 2008), pp. 391-430.

LORENZ, Konrad – **Das sogenannte Böse. Zur Naturgeschichte der Aggression.** (sachbuch). Viena: Dr.G. Borotha-Schoeler Verlag, 1963.

LUÑO, Antonio-Enrique Pérez – Las Generaciones de Derechos Humanos. **Revista del Centro de Estudios Constitucionales.** N.º 10 (set./dez. 1991).

MACHADO, Talles Amaral; VILALTA, Luiz Antonio Vilalta – Novos paradigmas da investigação criminal. **Revista Brasileira de Ciências Policiais. Brasília**. Vol. 9, n.º 1 (jul. 2018), pp.13-41.

MAIEROVITCH, W. F. – As associações criminosas transnacionais. In PENTEADO, J. de C. (Coord.) – **Justiça penal. Críticas e sugestões, o crime organizado (Itália e Brasil): a modernização da lei penal**. São Paulo: Revista dos Tribunais, 1999. pp. 57-76.

MALARINO, Ezequiel – La Policía en los Estados de Derecho Latinoamericanos: un resumen comparativo. In AMBOS, Kai; COLOMER, Juan Luis Gómez; Vogler, Richard (Coords.) – **La Policía en los Estados de Derecho Latinoamericanos. Un proyecto internacional de investigación.** Instituto Max-Planck para El Derecho Penal Extranjero. Bogotá: Ediciones Jurídicas Gustavo Ibañez, 2003. pp. 576-623.

MARCÃO, Renato – **Curso de processo penal**. São Paulo: Saraiva, 2014.

MAKARENKO, Tamara – The Crime-Terror Continuum: Tracing the Interplay between Transnational Organised Crime and Terrorism. **Global Crime.** 10.1080/1744057042000297025. Vol. 6 (2004), pp. 129-145.

MARÇAL, Vinícius; MASSON, Cléber – **Crime organizado**. 4.ª ed. Rio de Janeiro: Forense, 2018.

MARMELSTEIN, George – **Curso de Direitos Fundamentais**. São Paulo: Altas, 2008.

MARTÍNEZ, Ariel Fernando Ávila – Crimen organizado, narcotráfico y seguridad. In Valderrama, Juan Andrés – **Crimen organizado y gobernanza en la región andina: cooperar o fracasar**. 1.ª ed. Quito: Catalina Niño editorial, 2012. pp. 29-40.

MARQUES, José Frederico – **Apontamentos sobre o Processo Criminal Brasileiro**. São Paulo: Revista dos Tribunais, 1959.

MARK, R. – **Policing a Perplexed Society**. London: Allen & Unwin, 1977.

MARTINS, Leonardo. – **Tribunal Constitucional Federal alemão: decisões anotadas sobre direitos fundamentais.** Vol. 1: Dignidade humana, livre desenvolvimento da personalidade, direito fundamental à vida e à integridade física, igualdade. São Paulo: Fundação Konrad Adenauer, 2016.

MATSKÉVITCH, Igor M. – La mafia russe en Europe: mythe ou réalité? (Aspects criminologiques). **Revue internationale de droit comparé.** Vol. 61, n.º 3 (2009), pp. 611-627.

MCLEAN, David – **Transnational organized crime: A commentary on the UN convention and its protocols**. Oxford: Oxford University Press, 2007.

MEIREIS, Manuel Augusto Alves – "Homens de Confiança". Será o Caminho? In VALENTE, Manuel Monteiro Guedes (Coord.) – **II Congresso de Processo Penal – Memórias**. Coimbra: Almedina, 2006. pp. 81-101.

MEIRELLES, Hely Lopes – **Direito Administrativo Brasileiro**. 25.ª ed. São Paulo: Malheiros, 2000.

MELLO, Celso Antônio Bandeira de – **Curso de Direito Administrativo**. São Paulo: Malheiros, 2008.

MENDES, Gilmar Ferreira; COELHO, Inocêncio Mártires; BRANCO, Paulo Gustavo Gonet – **Curso de Direito Constitucional**. 4.ª ed. São Paulo: Saraiva, 2009.

MENDES, Paulo de Sousa [et al.] – **Prova Penal Teórica e Prática**. Coimbra: Almedina, 2019.

MERTON, Robert K. – Social structure and anomie. **American Sociological Review**. Vol. 3, n.º 5. (Oct. 1938), pp. 672-682.

MÉXICO – **5ª Conferencia Internacional sobre la Observación de la Criminalidad y el Análisis Criminal,** nov. 2015.

MILITELLO, Vincenzo – Participation in a criminal organisation as a model of European criminal offence. In MILITELLO, V; HUBER, B (Eds) – **Towards a European criminal law against organized crime: proposals and sumaries of the Joint European Project to conter organized crime**. Freiburg: Iuscrim, 2001. pp. 15-41.

MINGARDI, Guaraci – **O Estado e o Crime Organizado**. São Paulo: IBCCRIM, 1998.

MIRABETE, Júlio Fabbrini – **Processo Penal**. São Paulo: Atlas, 2006.

MIRANDA, Jorge – **As Constituições Portuguesas: De 1822 ao Texto Actual da Constituição**. 4.ª ed. Lisboa: Livraria Petrony Ltda., 1997.

______ – **Manual de Direito Constitucional, tomo IV (Direitos fundamentais)**. 5.ª ed. Coimbra: Editora Coimbra, 2012.

MOLINA, A. G. P. de – **Criminologia: Introdução a seus Fundamentos Teóricos; Introdução às Bases Criminológicas da Lei 9.099/95, Lei dos Juizados Especiais Criminais**. 5.ª ed. Tradução de Luiz Flávio Gomes e Davi Tangerino. São Paulo: Revista dos Tribunais, 2006.

MONTE, Mário Ferreira – **Segredo e Publicidade na Justiça Penal.** Almedina: Coimbra, 2018.

MONTESQUIEU, Charles Louis de – **O Espírito das Leis**. Tradução de Cristina Muraschco. São Paulo: Martins Fontes, 1993.

NACIONES UNIDAS – **El estado del crimen y de la justicia criminal en el mundo**. 2000.

______ – **Informe de verificación: La Policía Nacional Civil: Un nuevo modelo policial en construcción**. Misión de Verificación de las Naciones Unidas Minugua (abr. 2001).

NUCCI, Guilherme de Souza – **Manual de processo penal e execução penal**. São Paulo: Revita dos Tribunais, 2006.

______ – **Manual de processo penal e execução penal**. 4.ª ed. São Paulo: Revista dos Tribunais, 2007.

______ – **Manual de processo penal e execução penal**. 4.ª ed. São Paulo: Revista dos Tribunais, 2008.

OCHOA, Ramón de la Cruz – **El caso Cuba.** In AMBOS, Kai; COLOMER, Juan Luis Gómez; Vogler, Richard (Coords.) – **La Policía en los Estados de Derecho Latinoamericanos. Un proyecto internacional de investigación.** Instituto Max-Planck para El Derecho Penal Extranjero. Bogotá: Ediciones Jurídicas Gustavo Ibañez, 2003. pp. 279-304.

OLIVEIRA, Alessandro José Fernandes de – **Estudos avançados de direito aplicado à atividade policial**. Rio de Janeiro: Lumen Juris, 2014.

OLIVEIRA, Eugênio Pacelli de – **Curso de Processo Penal**. 21.ª ed. Atual. São Paulo: Atlas, 2017.

OLIVEIRA, Rafael Carvalho Rezende – **Curso de Direito Administrativo**. 6.ª ed. São Paulo: Método, 2018.

ONETO, Isabel – **O Agente Infiltrado – Contributo para a Compreensão do Regime Jurídico das Acções Encobertas**. Coimbra: Editora Coimbra, 2005.

ORWELL, George – **A Revolução dos Bichos: Um conto de fadas**. Tradução de Heitor Aquino Ferreira. São Paulo: Companhia das Letras, 2007.

OSBORNE, Jonathan [et al.] – What "Ideas-about-Science" should be taught in school science? A Delphi study of the expert community. **Journal of Research in science teaching.** Vol. 40, n.º 7 (2003), pp. 692-720.

OUTRIVE, Lode Van – **Politiques, Polices et Justice au bord du futur**. Textes réunis par Yves Cartuyvels, Françoise Digneffe, Alvaro Pires et Philippe Robert. París: Collection Logiques Sociales, Série Déviance et Societé, L'Harmattan, 1998.

PALOU, Juan Carlos – Debilidades de la gobernanza en Colombia que impiden combatir el crimen organizado. In Valderrama, Juan Andrés (Coord.) – **Crimen organizado y gobernanza en la región andina: Cooperar o fracasar**. Quito: Catalina Niño editorial, 2012. pp 77 a 88.

PALMA, Fernanda – **O princípio da Desculpa em Direito Penal**. Coimbra: Almedina, 2005.

PAOLI, Letizia – Italian Organised Crime: Mafia Associations and Criminal Enterprises. Global Crime Today. **The Changing Face of Organised Crime.** 6. 10.1080/1744057042000297954. (2005), pp. 19-32 (2005).

PERALTA, Oscar Julián Guerrero – El caso Colombia. In AMBOS, Kai; COLOMER, Juan Luis Gómez; Vogler, Richard (Coords.) – **La Policía en los Estados de Derecho Latinoamericanos. Un proyecto internacional de investigación.** Instituto Max-Planck para El Derecho Penal Extranjero. Bogotá: Ediciones Jurídicas Gustavo Ibañez, 2003. pp. 195-237.

PERAZZONI, Franco; SILVA, Wellington Clay Porcino – Inquérito Policial: um instrumento eficiente e indispensável à investigação. **Revista Brasileira de Ciências Policiais.** Vol. 6, n.º 02 (2015), pp. 77-115.

PEREIRA, Eliomar da Silva – **Teoria da Investigação Criminal: Uma introdução jurídico-científica**. São Paulo: Almedina, 2011.

PEREIRA, Eliomar da Silva; WERNER, Guilherme Cunha; VALENTE, Manuel Monteiro Guedes – **Criminalidade Organizada. Investigação, Direito e Ciência**. São Paulo: Almedina, 2017.

PIEDECASAS, José Ramón Serrano – Respuesta Penal al Crimen Organizado. In PRADO, Luiz Regis – **Direito Penal Contemporâneo. Estudos em homenagem ao Professor José Cerezo**. São Paulo: Revista dos Tribunais, 2007.

PLÁCIDO E SILVA, Oscar Joseph de – **Vocabulário Jurídico**, vol. IV. Rio de Janeiro: Forense, 1963.

PMI – **Project Management Institute**. Project Management Body of Knowledge. 4. ed. 2008.

PONCIONI, Paula – O modelo policial profissional e a formação profissional do futuro policial nas academias de Polícia do Estado do Rio de Janeiro Sociedade e Estado. **Soc. estado.** Brasília. Vol. 20, n.º 3 (dez. 2005), pp. 585-610.

PORTUGAL – Ministério da Justiça. Gabinete para as Relações Internacionais, Europeias e de Cooperação, Conferência Vilamoura, 4 e 5 de Maio de 2000. **Conferência de Alto Nível sobre a Prevenção da Criminalidade**. Lisboa: GRIEC, 2001.

RAIMUNDO, F. – A Justiça de Transição e a Memória do Autoritarismo em Portugal. **Revista contemporânea.** Vol. A. 5, n.º 7 (2015), pp. 1-32.

RANGEL, Paulo – **Direito processual penal**. São Paulo: Atlas, 2014.

RAPOSO, João – Medidas de Polícia. In GOUVEIA, Jorge Bacelar; SANTOS, Sofia (Coords.) – **AAVV. Enciclopédia de Direito e Segurança**. Coimbra, 2015.

RATCLIFFE, Jerry H. – **Intelligence-led policing**. UK Devon: Willan Publishing, 2008.

REALE, Miguel – **Teoria Tridimensional do Direito**. São Paulo: Saraiva, 1994.

REGO, Sara Daniela Quintas Couto – **Do Agente Encoberto ao Agente Provocador**. Porto: Universidade Católica Portuguesa, 2016. Dissertação de Mestrado em Direito Criminal.

RENCTAS – **1º Relatório Nacional sobre o Tráfico de Fauna Silvestre**. Brasília/DF, 2001.

REUTER, Peter – **Disorganized crime**. Cambridge: Mass, 1983.

RODRIGUES, Joaquim Chito – Os instrumentos para a Luta anti-Terrorista – Avaliação das Condições de Exercício do Sistema de Informações da República. **Revista Militar.** Lisboa. Vol. 54, n.º 04 (abr. 2002).

ROMANTINI, Gerson Luis – **O desenvolvimento institucional do combate à lavagem de dinheiro no Brasil desde a lei 9613/98**. Campinas SP: [s.n.] 2003.

ROSA, Alexandre Morais da – **A teoria dos jogos aplicada ao processo penal**. 2.ª ed. Florianópolis: Empório do Direito, 2015.

ROSSEAU, Jean-Jaques – **Do Contrato Social**. Tradução de Pietro Nassetti. São Paulo: Martin Claret, 2003.

ROXIN, Claus – **Culpabilidad y Prevención en Derecho Penal**. Traducción, introducción y notas de Francisco Muñoz Conde, catedrático de derecho penal. Madrid: Instituto Editorial Reus, 1981.

______ – **Derecho Penal**. Parte General. 2.ª ed. Madrid: Civitas, 1997.

______ – **Derecho Procesal Penal**. 25.ª ed. Tradução de Daniel Pastor y Gabriela Córdoba, Buenos Aires: Del Puerto, 2000.

______ – **Derecho procesal penal.** 25.ª ed. Buenos Aires: Editores del Puerto, 2003.

______ – **A Proteção de Bens Jurídicos como Função do Direito Penal.** Organização e Tradução de André Luís Callegari e Nereu José Giacomolli. Porto Alegre: Livraria do Advogado, 2006.

______ – Sobre o desenvolvimento do direito processual penal alemão. In MONTE, Mário Ferreira [et al.] – **Que futuro para o Direito Processual Penal? Simpósio em Homenagem a Jorge de Figueiredo Dias, por ocasião dos 20 anos do Código de Processo Penal Português**. Traduçaõ de Inês Godinho. Coimbra: Editora Coimbra, 2009.

______ – **Política criminal e sistema jurídico-penal**. Tradução de Luis Greco. Rio de Janeiro: Renovar, 2012.

SANTOS, Lino – Ciberespaço. In GOUVEIA, Bacelar; SANTOS, Sofia (Coords.) –**AAVV, Enciplopédia de Direito e Segurança.** Coimbra: Jorge Coimbra, 2015.

SANTOS, Ricardo Alexandre; CALHEIROS JÚNIOR, João de Deus. – **Direito Administrativo**. 3.ª ed. São Paulo: Método, 2017.

SARAIVA, José Hermano – Polícia e Civilização. In CUNHA, José Manuel Damião da – **Modelos de Polícia e Investigação Criminal**. 1.ª ed. Vila Nova de Gaia: Editora Gailivro, 2006. pp. 48-50.

SARMENTO, Daniel – **Direitos Fundamentais e Relações Privadas**. 2ª. ed. Rio de Janeiro: Lumen Juris, 2006.

SCHNEIDER, Sergio; SCHIMITT, Cláudia Job – O uso do método comparativo nas Ciências Sociais. **Cadernos de Sociologia.** Porto Alegre. Vol. 9 (1998), pp. 49-87.

SILBERMAN, Charles – **Criminal violence, criminal justice**. New York: Vintage Books, 1978.

SILVA, Germano Marques da – **A Polícia e a Justiça**. In SILVA, Germano Marques da; VALENTE, Manuel Monteiro Guedes (Coords.) – **Volume Comemorativo 20 anos – Instituto Superior de Ciências Policiais e Segurança Interna**. Coimbra: Editora Almedina, 2005. pp. 17-97.

______ – **Curso de Processo Penal**. Lisboa: Verbo, 2000.

______ – **Curso de Processo Penal II**. Lisboa: Verbo, 2011.

SILVA, José Afonso da – **Curso de Direito Constitucional Positivo**. 20.ª ed. São Paulo: Malheiros, 2002.

SILVEIRA, Lauro F. B. da [et al.] – **Resenha: O signo de três**. Trans/Form/Ação. Universidade Estadual Paulista, Departamento de Filosofia, vol. 18, 1995. pp. 157-169.

SKOLNICK, Jerome H. – **Justice Without Trial: Law Enforcement in a Democratic Society**. New York: John Wiley and Sons, 1966.

SOUSA, António Francisco de – **A Discricionariedade Administrativa.** Lisboa: Ed. Danúbio, 1987.

______ – **Conceitos Indeterminados no Direito Administrativo**. Coimbra: Almedina, 1994.

______ – **A polícia no Estado de direito**. São Paulo: Saraiva, 2009.

______ – **Manual de Direito Policial**. Porto: Vida Econômica, 2016.

______ – **Reuniões e manifestações no Esatdo de direito**. 2.ª ed. São Paulo: Saraiva, 2011.

______ – **Segurança pública e sistema prisional**. Porto: Vida Econômica, 2019.

______ – Por uma Burocracia de Estado de Direito. **Revista da Faculdade de Direito da Universidade do Porto.** Porto. Vol. 9 (2012), pp. 59-79.

______ – "Para um combate mais eficaz à criminalidade de massa". Comunicação apresentada no Seminário Internacional dedicado ao Crime Organizado e à Criminalidade de Massa, com especial incidência nas interferências ou ingerências mútuas, realizado no Instituto Superior de Ciências Policiais e Segurança Interna. **Politeia – Revista do Instituto Superior de Ciências Policiais e Segurança Interna** (fev. 2006).

______ – Cooperação internacional no combate à criminalidade organizada. **Atas do Colóquio de Lisboa,** 2006.

SOUZA, Artur de Brito Gueiros; JAPIASSÚ, Carlos Eduardo Adriano – **Curso de direito penal**. Rio de Janeiro: Elsevier, 2011.

STUART, Russell; NORVIG, Peter – **Inteligência artificial.** Tradução de Regina Célia Simille. Rio de Janeiro: Elsevier. 2013.

TOLEDO, Francisco de Assis – **Princípios Básicos de Direito Penal**. São Paulo: Saraiva, 1994.

TOURINHO FILHO, Fernando da Costa – **Processo Penal**. 35.ª ed. São Paulo: Saraiva, 2013.

TRASK, Andre W. – **Deep Learning**. Shelter Island: Manning, 2019.

TRINDADE, Antonio Augusto Cançado – **Tratado de Direito Internacional dos Direitos Humanos**. Porto Alegre: Sérgio Antonio Fabris, 1997.

TURRILLAS, Ignacio Alli – **Prevención de la Delicuencia Grave y Organizada en la Unión Europea**. Madrid: Dykinson, 2016.

UNIÃO EUROPEIA – Conselho da União Europeia. **Carta dos Direitos Fundamentais da União Europeia: Anotações relativas ao texto integral da Carta.** Luxemburgo: Serviço das Publicações Oficiais das Comunidades Europeias, 2001.

______ – Conselho da União Europeia. **Carta dos Direitos Fundamentais da União Europeia: Anotações relativas ao texto integral da Carta Luxemburgo: Serviço das Publicações Oficiais das Comunidades Europeias,** 2001.

______ – **Manual da Legislação Europeia sobre Proteção de Dados.** Luxemburgo: Serviço das Publicações da União Europeia, 2014. Printed in Belgium.

URIBE, Claudio Díaz – El caso Chile In AMBOS, Kai; COLOMER, Juan Luis Gómez; Vogler, Richard (Coords.) – **La Policía en los Estados de Derecho Latinoamericanos. Un proyecto internacional de investigación.** Instituto Max-Planck para El Derecho Penal Extranjero. Bogotá: Ediciones Jurídicas Gustavo Ibañez, 2003. pp. 159-193.

VARATOJO, Artur – **Os grandes criminosos portugueses**. Lisboa: Ésquilo, 1998.

VARGAS, Ernesto López Portillo – La policía en el Estado de Derecho: el caso México. In AMBOS, Kai; COLOMER, Juan Luis Gómez; Vogler, Richard (Coords.) – **La Policía en los Estados de Derecho Latinoamericanos. Un proyecto internacional de investigación.** Instituto Max-Planck para El Derecho Penal Extranjero. Bogotá: Ediciones Jurídicas Gustavo Ibañez, 2003. pp. 387-419.

VOGLER, Richard – La perspectiva angloamericana sobre la policía y el Estado de Derecho. Implicaciones para Latinoamérica. In AMBOS, Kai; COLOMER, Juan Luis Gómez; Vogler, Richard (Coords.) – **La Policía en los Estados de Derecho Latinoamericanos. Un proyecto internacional de investigación.** Instituto Max-Planck para El Derecho Penal Extranjero. Bogotá: Ediciones Jurídicas Gustavo Ibañez, 2003. pp. 18-37.

WANDERLEY, Gisela Aguiar – Entre a lei processual e a praxe policial: características e consequências da desconcentração e do descontrole da busca pessoal. **Revista Brasileira de Ciências Criminais.** vol. 128, n.º 25 (2017), pp. 115-149.

WERNER, Guilherme Cunha – Cleptocracia: **Corrupção Sistêmica e Criminalidade Organizada.** Criminalidade Organizada: Investigação, Direito e Ciência. Portugal: Almedina, 2017. pp. 06-45.

_____ – As teorias comportamentais aplicadas ao estudo da corrupção no Brasil: O que leva o agente político a se corromper? **Revista Fórum de Ciências Criminais – RFCC.** Belo Horizonte. Ano 4, n.º 8 (jul./dez. 2017), pp. 01-284.

WINTER, Lorena Bachmaier – Investigación criminal y protección de la privacidade em la doctrina del Tribunal Europeo de Derechos Humanos. In DIAS, Augusto Silva de; MENDES, Paulo de Sousa; PALMA, Maria Fernanda – **2º Congresso de Investigação Criminal.** Coordenação Científica. Associação Sindical dos Funcionários de Investigação Criminal de Polícia Judiciária, Instituto de Direito Penal e Ciências Criminais da Faculdade de Direito da Universidade de Lisboa. Coimbra: Almedina, 2010. pp. 161-185.

ZAFFARONI, Eugenio Raúl – **Globalización y Crimen Organizado**. Conferencia de clausura de la Primera Conferencia Mundial de Derecho Penal, organizada por la Asociación Internacional de Derecho Penal (AIDP) en Guadalajara, Jalisco, México, pronunciada el 22 de noviembre de 2007.

REFERÊNCIAS LEGISLATIVAS

BRASIL – **Constituição da República Federativa do Brasil (1937).** [Em linha]. [Consult. 05 Dez. 2017]. Disponível em: <http://www.planalto.gov.br/ccivil_03/constituicao/constituicao37.html>

______ – **Constituição da República Federativa do Brasil (1946).** [Em linha]. [Consult. 05 Dez. 2017]. Disponível em: <http://www.planalto.gov.br/ccivil_03/constituicao/constituicao46.htm>

______ – **Constituição da República Federativa do Brasil (1967).** [Em linha]. [Consult. 05 Dez. 2017]. Disponível em: <http://www.planalto.gov.br/ccivil_03/constituicao/constituicao67.htm>

______ – **Constituição da República Federativa do Brasil (1988).** [Em linha]. [Consult. 05 Dez. 2017]. Disponível em: <http://www.planalto.gov.br/ccivil_03/constituicao/constituicao.htm>

______ – **Decreto-Lei n.º 1.001, de 21 de outubro de 1969**. [Em linha]. [Consult. 07 Dez. 2018]. Disponível em: <http://www.planalto.gov.br/ccivil_03/Decreto-Lei/Del1001.htm>

______ – **Decreto-Lei n.º 1.002, de 21 de outubro de 1969.** [Em linha]. [Consult. 07 Dez. 2018]. Disponível em: <http://www.planalto.gov.br/ccivil_03/Decreto-Lei/Del1002.htm>

______ – **Decreto-Lei n.º 015, de 22 de janeiro de 1992**. [Em linha]. [Consult. 26 Set. 2018]. Disponível em: <http://www.planalto.gov.br/ccivil_03/decreto/d0678.htm>

______ – **Decreto s/n, de 15 de dezembro de 2017**. [Em linha]. [Consult. 08 Out. 2020]. Disponível em: <http://www.planalto.gov.br/ccivil_03/_ato20152018/2017/dsn/Dsn14503.htm#:~:text=1%20%C2%BA%20Fica%20aprovada%20a,do%20Sistema%20Brasileiro%20de%20Intelig%C3%AAncia>

______ – **Decreto n.º 678, de 06 de novembro de 1992**. [Em linha]. [Consult. 26 Set. 2018]. Disponível em: <http://www.planalto.gov.br/ccivil_03/decreto/d0678.htm>

______ – **Decreto n.º 2.848, de 07 de dezembro de 1940**. [Em linha]. [Consult. 31 Out. 2018]. Disponível em: <http://www.planalto.gov.br/ccivil_03/decreto-lei/Del2848.htm>

______ – **Decreto n.º 3.688, de 03 de outubro de 1941**. [Em linha]. [Consult. 05 Nov. 2018]. Disponível em: <http://www.planalto.gov.br/ccivil_03/decreto-lei/Del3688.htm>

______ – **Decreto n.º 3.689, de 03 de outubro de 1941 (Código de Processo Penal)**. [Em linha]. [Consult. 05 Nov. 2018]. Disponível em: <http://www.planalto.gov.br/ccivil_03/decreto-lei/Del3688.htm>

______ – **Decreto n.º 3.695, de 21 de dezembro de 2000**. [Em linha]. [Consult. 16 Maio 2019]. Disponível em: <http://www.planalto.gov.br/ccivil_03/decreto/D3695.htm>

______ – **Decreto n.º 4.376, de 13 de setembro de 2002**. [Em linha]. [Consult. 25 Mar. 2018]. Disponível em: <http://www.planalto.gov.br/ccivil_03/decreto/2002/d4376.htm>

______ – **Decreto n.º 5.015, de 12 de março de 2004**. [Em linha]. [Consult. 18 Dez. 2017]. Disponível em: <http://www.planalto.gov.br/ccivil_03/_ato20042006/2004/decreto/d5015.htm>

______ – **Decreto n.º 6.877, de 18 de junho de 2009**. [Em linha]. [Consult. 31 Jan. 2019]. Disponível em: <http://www.planalto.gov.br/ccivil_03/_Ato20072010/2009/Decreto/D6877.htm>

______ – **Decreto n.º 7.014, de 23 de novembro de 2009**. [Em linha]. [Consult. 05 Nov. 2018]. Disponível em: <http://www.planalto.gov.br/ccivil_03/_Ato20072010/2009/Decreto/D7014.htm>

______ – **Decreto n.º 7.030, de 14 de dezembro de 2009**. [Em linha]. [Consult. 04 Jan. 2018]. Disponível em: <http://www.planalto.gov.br/ccivil_03/_ato20072010/2009/decreto/d7030.htm>

______ – **Decreto n.º 9.630, de 26 de dezembro de 2018**. [Em linha]. [Consult. 05 Jan. 2019]. Disponível em: <https://www.justica.gov.br/news/collective-nitf-content-1546269936.75>

______ – **Decreto n.º 10.046, de 09 de outubro de 2019**. [Em linha]. [Consult. 10 Out. 2020]. Disponível em: <http://www.planalto.gov.br/ccivil_03/_ato20192022/2019/decreto/D10046.htm#:~:text=Disp%C3%B5e%20sobre%20a%20governan%C3%A7a%20no,Central%20de%20Governan%C3%A7a%20de%20Dados>

______ – **Decreto n.º 10.222, de 05 de fevereito de 2020**. [Em linha]. [Consult. 10 Fev. 2020]. Disponível em: <http://www.planalto.gov.br/ccivil_03/_Ato20192022/2020/Decreto/D10222.htm>

______ – **Lei n.º 1.079, de 10 de abril de 1950**. [Em linha]. [Consult. 1º Out. 2018]. Disponível em: <http://www.planalto.gov.br/ccivil_03/LEIS/L1079.htm>

______ – **Lei n.º 4.878, de 03 de dezembro de 1965**. [Em linha]. [Consult. 12 Jan. 2019]. Disponível em: <http://www.planalto.gov.br/ccivil_03/leis/L4878.htm>

______ – **Lei n.º 4.898 de 09 de dezembro de 1965**. [Em linha]. [Consult. 31 Out. 2018]. Disponível em: <http://www.planalto.gov.br/ccivil_03/LEIS/L4898.htm>

______ – **Lei n.º 5.172, de 25 de outubro de 1966**. [Em linha]. [Consult. 25 Out. 2018]. Disponível em: <http://www.planalto.gov.br/ccivil_03/LEIS/L5172.htm>

______ – **Lei n.º 8.069, de 13 de julho de 1990**. [Em linha]. [Consult. 20 Dez. 2017]. Disponível em: <http://www.planalto.gov.br/ccivil_03/leis/l8069.htm>

______ – **Lei n.º 8.490, de 19 de novembro de 1992**. [Em linha]. [Consult. 18 Jun. 2018]. Disponível em: <http://www.planalto.gov.br/ccivil_03/LEIS/L8490.htm>

______ – **Lei n.º 8.906, de 04 de julho de 1994**. [Em linha]. [Consult. 30 Out. 2018]. Disponível em: <http://www.planalto.gov.br/ccivil_03/Leis/L8906.htm>

______ – **Lei n.º 9.034, de 03 de maio de 1995**. [Em linha]. [Consult. 10 Jun. 2019]. Disponível em: <http://www.planalto.gov.br/ccivil_03/leis/l9034.htm#:~:text=Disp%C3%B5e%20sobre%20a%20utiliza%C3%A7%C3%A3o%20de,a%C3%A7%C3%B5es%20praticadas%20por%20organiza%C3%A7%C3%B5es%20criminosas.&text=Art.,a%C3%A7%C3%B5es%20de%20quadrilha%20ou%20bando>

______ – **Lei n.º 9.099, de 26 de setembro de 1995**. [Em linha]. [Consult. 22 Out. 2018]. Disponível em: <http://www.planalto.gov.br/ccivil_03/leis/l9099.htm>

______ – **Lei n.º 9.266, de 15 de março de 1996**. [Em linha]. [Consult. 08 Out. 2018]. Disponível em: <http://www.planalto.gov.br/ccivil_03/leis/l9266.htm>

______ – **Lei n.º 9.474, de 22 de julho de 1997**. [Em linha]. [Consult. 18 Nov. 2018]. Disponível em: <http://www.planalto.gov.br/ccivil_03/LEIS/L9474.htm>

______ – **Lei n.º 9.605, de 12 de fevereiro de 1998**. [Em linha]. [Consult. 16 Set. 2020]. Disponível em: <http://www.planalto.gov.br/ccivil_03/LEIS/L9605.htm>

______ – **Lei n.º 9.654, de 02 de junho de 1998**. [Em linha]. [Consult. 02 Jan. 2019]. Disponível em: <http://www.planalto.gov.br/CCIVIL_03/LEIS/L9654.htm>

______ – **Lei n.º 9.613, de 03 de março de 1998**. [Em linha]. [Consult. 10 Jan. 2019]. Disponível em: <http://www.planalto.gov.br/ccivil_03/leis/l9613.htm>

______ – **Lei n.º 9.654, de 02 de junho de 1998**. [Em linha]. [Consult. 17 Jun. 2018]. Disponível em: <http://www.planalto.gov.br/ccivil_03/leis/l9654compilado.htm>

______ – **Lei n.º 9.784, de 29 de janeiro de 1999**. [Em linha]. [Consult. 06 Nov. 2018]. Disponível em: <http://www.planalto.gov.br/ccivil_03/leis/l9784.htm>

______ – **Lei n.º 9.883, de 07 de dezembro de 1999**. [Em linha]. [Consult. 25 Mar. 2018]. Disponível em: <http://www.planalto.gov.br/ccivil_03/Leis/LEIS_2001/L10357.htm>

______ – **Lei n.º 10.357, de 27 de dezembro de 2001.** [Em linha]. [Consult. 1º Out. 2020]. Disponível em: <http://www.planalto.gov.br/ccivil_03/_Ato2007-2010/2009/Lei/L12037.htm>

______ – **Lei n.º 10.446, de 08 de maio de 2002**. [Em linha]. [Consult. 29 Nov. 2018]. Disponível em: <http://www.planalto.gov.br/ccivil_03/LEIS/2002/L10446.htm>

______ – **Lei n.º 11.343, de 23 de agosto de 2006**. [Em linha]. [Consult. 06 Nov. 2018]. Disponível em: <http://www.planalto.gov.br/ccivil_03/_ato2004-2006/2006/lei/l11343.htm>

______ – **Lei n.º 12.037, de 01 de outubro de 2009**. [Em linha]. [Consult. 05 Nov. 2018]. Disponível em: <http://www.planalto.gov.br/ccivil_03/_Ato2007-2010/2009/Lei/L12037.htm>

______ – **Lei n.º 12.462, de 24 de julho de 2012**. [Em linha]. [Consult. 03 Dez. 2018]. Disponível em: <http://www.planalto.gov.br/ccivil_03/_Ato2011-2014/2012/Lei/L12694.htm>

______ – **Lei n.º 12.694, de 20 de junho de 2013**. [Em linha]. [Consult. 03 Out. 2018]. Disponível em: <http://www.planalto.gov.br/ccivil_03/_ato2011-2014/2013/lei/l12830.htm>

______ – **Lei n.º 12.830, de 20 de junho de 2013**. [Em linha]. [Consult. 03 Out. 2018]. Disponível em: <http://www.planalto.gov.br/ccivil_03/_ato2011-2014/2013/lei/l12830.htm>

______ – **Lei n.º 13.034, de 28 de outubro de 2014**. [Em linha]. [Consult. 26 Abr. 2018]. Disponível em: <http://www.planalto.gov.br/ccivil_03/_ato2011-2014/2013/lei/l12850.htm>

______ – **Lei n.º 13.047, de 02 de dezembro de 2014**. [Em linha]. [Consult. 19 Dez. 2018]. Disponível em: <http://www.planalto.gov.br/ccivil_03/_Ato2011-2014/2014/Lei/L13034.htm>

______ – **Lei n.º 13.260, de 16 de março de 2016**. [Em linha]. [Consult. 15 Dez. 2018]. Disponível em: <http://www.planalto.gov.br/ccivil_03/_ato20152018/2016/lei/l13260.htm#:~:text=Regulamenta%20o%20disposto%20no%20inciso,2%20de%20agosto%20de%202013>

______ – **Lei n.º 13.675, de 11 de junho de 2018**. [Em linha]. [Consult. 10 Dez. 2018]. Disponível em: <http://www.planalto.gov.br/ccivil_03/_Ato2015-2018/2018/Lei/L13675.htm>

______ – **Lei n.º 13.844, de 18 de junho de 2019**. [Em linha]. [Consult. 14 Jun. 2018]. Disponível em: <http://www.planalto.gov.br/ccivil_03/_ato2019-2022/2019/Lei/L13844.htm>

______ – **Lei n.º 12.850, de 03 de agosto de 2013**. [Em linha]. [Consult. 18 Dez. 2017]. Disponível em: <http://www.planalto.gov.br/ccivil_03/_ato2011-2014/2013/lei/l12850.htm>

______ – **Lei n.º 13.034, de 28 de outubro de 2014**. [Em linha]. [Consult. 10 Nov. 2017]. Disponível em: <http://www.planalto.gov.br/ccivil_03/_Ato2011-2014/2014/Lei/L13034.htm>

______ – **Lei n.º 13.047, de 02 de dezembro de 2014**. [Em linha]. [Consult. 10 Ago. 2017]. Disponível em: <http://www.planalto.gov.br/ccivil_03/_ato2011-2014/2014/lei/L13047.htm>

______ – **Lei n.º 13.655, de 25 de abril de 2018**. [Em linha]. [Consult. 26 Abr. 2018]. Disponível em: <http://www.planalto.gov.br/ccivil_03/_ato2011-2014/2013/lei/l12850.htm>

______ – **Lei n.º 13.709, de 14 de agosto de 2018**. [Em linha]. [Consult. 10 Out. 2020]. Disponível em: <http://www.planalto.gov.br/ccivil_03/_ato2015-2018/2018/lei/l13709.htm>

______ – **Lei Complementar n.º 75, de 20 de maio de 1993**. [Em linha]. [Consult. 09 Jun. 2019]. Disponível em: <http://www.planalto.gov.br/ccivil_03/leis/lcp/Lcp75.htm>

______ – **Portaria 155, de 27 de setembro de 2018**. [Em linha]. [Consult. 19 Dez. 2018]. Disponível em: <http://www.pf.gov.br/institucional/acessoainformacao/institucional/regimento-interno-da-policia-federal-2018>

______ – Ministério da Justiça e da Segurança Pública. **Portaria 240/2019.** [Em linha]. [Consult. 1º Out. 2020]. Disponível em: <https://www.gov.br/pf/ptbr/assuntos/produtosquimicos/legislacao/portaria-240.pdf/view>

______ – **Portaria 523, de 28 de julho de 1989**. [Em linha]. [Consult. 10 Jun. 2018]. Disponível em: <https://www.lexml.gov.br/urn/urn:lex:br:presidencia.republica;secretaria.planejamento.coordenacao:portaria:1989-07-28;523>

______ – **Projeto de Lei n.º 6667/2016**. [Em linha]. [Consult. 05 Nov. 2018]. Disponível em: <http://www.camara.gov.br/proposicoesWeb/fichadetramitacao?idProposicao=2120740>

______ – **Resolução 02, de 22 de novembro de 2013**. [Em linha]. [Consult. 08 Out. 2020]. Disponível em: <https://www2.camara.leg.br/legin/fed/rescon/2013/resolucao-2-22-novembro2013777449publicacaooriginal141944pl.html#:~:text=2%C2%BA%20A%20atividade%20da%20CCAI,Administra%C3%A7%C3%A3o%20P%C3%BAblica%20Federal%2C%20direta%20ou>

CHILE – **Código Procesal Penal (2000).** [Em linha]. [Consult. 10 Dez. 2017]. Disponível em: <https://www.leychile.cl/Navegar?idNorma=176595>

COLÔMBIA – **Constitución Política de Colombia (1991).** [Em linha]. [Consult. 10 Dez. 2017]. Disponível em: <https://www.corteconstitucional.gov.co/inicio/Constitucion%20politica%20de%20Colombia.pdf>

MÉXICO – **Constituição Política dos Estados Unidos Mexicanos (1917).** [Em linha]. [Consult. 28 Nov. 2017]. Disponível em: <http://www.ordenjuridico.gob.mx/Constitucion/cn16.pdf>

PERU – **Constitución Política del Peru (1986).** [Em linha]. [Consult. 06 Dez. 2017]. Disponível em: <https://www.oas.org/juridico/spanish/per_res17.pdf>

PORTUGAL – **Código Deontológico.** [Em linha]. [Consult. 20 Fev. 2019]. Disponível em: <https://www.gnr.pt/legislacaoGNR/CDeontServPolicial.pdf>

______ – **Código Penal (1995).** [Em linha]. [Consult. 10 Dez. 2017]. Disponível em: <https://dre.pt/web/guest/legislacaoconsolidada//lc/107981223/201708230200/indice>

______ – **Código de Processo Penal (1987).** [Em linha]. [Consult. 10 Dez. 2017]. Disponível em: <http://www.pgdlisboa.pt/leis/lei_mostra_articulado.php?nid=199&tabela=leis>

______ – **Constituição Política da Monarquia Portuguesa (1822).** [Em linha]. [Consult. 10 Dez. 2017]. Disponível em: <http://www.fd.unl.pt/anexos/investigacao/993.pdf>

______ – **Constituição Política da Monarquia Portuguesa (1838).** [Em linha]. [Consult. 10 Dez. 2017]. Disponível em: <http://www.fd.unl.pt/anexos/investigacao/1058.pdf>

______ – **Constituição Política da República Portuguesa (1911).** [Em linha]. [Consult. 11 Dez. 2017]. Disponível em: <https://dre.pt/application/conteudo/608006>

______ – **Constituição Política da República Portuguesa (1933).** [Em linha]. [Consult. 11 Dez. 2017]. Disponível em: <http://www.parlamento.pt/Parlamento/Documents/CRP-1933.pdf>

______ – **Constituição da República Portuguesa (1976).** [Em linha]. [Consult. 11 Dez. 2017]. Disponível em: <http://www.parlamento.pt/Legislacao/Paginas/ConstituicaoRepublicaPortuguesa.aspx>

______ – **Decreto-Lei n.º 15, de 22 de janeiro de 1993**. [Em linha]. [Consult. 30 Jan. 2019]. Disponível em: <https://dre.pt/pesquisa/-/search/585178/details/maximized>

______ – **Decreto-Lei n.º 03, de 28 de janeiro de 2014**. [Em linha]. [Consult. 30 Jan. 2019]. Disponível em: <https://dre.pt/pesquisa/-/search/571052/details/maximized>

______ – **Decreto-Lei n.º 42, de 12 de fevereiro de 2009**. [Em linha]. [Consult. 10 Ago. 2019]. Disponível em: <https://dre.pt/pesquisa/-/search/602276/details/maximized>

______ – **Decreto-Lei n.º 78, de 17 de fevereiro de 1987.** [Em linha]. [Consult. 08 Fev. 2022]. Disponível em: <https://www.pgdlisboa.pt/leis/lei_mostra_articulado.php?nid=199&tabela=leis>

______ – **Decreto-Lei n.º 81, de 28 de novembro de 2016.** [Em linha]. [Consult. 03 Abr. 2019]. Disponível em: <https://dre.pt/home//dre/105263934/details/maximized?p_auth=zNiE78CF&day=2016-11-28&date=2016-11-01>

______ – **Decreto-Lei n.º 137, de 13 de setembro de 2019**. [Em linha]. [Consult. 26 Set. 2019]. Disponível em: <https://dre.pt/home/-/dre/124680594/details/maximized>

______ – **Decreto-Lei n.º 243, de 19 de outubro de 2015**. [Em linha]. [Consult. 02 Jun. 2019]. Disponível em: <https://dre.pt/home/-/dre/70737912/details/maximized>

______ – **Decreto-Lei n.º 244, de 08 de agosto de 1998**. [Em linha]. [Consult. 30 Jan. 2019]. Disponível em: <https://dre.pt/web/guest/pesquisa/-/search/434982/details/maximized>

______ – **Decreto-Lei n.º 248, de 21 de setembro de 1995**. [Em linha]. [Consult. 10 Out. 2019]. Disponível em: <https://dre.pt/home/-/dre/566656/details/maximized>

______ – **Decreto-Lei n.º 252, de 16 de outubro de 2000**. [Em linha]. [Consult. 10 Out. 2019]. Disponível em: <https://dre.pt/pesquisa/-/search/541806/details/maximized>

______ – **Decreto-Lei n.º 137, de 13 de setembro de 2021**. [Em linha]. [Consult. 06 Jan. 2021]. Disponível em: <https://www.pgdlisboa.pt/leis/lei_mostra_articulado.php?nid=3215&tabela=leis&so_miolo=>

______ – **Lei n.º 01, de 10 de janeiro de 2005**. [Em linha]. [Consult. 07 Dez. 2018]. Disponível em: <http://www.pgdlisboa.pt/leis/lei_mostra_articulado.php?nid=319&tabela=leis&so_miolo>

______ – **Lei n.º 05, de 21 de fevereiro de 1995**. [Em linha]. [Consult. 05 Nov. 2018]. Disponível em: <https://dre.pt/pesquisa/-/search/187110/details/maximized>

______ – **Lei n.º 05, de 11 de janeiro de 2002**. [Em linha]. [Consult. 30 Jan. 2019]. Disponível em leis/lei_mostra_articulado.php?nid=147&tabela=leis>

______ – **Lei n.º 15, de 05 de junho de 2001.** [Em linha]. [Consult. 30 Jan. 2019]. Disponível em: <https://dre.pt/pesquisa/-/search/322110/details/maximized>

______ – **Lei n.º 25, de 05 de julho de 2008.** [Em linha]. [Consult. 1º Abr. 2019]. Disponível em: <https://dre.pt/pesquisa/-/search/449407/details/maximized>

______ – **Lei n.º 30, de 05 de setembro de 1984**. [Em linha]. [Consult. 05 Jan. 2018]. Disponível em: <http://www.pgdlisboa.pt/leis/lei_mostra_articulado.php?nid=764&tabela=leis>

______ – **Lei n.º 31, de 30 de maio de 2014**. [Em linha]. [Consult. 20 Jan. 2018]. Disponível em: <https://dre.pt/dre/detalhe/lei/31-2014-25345938>

______ – **Lei n.º 36, de 29 de setembro de 1994**. [Em linha]. [Consult. 22 Fev. 2022]. Disponível em: <https://dre.pt/dre/detalhe/lei/36-1994-609309>

______ – **Lei n.º 37, de 05 de maio de 2015**. [Em linha]. [Consult. 05 Nov. 2018]. Disponível em: <https://dre.pt/home//dre/67142147/details/maximized?p_auth=4pngYO7D>

______ – **Lei n.º 37, de 06 de agosto de 2008**. [Em linha]. [Consult. 10 Out. 2018]. Disponível em: <http://www.pgdlisboa.pt/leis/lei_mostra_articulado.php?nid=1117&tabela=leis&ficha=1&pagina=1>

______ – **Lei n.º 38, de 20 de julho de 2009**. [Em linha]. [Consult. 18 Out. 2018]. Disponível em: <https://www.policiajudiciaria.pt/legislacao/>

______ – **Lei n.º 45, de 24 de junho de 2011**. [Em linha]. [Consult. 02 Abr. 2019]. Disponível em: <http://www.pgdlisboa.pt/leis/lei_mostra_articulado.php?nid=1360&tabela=leis>

______ – **Lei n.º 49, de 27 de agosto de 2008**. [Em linha]. [Consult. 03 Abr. 2018]. Disponível em: <https://dre.pt/application/conteudo/453479>

______ – **Lei n.º 52, de 22 de agosto de 2003**. [Em linha]. [Consult. 05 Abr. 2018]. Disponível em: <https://dre.pt/pesquisa/-/search/656128/details/maximized>

______ – **Lei n.º 53, de 31 de agosto de 2007**. [Em linha]. [Consult. 22 Jun. 2018]. Disponível em: <https://dre.pt/home/-/dre/641142/details/maximized>

______ – **Lei n.º 53, de 29 de agosto de 2008**. [Em linha]. [Consult. 31 Out. 2018]. Disponível em: <https://www.policiajudiciaria.pt/lei-no-492008-27-08-2008>

______ – **Lei n.º 55, de 27 de agosto de 2020**. [Em linha]. [Consult. 15 Fev. 2022]. Disponível em: <https://dre.pt/dre/LinkAntigo?search=141259621>

______ – **Lei n.º 58, de 08 de agosto de 2019**. [Em linha]. [Consult. 10 Out. 2020]. Disponível em: <https://dre.pt/pesquisa/-/search/123815982/details/maximized>

______ – **Lei n.º 63, de 06 de novembro de 2007**. [Em linha]. [Consult. 24 Out. 2018]. Disponível em: <https://dre.pt/pesquisa/-/search/629449/details/maximized>

______ – **Lei n.º 67, de 09 de agosto de 2007**. [Em linha]. [Consult. 10 Dez. 2018]. Disponível em: <https://dre.pt/home/-/dre/107981650/details/maximized>

______ – **Lei n.º 67, de 29 de agosto de 2008**. [Em linha]. [Consult. 08 Out. 2018]. Disponível em: <https://dre.pt/home/-/dre/124220738/details/maximized>

______ – **Lei n.º 68, de 27 de agosto de 2019**. [Em linha]. [Consult. 08 Out. 2020]. Disponível em: <https://www.policiajudiciaria.pt/lei-no-492008-27-08-2008>

______ – **Lei n.º 73, de 12 de agosto de 2009**. [Em linha]. [Consult. 1º Abr. 2019]. Disponível em: <http://www.pgdlisboa.pt/leis/lei_mostra_articulado.php?nid=2225&tabela=leis&so_miolo=>

______ – **Lei n.º 83, de 18 de agosto de 2017**. [Em linha]. [Consult. '5 Set. 2020]. Disponível em: <https://dre.pt/home//dre/108021178/details/maximized#:~:text=1%20%2D%20A%20presente%20lei%20estabelece,relativa%20%C3%A0%20preven%C3%A7%C3%A3o%20da%20utiliza%C3%A7%C3%A3o>

______ – **Lei n.º 88, de 21 de agosto de 2017**. [Em linha]. [Consult. 17 Ju. 2020]. Disponível em: <http://www.pgdlisboa.pt/leis/lei_mostra_articulado.php?nid=2754&tabela=leis&ficha=1&pagina=1&so_miolo=>

______ – **Lei n.º 96, de 23 de agosto de 2017**. [Em linha]. [Consult. 07 Fev. 2019]. Disponível em: <https://dre.pt/pesquisa/-/search/108041475/details/maximized>

______ – **Lei n.º 101, de 25 de agosto de 2001**. [Em linha]. [Consult. 22 Jul. 2020]. Disponível em: <https://www.policiajudiciaria.pt/wp-content/uploads/2017/10/Lei-101_2001.pdf>

______ – **Lei n.º 109, de 15 de setembro de 2009**. [Em linha]. [Consult. 02 Abr. 2019]. Disponível em: <http://www.pgdlisboa.pt/leis/lei_mostra_articulado.php?nid=1137&tabela=leis&ficha=1&pagina=1>

______ – **Lei n.º 130, de 04 de setembro de 2015**. [Em linha]. [Consult. 10 Jan. 2018]. Disponível em: <http://www.pgdlisboa.pt/leis/lei_mostra_articulado.php?tabela=leis&nid=2394&pagina=1&ficha=1>

______ – **Lei n.º 144, de 31 de agosto de 1999**. [Em linha]. [Consult. 02 Abr. 2018]. Disponível em: <http://www.pgdlisboa.pt/leis/lei_mostra_articulado.php?nid=295&tabela=leis>

______ – **Lei n.º 145, de 09 de setembro de 2015**. [Em linha]. [Consult. 26 Set. 2018]. Disponível em: <https://dre.pt/home//dre/70236273/details/maximized?p_auth=zaRY6Wkd>

______ – Resolução da Assembleia da República n.º 88/2009. Aprova a Convenção sobre o Cibercrime, adoptada em Budapeste em 23 de Novembro de 2001. **Diário da República.** [Em linha]. 1.ª série, n.º 179 (set. 2009). [Consult. 08 Out. 2020]. Disponível em: <https://dre.pt/application/dir/pdf1sdip/2009/09/17900/0635406378.pdf>

SÃO PAULO – Constituição do Estado (1989). [Em linha]. [Consult. 02 Jun. 2018]. Disponível em: <http://www.legislacao.sp.gov.br/legislacao/dg280202.nsf/a2dc3f553380ee0f83256cfb00501463/46e2576658b1c52903256d63004f305a?OpenDocument>

______ – **Lei n.º 735, de 03 de novembro de 1975**. [Em linha]. [Consult. 15 Out. 2018]. Disponível em: <https://www.al.sp.gov.br/repositorio/legislacao/lei/1975/lei73503.11.1975.html#:~:text=Fixa%20o%20efetivo%20da%20Pol%C3%ADcia,Paulo%20e%20d%C3%A1%20outras%20provid%C3%AAncias>

______ – **Lei n.º 10.115, de 15 de setembro de 1986**. [Em linha]. [Consult. 02 Jun. 2018]. Disponível em: <https://www.prefeitura.sp.gov.br/cidade/secretarias/upload/chamadas/LEI%2010_1269974462.115%20de%2015>

______ – **Lei n.º 13.430, de 13 de setembro de 2002**. [Em linha]. [Consult. 02 Jun. 2018]. Disponível em: <https://www.legisweb.com.br/legislacao/?id=179530>

______ – **Lei Complementar n.º 1.224, de 13 de dezembro de 2013**. [Em linha]. [Consult. 02 Jun. 2018]. Disponível em: <https://www.al.sp.gov.br/repositorio/legislacao/lei.complementar/2013/lei.complementar122413.12.2013.html#:~:text=Disp%C3%B5e%20sobre%20o%20efetivo%20da,DO%20ESTADO%20DE%20S%C3%83O%20PAULO%3A&text=Artigo%201%C2%BA%20%2D%20O%20efetivo%20da,que%20integram%20esta%20lei%20complementar>

______ – **Lei Complementar n.º 1.291, de 22 de julho de 2016**. [Em linha]. [Consult. 02 Jun. 2018]. Disponível em: <http://www.al.sp.gov.br/repositorio/legislacao/lei.complementar/2016/lei.complementar-1291-22.07.2016.html>

VENEZUELA – **Constitución de la República Bolivariana de Venezuela (1999)**. [Em linha]. [Consult. 11 Dez. 2017]. Disponível em: <http://www.cne.gov.ve/web/normativa_electoral/constitucion/>

REFERÊNCIAS JURISPRUDENCIAIS

BRASIL – STF. 2ª Turma. **RHC 117767/DF.** Rel. Min. Teori Zavascki, j. 11/10/2016 (Informativo 843).

______ – STF. 1ª Turma. **HC 81305/GO.** Rel. Min. Ilmar Galvão, j. 13/11/2001

______ – STF. Plenário. **RE 640139/RS.** Rel. Min. Dias Toffoli, j. 22/09/2011.

______ – STF. **Ação Direta de Inconstitucionalidade 5508.** [Em linha]. [Consult. 15 Jan. 2020]. Disponível em: <http://www.stf.jus.br/portal/cms/verNoticiaDetalhe.asp?idConteudo=382031>

______ – STF. **HC 142205/PR.** Rel. Min. Gilmar Mendes, j. 5.11.2019.

______ – STF. **HC 143427/PR.** Rel. Min. Gilmar Mendes, j. 5.11.2019. [Em linha]. [Consult. 10 Jan. 2020]. Disponível em: <http://www.stf.jus.br/arquivo/informativo/documento/informativo958.htm

______ – STF. **HC 127.483.** Tribunal Pleno, DJe 4/2/2016.

______ – STF. 2ª Turma. **HC 147837/RJ.** Rel. Min. Gilmar Mendes, j. 26.2.2019.

______ – STF. **STF considera legítimo compartilhamento de dados bancários e fiscais com Ministério Público** [Em linha], 2019. [Consult. 07 Fev. 2022]. Disponível em: <http://portal.stf.jus.br/noticias/verNoticiaDetalhe.asp?idConteudo=431123&ori=1>

______ – STF. 2ª Turma. **AG. REG. no Inquérito 4.619 Distrito Federal** [Em linha], 2018. [Consult. 22 Fev. 2022]. Disponível em: <https://redir.stf.jus.br/paginadorpub/paginador.jsp?docTP=TP&docID=748275194>

______ – STJ. 6ª Turma. **REsp 1574681/RS.** Rel. Min. Rogerio Schietti Cruz, j. 20/04/2017, DJe 30/05/2017.

______ – STJ. 3ª Seção. **Súmula 522.** Aprovada em 25/03/2015, DJe 6/4/2015.

______ – TCU. **Tomada de Contas 030.126/2018-5.** [Em linha]. o Tribunal de Contas da União [Consult. 28 Set. 2020]. Disponível em: <https:/pesquisa.apps.tcu.gov.br/#/resultado/acordaocompleto/030.126%252F2018-5/%2520/%2520>

PORTUGAL. Acórdão do Supremo Tribunal de Justiça de Portugal. 154/01.9JACBR.C1.S1. 5ª Secção. 15/04/2010. **Revista de Legislação e Jurisprudência.** [Em linha]. N.º 3951, p. 324. [Consult. 18 Dez. 2017]. Disponível em: <http://www.dgsi.pt/jstj.nsf/954f0ce6ad9dd8b980256b5f003fa814/1457c72c5958bd72802577190055478c?OpenDocument>

REFERÊNCIAS WEBGRÁFICAS

ALEMANHA – **Hessisches Gesetz über die öffentliche Sicherheit und Ordnung (HSOG)** [Em linha]. [Consult. 20 Mar. 2019]. Disponível em: <http://www.lexsoft.de/cgibin/lexsoft/justizportal_nrw.cgi?t=159724403701159036&sessionID=11048055932090286279&chosenIndex=Dummy_nv_68&templateID=document&source=context&source=context&highlighting=off&xid=169564,1>

BALTAZAR JÚNIOR, José Paulo – Standards probatórios no processo penal. **Revista da Associação dos Juízes Federal do Rio Grande do**

Sul [Em linha]. Porto Alegre. n.º 4 (2007), p. 161. [Consult. 23 Fev. 2022]. Disponível em: <https://core.ac.uk/download/pdf/79069754.pdf>

BEKEN, Tom Vander; PAOLI, Letizia – Organized Crime: A Contested Concept. In RUGGIERO. V. The Oxford Handbook of Organized Crime edited by Letizia Paoli. **Trends Organ Crim** [Em linha]. Vol. 19 (2016), pp. 195-196. [Consult. 20 Mar. 2019]. Disponível em: <https://doi.org/10.1007/s12117-016-9263-6>

BOUCHARD, Martin; MORSELLI, Carlo – Opportunistic Structures of Organized Crime. In RUGGIERO, V. – The Oxford Handbook of Organized Crime. Edited by Letizia Paoli. **Trends Organ Crim** [Em linha]. Vol. 19 (2016), pp. 195–196. [Consult. 20 Mar. 2019]. Disponível em: <https://doi.org/10.1007/s12117-016-9263-6

BRASIL. CNJ. **Cadastro Nacional de Presos (2018).** [Em linha]. [Consult. 08 Out. 2018]. Disponível em: <https://www.cnj.jus.br/sistema-carcerario/cadastro-nacional-de-presos-bnmp-2-0/>

______ – **Carta Circular n.º 4001/2020 do Banco Central do Brasil.** [Em linha]. [Consult. 17 Fev. 2022]. Disponível em: <https://www.in.gov.br/en/web/dou/-/carta-circular-n-4.001-de-29-de-janeiro-de-2020-240824523>

______ – **ENCCLA. Estratégia Nacional de Combate à Corrupção e à Lavagem de Dinheiro.** [Em linha]. [Consult. 23 Fev. 2022]. Disponível em: <http://enccla.camara.leg.br/quem-somos>

______ – INPE. **Monitoramento do Desmatamento da Floresta Amazônica Brasileira por Satélite**. [Em linha], 2021. [Consult. 18 Fev. 2022]. Disponível em: <http://www.obt.inpe.br/OBT/assuntos/programas/amazonia/prodes>

______ – Controladoria-Geral da União. **Institucional.** [Em linha]. [Consult. 27 Set. 2020]. Disponível em: <https://www.gov.br/cgu/pt-br/acesso-a-informacao/institucional>

______ – **ENCCLA. Estratégia Nacional de Combate à Corrupção e à Lavagem de Dinheiro.** [Em linha]. [Consult. 23 Fev. 2022]. Disponível em: <http://enccla.camara.leg.br/acoes/arquivos/resultadosenccla2021/e2021a4-enccla-2021-nota-tecnica-lgpd-penal/view>

______ – **E2021A8 – ENCCLA 2021 – Guia de Boas Práticas em Big Data e Inteligência Artificial.** [Em linha]. [Consult. 23 Fev. 2022]. Disponível em: <http://enccla.camara.leg.br/acoes/arquivos/resultadosenccla2021/e2021a8-enccla-2021-guia-de-boas-praticas-em-big-data-e-inteligencia-artificial/view>

______ – IPEA. **Atlas da Violência 2018.** [Em linha]. [Consult. 07 Fev. 2019]. Disponível em: <http://www.ipea.gov.br/atlasviolencia/download/9/atlas-2018>

______ – IPEA. **Atlas da Violência 2019.** [Em linha]. [Consult. 27 Fev. 2020]. Disponível em: <http://www.ipea.gov.br/atlasviolencia/download/19/atlas-da-violencia-2019>

______ – Ministério da Economia. **Inteligência financeira.** [Em linha]. [Consult. 26 Ago. 2020]. Disponível em: <https://www.gov.br/fazenda/pt-br/assuntos/prevencao-lavagem-dinheiro/inteligencia-financeira>

______ – Ministério da Justiça e Segurança Pública. **Estratégia Nacional de Combate à Corrupção e à Lavagem de Dinheiro (ENCCLA). 2022.** [Em linha]. [Consult. 26 Ago. 2010]. Disponível em: <https://www.justica.gov.br/sua-protecao/lavagem-de-dinheiro/enccla>

______ – Ministério da Justiça e Segurança Pública. **Política Nacional de Segurança Pública e Defesa Social Plano Nacional de Segurança Pública e Defesa Social**. [Em linha]. [Consult. 29 Set. 2020]. Disponível em: <https://www.justica.gov.br/sua-seguranca/seguranca-publica/plano-e-politica-nacional-de-seguranca-publica-e-defesa-social.pdf>

______ – **Relatório Final da Comissão Parlamentar de Inquérito destinada a Investigar a Ação de Milícias no Âmbito do Estado do Rio de Janeiro. Aprovado em 13.11.2008, pela Assembléia Legislativa do Estado do Rio de Janeiro.** [Em linha]. [Consult. 1º Dez. 2019]. Disponível em: <https://static.congressoemfoco.uol.com.br/2018/12/relatorio_milicia.pdf>

BROADCOM INC. – **The Cyber Resilience Blueprint: A New Perspective on Security.** [Em linha]. [Consult. 05 Out. 2020]. Disponível em: <https://www.ten-inc.com/presentations/Symantec-The-CyberResilience-Blueprint.pdf

BUNT, Henk Van de; SIEGEL, Dina; ZAITCH, Damián. – The Social Embeddedness of Organized Crime. In RUGGIERO, V. – The Oxford Handbook of Organized Crime. Edited by Letizia Paoli. **Trends Organ Crim.** [Em linha]. Vol. 19 (2016), pp. 195–196. [Consult. 18 Dez. 2017]. Disponível em: <https://doi.org/10.1007/s12117-016-9263-6

CARVALHO, Priscila Farias de [et al.] – O Crime Organizado no Brasil. **Revista Liberdades.** [Em linha]. 25.ª ed. Instituto Brasileiro de Ciências Criminais. [Consult. 08 Jul. 2019]. Disponível em: <https://www.academia.edu/37151144/a_escola_de_chicago_e_o_pensamento_criminol%c3%93gico_como_um_fen%c3%94meno_social_os_contributos_dos_ideais_de_bem-estar_social_nas_pol%c3%adticas_criminais>

COLLANTES, Ángel García – **Delimitación conceitual de la delicuencia organizada, en Derecho y Cambio Social.** [Em linha]. Año 11, n.º 37 (2014). [Consult. 16 Abr. 2019]. Disponível em: <https://dialnet.unirioja.es/servlet/articulo?codigo=4750893>

COLLINS, J. M.; & SCHMIDT, F. L. – **Personality, integrity, and white collar crime: A construct validity study. Personnel Psychology**. [Em linha]. Vol. 46, n.º 2 (1993), pp. 295-311. [Consult. 20 Jun. 2019]. Disponível em: <https://onlinelibrary.wiley.com/doi/abs/10.1111/j.17446570.1993.tb00875.x>

CONCEIÇÃO, Ana Raquel Oliveira Pereira da – **O branqueamento de capitais e o estatuto do arrependido colaborador: as novas exigências investigatórias no (ainda) admirável mundo novo**. [Em linha]. Universidade Lusíadas, 2018. Tese de Doutoramento. [Consult. 10 Jan. 2020]. Disponível em: <http://hdl.handle.net/11067/4340>

CONSELHO DE PREVENÇÃO DA CORRUPÇÃO. **Relatório anticorrupção da União Europeia**. [Em linha]. Bruxelas, 2014. [Consult. 05 Fev. 2019]. Disponível em: <http://www.cpc.tcontas.pt/documentos/outros/relatorio_anticorrupcao_ue.pdf>

CUNHA, Danilo Fontenele Sampaio – Criminalidade Organizada: antigos padrões, novos agentes e tecnologias. **Ponto Urbe.** [Em linha]. Vol. 8 (2011). [Consult. 03 Mar. 2019]. Disponível em: <https://journals.openedition.org/pontourbe/1752>

CUSSON, Maurice; DUPONT, Benoit; LEMIEUX, Frederic – **Traité de la sécurité intérieure**. [Em linha]. Translation: Homeland Security Handbook, 2007. [Consult. 30 Mar. 2020]. Disponível em: <https://www.researchgate.net/publication/236731123_Traite_de_la_securite_interieure_Translation_Homeland_Security_Handbook>

DANTAS, George Felipe de Lima [et al.] – **Análise criminal: novas tendências em proveito da análise criminal avançada e da inteligência de segurança pública**. [Em linha], out. 2007. [Consult. 21 Fev. 2022]. Disponível em: <https://www.feneme.org.br/analise-criminalnovas-tendencias-em-proveito-da-analise-criminal-avancada-e-da-inteligencia-de-seguranca-publica>

DION-SCHWARZ, Cynthia; JOHNSTON, Patrick B and MANHEIM, David – **Terrorist Use of Cryptocurrencies: Technical and Organizational Barriers and Future Threats**. [Em linha]. Santa Monica, CA: RAND Corporation, 2019. [Consult. 29 Set. 2020]. Disponível em: <https://www.rand.org/pubs/research_reports/RR3026.html

EIDE, Erling; RUBIN, Paul H; SHEPHERD, Joanna – Economics of Crime. Foundations and Trends in Microeconomics. **Emory Law and Economics Research Paper n.º 11-114.** [Em linha]. Vol. 2, n.º 3 (2006). [Consult. 11 Fev. 2019]. Disponível em: <https://papers.ssrn.com/sol3/papers.cfm?abstract_id=1912073>

EMMERIG, Ernst – Die Doppelfunktion der Polizei. In **Deutsches Verwaltungsblatt** (DVBI), 1958. pp. 338-344.

EUROPOL – **OCTA 2009: EU Organised Crime Threat Assessment** [Em linha]. pp. 13-14. [Consult. 10 Jun. 2018]. Disponível em: <https://www.europol.europa.eu/activities-services/main-reports/octa-2009-eu-organised-crime-threat-assessment>

______ – **Freedom AND Security: killing the zero sum process** [Em linha], 2021. [Consult. 24 Abr. 2019]. Disponível em: <https://www.europol.europa.eu/publications-documents/freedom-and-security-killing-zero-sum-process>

______ – **The SOCTA 2017**. [Em linha]. [Consult. 31 Jan. 2019]. Disponível em: <https://www.europol.europa.eu/socta/2017/introduction.html>

______ – **The European Union (EU) Serious and Organised Crime Threat Assessment (SOCTA). European Police Office** [Em linha], 2017. [Consult. 10 Fev. 2019]. Disponível em: <https://www.europol.europa.eu/activitiesservices/mainreports/european-union-serious-and-organised-crime-threat-assessment-2017>

FATF-GAFI – **Recomendação 29.** [Em linha], 1989. [Consult. 06 Fev. 2022]. Disponível em: <http://www.fatfgafi.org/publications/fatfrecommendations/documents/fatf-recommendations.html>

______ – **Virtual Currencies Key Definitions and Potential AML/CFT Risks** [Em linha], 2014. [Consult. 16 Fev. 2022]. Disponível em: <http://www.fatf-gafi.org/media/fatf/documents/reports/Virtual-currency-key-definitions-and-potential-aml-cft-risks.pdf>

FELSON, M. and CLARKE, R. – **Opportunity Makes the Thief Practical theory for crime prevention** [Em linha], 1998. [Consult. 06 Jun. 2020]. Disponível em: <https://www.semanticscholar.org/paper/Opportunity-Makes-the-Thief-Practical-theory-for-Felson-Clarke/f37ae39eb0c432a2f4ff4e07fc62a6d9974d55d2>

FIESP. **Relatório produzido pela Federação das Indústrias de São Paulo (2010)** [Em linha]. [Consult. 05 Fev. 2019]. Disponível em: <https://

www.fiesp.com.br/indices-pesquisas-e-publicacoes/relatorio-corrupcao-custos-economicos-e-propostas-de-combate/>

FINAL REPORT OF PROJECT ARIEL – **Assessing the Risk of the Infiltration of Organized Crime in EU MSs Legitimate Economies: a Pilot Project in 5 EU Countries** [Em linha], 2012. [Consult. 21 Out. 2019]. Disponível em: <http://www.arielproject.eu>

FRANÇA – Ministèrde de la Jutice. **Présentation de l'AGRASC:** Agence de gestion et de recouvrement des avoirs saisis et confisqués [Em linha]. [Consult. 31 Ago. 2020]. Disponível em: <http://www.justice.gouv.fr/justice-penale-11330/agrasc-12207/>

HOFFMANN, Henrique – Além de investigativa, busca pessoal pode ser preventiva. **Conjur** [Em linha], set. 2017. [Consult. 15 Set. 2017]. Disponível em: <https://www.conjur.com.br/2017-set-05/academia-policia-alem-investigativa-busca-pessoal-preventiva>

IBM – **IBM SPSS *software*: Bridge the gap between data science and data understanding** [Em linha]. [Consult. 18 Dez. 2017]. Disponível em: <https://www.ibm.com/analytics/spss-statistics-*software*>

IHU – Instituto Humanitas Unisinos. **Sociedade do risco: O medo na contemporaneidade** [Em linha], 2006. [Consult. 25 Mar. 2019]. Disponível em: <http://www.ihuonline.unisinos.br/media/pdf/IHUOnlineEdicao181.pdf>

INPE – **TerraBrasilis** [Em linha], 2022. [Consult. 18 Fev. 2022]. Disponível em: <http://terrabrasilis.dpi.inpe.br/app/dashboard/deforestation/biomes/legal_amazon/rates>

JIMÉNEZ BACCA, Benedicto – **Manual de Inteligência Operativa Policial** [Em linha], 2005. [Consult. 24 Abr. 2019]. Disponível em: <https://www.academia.edu/33103259/manual_de_inteligencia_operativa_policial>

KLEEMANS, EDWARD R. – Theoretical Perspectives on Organizer Crime. In RUGGIERO, V. The Oxford Handbook of Organized Crime edited by Letizia Paoli. **Trends Organ Crim.** [Em linha]. Vol. 19 (2016), pp. 195–196. [Consult. 08 Out. 2018]. Disponível em: <https://doi.org/10.1007/s12117-016-9263-6>

KLEEMANS, EDWARD R.; SOUDIJN, Melvin; WEENINK, Anton – Organized crime, situational crime prevention and routine activity theory. Trends in Organized Crime. In RUGGIERO, V. The Oxford Handbook of Organized Crime. Edited by Letizia Paoli. **Trends Organ Crim.** [Em linha]. Vol. 19 (2016), pp. 195–196. [Consult. 18 Dez. 2017]. Disponível em: <https://doi.org/10.1007/s12117-016-9263-6>

LEDERMAN, Daniel; LOAYZA, Norman; REIS SOARES, Rodrigo – Accountability and Corruption: Political Institutions Matter. **Policy Research Working Paper. n.º 2708.** [Em linha]. World Bank, Washington, DC. © World Bank. (2001). [Consult. 24 Abr. 2019]. Disponível em: <https://openknowledge.worldbank.org/handle/10986/19420>

LIMA, Marcos Cavalcanti – Comparação de custos referenciais do DNIT e licitações bem sucedidas. **Revista do TCU.** [Em linha]. N.º 118 (2010), pp. 59-64. [Consult. 13 Out. 2020]. Disponível em: <https://revista.tcu.gov.br/ojs/index.php/rtcu/article/view/233>

LÓPEZ-ITURRIAGA, Félix J; SANZ, Iván Pastor – **Predicting Public Corruption with Neural Networks: An Analysis of Spanish Provinces**. ***Social Indicators Research*** [Em linha], 2017. [Consult. 15 Out. 2020]. Disponível em: <https://link.springer.com/article/10.1007/s1120501718022?error=cookies_not_supported&code=224297d4-3ced-4842-9372-eaa81fa8278d>

LUCENA, Pedro Arthur Capelari – Policiamento preditivo, discriminação algorítmica e racismo: potencialidades e reflexos no Brasil. **Simpósio Internacional Lavits 2019.** [Em linha]. Salvador, jun. 2019. [Consult. 26 Mar. 2020]. Disponível em: <http://lavits.org/wp-content/uploads/2019/12/Lucena-2019-LAVITSS.pdf>

MACEDO, N. L. K. D. F. – **Redes criminosas em investigações previdenciárias na Polícia Federal**. [Em linha]. Universidade de Brasília. Brasil, 2020. Dissertação de Mestrado. [Consult. 05 Out. 2020]. Disponível em: <https://repositorio.unb.br/handle/10482/38625>

Marmelstein, George – Críticas à teoria das gerações (ou mesmo dimensões) dos direitos fundamentais. **Revista Jus Navigandi.** [Em linha]. Teresina. Ano 8, n.º 173 (dez. 2003). [Consult. 15 Mar. 2018]. Disponível em: <https://jus.com.br/artigos/4666>

MASLOW, A. H. – A Theory of Human Motivation. **Originally Published in Psychological Review.** [Em linha]. Toronto, Ontario. York University. Vol. 50 (2000), pp. 370-396. [Consult. 20 Dez. 2017]. Disponível em: <http://psychclassics.yorku.ca/Maslow/motivation.htm>

MELO, Valdir – **Crime Organizado: uma concepção introdutória**. [Em linha]. IPEA: Brasilia, 2015. [Consult. 08 Fev. 2022]. Disponível em: <https://www.econstor.eu/handle/10419/121699>

MINGARDI, Guaraci – O trabalho da Inteligência no controle do Crime Organizado. **Estudos Avançados.** [Em linha]. Vol. 21, n.º 61 (2007) pp.

51-69. [Consult. 02 Dez. 2018]. Disponível em: <http://www.periodicos.usp.br/eav/article/view/10266>

NUNES, Diego – Processo Legislativo para além do Parlamento em Estados Autoritários: Uma análise comparada entre os Códigos Penais Italiano de 1930 e Brasileiro de 1940. Florianópolis. **UFSC.** [Em linha]. Vol. 37, n.º 74 (2016). [Consult. 10 Abr. 2018]. Disponível em: <https://doi.org/10.5007/2177-7055.2016v37n74p153>

OLIVEIRA, A.; ZAVERUCHA, J. – A dinâmica da criminalidade organizada no Brasil a partir das operações da Polícia Federal: Origem, atores e escolha institucional. **Dilemas – Revista de Estudos de Conflito e Controle Social.** [Em linha]. Vol. 5, n.º 3 (2012). [Consult. 03 Jan. 2019]. Disponível em: <https://revistas.ufrj.br/index.php/dilemas/article/view/7399>

OSCE – **Guide pour une Police Démocratique.** [Em linha]. Editeur Organization for Security and Co-operation in Europe. 24 janvier 2007. [Consult. 17 Abr. 2019]. Disponível em: <https://www.osce.org/fr/secretariat/109903>

PADULA, Ana Julia [et al.] – **Segurança Pública e Inteligência Artificial: um estudo georreferenciado para o Distrito Federal** [Em linha], 2017. [Consult. 21 Fev. 2022]. Disponível em: <https://www.researchgate.net/publication/331717651_seguranca_publica_e_inteligencia_artificial_um_estudo_georreferenciado_para_o_distrito_federal/citation/download>

PANIS, Amanda da Cunha – **Inovação em Compras Públicas: Estudo de Caso do Robô Alice da Controladoria-Geral da União (CGU).** [Em linha]. Faculdade de Economia, Administração, Contabilidade e Gestão de Políticas Públicas Programa de Pós-Graduação em Administração. Brasília: Universidade de Brasília, 2020. [Consult. 26 Set. 2020]. Disponível em: <https://repositorio.unb.br/handle/10482/38639>

PEZZINO, Paolo – La mafia siciliana come "industria della violenza". Caratteri storici ed elementi di continuità. In Dei Delitti e delle Pena. **Rivista de Studi Sociali, Storici e Giuridici Sulla Questione Criminale.** [Em linha]. N.º 3 (1992), pp. 67-79. [Consult. 25 Fev. 2019]. Disponível em: <http://hdl.handle.net/11568/27108>

PORTUGAL – **Relatório Anual de Segurança Interna de Portugal (2017).** [Em linha]. [Consult. 07 Fev. 2018]. Disponível em: <https://www.portugal.gov.pt/downloadficheiros/ficheiro.aspx?v=9f0d7743-7d45-40f3-8cf2-e448600f3af6>

______ – **Relatório Anual de Segurança Interna de Portugal (2020).** [Em linha]. [Consult. 08 Fev. 2022]. Disponível em: <https://www.portugal.gov.pt/downloadficheiros/ficheiro.aspx?v=%3D%3DBQAAAB%2BLCAAAAAAABAAzNDQ1NAUABR26oAUAAAA%3D>

______ – **Relatório Anual de Segurança Interna (2021)** [Em linha].[Consult. 21 Fev. 2022]. Disponível em: <https://www.portugal.gov.pt/pt/gc22/comunicacao/documento?i=relatorio-anual-de-seguranca-interna-2021>

______ – **Relatório Anual de Segurança Interna (2019)** [Em linha]. [Consult. 29 Set. 2020]. Disponível em: <https://www.portugal.gov.pt/downloadficheiros/ficheiro.aspx?v=19cabc8c-e3f1-4cb2-a491-a10c8a3e4bf0>

RUGGIERO, Vincenzo. – The Oxford Handbook of Organized Crime. Edited by Letizia Paoli. **Trends Organ Crim.** [Em linha]. Vol. 19 (2016), pp. 195–196. [Consult. 08 Out. 2018]. Disponível em: <https://doi.org/10.1007/s12117-016-9263-6.

______ – Crimine Organizzato: Una proposta di aggiornamento delle definizioni. In Dei Delitti e delle Pena. **Rivista de Studi Sociali, Storici e Giuridici Sulla Questione Criminale.** [Em linha]. N.º 3 (1992), pp. 07-30. [Consult. 25 Fev. 2019]. Disponível em: <http://hdl.handle.net/11568/27108>

RUSSOWSKY, Iris Saraiva – O Controle de Convencionalidade das Leis: uma análise na esfera internacional e interna. **Revista do Instituto do Direito Brasileiro.** [Em linha]. Vol. 01, n.º 3, (2012), pp. 1745-1826. [Consult. 15 Out. 2019]. Disponível em: <https://blook.pt/publications/publication/30e0ffd90e08/>

SAISSE, Renan – **Big data contra o crime: efeito Minority Report. Revista Direito & TI.** [Em linha], 2017. [Consult. 23 Mar. 2020]. Disponível em: <http://direitoeti.com.br/artigos/big-data-contra-o-crime-efeito-minority-report/>

SANNINI NETO, Francisco – Características do Inquerito Policial: sigiloso. **Canal Ciências Criminais.** [Em linha], 2016. [Consult. 02 Out. 2018]. Disponível em: <https://canalcienciascriminais.com.br/caracteristicas-doinqueritopolicial-sigiloso/>

______ – Lei n.º 13.245/2016: contraditório e ampla defesa na investigação criminal? **Canal Ciências Criminais.** [Em linha], 2016. [Consult. 02 Out. 2018]. Disponível em: <https://canalcienciascriminais.jusbrasil.com.br/artigos/301826399/lei-13245-2016-contraditorio-e-ampla-defesa-na-investigacao-criminal-parte-2>

______ – Entenda a diferença entre polícia investigativa e polícia judiciária. **Canal Ciências Criminais** [Em linha], 2017. [Consult. 22 Fev. 2018]. Disponível em: <https://canalcienciascriminais.com.br/policiainvestigativapoliciajudiciaria>

SANTOS, Juarez Cirino dos – Palestra proferida no 1º Fórum Latino-Americano de Política Criminal. **IBCCRIM.** [Em linha]. Ribeirão Preto (maio 2002). [Consult. 05 Out. 2018]. Disponível em: <http://icpc.org.br/wp-content/uploads/2013/01/crime_organizado.pdf>

SÃO PAULO – **Segurança Pública.** [Em linha]. [Consult. 07 Fev. 2018]. Disponível em: <http://www.ssp.sp.gov.br/transparenciassp/>

SHERMAN, Lawrence; W. – Evidence-based policing. **Police Foundation.** Washington. [Em linha], July 1998. [Consult. 18 Mar. 2019]. Disponível em: <https://www.cebma.org/wp-content/uploads/Sherman-Evidence-Based-Policing.pdf>

SICHMAN, Jaime Simão – Inteligência Artificial e sociedade: avanços e riscos. **Estudos Avançados.** [Em linha]. São Paulo. Vol. 35, n.º 101 (abr. 2021), p. 37-50. [Consult. 21 Fev. 2022]. Disponível em: <https://www.scielo.br/j/ea/a/c4sqqrthGMS3ngdBhGWtKhh/>

SILVA, Jocemara Rodrigues da; BARRETO, Julio Cesar; BARRADAS, Sandro Abel Souza – **Anuário do Sistema penitenciário federal 2016**. [Em linha]. Brasília: DEPEN (Departamento Penitenciário Nacional), 2017. [Consult. 10 Jun. 2018]. Disponível em: <http://antigo.depen.gov.br/DEPEN/dispf/spf_anuario/anuariospf2016.pdf

SUTHERLAND, Edwin H. White-Collar Criminality – **Source American Sociological Review**. [Em linha]. American Sociological Association Stable. Vol. 5, n.º 1 (feb. 1940), pp. 1-12. [Consult. 08 Fev. 2022]. Disponível em: <http://www.jstor.org/stable/2083937>

TECMUNDO – **Tay: Twitter conseguiu corromper a IA da Microsoft em menos de 24 horas.** [Em linha], 2016. [Consult. 23 Fev. 2022]. Disponível em: <https://www.tecmundo.com.br/inteligencia-artificial/102782-tay-twitter-conseguiu-corromper-ia-microsoft-24-horas.htm>

TRANSPARENCY INTERNATIONAL – **Corruption Perceptions Index 2018** [Em linha], jan. 2019. [Consult. 06 Fev. 2019]. Disponível em: <https://www.transparency.org/whatwedo/publication/corruption_perceptions_index_2018>

UNIÃO EUROPEIA – **Conselho Europeu de Tampere 15 e 16 de outubro de 1999.** [Em linha]. [Consult. 20 Mar. 2019]. Disponível em: <http://www.europarl.europa.eu/summits/tam_pt.htm>

______ - **Council Framework Decision 2008/841/JHA of 24 October 2008 on the fight against organised crime** [Em linha]. [Consult. 10 Dez. 2017]. Disponível em: <https://eur-lex.europa.eu/eli/dec_framw/2008/841/oj?cookies=disabled>

______ - **Decisão-Quadro n.º 2008/615.** [Em linha]. [Consult. 10 Out. 2020]. Disponível em: <https://eurlex.europa.eu/legalcontent/PT/TXT/?uri=CELEX%3A32008D0615&cookies=disabled>

______ - **Decisão-Quadro n.º 2008/977.** [Em linha]. [Consult. 10 Out. 2020]. Disponível em: <https://eurlex.europa.eu/legalcontent/PT/TXT/?uri=CELEX%3A32008F0977&cookies=disabled>

______ - **Diretiva 2014/41/UE do Parlamento Europeu.** [Em linha]. [Consult. 08 Out. 2018]. Disponível em: <https://eurlex.europa.eu/legalcontent/PT/TXT/?uri=CELEX:32014L0041>

______ - **Diretiva n.º 2016/680 do Parlamento Europeu e do Conselho** [Em linha], abr. 2016. [Consult. 08 Out. 2020]. Disponível em: <https://eurlex.europa.eu/legalcontent/PT/TXT/?uri=celex%3A32016L0680&cookies=disabled>

______ - **Diretiva (UE) 2016/680 do Parlamento Europeu e do Conselho** de 27 de abril de 2016. [Em linha]. [Consult. 04 Abr. 2019]. Disponível em: <https://eurlex.europa.eu/legalcontent/PT/TXT/?uri=uriserv:OJ.L_.2016.119.01.0089.01.POR&toc=OJ:L:2016:119:TOC>

______ - **Diretiva (UE) 2016/681 do Parlamento Europeu e do Conselho** de 27 de abril de 2016. [Em linha]. [Consult. 04 Abr. 2019]. Disponível em: <https://eurlex.europa.eu/legalcontent/PT/TXT/?uri=CELEX%3A32016L0681>

______ - **Diretiva (UE) 2018/1805 do Parlamento Europeu e do Conselho de 14 de novembro de 2018.** [Em linha]. [Consult. 31 Ago. 2020]. Disponível em: <https://eurlex.europa.eu/legalcontent/PT/TXT/PDF/?uri=CELEX:32018R1805&from=EN>

______ - **Relatório da Comissão ao Parlamento Europeu - Sexto relatório sobre os progressos alcançados rumo a uma União da Segurança genuína e eficaz** [Em linha], 2017. [Consult. 23 Abr. 2019]. Disponível em: <https://ec.europa.eu/transparency/regdoc/rep/1/2017/PT/COM-2017-213-F1-PT-MAIN-PART-1.PDF>

______ - **Relatório anticorrupção da União Europeia.** [Em linha]. Bruxelas, 2014. [Consult. 05 Fev. 2019]. Disponível em: <http://www.cpc.tcontas.pt/documentos/outros/relatorio_anticorrupcao_ue.pdf>

______ – **Standard Eurobarometer 83. Public Opinion in the EU – Spring 2015**. [Em linha]. [Consult. 15 Abr. 2019]. Disponível em: <http://ec.europa.eu/commfrontoffice/publicopinion/archives/eb/eb83/eb83_publ_en.pdf>

______ – **Tratado da União Europeia (Tratado de Maastricht)**. [Em linha], 1992. [Consult. 20 Nov. 2018]. Disponível em: <https://europa.eu/europeanunion/sites/europaeu/files/docs/body/treaty_on_european_union_pt.pdf>

UNODC. **ANNUAL REPORT: Covering activities during 2017** [Em linha]. [Consult. 06 Jan. 2019]. Disponível em: <https://www.unodc.org/documents/AnnualReport/AnnualReport_2017.pdf>

______ – Doha Declaration on Integrating Crime Prevention and Criminal Justice into the Wider United Nations Agenda to Address Social and Economic Challenges and to Promote the Rule of Law at the National and International Levels, and Public Participation. **Thirteenth United Nations Congress on Crime Prevention and Criminal Justice Doha.** [Em linha].United Nations Office on Drugs and Crime. Publishing and Library Section, United Nations Office at Vienna. Apr. 2015, pp. 12-19. [Consult. 24 Abr. 2019]. Disponível em: <https://www.unodc.org/documents/congress/Declaration/V1504151_English.pdf>

VALENTE, Manuel Monteiro Guedes – Processo Penal, Segurança e Liberdade: uma provocação. **Revista Brasileira de Direito Processual Penal.** [Em linha].Porto Alegre. Vol. 1, n.º 1 (2015), pp. 105-120. [Consult. 15 Jan. 2019]. Disponível em: <http://dx.doi.org/10.22197/rbdpp.v1i1.6>

WASSERMAN, S. and FAUST, K. – **Social Network Analysis: Methods and Applications (Structural Analysis in the Social Sciences)**. [Em linha].Cambridge: Cambridge University Press, 1994. [Consult. 20 Jan. 2019]. Disponível em: <http://dx.doi.org/10.1017/CBO9780511815478>

WILLIAMS, Phil – Nigerian Criminal Organizations. In RUGGIERO, V. The Oxford Handbook of Organized Crime. Edited by Letizia Paoli. **Trends Organ Crim.** [Em linha].Vol. 19 (2016), pp. 195-196. [Consult. 08 Out. 2018]. Disponível em: <https://doi.org/10.1007/s12117-016-9263-6>

[illegible]

[illegible]

[illegible]

[illegible]

[illegible]

[illegible]

[illegible]

EDITORA
JusPODIVM
www.editorajuspodivm.com.br

Impresso por:

Docuprint
CNPJ 01.036.332/0001-99

JUS2448